錢穆先生全集

錢穆先生全集

［新校本］

新亞遺鐸

九州出版社

圖書在版編目（CIP）數據

新亞遺鐸 / 錢穆著 . -- 北京：九州出版社，2011.7（2023.6 重印）
（錢穆先生全集）
ISBN 978-7-5108-1000-8

Ⅰ.①新… Ⅱ.①錢… Ⅲ.①錢穆（1895 ~ 1990）- 教育思想 - 文集 Ⅳ.①G40-092.7

中國版本圖書館 CIP 數據核字（2011）第 100606 號

新亞遺鐸

作　　者　錢　穆　著
責任編輯　郝建良　周弘博
出版發行　九州出版社
裝幀設計　陸智昌　張萬興
地　　址　北京市西城區阜外大街甲 35 號
郵　　編　100037
發行電話　（010）68992190/3/5/6
網　　址　www.jiuzhoupress.com
印　　刷　三河市東方印刷有限公司
開　　本　635 毫米 × 970 毫米　16 開
插頁印張　0.5
印　　張　40
字　　數　423 千字
版　　次　2011 年 7 月第 1 版
印　　次　2023 年 6 月第 3 次印刷
書　　號　ISBN 978-7-5108-1000-8
定　　價　152.00 元

錢穆先生

水到渠成看道力

崖枯木落見天心

錢穆

錢穆先生書法

新校本說明

錢穆先生全集，在臺灣經由錢賓四先生全集編輯委員會整理編輯而成，臺灣聯經出版事業公司一九九八年以「錢賓四先生全集」為題出版。作為海峽兩岸出版交流中心籌劃引進的重要項目，這次出版，對原版本進行了重排新校，訂正文中體例、格式、標號、文字等方面存在的疏誤。至於錢穆先生全集的內容以及錢賓四先生全集編輯委員會的注解說明等，新校本保留原貌。

九州出版社

出版說明

一九四九*年，時局阢隉，錢賓四先生避地香港，創辦新亞書院為香港第一所招集流亡人士之大專院校。本書主要以新亞書院出版之生活周刊（後改生活雙周刊，又改生活月刊）為資料來源，匯集先生主校政十七年中對學生之各種講演以及其他相關資料而成書。讀此一書，可使讀者瞭解當年海外流亡人士辦學之艱辛，並可體認先生在流亡期間為擔負傳承中國文化之責任，勉力教育中國青年之堅毅不移之志趣。

是書於一九八九年始彙集資料整理完成，交由臺北東大圖書公司出版，而先生離開新亞書院已二十三年矣。是年適逢新亞書院創校四十周年，亦一深具意義之巧合。最早所集資料中尚有先生當年為香港大學校外課程部講演之十八篇文稿，尋以卷帙過鉅，初版付梓時已先抽出；此一系列文稿，今另收入全集講堂遺錄中。

* 新校本編者注：原文為「民國」紀年。下同。

此次整理，即以東大初版為底本。惟該書中有二十三篇文稿，先生生前另已分別收入其他專書中；今將此等篇章自本書中抽出不錄，僅在目次中保留篇目，並在其上加注「△」號，題下注明另收何書中，俾便讀者覆案。又有七文，雖亦分別收入他書，本書仍保留全文，以便考索。此等篇章則題上不另加注號，僅在題下注明重見書名，藉資識別。整編時除將原版誤植文字隨文校改外，主要尤在標點符號之整理，全書加添私名號、書名號、重點引號及調整版式。整理排校工作雖力求慎重，然疏漏錯誤之處，在所難免，敬希讀者不吝指正。

本書由胡美琦女士負責整理。

錢賓四先生全集編輯委員會　謹識

目次

序

一九六七年，我們遷臺定居。有人談起讀到新亞生活周刊上賓四的一篇講演，很受感動，希望將該刊講辭文稿彙集成專書。那時賓四專心在寫朱子新學案一書，無暇及此。數年後，又有人重提舊話。其時賓四朱子新學案已出版，正著手整理以前舊稿，彙編中國學術思想史論叢。回憶往事，深感在新亞十七年，每次對學生談話，都是他當時的眞情流露，値得珍惜。遂命我為他先收集資料，準備整理完舊稿再作考慮。未料不久後，賓四雙目即不能見字，自此身體多病，一切工作費時費力，新亞生活周刊的資料一放十年，無暇顧及。

去年，賓四在養病中，無以消遣，於是又想到新亞生活周刊，命我順序逐篇唸給他聽。原以為現成稿子彙集成書是件輕鬆簡單的事，不料這本集子，每篇都牽起太多回憶，工作進行頗不順暢。加以一場大病，賓四腦力迅退，這本文稿的編集，竟拖了一年多才得勉強付印，眞是始料所未及。

賓四為此集定名為「新亞遺鐸」。在我們共同整理文稿的過程中，他曾多次有感而發地說，離開新亞已二十五年，再來回首從前，那是何等情緒啊！又屢說，待此稿整理完，他將要為新亞遺鐸寫篇長序，略敍別後情懷。我一直期待讀他這篇將寫的長序，不幸他年老復元不易，待全稿編定，他已無力為文。不得已，命我於此書付印時代寫一序。

我與新亞淵源也不淺。民國三十八年夏，我離開廈門大學避禍來港。一九五〇年秋，轉入新亞，就讀一年。一九五一年離港來臺，隔年轉入臺北師大。一九五四年師大畢業後，又曾回新亞一短時期。一九五六年初，與賓四成婚。一九六五年賓四辭職離新亞，一九六七年秋我夫婦離港來臺定居。我與新亞前後相關也已十五年。我曾目睹艱苦奮鬥中的新亞，生命充滿朝氣。也曾目睹她快速轉變時期，解除了經濟困阨，而逐漸步入人事紛擾。更目睹她加入中文大學後陷於興奮迷惘，個人功利勝過了整體道義，創校理想日益模糊。往事久已塵封，因整理此集而又如走馬燈般湧入腦海，不勝感慨。

賓四在新亞生活雙周刊一卷一期發刊詞上說：

> 這一份新亞生活雙周刊便想把新亞生活之各部門各方面盡量彙集披露出來……這是我們新亞將來的一部歷史……將來要瞭解新亞如何生長、如何成熟、如何發展，以及新亞生活中究竟包藏了些甚麼？所謂「新亞精神」，究竟具體表現了些甚麼？便要憑這份刊物來審看來推尋。

又在雙周刊四卷一期本刊進入第四年一文中說：

這一份刊物，我們創辦時的用意不外兩點：一是逐期報告學校師生們生活的實況，一是預備作將來校史之一份重要參考材料用。

周刊創辦的宗旨雖如上述，然而我把賓四主持校政十五年來的資料，從頭一頁頁仔細翻看，禁不住為它記載的不夠翔實而感嘆。最難釋懷的，莫過於賓四辭職時相關資料的欠缺。舉其最簡單具體一事說，賓四的辭職講演，當時竟無人記錄。

一九六四年七月十一日，新亞舉行第十三屆畢業典禮，賓四在主持典禮的同時，對全校師生作了他正式離職的公開講演。回想那一段忙碌混亂的日子，我至今仍清晰的記得，典禮的前一晚，時間已過午夜十二點，賓四在忙完雜務後對我說，他現在要靜下心來好好準備他主持校政十五年來最後的一次講演。於是在沙田和風臺五號，我們舊居的長廊上，他啣著煙斗，獨自在廊上散步，為他第二天的告別辭打腹稿，直過兩點才上床休息。我又聽他在床上翻來覆去，直到天亮。第二天早上，我陪他去新亞，他在忍受了無數委屈，又經過長期內心掙扎，卻能如此平和的講話，沒有帶一絲火氣，而又句句充滿情感，令我幾次禁不住淚水奪眶而出，這眞是令我終生難忘的一場講演。

當晚校長室蘇明璇先生來電話，也說起他的感受。不料兩天後蘇先生再來電話，激動地報告，學校竟無人記錄賓四的告別講演。這眞是件不該有的缺失。歷年來，每逢新亞舉行開學或畢業典禮，照例有人負責記錄師長的講話。何況這次是新亞創辦人的告別講演，意義更不同。這一疏失，實在令人有些費解。典禮後十一日，賓四在蘇先生多次催促下，終於補寫了一篇講辭，登在新亞生活雙周刊七卷六期上。事過情遷，再要捕捉當時的心情，有如水中撈月了。我每回想到此事，總覺遺憾。

此集文稿編定後，在賓四雜稿中，意外尋出一九六〇年賓四在美獲耶魯大學頒贈名譽學位雅禮協會舉行祝賀公宴時之講辭一篇，及其辭新亞校長職復雅禮羅維德先生函一草稿。另又在其記事本中獲知當年有上董事會辭職書一封，特電新亞書院院務主任張端友校友於檔案中查出寄來。其中兩函有關當年賓四辭職事，有此三文補入本集，正可稍補缺失。

此集所收只限於賓四在新亞校刊、新亞生活雙周刊、新亞月刊上所刊載之文稿，按出版秩序先後排列，並在目錄上註明各篇原刊幾卷幾期，以便讀者查尋。如該文已另收入賓四之其他著作，也附加註明。

一九六七年我們由港遷臺時，葉龍校友贈其手抄賓四海外講稿兩本，孫鼎丞先生贈賓四剪稿數十篇。惟此項文稿大都為記錄人自行發表者，僅擇其中與新亞歷史有關數文，特為補入，並在目錄上及文末註明其原發表處。另新亞生活曾刊有我的敬悼青瑤師一文，該文所述有關新亞藝術系之創設，今亦附入本書。又新亞生活周刊有記載學校活動之文稿數篇，以其有助讀者對當年新亞之認識，今亦附入。以上凡非賓四本人之文稿，皆不排列在目錄順序上，並註明為「附」稿，以示區別。又該刊原有賓四香港大學校外課程講稿十八篇，今已取出收入講堂遺錄一書中。

這本文集拖了多年終於付印了，今年恰逢新亞創校四十周年慶，特將賓四之祝辭與新亞簡史兩文，一併收入此集中。意外的巧合，亦別具意義。賓四囑此書趕在九月二十八日校慶日前出版，以為他的賀禮。

一九八九年八月　錢胡美琦寫於臺北外雙溪之素書樓

新亞校訓

新亞學規

一九五三年

凡屬新亞書院的學生，必先深切了解新亞書院之精神。下面列舉綱宗，以備本院諸生隨時誦覽，就事研玩。

一　求學與做人，貴能齊頭並進，更貴能融通合一。

二　做人的最高基礎在求學，求學之最高旨趣在做人。

三　愛家庭、愛師友、愛國家、愛民族、愛人類，為求學做人之中心基點。對人類文化有了解，對社會事業有貢獻，為求學做人之嚮往目標。

四　袪除小我功利計算，打破專為謀職業、謀資歷而進學校之淺薄觀念。

五　職業僅為個人，事業則為大眾。立志成功事業，不怕沒有職業。專心謀求職業，不一定能成事業。

六　先有偉大的學業，才能有偉大的事業。

七　完成偉大學業與偉大事業之最高心情，在敬愛自然、敬愛社會、敬愛人類的歷史與文化，敬愛對此一切的智識，敬愛傳授我此一切智識之師友，敬愛我此立志擔當繼續此諸學業與事業者之自身人格。

八　要求參加人類歷史相傳各種偉大學業、偉大事業之行列，必先具備堅定的志趣與廣博的智識。

九　於博通的智識上，再就自己材性所近作專門之進修；你須先求為一通人，再求成為一專家。

一〇　人類文化之整體，為一切學業事業之廣大對象；自己的天才與個性，為一切學業事業之最後根源。

一一　從人類文化的廣大對象中，明瞭你的義務與責任；從自己個性的稟賦中，發現你的興趣與才能。

一二　理想的通材，必有他自己的專長；只想學得一專長的，必不能具備有通識的希望。

一三　課程學分是死的，分裂的。師長人格是活的，完整的。你應該轉移自己目光，不要僅注意一門門的課程，應該先注意一個個的師長。

一四　中國宋代的書院教育是人物中心的，現代的大學教育是課程中心的。我們的書院精神是以各門課程來完成人物中心的，是以人物中心來傳授各門課程的。

一五　每一個理想的人物，其自身卽代表一門完整的學問。每一門理想的學問，其內容卽形成一理想的人格。

一六　一個活的完整的人，應該具有多方面的智識，但多方面的智識，不能成為一個活的完整的人。你須在尋求智識中來完成你自己的人格，你莫忘失了自己的人格來專為智識而求智識。

一七　你須透過師長，來接觸人類文化史上許多偉大的學者，你須透過每一學程來接觸人類文化史上許多偉大的學業與事業。

一八　你須在尋求偉大的學業與事業中來完成你自己的人格。

一九　健全的生活應該包括勞作的興趣與藝術的修養。

二〇　你須使日常生活與課業打成一片，內心修養與學業打成一片。

二一　在學校裏的日常生活，將會創造你將來偉大的事業。在學校時的內心修養，將會完成你將來偉大的人格。

二二　起居作息的磨鍊是事業，喜怒哀樂的反省是學業。

二三　以磨鍊來堅定你的意志，以反省來修養你的性情，你的意志與性情將會決定你將來學業與事業之一切。

二四　學校的規則是你們意志的表現，學校的風氣是你們性情之流露，學校的全部生活與一切精神是你們學業與事業之開始。敬愛你的學校，敬愛你的師長，敬愛你的學業，敬愛你的人格。憑你的學業與人格來貢獻於你敬愛的國家與民族，來貢獻於你敬愛的人類與文化。

新亞校徽

新亞校歌

山巖巖，海深深，地博厚，天高明，人之尊，心之靈，
廣大出胸襟，悠久見生成。
珍重珍重，這是我新亞精神。

（右之一）

十萬里上下四方，俯仰錦繡，
五千載今來古往，一片光明。
五萬萬神明子孫。
東海西海南海北海有聖人。
珍重珍重，這是我新亞精神。

（右之二）

手空空，無一物，路遙遙，無止境。
亂離中，流浪裡，餓我體膚勞我精。
艱險我奮進，困乏我多情。
千斤擔子兩肩挑，趁青春，結隊向前行。
珍重珍重，這是我新亞精神。

（右之三）

新亞校歌
錢穆詞
黃友棣曲
莊嚴活潑
G調
mf 山巖巖，海深深，地博厚，天高明，人之尊，心之靈，
廣大出胸襟，悠久見生成。珍重珍重，
這是我新亞精神。珍重珍重，這是我新亞
精神。十萬里上下四方，俯仰錦繡。五千載今來古往，
一片光明。五萬萬神明子孫，東海西海南海北海
有聖人。珍重珍重，這是我新亞精神。

珍 重 珍 重，
這 是 我 新 亞 精 神。
mf 手 空 空，無 一 物，
路 遙 遙，無 止 境，
亂 離 中，流 浪 裏，
餓 我 體 膚 勞 我 精，
艱 險 我 奮 進，困 乏 我 多 情，
千 斤 擔 子 兩 肩 挑，
趁 青 春，
結 伴 向 前 行。
ff 珍 重 珍 重，
這 是 我 新 亞 精 神。
珍 重 珍 重，
這 是 我 新 亞 精 神。

校歌手稿

一九五三年七月

新亞校歌

山巖巖，海深深，地博厚，天高明，人之尊，心之靈，

廣大出胸襟，悠久見生成，

珍重珍重，這是我新亞精神

（校之一）

十萬里上下四方，俯仰錦繡，

五千載今來古往，一片光明，

億萬萬神明子孫。

東海西海南海北海有聖人。

珍重珍重，這是我新亞精神

（右之二）

手空空，無一物，路遙遙，無止境。

亂離中、流浪裏、餓我體膚勞我精。

艱險我奮進，困乏我多情。

千斤擔子兩肩挑，趁青春，結隊向前行、

珍重珍重、這是我新亞精神

（右之三）

亞洲文商學院開學典禮講詞摘要

亞洲文商學院為新亞書院的前身，自一九四九年十月至一九五〇年二月，學院存在僅半年時間。校址租九龍佐頓道偉晴街華南中學三樓作臨時校舍。此為一九四九年十月十日國慶日舉行第一次開學典禮講詞摘要。

文化教育是社會事業，是國家民族歷史文化的生命，其重要可知。我們的大學教育是有其歷史傳統的，不能隨便抄襲別人家的制度。中國的傳統教育制度，最好的莫過於書院制度。私人講學，培養通才，這是我們傳統教育中最值得保存的先例。

中國人應眞正了解中國文化，並要培養出自家能夠適用的建設人才。讀書的目的必須放得遠大。要替文化負責任，便要先把自己培養成完人。要具備中國文化的知識，同時也要了解世界各種文化。要發揚中國文化，也要溝通中西不同的文化。

我們的開始是艱難的，但我們的文化使命卻是異常重大的。本校的籌備創立，雖是經過一段艱難，比起將來發展的艱難來，現在還是輕微的。各位入校須有個抱負，不要斤斤於學分和文憑的獲得，以及只求私人職業上之解決。應具有遠大眼光，先重通識，再求專長，方有偉大之前途。現在開始了，教學相長，將來的大責任完全靠大家的共同努力。

招生簡章節錄

一九五〇年三月

本書院創立於一九四九年秋，旨在上溯宋明書院講學精神，旁採西歐大學導師制度，以人文主義之教育宗旨，溝通世界中西文化，為人類和平社會幸福謀前途。本此旨趣，一切教育方針，務使學者切實瞭知為學做人同屬一事，在私的方面應知一切學問智識，全以如何對國家社會人類前途有切實之貢獻為目標。惟有人文主義的教育，可以藥救近來教育風氣，專為謀個人職業而求智識，以及博士式學究式的專為智識而求智識之狹義的目標之流弊。

本於上述旨趣，本書院一切課程，主在先重通識，再求專長。首先注重文字工具之基本訓練，再及一般的人生文化課目，為學者先立一通博之基礎，然後再各就其才性所近，指導以進而修習各種專門智識與專門技術之途徑與方法。務使學者眞切認識自己之專門所長在整個學術整個人生中之地位與意義，以藥近來大學教育嚴格分院分系分科直線上進、各不相關、支離破碎之流弊。

關於教學方面，將側重訓練學生以自學之精神與方法，於講堂講授基本共同課程外，採用導師制，使學者各自認定一位至兩位導師，在生活上密切聯繫，在精神上互相契洽，即以導師之全人格及其生平學問之整個體系為學生作親切之指導，務使學者在脫離學校進入社會以後，對於其所習學業仍繼續有研求上進之興趣與習慣，以藥近來大學教育專尚講堂授課，口耳傳習，師生隔膜，以致學者專以學分與文憑為主要目標之流弊。

本院同人自身即以講學做人一體之精神相結合，共同有志於大學教育的改進，其自身即為一學術研究集團。將來對於書院內部一切措施，採絕對民主方式，由全校教授同人時時密切商討，以求教育精神之始終一致，與書院制度之不斷改進，期於理想的大學新制度作一長期之研求與實驗，將來粗有成績，可供其他大學之參考。

本書院規模，暫時先辦文史、哲學教育、新聞社會、經濟、商學、農學等六系，並於每系下分組，惟對人生大義、文化價值、教育宗趣，則懸為本書院各系各組所共同必須研修之對象。於最近之將來，尚擬添設工程、法律等系，並添辦附屬中小學，期能完成一完全之教育系統為書院之根基。

新亞書院沿革旨趣與概況

一九五二年

一　沿革

新亞書院的前身為亞洲文商學院，於一九四九年十月十日創立於香港之九龍。旋於次年一九五〇年三月改組為現在之新亞書院。其校舍亦由臨時租借之華南中學，遷至現在租用之九龍桂林街六十一至六十五號三、四樓。計辦公室一間、教室四間。

因新亞書院之改組成立，學校性質與內容亦發生重要之變化。文商學院時期係夜校性質，每晚上課三小時，本不適於大學程度之教育要求。故新亞書院成立後，即改為日間全天上課。課程之組織與教學內容，遂亦漸合於正式大學之水準。文商學院創立之初，即獲國民政府教育部准予立案，又經香港政府准予註冊。改組為新亞書院後，重新申請立案與註冊，並得迅速之批准。

本院創立之始，即係大學性質，但以格於香港政府之規定（香港只准設立大學一所，即香港大學），故依例只能稱為專科。惟依中國傳統教育制度，本院性質與所謂專科者，殊不相符。而實更近於宋明時代之書院，即私人講授高級學術之學校。有別於普通官立學校，亦不同於西方教育制度下之專科學校。

二　旨趣

新亞書院之旨趣曾概括說明於其招生簡章之序言中：

「上溯宋明書院講學精神，旁採西歐大學導師制度，以人文主義之教育宗旨溝通世界東西文化，為人類和平、社會幸福謀前途。本此旨趣，一切教育方針，務使學者切實瞭知為學、做人同屬一事。在私的方面，應知一切學問知識，全以如何對國家社會、人類前途有切實之貢獻為目標。惟有人文主義的教育，可以藥近來教育風氣專門為謀個人職業而求智識，以及博士式、學究式的為智識而求智識之狹義的目標之流弊。

本院一切課程，主在先重通識，再求專長。為學者先立一通博之基礎，然後各就其才情所近，指導以進而修習各種專門知識與專門技能之途徑與方法，務使學者真切認識自己之專門所長在整個學術、整個人生中之地位與意義，以藥近來大學教育嚴格分院分系分科，直線上進，各不相關，支離破碎之流弊。

關於教學方面，則側重訓練學生以自學之精神與方法。於講堂講授基本共同課程外，採用導師制，使學者各自認定一位至兩位導師，在生活上密切聯繫，在精神上互相契洽，即以導師之全人格及其平生學問之整個體系為學生作親切之指導。務使學者在脫離學校進入社會以後，對於所習學業仍繼續有研究上進之興趣與習慣，以藥近來大學教育專尚講堂授課，口耳傳習，師生隔膜，以致學者專以學分與文憑為主要目標之流弊。」

以上三點為本院之基本旨趣。惟本院鑒於所處時代與地理環境，除對基本旨趣盡力實踐外，對下述兩點，亦抱有甚摯之熱望：

一、在今日民主主義與極權主義鬥爭之下，中國青年在思想上應有正確的認識，以免誤入歧途，既誤其本身前途，亦遺害於國家民族以及世界和平。本院竊願以發揚中國傳統的人文主義精神與和平思想為己任，並領導青年學生循此正規以達救己救世之目標。

二、香港在地理上與文化上皆為東西兩大文化世界之重要接觸點，亦為從事於溝通中外文化，促進中西瞭解之理想的教育地點。自大陸流亡出國之青年與海外一千萬華僑之子弟，正為他日天下一家、世界大同理想之良好的負荷者。本院竊願本此宗旨，以教育此無數純潔青年，使其既知祖國之可愛，亦知世界大同之可貴。

三　系別與課程

一、計劃院系　本院自始即依上述旨趣設計未來發展之規模及院系，現雖格於事實未能一一具體實現，然此計劃則仍為本院一貫努力之目標。計劃中之院系為：

第一院：文哲學院，分文學、史學、哲學教育等系。

第二院：商學院，分經濟、商學等系。

第三院：農學院，分農林、園牧、農業經濟等系。

在擬議計劃中，各院之上有分科研究所，以便教授及高年級學生作專門性質研究。農學院之下，附設試驗農場一所，便於該院學生實習及教授研究實驗，並藉以養成青年異日實際擔任中國農村經濟建設之能力。此外尚擬設完全中學一所。

二、現設系別為：

（一）文史系　內分：中文、外文、中史、外史四組。系主任錢穆。

（二）哲學教育系　內分：哲學與教育兩組。系主任唐君毅。

（三）經濟學系　系主任張丕介。

（四）商學系　內分：商業管理、國際貿易、銀行、會計四組。系主任楊汝梅。

（五）農學系　第一年開設後，因附設農場未能設立，教學實習感有不便，中停。

（六）新聞社會系　內分：新聞組與社會組。第一年開設後，因現有校舍不敷分配，亦暫停。

三、課程　本院各院系課程之選擇原則，一方面參酌中國教育部所頒大學課程之規定，一方面顧慮海外社會客觀環境，但同時又須適合本院教育理想，故與一般公私立大學所開課程名目及各課程之內容，顯有出入（課程詳目另列），唯其基本特點可概括如下：

（一）注重各系（一、二年級）共同之基本課程，培養健全之思想基礎，故哲學、史學、心理學、社會學、經濟學、語文學等課程所佔時間較多。

（二）專門性質及技術性質之課程，自三年級開始，注重學生自修與導師之個別指導，故上課時間轉較一、二年級為少。

四　教授與學生

一、教授　本院教授之中一部份，為本院之創辦人，其在國內大學任教時間有長及三十年者，有十年二十年者不等，率為抱有甚高教育理想與熱心，而自動願為新亞書院盡其責任者。觀其簡單履歷即可證明此點（見附表）。

二、學生　新亞書院二年有半之時期中，學生數量不多（一九五二年春季註冊正式生四十二人，試讀及旁聽生十五人），而甚富於流動性。究其原因，蓋在於：

（一）新亞書院所懸之理想，本有異於一般學校，而此則不易為一般社會所理解。

（二）時代特殊，青年往往不能久留香港，或由於家庭經濟困難無力續讀，而致中途退學。

（三）非常局面中，各地出入境限制綦嚴，南洋僑生及臺灣學生來港者諸多困難，而大陸上青年又被嚴格限制，禁止出境。

（四）本院初創，規模與設備皆嫌不足。

有此四因，遂致來學者有限，而輟讀者不絕。但自一九五一年起，漸見穩定。

五　文化講座

香港向為商業社會，文化空氣比較稀薄。然自民國三十八（一九四九）年起，各地智識份子先後來港者日多，其中多為社會各階層之中堅份子，對思想與智識之要求，且較一般青年為急切。本院為適應此一需要，特設立一自由的學術講座，邀請各方面專家，作有系統的學術講演，每週一次，免費招待聽講。所講範圍，涉及整個人文科學、社會科學之各部門，聽講者亦至為熱心。自一九五〇年冬季至今，已先後舉行七十餘次，甚獲聽者歡迎。此類人士之思想與態度，頗能深刻影響一般社會與下代之青年，故其意義之重大，有非文字與數字所能代表者。

六　新亞夜校

此係本院哲教系學生所發起，以推廣民眾教育為目的，並藉以增進教學之實際經驗。此係夜校性質，利用本院午後空隙教室。服務於夜校之本院學生，全為義務工作。夜校收費極微，低年級學生則全部免費。現有學生八十餘名。

七　經濟情形

本院經費，主要來源於董事會之捐募，其次為學生所繳之學費。後者平均每月約為港幣乙千元左右。

本院創辦之初，所有校舍之租賃及教學設備之購置，全係熱心教育之社會人士所慨捐。

本院開支，平均每月各項總數為四千六百餘元。計

一、房　租	一、三一五元
二、教　薪	二、一〇〇元
三、職　工	四〇〇元
四、圖　書	二〇〇元
五、什雜修繕	四〇〇元
六、辦　公	二〇〇元

惟事實上，以上各項皆遠在應有水準之下，但以限於事實不得不盡量緊縮而已。例如本院教授皆無固定之專任薪水，而只支上課之鐘點費，每小時七元五角。院長及系主任等職務，皆不另支薪。每教授平均每週上課四至八小時，其收入才達三〇—六〇元，全月收入不過一二〇—二四〇元而已，與香港生活需要比較，實僅及四分一至二分一之數。

八　希望

本院為貫徹其所標舉之理想，及所負之時代責任，對現有物質條件及經濟情形，當然極感不足，故甚望今後能有適當之改進，其最重要之希望為：

一、相當規模之自有校舍——至少應有教室八大間及圖書館一所。

二、教師必需之各種參考書及學生用書。

三、教授薪給應照香港最低水準，每教授每月之待遇應提高至五—六〇〇元。

四、設置大量清寒學生獎學金（現有獎學金十七名，不敷分配，而來學者又多係流亡清寒青年，此項獎學金如能擴充至一百名，則今後學生人數必將大為增加）。

五、擴大文化講座　本院舉行文化講座七十次，皆由主講人義務擔任。今擬對主講人送給講演費，並在港市中心地點，每週舉行文化講演二次，以便聽眾廣泛參加，提高港市一般社會對學術文化之認識。

九　展望與感謝

本院懸高遠之教育理想與計劃，而所有之物質條件則自始卽極端困難。二年半以來之草創建設，莫不賴社會各方面熱心人士之贊助與本院各教授及學生之努力支撐。此雖與本院所想望者相距遠甚，然有此初步基礎，亦足資鼓舞吾人矣。如現有校舍之設置，全出於王岳峯先生獨力之捐贈。而未來新校舍之建設，亦有賴若干文化友人之協助。此吾人所不能不深切感謝者也。

本院已開課程表

文史學系中文組

各體文選、英文、哲學概論、政治學、經濟學、社會學、理則學、中國通史、中國學術思想史、中國文學史、國學概論、中國文化史、西洋通史、經子選讀、文史選讀、莊子、史記、論語、孝經、孟子、荀子、中國文字學、散文選讀及習作、詩詞選讀及習作、人生哲學、倫理學。

文史學系外文組

各體文選、英文、哲學概論、政治學、經濟學、社會學、理則學、中國通史、英國文學史、英文散文選、西洋通史、中國文化史、國學概論、作文與會話、英國小說選、英文名著選讀、西洋哲學文化思想史、英國詩歌選、英國戲劇選、莎士比亞、英文速記、英文打字、英文通訊。

文史學系歷史組

各體文選、英文、哲學概論、政治學、經濟學、社會學、理則學、中國通史、西洋通史、國學概論、中國學術思想史、倫理學、人生哲學、中國文化史、西洋哲學文化思想史、西洋近代政治史、秦漢史、中國政治史。

哲學教育系哲學組

各體文選、英文、中國通史、哲學概論、政治學、經濟學、社會學、心理學、理則學、國學概論、倫理學、西洋哲學、西洋通史、中國哲學名著選讀、論語、孝經、孟子、荀子、人生哲學、中國文化史、現代哲學、中國學術思想史、西洋教育思想史。

哲學教育系教育組

各體文選、英文、中國通史、教育概論、心理學、理則學、政治學、經濟學、社會學、西洋通史、國學概論、中國文化史、倫理學、人生哲學、哲學概論、西洋哲學文化思想史、中國教育史、西洋教育思想史、統計學、中國學術思想史。

經濟學系

各體文選、英文、經濟學、中國通史、哲學概論、社會學、政治學、心理學、理則學、倫理學、西洋經濟史、經濟地理、貨幣銀行學、會計學、西洋通史、中國文化史、中國經濟史、西洋經濟思想史、西洋經濟學名著導讀、統計學、財政學、國際貿易、經濟政策、中國經濟問題、土地經濟學。

商學系

各體文選、英文、經濟學、中國通史、哲學概論、社會學、政治學、心理學、理則學、倫理學、西洋經濟史、西洋通史、貨幣學、銀行學、會計學、中國文化史、中國經濟史、統計學、財政學、國際貿易、經濟政策、中國經濟問題、銀行會計、成本會計、審計學、國際滙兌與金融。

本院教授簡歷

錢　穆　曾任北大、燕大、西南聯大、川大、雲大、齊魯、華西、江南、華僑等校教授，著有先秦諸子繫年（商務）、中國近三百年學術史（商務）、國史大綱（商務）、中國文化史導論（正中）等。

唐君毅　曾任川大、華西、中大、江南、金大、華僑等校哲學教授，著作有中西哲學之比較（正中）、道德自我之建立（商務）、人生之體驗（中華）、人類文化道德理性基礎（理想與文化社）。

張丕介 德國經濟學博士，曾任南通學院、西北農學院、貴州大學、政治大學、中國地政研究所教授、系主任、院長等職。著有土地經濟學導論（中華）、經濟地理學導論（商務）、墾殖政策（商務），並譯有國民經濟學原理（商務）、土地改革論（建國）等。

衛申父 曾任南高、中大、北高、交大、燕大、政大等校教授及復旦銀行系經濟系主任，著有南美三強利用外資興國事例（商務）、中國今日之財政（世界）、中國財政制度（文化服務社）等。

楊汝梅 美國密歇根大學經濟學博士，歷任上海、暨南、光華、交通、滬江等大學教授。

余天民 國立北京大學畢業，留學日本東北帝大及東京帝大專門研究四年，歷任各大學教授及國立中央研究院祕書，兼專任研究，暨商務印書館特約編輯等職。

余協中 美國考爾格大學碩士、哈佛大學研究生，曾任南開大學教授、河南大學文史系主任、東北中正大學文學院院長，著有世界通史。

孫祁壽 美國州立華盛頓大學碩士，曾任國立西北大學、中央政治學校教授。著有中國貨幣制度（英文）、地方財政學大綱（南京書店）。

羅香林 清華大學研究院畢業。曾任中山大學教授、廣東文理學院院長，現在香港大學及本院教授，著有唐代文化史研究（商務）、國父家世源流考（商務）、顏師古年譜（商務）、客家研究導論（希山書藏印日本文有二種譯本）、中夏系統中之百越（獨立出版社）、國父之大學時代（獨立出版社）、本國史三冊（正中書局）、劉永福歷史草（正中書局）等。

曾克耑 曾任上海暨南大學教授，著有詩詞選集。

趙　冰 美國芝加哥大學政治學士、哥倫比亞大學外交碩士、哈佛大學法律學士、英國倫敦大學哲學博士、牛津大學民律博士、Inner Temple 英國大律師、國立廣西大學教授、國立湖南大學教授、國立政治大學教授、華僑大學教授。

任　泰 清華學校畢業、美國渥卜林大學學士、哈佛大學研究員，曾任政大教授、貴大教務長，著作有英文詩集、長恨歌英譯、生之原理英譯。

劉百閔 日本法政大學畢業，曾任國立中央大學、中央政治學校、復旦大學、大夏大學教授，著譯有中國行政學（中國文化服務社）、中國行政法學（中央政治學校講義）、儒家對於德國政治思想之變遷（商務印書館）、日本政治制度（日本研究會）。

徐澤予 美國哥林比亞大學畢業，管理碩士，曾任紐約新社會科學院特約講師、亞洲學院訪問教授。

凌乃銳 比國布魯賽爾大學畢業、英國倫敦大學哲學博士，曾任國立西北聯合大學、四川大學、復旦大學教授，現應聘赴美國任 Notre Dame 大學教授。

告新亞同學們

一九五三年三月

新亞書院是從流亡窮窘中創辦的一所學校，從第一半年的亞洲學院起，到第二半年正式改名新亞書院，直到今天已整整三年有半了。教授拿不到薪水，學生繳不出學費，學校的校舍和設備，也永遠如是般簡陋。去年夏，開始有着第一期三位學生畢業了，我那時正負傷養病在臺中，曾寫過一封簡短的信勉勵我們三位畢業生。我信裏說：「我們學校，由苦難中誕生，由苦難中成長，還將在苦難中向前。我們是有我們的理想。」我勉勵他們莫要怕當前所遇的苦難，更不要忘將來所有的理想。

我記得有一次，和幾位關心我們學校的朋友談起我們學校的困難。有一位朋友說：「新亞是該如此般困難的。因為你們是一所抱有理想的學校。要到社會漸漸瞭解你們的理想，漸漸接近你們的理想了，那纔是你們學校有光明的前途了。你們學校的困難，正是你們學校所抱負的理想自己帶來的一種信號或憑記。你們的理想一日不發揚，你們的困難，也將一日不解除。從來在文化學說上，抱有理想的個人，他們的處境，不也同樣在困難中奮鬥嗎？否則又何為有所謂道窮之嘆呢？」

那位朋友這一番話，時時銘記在我的心中，至今已快三個年頭了。我愈想他的話，愈感得有理。

從前范文正嘗說：「士當先天下之憂而憂，後天下之樂而樂。」其實你若眞個先天下之憂而憂，你必然會後天下之樂而樂。理想的本質便是憂與困。任何一理想，無不在其內心藏有憂，在其外境遇有困難的，否則便不是理想。我們常抱着這信念，所以對我們學校這三年有半的種種困難之壓迫與打擊，我們也就夷然處之了。

我再正告此刻來新亞求學的一輩同學們，你們不也正在憂與困的處境中求學嗎？當知憂與困也即是人生之本質。你若怕有憂，你若怕遇困，你會不懂得什麼是理想。理想正是面對着憂與困而來。理想便正要在憂與困裏打開一出路。你懂得面對你自己的憂與困，你便會產生你自己個人的理想。你懂得面對社會大眾的憂與困，你便會產生對社會大眾的理想。你懂得面對國家民族乃至世界人類的憂與困，你便會產生對國家民族乃至世界人類的理想。在面對此種種憂與困中有學問，在面對此種種憂與困中有智識，因而有理想，因而有事業。深言之，這纔因而有人生呀！不懂得面對此種種憂與困，試問那裏來學問，那裏來智識，那裏來理想？深言之，這又那裏是人生呢？

我們新亞教育的理想，一向標榜說，是一種「人文主義」的教育之理想。人文主義也正面對人生的種種憂與困而來。你們此刻懷挾了自己種種的憂與困，來到這學校，這學校卻是十足地在憂與困中創造成立和掙扎前進的學校。我希望你們由於自己的憂與困，進而瞭解學校之憂與困，由是再進而瞭解社會大眾國家民族乃至世界人類之種種憂與困，這裏便是你們所該求的眞學問，這裏便是你們所該有的眞智識。你們有了這樣的學問與智識，你們自會有理想，你們自會有理想的人生。

有了更多理想的人生，纔會有理想的社會。理想的社會在我們面前了，我們的學校也纔會有光明，這是三年前我的朋友所告訴我的那番話，我此刻再把來轉告我們關心自己前途和關心學校前途的一輩同學們。

同學呀！我們是在憂苦中誕生，我們是在憂苦中成長，我們還該在憂苦中前進呀！

敬告我們這一屆的畢業同學們

一九五三年七月

我們這學校，創辦到今，足足四年了。這一學期終了，我們將舉辦第二屆的畢業生典禮。但同時這一屆的畢業生，是我們創校以來開始招收的新生，卽是在我們學校從頭修足四年學程的第一批畢業生。我願借校刊的篇幅，乘便向我們這一批畢業同學講幾句話。

我們學校之創辦，是發動於一種理想的。我們的理想，認為中國民族當前的處境，無論如何黑暗與艱苦，在不久之將來，我們必會有復興之前途。而中國民族之復興，必然將建立在中國民族意識之復興，以及對於中國民族已往歷史文化傳統自信心復活之基礎上。我們認為，要發揚此一信念，獲得國人之共信，其最重要的工作在教育。所以我們從大陸流亡到這裏，便立刻創辦了這學校。

這四年來，外面由於時局之動盪，內部由於經濟之困竭，我們能把這學校，維持於不輟，我們算已盡了我們最大之努力。從教授方面說，四年以來，始終其事的，此刻只賸張丕介先生、唐君毅先生和我三個人。由同學方面說，我們第一屆新生共有八十多個人，但修完此四年學程，這一次在此接受畢業證書的，恰恰只是十分之一的數額。這正可說明我們學校內部之不安定，因此也使我們四年來所抱的理想，未能如預期般獲得我們應有之成績。

但我們的教授，離我們而去的，實在是由於種種之不得已。直到今天，在我們學校授過課的先生們，每一人都把他們的人格和熱忱，以及其自身之學詣，留給受教者以不磨之影像與不斷之回憶。這在我們這一屆畢業同學的心中，必會承認我此說。而陸續新來的教授們，也無不是抱着同一的熱忱與信心，履行着同一的犧牲與艱苦，而來支撑此學校，這已給此刻在校同學所共同認識了。

我因衷心感佩我們學校先後諸教授之那一種共同的精神，我不能不更深切地希望於本屆畢業同學之將來。所謂學校的理想，最具體的表現，即表現在同學的身上，尤其是表現在畢業同學的身上。我們該切實反省，我們這學校之四年，究有些什麽成績呢？最具體的答案，便是看我們這些畢業同學吧！

我對於這一屆畢業的同學們，我實在帶有一種無限的悵惘與惜别。這一輩同學在學校，應該是深深瞭解我們這一學校四年來艱苦困難的一切的。他們把他們自己畢生的前途，信仰於我們學校，而追隨着學校之理想而前進。但我們究竟給與了他們些什麽呢？他們此刻將離開此學校，在學校立場言，實在感到對他們還是負擔着一種無盡的責任。

我曾經不知多少次告訴我們的同學，這一學校之精神。要我們同學也一樣自覺地，自動地，和我們學校的教授們，來共同分擔此一責任。這一屆的畢業同學們，若能深切體味我這一番叮囑，不僅為他們自己，為我們學校，為此一共同之理想，為整個中國民族之前途，他們這一責任是只能算開始肩擔上，並不是說已開始完成了。

若我們學校，眞能把這一種責任之自覺的自動的精神，眞確地已交付與我們這一屆畢業的同學。我想，我們學校雖因種種艱苦困難，沒有善盡我們的責任，但至少我們所要盡的最主要最基本的一個責任，我們算已盡到了。

我們這一輩同學們，若他們果能把四年在校所薰染到的這一種精神，繼續自覺地，自動地，離開了此學校以後，仍能不顧一切艱苦困難，繼續地向前努力與奮鬥。我想，他們在校四年之所得，縱使很低淺，很微小，但只此一點精神，已夠得他們珍重地保持，與勇敢地信任了。

有時我常如此想，而且也時常和人坦白說，我們學校，其實什麼也值不得自己自慰，什麼也值不得他人重視。只我們這四年來，眞實地在艱苦中掙扎，儘艱苦，卻沒有放棄我們這一份掙扎之努力，只有這一些，我們這一輩畢業的同學，是確切地見到了。我還願鄭重地提出，來作我們臨別之贈言。

但我得再正告我們這一屆畢業同學們，艱苦不足以增進任何的價值。因於理想而招來的艱苦，那纔有價值。我願我們大家認清這理想，來面對這艱苦。再從艱苦中掙扎出來，實現光大我們的理想。

我親愛的這一屆畢業同學們，你們該抱持理想，無視艱苦！你們該在艱苦中完成你們的理想！我們學校四年教育所想送給你們的，只是這簡單兩句話，盼你們誠懇而勇敢地接受，堅忍而篤實地來走向你們該走上的大道吧！

新亞精神

一九五四年二月

同學們的校刊，久已編好了，要我寫一篇短文，但我時時生病，總沒有精神提筆寫。此刻無可再待，只有勉強地寫幾句。

我們有一可喜的景象，只要同學們一進新亞，總像覺得新亞眞是另有一種精神似的。而且這一種精神，確也為全體同學們所愛好。因此在我們同學們的口頭，總喜歡說到「新亞精神」。在我們同學們的筆頭，也總喜歡寫到「新亞精神」。

但若我們進一步追問，究竟什麼是我們所謂的「新亞精神」呢？這大家苦於沒有一確切而具體的回答了。

本來所謂「精神」，是看不見摸不到的。若要具體而確切地指說什麼是我們的所謂「新亞精神」，總不免反而要覺得不恰貼、不完備。所以，我們覺得像有這一番精神是對的，而我們苦於說不出這一番精神究竟是什麼，這也是對的。我們只能在我們內心，覺得有這麼一回事，便夠了。

但我們在自己內心的要求上，又總覺得不肯卽此而止。我們總還想能具體而確切地指說出來，我們的所謂「新亞精神」，究竟是一種什麼的精神呀！因此，我也想趁此機會，在這期校刊上，來述說我個人的一些意見，供同學們討論。

我想所謂精神，總是針對着某種物質而說的。總是依隨着某種物質，而指其控制、運用和期望其能有某種的表現和到達某種的理想而說的。

即就眼前事舉例，譬如我病了，而不能寫文章，便說我沒精神。儻使我能扶病寫上一萬兩萬字的大文章，大家必會說我的精神特別強。可見精神只是指的那憑藉現實來運用而有所作為的，那一種經過與表現。

借此我們可來解釋「新亞精神」那句話。新亞的經濟，是如此般困乏，設備是如此般簡陋；規模是如此般狹小，一切的物質條件，是如此般不成體統，但我們並不曾為這些短了氣。我們卻想憑藉這一切可憐的物質條件，來表現出我們對教育文化的一整套理想。這便見是我們新亞的精神了。

再說到同學們，十分之九是在艱苦中流亡，饑餓線上掙扎的。縱使有家庭，也多半是極窮困。至於隻身流亡的，更不必說。在那樣的環境下，還能有志上進，努力進學校。一到新亞來，雙方在同一精神下，宜乎更容易認識所謂「新亞精神」，更容易愛惜珍重那一種「新亞精神」了。

但如是說來，所謂「新亞精神」，是不是僅是一種喫苦奮鬥的精神呢？我想，喫苦奮鬥，在我們的精神裏確是有。但我們的精神，卻並非喫苦奮鬥一項便能包括了。

何以呢？我們該自己想，就學校目前的物質條件說，我們本可不必來創辦這一所學校的。就有些同學們的經濟情况說，他們也可不再立志進大學求深造的。可見那些所謂喫苦奮鬥，是自己招來的。這便是所謂自討苦吃了。但為何而要自討苦吃呢？這一問便轉問到另一方面去。

當知有些人，所以要自討苦吃的居心和動機，卻並不純潔，並不偉大的。因此，自討苦吃固然也見得精神，但那種精神，卻不一定有價值。即如我，若能扶病寫出一萬兩萬字一篇長文章，那自然要精神，但那篇文章不一定是好文章。若是文章不好，別人卻會說是在浪費精神呀！

由上所述，可知所謂「新亞精神」，決然應該另有一番更深的意義，而非僅僅指的是吃苦奮鬥那一事。不過在吃苦奮鬥的過程中，更易叫我們體認得這一番精神之存在。但我們也不該便認為我們的精神只在這上面。

讓我再重複地說一遍：我們今天的處境，正如拖着一個久病的身體，但偏要立意寫一篇文章，而且是一篇好文章。我們此刻正在扶着病寫，我們更想把此寫文章的一番努力來扭轉這病狀，那非是有一段精神不可的。此一段精神的價值，反面映出在他的身體之有病，正面則決定在他所寫的文章本身的價值上。只要他所要寫的文章有價值，不論有病無病，他那一番寫文章的精神總是有價值。若使他所要寫的文章本身無價值，則不論他有病無病，他所花在寫這篇文章上的精神，也同樣無價值。

於是我要請我們新亞的同學們，你們該更深一層地來瞭解我們所以要創辦這一個苦學校的宗旨與目的！你們也應該更深一層來反問，你們自己所以不辭窮困艱辛來到這所苦學校的動機與理想。

你們現在只在模糊中覺得有此「新亞精神」之存在。我盼望你們能繼續深入地把此一精神鮮明化、強固化、具體化、神聖化，大家在此一個精神下，不斷努力地上進。

附錄　校聞一束

本院完成登記手續

一九五三年，香港教育界第一件榮耀的事，也就是我們書院四年來艱苦奮鬥的結果產生了。一九五三年七月七日，本院經由香港政府公司註册官，依照公司條例第三十二章，頒發登記執照。並於同年月日，經由香港總督依照公司條例第三十二章第二十一條規定，授權公司註册官，在登記執照內取消「有限公司」字樣。這正如我書院董事長趙冰大律師所說：「英國法律規定，純正的教育事業，必須依公司法登記。經過這層登記，再經當地最高當局特免『有限公司』字樣，即成為『法人』，以示其與『商人』有別。反之，如係『以營利為目的』之學校，卽不必辦此手續，但須到工商署登記，並繳納營業稅，那就是為社會所非笑的『學店』了……。」在前年夏天，香港政府通令港九各校到工商署登記之後，我們這一貧如洗的書院，始終不甘被目為學店，乃決定向法院請求登記。經法院一年來的詳細調查之後，證明確是純正的教育事業，始得完成登記手續。

校歌之誕生

在本院第二屆畢業同學將要畢業之際，新亞校歌便在院長的興奮感慨中誕生了。錢院長首先把歌詞拿到張丕介先生的房裏，用抑揚頓挫的聲調朗誦，張丕介先生的頭也就跟着按節拍地搖動起來。一天之後，便得黃友棣教授的熱心，給校歌作了譜。於是大家在教室內莊嚴和穆地唱起來了。這是我們的校歌，也是我們師生每一個人的心聲。

第二屆畢業典禮

前學期（一九五三年度下學期）大考後的第四天（七月十一日）下午四時，第二屆畢業典禮在青山道的陸軍華員俱樂部舉行了。肅穆的會場裏，坐着三百餘人。其中除教授同學及同學家長外，計來賓有珠海書院院長唐惜分，香港大學教授羅香林、劉百閔、饒宗頤，人生雜誌社長王道夫婦，主流月刊社長羅夢册夫婦，中國學生周報社長余德寬夫婦，美國耶魯大學教授盧鼎，基督教信義會牧師胡雅各，山東信義會總監督袁柏定，香港宣道會牧師白克等等。

錢院長在同學們唱完了他自己新作的校歌後，穿着一件綢長衫，微笑地站在臺上，開始說他要說的話。他的語調一忽兒激昂，一忽兒沉重地在感謝社會關心人士在精神上之鼓勵與物質上的幫助，在訓勉在校同學，在希望畢業同學，能繼續不斷地把「新亞精神」傳播到世界的每一個角落去。現在九位畢業同學都已投身於各種事業之中，從他們的精神和成績看，他們確是不負母校的教育和期望，同時也做了將來畢業同學的好榜樣。

全校學生人數

我們學校的人數一學期比一學期多了。記得在二年以前，全校學生曾一度減少到不到半百之數。但是，上學期的人數已增加至三個學期以前的二倍以上——一百一十一人。上學期中，離校生有十六人，而新生及插班生共三十六人。全校人數的分配：文史系五十九人，佔第一位；哲教系十七人，經濟系二十四人，商學系十一人。

同學服務

學校裏無論大小事情，一概由同學自己辦理，這是新亞的特色，也是新亞的傳統。上學期服務同學分為四組：(一)註册組：胡栻昶、雷一松、羅球慶。(二)抄錄及講義組：陳建人、胡詠超、郭大暐。(三)清潔組：王健武、蘇慶彬、徐子貞、錢其瀚。(四)收費記賬及代售書刊組：姜善思、劉秉義、馬德君。除此四組同學外，還有不固定服務性質的同學多人為學校服務。因為大家把學校作為自己的家，所以做起事來，非常認眞而熱心。這也是證明教育理想與實踐的密切關係，的確是非常重要的。

同學學術講演

我們的同學講演會自一九五〇年創辦至上學期開始，共舉行過六十六次，上學期又舉行了十次，講題如下：

第六十七次　蕭世讜　杜威與中國思想
第六十八次　列航飛　中國社會的展望
第六十九次　楊　遠　新聞與特寫
第 七 十 次　羅　拜　罪惡之贖價
第七十一次　黃祖植　我的新詩順反法
第七十二次　趙黎明　中國基督教的發展史
第七十三次　王正明　怎樣講演
第七十四次　黃祖植　詳談新詩的作法
第七十五次　唐修果　略論土地改革
第七十六次　劉秉義　論中國工業革命

國慶校慶

「國慶」那天，也就是我們「校慶日」，大教室裏擠着一百多人。錢院長在致詞中曾說：「我們的理想不妨高，但是我們應從低處着手。這樣我們的大事業才能成就，大學問才能成就。」

除夕晚會

新曆年的除夕，同學們發起了一個聯歡晚會。錢院長在擠着一百二十多人的肅穆的會場中，用沉重的語句，再三的叮囑我們：物質條件的改善不一定能把「新亞精神」發揚光大；反之，物質條件的改善還可能阻礙了「新亞精神」的發揚光大。我們應永遠記着校歌裏的「手空空，無一物，路遙遙，無止境……」，珍重我們的新亞精神。

新亞五年

一九五四年七月

新亞書院的創辦，開始是以亞洲學院辦夜校半年，而正式轉變成新亞，到今年夏天，足足五整年了。若我們要問一句，這整整五年的新亞，究竟有了什麼成績呢？今天的新亞書院，在此五年過程中，究竟有多少進步呢？這一問題，卻值得我們新亞的師生們，時時警惕，把來問我們自己。但很慚愧，實在我們是並無多大成績和多大進步可言的。若說有成績，我常常和我們新亞師生們說：「我們唯一的成績，只有在此五年的艱苦奮鬥中，沒有把學校關門停閉，而依然支撐著，到今年，仍有這一新亞書院之存在，這是我們唯一的成績了。」似乎外界的人，也逐漸瞭解我們學校之艱困，因於我們之艱困而依然能支撐著，五年來依然有此一學校之存在，於是由瞭解而給與同情了。外界所瞭解我們，同情我們的，我想簡單說一句，也只是同情我們這五年來的艱困吧！也只是同情我們這五年來之雖艱困而仍是奮鬥不輟的那番精神吧！我們除卻在此五年來艱困不輟的一番奮鬥精神以外，試問還有什麼成績可說呢？

一個學校的成績，有些是具體可指的。新亞這五年來，永遠在艱困中。校舍是如此般侷促而簡陋，圖書是如此般稀少而缺乏，教授們永遠沒有正式的薪給，老抱著一種犧牲的精神來上堂。學生們大多數交不出學費，半工半讀，老掙扎在饑餓線上來校上課，而且是愈來愈窮了。他們憑藉這學校幾堂課，來作為他們目前生命唯一的安慰，作為他們將來生命唯一的希望。在此一種極度的窮窘困頓之下，不期然而然的，叫出一句口號來，說是「新亞精神」。所以我常說：新亞精神，老實說，則只是一種苦撐苦熬的精神而已。只有這一種精神，是新亞師生所大家瞭解的，若更進一步深求之，怕就很難細說了。

學校應像是一個有機體，它應隨着時間之進展而進展，隨著年代之長成而長成的。這五年來的新亞書院，正如一嬰孩，呱呱墮地，他該在幾個月的母奶營養之後，能站起了，能行走了，在他生命的逐年長成中，他的能力日新月異，他需要的營養，也該隨時增添。但新亞本已是先天不足地降生了。它自降生以來，迄今五年，母親的一雙奶，永遠像涓滴欲絕，從沒有讓他喝滿一口的。僅夠他不餓死，沒有給他逐年長成必需的條件。因此，五年來的新亞，實在是無何成績可言，無何進步可說，只維持得一照常的存在。其實存在便該是進展的。沒有進展的存在，只是一種病態的、不健旺的存在呀！

去年夏，因於美國耶魯大學盧鼎教授之來港，他回國後，遂有耶魯大學之雅禮協會與新亞合作之提議。雅禮協會在中國，有一段悠長的教育事業，此刻中止了。他們董事會決議劃撥一部分經費來助新亞，那在中美教育文化合作事業上，是一件特殊的事。一則並不是雅禮協會方面來自己創辦一學校，二則也不是雅禮協會捐撥新亞一筆錢就完了。那是在兩者間，對於中美雙方各自的教育文化事業有着幾點理想與意見之相契，而試做一種長期的合作。此刻就我們本身講，一面該檢討我們這五年來經過中之所謂成績與進步，而有我上述的反省。一面該對我們最近之將來，有一些新的展望與打算。

我們平常總在想，經濟太艱困，一切無法進展，這誠然是不錯。但我們也該知，一切事，尤其是教育，並不是有了經濟便有辦法的。新亞這五年來，經濟誠然是艱困，但我們之所缺，並不專在經濟一項上。我們常說的新亞精神，究竟除卻在經濟艱困中奮鬥不輟之外，還該有其更深更大的意義。否則，有了經濟，豈不就沒了精神嗎？

精神如生命，經濟如營養，營養不就是生命。我們並不能認為獲得了營養，即是具有了生命。營養可以外求，生命則是內在的。外面幫助我們，也只限在一些物質的營養上，我們卻萬不該只在營養上打算，而忽略了所要營養的生命之本身。

我們新亞的生命，由於這五年來之營養不良，而顯然地有一些病態，這是不必諱言，而且該時時警惕的。但我們這五年來，縱然營養不夠條件，不合理想，到底我們還保育了一條生命。我們當深切地認識，我們的生命是什麼呢？

我更願提醒大家的，我們千萬不要認為學校經濟有了辦法，而賦以過分的欣喜。當然，在五年長期艱困中，一旦經濟有辦法了，該有一番欣喜的。譬如一孩子，長在饑餓線上掙扎，一旦獲得食料，解除了他的饑餓，這是該欣喜的。但孩子的生命，並不專為穿衣與喫飯。我們當知，生命的價值，決不在衣食上。我們只希望，在於我們免除了饑餓，來尋求與完成我們更有意義、更有價值的生命。因此，我們只希望，在較少的經濟下來完成較多的事業。

其次我們當警惕的，一個生命之長成，有它客觀的、必然應有的奮鬥。不是衣食問題解決了，便是生命問題一切解決了。我們當時時回想，當永遠記住，我們在此五年中，經濟極端困竭，依然有一個新亞書院之存在，依然有一種新亞精神之呼號。經歷了五年的苦鬥，獲得外面人同情，經濟纔有一出路。可見一切事，要向理想邁進，不是可以一呵便成的。我們該以較長的時間，來完成我們較眞的理想。

所謂較眞的理想，是有實質、有內容、有意義、有價值的。這是一種本身內在的。這一種較眞的理想，必然須在較長的奮鬥中完成而實現。換言之，這需有一段更長的進程的。所以今天學校經濟有一些辦法了，只是學校開始走上了長期奮鬥的路程，並不是說這一段奮鬥路程，因於經濟有辦法而完成了、終止了。

只要有理想，必然須奮鬥。只要須奮鬥，必然是艱苦的。而且必然要有一段長時期的過程的。若不必要經歷一段長時期的艱苦奮鬥歷程而可垂手而獲的，這便不成為理想。無理想，也便是無精神。所以若要保持我們五年來大家珍惜呼號的所謂「新亞精神」，則莫忘我們五年來艱苦奮鬥的歷程。當知，縱然經濟有辦法，那種長期的艱苦奮鬥，則以後必然和以前並無二致的。或許會愈向前愈加艱苦的。否則，一定是失卻了它原有的精神了。

我常提醒大家，我們學校，不僅將教導來學者以許多的知識，更要在給與來學者以一番人生之眞理。學校譬如一大生命，我們師生是個別的小生命，我們要在完成大生命中，來完成我們各自的小生命。我們要貢獻我們各自的小生命，來完成此一大生命。

所以，要說新亞有成績，這五年來的艱苦奮鬥，便是它唯一的成績。因為艱苦奮鬥，也卽是人生中一條顚撲不破的眞理。大家莫誤會，以為物質經濟條件能解決了，便可不再需要艱苦奮鬥了。當知解決物質經濟條件，只是讓我們正式走上更需要艱苦奮鬥的人生大道上去。正如一個人，喫飽穿暖了，豐衣足食了，還知有他向前奮鬥的路程，而肯不顧艱險地向前，那始是人生更進一步的奮鬥，也是人生更進一步的理想。

然則，此後的新亞，它應該有的進步在那裏呢？我想，只有在更進一步的奮鬥上，只有在較之此五年經過更進一步、更艱苦的奮鬥上。

同學們，你們若能確切明白了我上面所說的一番話，你們將會更進一步認識所謂「新亞精神」了。

歡迎雅禮協會代表講詞摘要

一九五四年四月三日

這次我們兩方——新亞與雅禮——的合作該是中美文化合作的新紀元，也該是中西文化合作的新紀元。這次合作，在精神上與方式上，都是革命性的創舉，和過去的一般合作前例不同。

西方的宗教團體或社會團體，派人到中國來辦學校，拿錢到中國來支持這類事業，這是我們最習見的中西文化合作方式。有名的幾所教會大學，都是這樣辦起來的。很多中國青年在這類學校裏接受了近代西方文化的洗禮，他們對於中國的貢獻誠然是很大的。但在這一方式下辦起來的學校，是純粹西方式的學校，學生們對中國傳統的固有文化，卻很少認識，有時甚至很錯誤的反對自己的文化。這一點對中國近代思想的影響是非常有問題的。

中國要現代化，就必須學習西方文化，尤其西方的科學與民主。這是不錯的。但中國要能在世界上站立得起來，成一個獨立國家，要有一種精神上的自信心，那還需要了解自己的文化，自己的歷史，自己的社會，自己的優點和特點。我們原是有這一切的，為什麼我們不尊重自己、發揮自己？為什麼既要獨立，又不肯保持自己的文化？

當然，這種舍己從人的教育，不單是西方人在中國辦的教育為然，連中國政府自己辦的學校也有同樣情形。在無條件西化之中，又偏重於唯物主義的結果，就是今天中國大悲劇的根本原因。

新亞書院的宗旨，就在於挽救這一文化的危機，就在於要中國的青年重新認識自己的文化，從這上面培養起我們所必須有的獨立精神。而且只有如此，中國文化才能成為世界文化的一部份，被他人所尊重。發揚中國文化，溝通中西文化，以豐富世界文化，這是我們新亞要負起的責任。

我們這次與雅禮合作，正憑上面這一宗旨。雅禮的代表盧鼎先生曾再三稱道我們所特有的精神，我們的學規二十四條，認為和他們的教育宗旨相吻合。兩個學校的合作，實在就是以這一點為基礎。它們有相同的教育理想。

經過這幾天我與雅禮協會代表郎家恒先生的坦白交談，我們的合作原則很簡單，但非常鮮明。我現在所能宣佈的是：

第一、雅禮尊重新亞的教育宗旨和計畫，並希望我們以後還是照舊的繼續保持下去，力求發揮與貫徹。

第二、新亞接受雅禮的經濟協助，來實現雙方的目的：新亞辦中國式的教育事業，雅禮協助中國青年獲得良好的教育。

這是中西文化合作史中的新紀元。這也是一個非常有趣的合作事業。一個世界上最古的文化，和一個世界上最青年的文化；一個剛剛不過五年的小規模學校，和一個有二百五十年歷史的大規模學府；一個「手空空無一物」的學校，只憑他的理想和精神，要擔當起文化歷史責任，另一個合作的卻具備着各項優越條件，要求在遠東來協助一番劃時代的文化事業。

代表這個合作新紀元的使者，第一位是盧鼎先生，他是歷史學家。第二位就是這位來在諸君面前的郎家恒先生，他是一位宗教家。歷史學家的眼光是遠大的，宗教家的心腸是慈悲的。今天的世界，最需要人有遠大眼光，才能跳出可悲的現實圈子。最需要人有慈悲心腸，才能挽救可怕的人類悲劇。這正是我們人文主義所一向追求的。在這次文化合作之後，我們可以說，這一目標有了實現的切實保證。

附錄　校聞一束

新亞的「人口」

這學期同學人數又增加了，下學期校舍擴充以後，我想同學人數的再增加是不成問題的。上學期離校的有廿一人，而新生及插班生共廿六人，直到現在，全校上課人數仍然有一百一十六人。

全校人數的分配：文史系五十二人，哲教系二十二人，經濟系二十一人，商學系七人，選課生十六人。我們從級別來看人數的分配便是：一年級四十人，二年級三十五人，三年級一十七人，四年級六人。

下期準備擴充課室

我們盼望了五年的新校舍，今年因雅禮協會的合作，終於有了實現的把握。董事、院長、各位教授，以及全體同學的欣慰，都是無法形容的。但是一座大規模的新校舍，那裏是一朝一夕便能建造成功的？找地、繪圖、招工、實際建築，算起來，至少要半年的光陰。於是我們今年還須在老地方呆下去，而桂林街老校舍又的確早有「人海之患」，不但後來者望門興嘆，已入學的也深感擁擠之苦。現在只有兩條出路：一是另覓較大的臨時校舍，一是把老地方改建一番，擴充兩個新課室。第二個辦法是比較簡單的，想不久便見分曉了。

學校籌辦研究所

「新亞研究所」是本院預定事業計畫中的一部份，現因種種條件尚未具備，一時還不能成立。現在舉辦的只是一個籌備階段，也可說一個雛型。主持人是我們錢院長，參加研究的教授有余協中、張丕介、唐君毅三位先生。另聘有研究生四人，即余英時、葉時傑、唐端正、列航飛四位。

研究所是一個遠大的學術事業，也是本院畢業生有志專門問題研究的良好機會，我們都希望它早早籌備完成，正式成立，並儘量容納我們畢業同學，使他們能養成高深的學問。

同學繳費情形

我們學校同學是最窮的了，十個有八個都是不繳費的，即使繳費，也常只繳一部分。我們試看下面的統計數字：全免費的同學四十一人，繳四分一學費的十六人，繳三分一學費的十一人，繳二分一學費的十六人，繳三分二學費的三人。此外還有按選課時數繳費的選課生。繳全費的只得九人，而這九人中尚有多未繳清的。我們學校竟成了免費學校了，這是新亞特色，但這也是我們問題之所在。經費過分困難，影響教育計畫的進行。

新亞夜校

新亞夜校是本院同學們所發起和創辦的，到今天，它已經有兩年多的歷史了。在這個過程中，夜校教師一直是由本院同學自己充任。因為精神勝於物質的支持，所以待遇一層，我們從沒計較的，反正幾塊錢的車馬費，我們就把它當為精神上的鼓勵吧了！

夜校雖然只設高級、中級、低級三班，可是過去每學期的學生人數都總有七十到八十人左右。這個學期也沒有例外，至於其他情形是怎樣呢？我想向各位作一個簡略的報導：

校長一職是由列航飛同學擔任的，他雖然已經畢了業，但因眾望所歸，故乃毅然負起這個責任來。教務的進行則由三位同學互相合作，互相辦理，因此成績亦算差強人意。

訓育工作，是一項極艱巨的重任，本來一向都是列航飛同學負責，及後因恐職務過於繁冗，故改選別位同學代勞。我們更將教務與訓育兩方面採取緊密的聯繫，以督率學生的清潔和秩序等各方面的改善。同時，我們發動幾次旅行及聯歡晚會，藉以增進師生間的感情。在彼此融洽的氣氛底下，我們領略到，他們也受了「新亞精神」的影響。還有一次就是舉辦故事演講比賽，看他們表現的成績確實不弱呢！

談到夜校的經費問題，可就令人大傷腦筋，因為在七十多名的學生中，每月交兩元學費的大約有廿五個，交三元的則只有六個而已，其餘一律都是免費讀書的，因此全校每月總收入不超過七十五元，而支出則每月需用九十元左右，所以不足之數，除由本院每月津貼十五元外，其餘就為本校同學們所熱心捐助了。

有一分熱，發一分光，我們要負起園丁的責任來培育下一代的幼苗，這是同學們創辦夜校的動機和宗旨。教育就是一項神聖而有意義的工作，但若以之作謀利的手段，便流於商業化和市儈化了。我們白天受教育於師長們，晚上便為人師表，所以內心會時常存有戰兢之感，總望能克盡厥職，將自己棉薄的能力貢獻於社會、人類，以完成「為教育而教育」的目標，則心便無愧，且亦可報國家民族於萬一了。

長風文學會

十一位對文學特別有興趣的同學，組織了一個長風文學會。他們每月交讀書報告及出壁報一次，每兩週舉行文學講演一次。這學期他們的工作重點，着重充實基礎這方面。原則是讀多於寫，也就是吸收多於發表。他們並擬定了一個兩年計畫：第一年，先選讀中國歷代的文學名著。第二年，再選讀西方的。

他們的閱讀方式，先從文學史下手。就是從文學史裏去選讀歷代的名著。那倒是一舉兩得辦法。為了節省時間，他們採取分工合作的辦法。把整部中國文學史分為四期——上古、中古、近世、現代，每期由一組（三人）同學負責，共同閱讀，並作劄記。預訂在七月底，由全體會員報告各組研究心得，屆時並請本校教授指導。根據這次討論結果，再由各組組長整理各組劄記，最後匯集四組的劄記油印成册。據他們說，如果經費充足，很願把此種劄記贈閱同學，盼望同學們賜予指正。這件工作，他們打算在暑期中完成。

人文學術研究社

本校除有各系級的縱橫的組織之外，尚有長風文學會及人文學術研究社。後者由哲教系同學梁崇儉及經濟系同學辛未負責主持。不如長風文學會側重於研究文學，人文學術社着重於研究普遍的社會人文等科學。該社異軍突起，精力充沛異常，經常保持刊出二版壁報，一為「縱横」，一為「縱橫論叢」。至今此二壁報已共出版六期了。雖然此二壁報發刊詞有「非取策士捭闔之意」之句，但照其論說看來，卻常有非步合縱連横之後不可的氣概呢！

祝壽、避壽

今天七月三十日是我們院長的六十華誕，本院的諸位師長早就準備在這一天舉行一次慶祝，同學們更是興致勃勃的等候參加。校外文化教育界知道這消息的人還不多，但凡已知道的，都願意好好的慶祝一番，來紀念這個日子。一代國學兼史學大師，在這個非常時代，有這樣巨大的學術使命，六十歲的壽辰當然是大家同感其重大意義的。但院長卻非常謙遜，不肯做壽，所以決定趁暑期去臺灣旅行，藉資休息。聽說他已準備好各種出入境的手續，學期一結束，他便去臺避壽了。

我們聽說，師長們準備編輯新亞學報，第一期卽為祝壽的學術專號，文稿已在徵集之中，大約下學期可以出版。又學術性刊物如民主評論與人生雜誌都準備至時出一祝壽專刊。壽翁雖然避壽去了，只避去了普通的祝壽形式，大家的熱心還將以不同的方式表現慶祝的意義。

同學們希望暑假後開學時，再補一次祝壽大會，不過錢先生說：「那不必了。」唐先生和張先生提出了折衷辦法，就是在雙十節舉行校慶的時候同時補行祝壽大會，豈不是國慶、校慶與祝壽「三位一體」了嗎？現在我們就耐心等候那個偉大的慶祝日子吧。

一九五四年除夕晚會講詞摘要

今天晚上我們在此舉行除夕師生聯歡晚會，含有除舊迎新的意義。但是迎接新的，並非拋棄舊的，乃是將新的同溫舊夢，否則當進入新的年頭新的希望時，將會驚惶失措。

人生是實踐的，未來的新希望，乃以包含於過去所成就的因素為準。無論個人、團體乃至國家世界，應該有不斷的新希望。但希望並非幻想，我們應面對並步入希望，但亦不必操之過急。如環境與現實的轉變太劇，則決非我們之理想、希望與幸福。

新的希望乃是從日新月異的實踐中，逐漸得來，決非憑藉暴力或用其他方式一蹴而就。否則這希望亦將會變為誇大並與眞實的人生脫節。

我們遇失敗時，固不必垂頭喪氣，過於悲痛。但遇欣喜時，亦切勿急進狂熱樂而忘形。對新的未來希望，均應抱此態度。乃是用穩健的步伐，按部就班的去實現並接近我們的理想。

同學們在校內都能有志向學，且能在艱困的環境中，藉工作維持學業，無論在校內或校外工作，都能克盡厥職，實在值得欣慰。今後希望同學們除保持原有優良校風外，尚須培養新的學風。且同學們如欲追及戰前國內大學生之水準，則仍有待於今後不斷的努力。欲在學業上有進步，乃是長時間的工作，所謂「日計不足，歲計有餘」，點滴的積蓄，始克有成。

希望今後同學們能不忘故途，不忘新亞五年來所渡過的艱險環境，從困乏中奮進，從實踐中獲得希望。更盼望同學們尊重在校時四年的學業，並盡力愛護學校使之上進。今日之中國青年，其環境之艱困與責任之重大，實為前所未有。每一位同學，均應把握這求學機會努力往前，奮鬥不懈，以冀日後對國家民族均能盡一分貢獻的力量。

（香港華僑日報）

校風與學風

一九五五年三月

我在最近這兩年，屢次向我們新亞的同學們，提起下面的兩句話：「我們該保持我們優良的『校風』，同時也該提倡我們優良的『學風』。」

這五年有半艱苦掙扎的新亞，確乎有一種優良的校風，逐漸在長成，這是值得我們自己欣慰的。但若論到新亞的學風，實在還沒有奠定基礎，更說不上優良，這是值得我們自己警惕的。

在我們自認為值得自己欣慰的優良的校風裡面，我們新亞同學，大體說來，都知道尊敬師長，親近師長，重視課業，努力課程。但這些在我看來，只可認為是一種優良的校風，還夠不上說是學風。我所說的學風，則需在這些上更進一步來追求、來培養。換言之，校風是指一種學校空氣言，學風則指一種學術空氣言。新亞同學們知道重視課業，但還不夠說重視到學業。當知課業與學業有不同，重視課業，只能在學校裡做一個好學生，但並不能希望他將來離開學校，成一理想的新學人。學校的責任，尤其是大學教育的責任，則在提倡新的學風，培植新的學者。若這一方面沒有成績，則縱有優良的校風，在大學教育的責任上言，至多只能說僅盡了一半，而且是僅盡了較不重要的一半。這樣的大學教育，嚴格言之，實不能說它是成功，而且儘可說它是失敗。

在我們新亞，這以往艱難掙扎之五年半歷程中，所以對於優良學風之造成，未能如理想般有成績，此乃為種種條件所限制。有些在學校方面，有些則在同學方面。

首先是限於經濟，學校方面，不能多方延攬有志畢生貢獻於學術事業的理想教授。而在校的教授們，則因待遇太菲薄，生活不安定，而且擔負了學校的事務太多太重，反而把其對於學業上之繼續深造的精力犧牲了。我們新亞的許多教授們，因於要在艱苦中支撐此學校，反而把各自的學業進修躭誤了，這是我們學校一件最大的憾事。因於我們教授們，不能各自埋頭學業，影響了我們學校優良學風之造成，這是不容諱言的。如我個人，便是不能逃避此責任的第一人。

其次，因於學校校舍迫狹，除卻講堂課室之外，不能使同學們盡量生活在學校裡。於是同學們於趕完課程之外，不免逗留到街市，懶散在家庭，不能有一個理想的學業環境安排給我們新亞的同學們，這又是學校應負的責任。

其三，我們學校，此五年半以來，始終不能有一個小規模的圖書館與閱覽室，始終不能有多量的課外閱讀書，供同學們舒適地、安閒地，沉浸學海，從容徊翔，這又是學校應負的責任。

其次說到同學們，因於在中學校畢業時的程度水準一般低淺，一升到大學，除卻聽受講堂課業之外，對於課外自學之能力，準備不夠，縱使有志努力，急切間無從上步，無從入門。

又因為我們新亞的同學們，家境清寒的占多數，尤其是由大陸流亡而來的，更其是由大陸隻身流亡而來的，他們縱是有志學業，努力向上，但為生活所迫，一日三餐，尚且有問題，夜間欲求一榻之地許其安眠而不可得。在這種流離失所、饑寒交迫的狀況下，在他們內心，首先急待解決的，自然是他們的日常生活。講堂課業，只能安放在次要，更遑論講堂課業之外的學業進修呢？我親自聽到我們的同學告訴我，說他進新亞，勝如進禮拜堂。因進禮拜堂，只限在禮拜天的一早晨或半天。他自獲得進新亞，在課室中聽諸位老師授課，把他心情暫時移放在學問的天地中，好把他的生活煎迫的苦楚焦灼的心情，暫時擱起，暫時淡忘了。只因於每天能到學校聽幾堂課，把心情有一安放，纔覺人生尚有溫暖，尚有前途，如是纔使他能再鼓起勇氣，來向此無情的生活作抵抗，再掙扎。這一位同學的話，可以代表著我們新亞許多同學的心情。他們只是向學校來覓取一些勇氣，好向當前的窮苦逼迫的生活再奮鬥。試問在如此般的心情與生活之下，我們又如何再苛求，來責備他們對學業作長遠的計劃，與深潛的探討？

在學校，這五年半以來，經濟萬分窘迫，但仍始終盡量的廣設免費學額。又繼之以工讀的制度，讓在生活壓迫下的同學們，能在學校做些工作，能在免收其應繳學費之外，還補貼他們一些生活費。又在學校之外，容許他們自尋工作，並為多方設計推薦，好讓他們一面讀書，一面解決他們最低限度的生活。但這些本是非常時期下之一種不得已。因於我們新亞同學們，大半都花費他們的精力在解決眼前的生活上，而不免把學校的課業有所荒廢，更遑論要在課業之外來更進一步，督促其學業上之進修呢？

然而事實是事實，理論是理論，若使大學教育而忽略了一種追求高深學問的學風之養成，而僅限於課業與學分之得過且過，這就決不是大學教育使命之所在。這樣的大學教育，實在也說不上有多大的意義與價值。

我常想，我們新亞的同學們，所以能有這一些值得自己欣慰的較好的校風，也並不是學校方面，在此上有多大的盡力。只是由於學校歷年來經濟之萬分窘迫，以及大多數同學生活上萬分艱苦，而熬逼出這一些較優良的校風來。而同樣，也因學校經濟之窘迫，同學們生活之艱苦，而逼得我們在優良的學風上，不能有成績。這是一事之兩面，好像我們不值得自己驕傲，也不須得自己愧怍，這些全是外面環境逼成，在我們則實在無多大之盡力處。

說到這裏，這卻是我們新亞師生，所應該同自警惕，引為莫大之愧怍的。我們不是常說新亞精神嗎？若我們不能打開外面環境限制，自向理想之途而邁進，試問尚有什麼精神可說呢？若眞要說到向理想之途而邁進，則在大學教育之使命之下，首先應該培養一種優良的學風，而求在學業上有創闢，有貢獻，否則大學教育便失卻了靈魂。我們縱有一些優良的校風，值得我們欣慰，但就整個學校之理想言，仍然是一個失敗。

目前學校的經濟，自從獲得了美國耶魯大學雅禮基金之支援，而開始逐漸展露了光明。不久之將來，我們可以有一座較寬舒的新校舍，包括有夠條件的圖書館與閱覽室，而其內部圖書設備，也正在逐步增添，逐步充實。教授待遇，已較前有提高，而且正在逐步設法延聘新教授。將來教授多了，並希望教授們對學校一切雜務之義務分心也能逐漸地減輕，如是則在學校一方面的上述缺點，可以逐步解消。但在同學方面，則那些生活壓迫與工讀分心的限制，恐怕還得有較長時期之繼續。

我今天所要向我們新亞同學不憚煩的提起的，則仍是這兩年以來所屢屢提起的那番話，我們得保持我們已有的優良校風，我們得努力來樹立起我們尚所未有的優良學風。我們須在學校課業之外，再邁進一步，求能走向高深學業的長途程。

我自己是一個苦學出身的人，我自問，我能深切同情於凡屬苦學生的一切生活與心情上之種種苦痛與不安。但我不信，外面的生活艱苦，能限制我們的學業造就，至少不能限制我們向學業求深造的那一番熱忱與毅力之表現。今天我們新亞同學之所缺，則正在這一番對學業必求深造之熱忱與毅力上。我敬向我新亞的同學們忠懇進一言，你們必當知，學業與課業有不同。課業有限，而學業則無限。課業易於修畢，而學業則盡人生之一世，永無修畢之一天。你們又必當知，你們今天，進入新亞，你們已接觸到大學之課業，但並未接觸到學業。大學課業正為領導青年走向於學業，而並非專為由大學課業來僅僅謀求一將來畢業大學後之社會職業，而可說已盡了大學課業之使命，已獲得了大學課業所應有之意義與價值。你們又當知，你們進入新亞，最多只能說已是置身於學府中，卻不能說已投身於學海中。你們最多只是已接觸到一種可以追求學業的環境，卻不能說，已置身在學業生命中，即已是在過著追求學業的生活。若不是真在過著一種追求學業的生活，那斷不能說他已是一個理想的大學生。在這一所學校內，若是沒有理想的學生，決不能說這一所學校是理想的學校。

我們新亞，若不能在此後幾年之內，培養出一番優良的學風，使大家於課業之外懂得有學業，則縱使有了新校舍，有了許多新教授與學生數量之增加，甚至在社會上獲得了幾許虛名，但除非其有理想的學風，決不是一所理想的學校。

這一層，不僅是我們新亞的同學們，因於愛護學校而該盡力向此方面邁進，這實在是我們新亞同學將來畢生的造詣所關，大家應各為自己的畢生前途而努力。

我在擬訂的新亞學則中，已經把我這一篇文章中要說的我們新亞的宗旨與理想，最扼要地述說了。我盼望我們新亞的新舊同學們，大家時時注意研讀這二十幾條學則。在這二十幾條學則中，我們新亞所想像所求達到的校風與學風之大體規模與大體途徑，全扼要地列舉了。若我們沒有優良的學風，我們也不能說我們已有了優良的校風。優良校風之眞實內容，則全寄託在優良的學風上。我們新亞這五年半以來之僅有的成績，則只可說是已開始在上步而已，最多只能說已走上了一步或兩步，前面則還有百里千里之遠，要我們一步一步地繼續向前邁進。同學們！「手空空，無一物，路遙遙，無止境。」你們莫單記住了上兩句，而忽略了下兩句，若你們只知在學校課業上用心，轉瞬四個年頭，你們畢業了，離開此學校，在社會上謀得一職業，你們豈不認為自己大學的學業已經走到了止境嗎？我敢再提醒我們的新亞同學們，這決不是我們所謂的「新亞精神」呀！

新亞書院五年發展計畫草案節錄

序　言

本書院創始，在一九四九年之秋。當時因有感於共產黨在中國大陸之刻意摧殘本國文化，故本書院特以發揚中國文化為教育之最高宗旨。又因大陸流亡青年失學來港者，為數既多，處境又苦，故本書院又以收容清寒流亡青年為教育之主要對象。惟本院因經濟向無憑藉，歷年以來艱苦支持，終少進展。幸於一九五三年夏，美國耶魯大學盧鼎教授來港，同情本書院五年來之艱苦奮鬥，回美以後，提議雅禮協會與本書院合作，暫定以五年為合作之第一期。從一九五四年秋開始，從此本書院在經濟上獲有援助，前途得瞻曙光。爰草一九五四年至一九五九之五年發展計畫，俾此後五年，得視經濟情況，逐步展開。茲分列要項如次。

課系之充實

本書院創始，本定開設六學系：一、文史系，分中文、外文、中史、外史四組；二、哲學教育系，分哲學、教育兩組；三、經濟系；四、社會學及新聞學系，分社會、新聞兩組；五、銀行會計系，分銀行、會計、國際貿易、商業管理四組；六、農學系，分園藝、畜牧兩組。嗣因經濟困難，社會學及新聞學系最先停開，農學系亦隨停止，銀行會計系改稱商學系。故直至本年，仍只維持文史、哲教、經濟、商學四系。此後五年，經濟獲有來源，希望先將目前原有之四學系，充實內容，並逐年分別設置，再圖擴充，其步驟如次：

第一年　仍照原設四學系開課。

第二年　於文史系中分出外文系，成為獨立之一系。

第三年　於文史系中再分出歷史系，完成中文系、外文系、歷史系，各為獨立學系。

第四年　哲教系分別獨立，成為哲學系與教育系。

若在經濟條件許可狀態下，除四年內完成中文、外文、歷史、哲學、教育、經濟、商學七系外；擬添設一中國藝術系，此一學系，擬分音樂、繪畫、戲劇、書法、篆刻諸小組，實於提倡中國文化、陶冶學生性情、豐富學校生活，並向社會各階層作普遍文化宣傳諸點，有重大之助益。其次，如經濟條件許可，並擬恢復農學系，庶使學生在實際生活中有接近農村生活之機會。除其個人可習於從事勞力與生產外，並進而了解中國大多數人民之生活。吾人希望將來重返大陸，即可就本書院歷年試驗所得，在中國大陸提倡多量設置接近農村之小型學院，此於將來中國文化新生之工作，必可有絕大之貢獻。

專任教授之延聘

本書院宗旨，於講堂授課外，希望能培養學生課外自學能力，並注重其日常生活及人格陶冶，因此專任教授之延聘，最所急需。惟歷年來，經濟困竭，除義務服務外，向無專任教授之薪給。本學年開始，始有專任教授五人，除院長一人外，餘四人分別兼任文史、哲教、經濟、商學四系主任，並分兼教務長、總務長、圖書館長及會計主任諸職務。

此後專任教授之延聘，擬分教授、副教授、講師三級，就應聘人之資歷學歷而分別其等第與待遇。

每一專任教授，以在校任課每週九小時至十二小時為原則。

學校內部一切重要行政職務，以由專任教授兼任為原則，其兼有職務之教授，得酌量減輕其任課鐘點，每週自六小時至九小時。

關於專任教授之延聘，由學校組織一聘任委員會，共同決定其人選及薪級。其規章另訂之。此後逐年專任教授之延聘，依照學系之逐年增設及班級之逐年加添而決定。

課程及時數

由於添設學系，及增加班次，每年所需課程自須增加。茲依各課程必須之鐘點時數，暫定如下表：

第一年	一〇六小時
第二年	一三〇小時
第三年	一七〇小時
第四年	二〇〇小時
第五年	二四〇小時

兼任教授

依據上列專任教授分別擔任五年計畫中之課程及鐘點時數外，其不足之鐘點數由學校聘兼任教授擔任之。五年內兼任教授所任課程時數，約計如下表（專任教授任課鐘點，以平均一人九小時計）：

第一年　五十二小時
第二年　四十三小時
第三年　四十七小時
第四年　四十一小時
第五年　三十六小時

如兼任教授平均以每一人任課四小時計，則第一年應有十四人，第二年十一人，第三年十二人，第四年十一人，第五年九人。

助　教

本書院教育宗旨，既側重人文學科文化教育方面，而此方面之培植人才，則甚難求速效。又因近年來各中等學校對於人文學科程度之普遍降落，入學新生程度水準不高，在四年大學教育之過程中，如遇優秀青年，學校不得不加長其培植之年限，俾能造就一輩將來在大學擔任中國人文學科及文化教育之後起者。因此本書院極希望能多列助教名額，俾選擇本書院畢業生及校外青年中之優秀者，擔任助教，加意培植。

本書院教育方針，注重指導學生之課外自學，助教則以在主任教授之指導下，襄助各級學生課外自學，為其主要之任務，一律以不任課為原則。茲暫定每年助教人數如下表：

第一年	暫缺	
第二年	四人	
第三年	八人	內增加四人
第四年	十二人	內增加四人
第五年	十四人	內增加兩人

大學先修班或附設中學

本書院因近年來各中等學校人文學科之水準普遍降落，及入學新生程度之參差不齊，認為欲求大學本科程度之提高，有附設大學先修班或附屬中學之必要。此一計畫，希望能在第二年新校舍落成後，開始創辦。在未辦先修班或附屬中學之前，暫擬增列關於中文、英文兩項基本科目之補習學程。當然此兩計畫仍須視經濟情況開設之。

研究院

本書院為求加深大學內部研究高深學術之風氣，並多方培植校內校外青年，能對人文學科與中國文化作高深研究，培植繼起人才起見，希望能就現在籌備中之研究所加以充實，將來正式成為本書院之研究院。其詳細計畫，當就經濟狀況之許可條件下，逐步擬訂之。

圖書設備

為求配合本書院教育計畫，鼓勵學生課外自學，及設置研究院，並為師生研究專門學術之需要，圖書設備最為急務，茲約略擬訂一逐年擴充圖書之數字如次表：

第一年　中文書二萬册，外文書二千册
第二年　中文書四萬册，外文書四千册
第三年　中文書六萬册，外文書六千册
第四年　中文書八萬册，外文書八千册
第五年　中文書十萬册，外文書一萬册

將來本書院之圖書館，並希望能公開於社會，使凡有志研究東方人文學科方面人士，得共同參考與使用。

獎助學金

本書院歷年來，雖在經濟極端困乏之下，為求適應大批大陸流亡青年，及一般社會經濟之貧乏，為求多方造就貧寒優秀青年起見，始終廣設免費學額。以前五年中其免費學額之最高比率，曾達全體學生人數百分之八十，最低亦未少於百分之七十。以後該項流亡青年，將逐年減少，希望免費比例能逐年遞減。又本書院學費，依照香港一般情形，定為每人每月繳港幣四十元，此後新校舍落成，學校經費逐年增加支出，關於學費一項，希望至一九五七年能酌量增加至每人每月港幣六十元。

校舍建築及其應有設備

本刊編者按：本院校舍建築的中心問題有三：一為建築基地；一為建築設計；一為建築（及設備）之經費。目前，校舍建築由董事會下之建築及設備委員會負責推進，甚為積極，所以已不是計畫問題，而是實行的問題了。關於基地，現已得政府批准九龍教會道附近地段一塊，面積為二六、五〇〇呎，因嫌其不敷分配，乃再向政府請求擴充。據聞這一合理請求，原則上不成問題了。關於建築設計，已彙集各方意見，並委託興業建築公司作初步打樣，現尚在修改之中。從初步藍圖上見，新亞校舍將是一座最現代化的校舍，美觀實用，堪為全港的學校模範。關於建築費，主要的是來源問題，而這一層卻已經因雅禮之合作，早已解決了。所以，我們可以大膽的預測，在下學年開學時，我們可以到新校舍舉行開學禮了。

研究所計畫綱要

一九五五年

目前中國問題，已緊密成為世界問題之一環。但若昧失了中國歷史文化之固有特性而僅就世界形勢來求中國問題之解答，則不僅會阻礙中國之前進，而且將更添世界之糾紛。近幾十年中國現狀之混亂，其主要原因，即為太過重視了外面，而忽忘了自己。

我們認為要挽救中國，其基本的力量，並不在外面物質的援助，與世界共同的呼號。更重要的在中國民族本身自有的歷史文化的基本意識與基本觀念之復甦。而且我們認為，中國固有歷史文化的基本意識與基本觀念之復甦，不僅對此後新中國之建立為必要，而且對世界大同與人類和平有必然可有之貢獻。

我們本此意念流亡到海外，認為不僅須從事教育，把這一理想、這一信念來培植中國後起的青年，更須從事於純粹性的學術研究，使此一理想、此一信念，獲得深厚堅實的證明和發揮。

在此理想下之研究工作，與一般從事於分工的，專門性的，互不相關的，只從事於某一特定題目，專就其有關的書籍與其他材料，而只注意於此一特定題目為對象的論文與著作之完成的研究工作，應有所不同。我們當從活的現實問題出發，時常經集體的討論，來向歷史文化淵源之深遠處作基本的探索。

我們因此不一定預先擬有固定的題目，而在我們的討論和探索中，自可有不斷的向書本以及其他材料上之研究作為我們這一理想的研究工作之副產品。

我們目前，暫只以少數人成此研究之集團，其中有對歷史、對哲學、對經濟，以及對中國現代社會與政治有認識的幾位有素養的學者作中心。我們期望於共同目的與經常討論中，各就專門，分途工作。並就青年中，選擇一些有學術興趣而略具研究能力的人，向之作指導。

我們盼望以後能逐漸地擴大我們的團體和研究之範圍，來共同完成此一目標。

我們的研究成績，將來當可分幾個部門作公開之報告：

一、專著

二、論文（及翻譯）

三、某些材料之搜集與整理

第二第三項，包括指導研究生之成績在內。此種研究報告，一時不可能有固定的期限，但希望能以每一年度作為一段落，來整理我們工作進程之所得。並在半年以內，我們可以有一具體的研究報告及若干已完成之成績。

新亞校訓誠明二字釋義

一九五五年十月

我們學校創辦了六年，纔始決定用「誠明」二字來作為我們的校訓。這一事，卽告訴了我們，這校訓「誠明」二字之決定，在我們是鄭重其事，而又謹愼其事的。

「誠明」二字連用，見於中庸。中庸說：

誠者，天之道也。誠之者，人之道也。

又說：

自誠明，謂之性。自明誠，謂之教。誠則明矣，明則誠矣。

讓我們姑且作一番粗淺的解釋。「誠」字是屬於德性行為方面的。「明」字是屬於知識瞭解方面的。「誠」是一項實事，一項眞理。「明」是一番知識，一番瞭解。我們採用此兩字作校訓，正是我們一向所說，要把為學做人認為同屬一事的精神。

我們要做到「誠」字的第一步工夫，先要「言行合一」、「內外合一」。口裏說的、心裏想的、外面做的、內心藏的，要使一致，這始叫做「誠」。

我們要做到「誠」字的第二步工夫，便要「人我合一」。我們只要眞做到第一步工夫，自然能瞭解到第二步。譬如我們在獨居時，該如在羣居時。我們在人背後，該如在人面前。我們不欺騙自己，同時也不欺騙別人。我們不把自己當工具，同時也不把別人當工具。循此漸進，便到人我合一的境界。這樣的人，別人自會說他是一位誠實人。

我們要做到「誠」字的第三步工夫，便是「物我合一」。如何叫物我合一呢？我有我的眞實不虛，物有物的眞實不虛。要把此兩種眞實不虛，和合成一，便也是誠了。如我飲食能解饑渴，這裏有實事、有實效，便是誠。但是有些物，飲食了能解饑渴；有些物，飲食了不能解饑渴，不僅不能解饑渴，而且會生病，這裏便有物的眞實。所以人生便是這人的眞實和物的眞實之和合。試問：做人如何能不眞實，對物又如何能不眞實呢？

我們要做到「誠」字的第四步工夫，便要「天人合一」，也可說是「神我合一」。如何叫天人合一呢？你若問：天地間何以有萬物，何以有人類？我處在此人類中、萬物中，何以能恰到好處，眞眞實實，完完善善地過我此一生？你若懂從此推想，從此深思，你便會想到天、想到神，你便會想到這裏面純是一天然，或說是一神妙呀！因此你只要眞能眞眞實實，完完善善地做一人，過一生，那你便可到達於「天人合一」、「神我合一」的境界了。

這四步誠字工夫，說來容易，做來不容易。你必先做到第二、第三步工夫，纔能漸次懂得第四步。你必先做到第二步工夫，纔能做好第三步。但你又必先能做到第一步，纔能做好第二步。

這裏面，有一番誠實不虛的眞理，你得先明白。若你明白得第一番眞理，你便能言行合一、內外合一，你便養成了一個眞人格，有了一個眞人品。否則，你言行不一致，內外不一致，好像永遠戴着一副假面具，在說假話、做假事，你將會自己也不明白自己究竟是怎樣一個人，在做怎樣一回事。因此，不誠便會連帶地不明，不明也會連帶地不誠。

你若要誠誠實實眞做得一人，你若要決心不說假話、不做假事，你自會懂得人我合一的第二項眞理。你自會懂得有人在前和無人在前，有人知道和無人知道，全該是一樣。這便是對人如對己，對己如對人。我如何樣對人，我如何樣做人，你該明白，這原是一件事。因此，你先該懂得人，纔懂得如何樣對人和做人。但反過來說，你若懂得如何樣對人和做人，也自會懂得如何纔是一人了。於是你該得要明「人情」。

你要做人，便又該懂得對物。如你饑了要喫，冷了要穿。你若不懂得對物，便會餓死，便會凍死，又如何能做人呢？你若要對物，你當知物無虛僞，天地間一切萬物盡是一個誠。全有它們一番眞實不虛的眞理。天地間萬物，全把它們的誠實與眞理來對你，試問：你如何可把虛僞來對物？於是你該得要明「物理」。

你必通達人情，明白物理，纔懂得如何眞眞實實、完完善善地做一人。由此再通達明白上去，便是天和神的境界了。

第一項眞理，是人格眞理，道德眞理。

第二項眞理，是社會眞理，人文眞理。

第三項眞理，是自然眞理，科學眞理。

第四項眞理，是宗教眞理，信仰眞理。

人生逃不出此四項眞理之範圍，我們全都生活在此四項眞理中，我們要逐步研尋，分途研尋，來明白此四項眞理。我們並要把此四項眞理，融通會合，明白這四項眞理，到底還是一項眞理。我們便得遵依着這一項眞理來眞眞實實、完完善善地做一人。這便是中庸所謂「誠則明，明則誠」的道理了。

所以我們特地舉出此「誠明」二字，來作為我們學校之校訓。

附錄　校聞一束

一九五五年

本院第四屆畢業典禮

七月二日——這是一個值得歡欣快樂的日子，我們的第四屆畢業典禮，假座協恩中學大禮堂舉行。相信借人家禮堂行禮這是最後的一次，下一屆一定會在自己建築的新校舍的大禮堂中舉行了。到會的師生來賓濟濟一堂，共有兩百五十餘人，列席的董事有趙冰博士、凌道揚博士、布克禮先生、郎家恒先生、沈燕謀先生。來賓中有協恩中學校長陳儀貞女士，港大教授劉百閔、饒宗頤諸先生。學生家長中有王惕亞先生等。總之，不論是誰，到會的每一位，他們都是關心新亞、愛護新亞的。

整個會場中充滿着肅穆寧靜而和諧的氣氛，主席和董事長來賓登台就位後，莊嚴的校歌在嘹亮聲中過去，最先起來致詞的是錢院長，他說：

「今天舉行本院第四屆畢業典禮，在六年來同學們當可回想到過去在艱危困苦中度過的情形，這一年也就是一個新的階段的開始，由於得社會人士的同情與贊助，且與雅禮合作後得到的經濟支援，使本院有了新的向前的發展。關於興建新校舍的問題，已蒙港府撥給農圃道一地段，籌備工作業已就緒，將於最近動工興建。

在過去艱困的五年中，學校最感缺乏的精神食糧——圖書，在這一年中也已實現了願望，設立了圖書館，藏書已陸續增添到二萬冊以上。至於教授與課程方面，學校聘到文史系主任牟潤孫先生及國文、英文兩基本科教授數位。下學期起將增設外文系，並已聘就系主任丁乃通先生。這一年來學校對國文、英文兩課的重視，是希望同學們有了求學的基礎，以便去達成更高的理想。

今後學校在物質條件上將逐步向上發展，我們更希望「新亞精神」能繼續保持發揮，這才是本院最高的理想。

同學們要在原有的基礎上，更進一步的建立起優良的學風。

今後希望同學們在學校的物質條件發展之下，務使新亞能不斷的追上並超越物質條件，不但要保存好的校風，而且要保存好的學風。創造好的學風，不但要成為好學生，而且要成為有學問的好學生，使不致辜負諸師長及社會人士對本院的期望。眞正的進步與發展，除了物質條件以外，也應該從精神上與學業水準上去衡量的。」

當院長頒發畢業證書完畢後，由董事長趙冰大律師致詞，首先趙先生以「古靈精怪」四字比喻大學四個年級的學程，接着並勉勵同學在畢業後仍繼續努力，以完成學業與事業，畢業同學不應自滿，應在原有基礎上再建立理想中的目的。

接着有耶魯代表郎家恒教授致詞，他用流利的國語演說，首先他對雅禮與新亞合作一年以來有很大的成績表滿意，並對將來的發展與前途也抱極大信心，最後他說：「雙方合作，乃基於共同的依賴，正如新婚的夫婦欲求建立美滿的家庭一樣，今後能眞正做到中西文化交流，才是吾人的最大目的與最高理想。」來賓中接着又有協恩女中陳儀貞校長與劉百閔教授致詞，對新亞在艱苦中創立與成長，及提倡中國固有文化精神，語多獎勵。畢業學生家長代表，由王惕亞先生致詞，向院長及諸師長與校董致謝，並勉畢業同學。後由畢業同學古梅致詞。禮成攝影散會。同夕假中國學生週報社，舉行歡送畢業同學及師生聯歡晚會，首由主席葉龍同學致詞，繼由張丕介與王書林教授致詞，學生家長周一志先生及來賓張國燾先生及數位同學代表亦先後發言。會場一直保持了和諧與融樂的氣氛，當本校同學代表將傳統性的紀念戒指送給每一位畢業同學時，引起了全場熱烈的鼓掌，會中有豐富的餘興節目，師長同學都在充滿歡樂愉快的情緒中渡過了這富有意義的一天。

院長獲授港大名譽學位

本院院長錢穆先生於本年六月廿七日獲授香港大學名譽法學博士學位。可以說，這是本港學術文化界中的一件大事，也是中英文化交流史上的一個好現象，這是香港大學自開辦以來，第三次頒授我國學者以是項學位。港大是英國高度學術水準系統中之一環，向來對國際性學位之授予，極其嚴謹而鄭重，一貫地本着「唯名與器，不可以假人」的態度。錢先生接受此次港大所贈予的學位，是經過長時期的考慮才決定的。因為錢先生一向對功名富貴都採很淡薄的態度，對學位的看法也並不重視，所以錢先生是為了表示對英國自由主義文化教育之尊重才接受的。正如劉百閔先生所說：「錢先生這次獲授港大學位，對錢先生自己說是沒有什麼意義，或者會感到『尊之不足加榮』，但是對我們說，卻是同感光寵，尤其是站在中國的學術文化立場來看，其意義卻是重大的。昔日朱舜水先生亡命日本講學，為當地朝野人士所尊重。錢先生今日在香港的處境亦然，正足以與朱氏先後媲美，互相輝映。」

此次頒授學位典禮中，港督葛量洪爵士曾說：「錢先生係一著名的華人學者，他這次接受本大學的法學博士名譽學位，為本大學增光不少。」從這幾句話中，表明了由於錢先生在對中國學術文化上的貢獻有其應享的殊榮，也在中英文化交流上，有其寶貴的意義，正如六月廿九日工商日報的社論所說：「錢穆先生在我國學術界的地位，也早已被視為泰山北斗，沒有幾個可以比肩，故此這次之願意接受這個名譽學位，對港大來說，也是相得益彰，永留佳話。」

我們覺得此次港大授予錢先生以崇高的名譽學位，有其絕不尋常的意義，表示了港大對中國權威學者的推崇。雖然這僅僅是一個名譽學位的授予，但其所起的實際作用，卻是以激勵世人對中國文化有所認識，無異使今後香港的學術文化園地，結起優美的果實來。使我們相信，本港學術文化的前途，必有良好的發展。我們也深信，這是對於中英文化溝通的一個良好的開始。

新亞研究所

新亞研究所於本年九月正式成立。由錢院長兼任所長，張葆恒教授任教務長。導師除錢院長、張教授外，尚有唐君毅、牟潤孫二位教授。並於九月初公開招生，經嚴格之考試後，共取錄研究生五名：柯榮欣（國立中央大學畢業），羅球慶（新亞書院畢業），孫國棟（國立政治大學畢業），余秉權（國立中山大學畢業），石磊（國立中央大學畢業）。查研究所未正式成立之先，已有四位同學（唐端正、章羣、何佑森、列航飛）從事研究。

研究所規定研究生畢業年限為兩年。在兩年內，必須修習三十六學分，精習一種外國語文，完成論文一篇。課程計有中國思想、中國歷史、中國文學與文字、英文等。並規定指導閱讀書為論語、孟子、老子、莊子、通鑑、詩經、楚辭、宋元學案、明儒學案、史記、漢書、左傳、禮記等。課外閱讀為近思錄、日知錄、讀史方輿紀要、文史通義、廿二史劄記、經學通論等。

研究所擬每半年出版學報一期。第一期創刊號，日內即可出版。

新亞理想告新亞同學

一九五六年四月

任何一種事業，若求發展，其最主要的條件，決不是外面的機緣，而是內在的精神。

新亞誕生，至今已七個年頭了。最先五年，是在艱苦掙扎中，最近兩年，是在逐步進展中。此後若求繼續進展，該向那一目標而邁進呢？試把我個人想像，向同學們作一簡單報告。

我們不久便可有一所新校舍，那一所新校舍，至少可容四百個同學。我們學校的初步目標，是以四百學生為理想限度的。換言之，我們學校此後努力的目標，首先該在充實內容上，至於學校規模，則暫以招足四百人為限。

說到充實內容，首先該注意到同學們的學業上。招收新生，我們希望逐步的嚴格。畢業程度，我們希望逐步的提高。換言之，我們該注意改進同學們的「質」，不在增添同學們的量。

要充實課程內容，提高學生程度，我們得注意多量網羅好教授，盡量擴充圖書館。我們學校此後的物質設備，將最先側重在添購圖書的這一項目上。

學校精神之表現，第一，希望同學們在學業上多與教授接觸。第二，希望同學們能盡量利用圖書館，把同學們的學校生活，漸漸引進到學業的生活，與學術的生活上去。

中國有兩句老話說：「尊師重道」、「敬業樂羣」。師何以當尊？因師者所以傳道，故知重道便會知尊師。現在我想改換一個字，說「尊師重學」。因我們學校的教授先生們，未必每人有一套「道」傳授給同學們，但每一位先生，必有他一套學問。我們為重「學」，便不得不尊師。同學們既然同在一學校，同向一種學業而邁進，而努力，則同學們相互之間，自然會有一番樂羣之心油然而生了。

我們不是常說，新亞有一個好校風，同學師生之間，能親密相處，如一家庭嗎？但以前的新亞，是限在三四間教室，限在一百位左右的同學，十幾位教授先生們的簡單範圍內。因此師生相互間，融洽如一家，此事並不難。此後學校發展，學生先生數量逐步增添，學校規模逐步擴大，譬如小家庭變成了大家庭。若我們仍希望保持我們以前那一番好校風，便該注意提倡培養出一番好學風來，必使同學們能在重視學問的風氣下來尊師，使同學們在敬重學業的風氣下來樂羣。以後的新亞，在我理想中，將依然會如一家庭，但要造成一個學術空氣濃厚的家庭，不僅是限於一種日常生活相處的家庭，始有新亞之前途。

連帶我說到同學們的在校活動上。我希望此後同學們，盡量增加學業的活動，不僅在講堂，在圖書館，注意各個人的私人學業之進修。我更盼望同學們，更能儘量積極從事於集體的學術活動。如現有的座談會、講演會、討論會、壁報、校刊等等，都該注重在學業表現上，來聯合師生，共同參加。我並盼望此諸活動，漸漸把重心完全移放在同學們的肩膀上去。

譬如，舉一例言，同學們現有的幾種講演會，儘可盡量邀請學校教授們出席講演，或出席指導。由講演而增進討論，再由討論而長期繼續，便是形成了某幾種學會之雛形了。我希望新亞同學，不久能發起哲學會、文學會、史學會等種種組織。漸次邀請校外學者來學會作講演，便可把學校以前所一向舉辦的文化講座，也逐步歸併到同學們來主持了。

其次說到校刊。我希望校刊內容，逐步充實，逐步提高，把校刊變成為一種有學術分量的刊物。同學們有研究性的論文，愈來愈多，愈來愈好，愈精彩，愈豐富。將來校刊篇幅不能容納，便添辦哲學會刊、文學會刊等種種定期不定期刊物。

同學們能在此一條路上求發展，自然會尊師，自然會樂羣。此一集團，因有共同興趣，共同事業，自有共同生活。自然能感情融洽，如一家人般。但此一家，卻是富有學術探討風氣之家。我希望將來新亞能轉變成如此般的一個家。

其次說到同學們活動之另一面。我盼望我們有了新校舍，能從積極提倡學術生活之外，再增加進許多富於藝術意味的新生活。孔子所謂「游於藝」。我們盼望新亞生活，能在好學生活之外，再增加進許多游藝生活。此一層，只要學校經濟有辦法，必然會儘先設法的。

大厦非一木所支，任何一事業，必待羣策羣力，共同策進。我盼望我們新亞的同學們，來共同努力創造此一理想的新亞。我盼望我們新亞的同學們，在我此文上述的一大目標之下，來善盡你們所能盡的職責。

農圃道新校舍奠基典禮講詞摘要

一九五六年一月十七日

今天新亞書院新校舍奠基，承蒙港督葛量洪爵士來主持舉行典禮，我們深感榮幸，我首先向葛量洪爵士致我們誠懇的謝意。

關於新亞書院的創辦經過，剛纔董事長趙冰博士已經詳細報導過。我此刻想對新亞書院的教育宗旨及教育理想方面，再約略補充說幾句。

新亞書院是一所純粹為教育事業而創設的學校，他絕對沒有任何其他背景，亦絕不作其他任何活動。我們的教育宗旨，不僅建立在傳授學生們以某項必備的知識上，同時我們更注重在人格教育和文化教育的理想上。因此新亞書院的教育宗旨，可以說是在「知識教育」、「人格教育」和「文化教育」三方面同時兼顧，會通合一的理想上前進。

先說到知識教育，我們的理想，不僅希望學生們在學校的四年時間內，傳授他們以某幾項必備的知識。我們更希望，新亞書院的學生，在他們畢業離校以後，還能有自己繼續進修的興趣和能力。因此我們對於課程方面，更注重文字的基本訓練。我們希望新亞書院的畢業生，在中英文這兩門基本課程上，能有一種較高的基礎。我們希望每一個畢業生，能有他自己閱讀中國古書的能力，同時也能自己閱讀有關各項參考材料的英文書。每一個學生當他們離開學校之後，必求他們能自己來接觸學問的天地，能憑藉自己的閱讀能力來繼續上進。

我們學校的四年課程，只能為他們打下這一個基礎，培養這一種能力。因此我們新亞書院的教育宗旨，不僅注重學生在校的期間內，並希望注意到離開學校以後之一段長過程。

其次說到人格教育，這一問題，在我們認為是最重要。一般青年，跑進學校，在他們的意想中，似乎只注重在習得幾項智識，獲得一種資歷，將來好在社會上謀求一份職業。這是近年來學生進學校的共同目標。但我們想，一個人不僅應在社會上好好謀求一職業，更應該在社會上好好做一個人。他必須懂得如何好好做一個人，他纔能懂得如何好好做一件事。事業更重於職業，而人格則是一切事業之基本。

因此我們的教育理想，不僅在指導學生如何讀書、求知識，同時也注重指導學生如何做人。好讓他們懂得如何憑藉他們的智識，來為社會服務。我們希望指導學生，做人更重於讀書，事業更重於職業。

第三點說到文化教育，我們認為，在今天的社會上，要指導青年如何好好做人，如何好好做事業，他必該先具備一種文化的觀點。我們學校的教育對象，是中國的青年。中國有他自己一套優良傳統的文化。但今天的世界，已是在走向大同的路上，中國人不能關着門做中國人。中國人必得站在世界的立場上來做一個人。因此每一青年，我們該指導他們，如何瞭解世界人類文化所包涵之大意義，及其大趨向。

香港是一個東方文化和西方文化接觸重要的地點，中西兩大文化在此交流，已經歷了一百多年以上的歷史。我們這一學校，創設在香港，獲得了香港政府精神上、物質上種種的指導和協助；近年來，又獲得了美國雅禮協會經濟的支援，我們這學校纔能有今天。可見這一所小小的學校，已經是中、英、美三國通力合作之成績，已經是在中西文化相互瞭解、相互尊重後，纔可能表現此成績。我們希望，我們這一所學校，在中西文化交流、中西文化合作上，將來能有其更大之貢獻。

以上所說，智識教育、人格教育、文化教育這三方面，是我們學校創始六年有半一向所抱的理想，這六年半以來，我們幸而獲得了中西社會各方面的同情和協助，使我們在感激之餘，更自努力。但一個理想要達到他所應有之實現，這不是一件容易的事。我們切盼社會各方面，能繼續不斷給我們以指導，給我們以援助。今天我們新校舍奠基，也可說新亞書院已邁步走上了一個新階段。

附錄　本院半年來大事記

一九五五年秋至一九五六年春

本院研究所成立　經營積極發展快

為培養研究中國文史專材，造就對中國學術思想、歷史文化各方面繼起之學者，本院懸此理想，終於一九五三年秋季實現初步計畫，成立一研究所之雛形。招少數來自臺灣大學及本院之畢業生。經兩年來之努力，此研究所之經營有良好之發展。叢書業已出版者，有本所兼任導師唐君毅教授之人文精神之重建及內容充實之第一期新亞學報亦已問世。研究生方面，前已獲得哈佛大學訪問學者之邀聘的有余英時君，獲瑪德里大學之獎金者有蕭世言君。本所自本學期正式成立後，導師有錢穆、唐君毅、牟潤孫、張葆恒等教授，現有研究生中在各大學畢業的包括中央大學二名，中山大學一名，政治大學一名，臺灣大學二名及本院的三名。本年度哈佛大學又函邀本院推薦一人，以訪問學者資格去該校研究。該所畢業年限為二年，以修滿三十六學分，精習一種外國語文及完成導師所認可之論文一篇為畢業，今年暑期將仍在本港公開招生。

舉行破土典禮　嘉賓自遠方來

十月十八日，也是一個可紀念的日子，因為這天是農圃道的新校舍舉行破土典禮，全院師生同學都興奮地前往參加。破土的儀式由錢院長主持，他使用鋤和鏟，在校舍基地的前面一塊泥地上，作象徵性的掘土。典禮完成得很快。這次參加典禮的人羣中，其中有一位不遠千里而來的嘉賓，那就是美國聖約翰大學校長 Weigle 博士，他又是雅禮協會的理事之一，所以他特地老遠跑來參加這典禮，有其不尋常的意義。會後他曾同本院教授們談到本院發展後的未來前途，同時又討論到一所新型的小規模大學的辦理及其教學方法。相信這位國際友人，亦熱切地期望着本院的未來成就。當他回美前，他曾邀請本院教授赴美在該大學作短期的講學，這事將在本年暑假後實現。

錢院長出國講學　為祖國文化爭光

十月二十一日，錢院長應自由中國教育部之請，搭民航機去臺轉日講學。因為前些時，日本文化界知名學者前田多門、宇野哲人等，曾先後來臺灣講學，故教育部此次組織訪日文化代表團是報聘之意。此次訪日，錢院長擔任了代表團團長，同行者尚有凌竹銘、鄧萃英教授等。代表團在十月二十四日啓程赴日，十一月十八日返臺，在日逗留計廿六日。錢院長在此期間，曾應日本治漢學權威的東方學會之邀請，作了三次講演，其次序為：十一月二日，在京都大學講「老子書的時代」，同月十六日在東京大學講「中國社會的歷史分析」，同月十八日在交詢社講「東方人的前途」。聽講者多為學者、教授及各界知名之士。錢院長並曾在來港招生的亞細亞大學作了一次演講，順便探訪本院在日留學的校友們。此文化團在日逗留時間除大部在東京外，並曾赴鎌倉、奈良、京都、横濱、箱根等地作了訪問。錢院長返臺時，曾在中日文化經濟協會上講了訪日觀感。並說及日本學術文化界對他們歡迎的盛意，可惜時間所限，不能應邀多作數次講演。

相信此次自由中國文化代表團的訪日，意義是重大的，不但為祖國文化爭光，而且對中日兩國間文化與友誼的相互交流上，有莫大的收穫。

美國各大學主腦　關心我書院前途

十月中，有美國華盛頓州立大學東方研究所主任 Taylor 教授來港。他對本院的發展極感興趣，對本院研究所亦垂詢頗詳，並由教授們帶領他參觀了有關院所部份。臨走時，他並應允本院研究所畢業生每年能有一兩位赴美該大學的研究所作研究。因他願意盡力協助在學術上有成就的中國青年，以便促進中西文化交流。

十一月底，由美國來港的哥侖比亞大學校長柯克（Kirk）博士，曾來本院參觀，他與本院教授們曾談到現時代的高等教育一般計畫，對本院研究所的發展亦甚關心。

哈佛燕京社教授　談支持新亞計畫

十二月二日，美國哈佛燕京社的教授 Reischauer 博士，他近年來駐在遠東方面工作，此次順道經港返美，主要來參觀本院及研究所。當本院院長與教授們談及本院研究所的發展時，他表示很願意與我們合作，並支持這一有意義的教育事業。當他回美後，該社已決定一九五六年度將捐助五千美元作為本院研究所的發展經費，指定用於研究所的購置圖書、出版刊物著作及其他研究工作之用。該社並答應今後每年能幫助本院研究所畢業生赴美留學之費用。其最初之名額，每年將為一、二名。

摩根索教授來港　對新亞備加讚揚

大家都知道，美國芝加哥大學的政治學教授摩根索（Prof. Morganthau）是世界知名的政治學說理論權威之一。當他來香港以前，他就想知道新亞書院的情況了。這次來港，他事先託本港的美國領事館與本院接洽，說明他的熱誠，並希望與本院教授們見面。我們表示歡迎。十二月十二日，校方在嘉林邊道第二院佈置了一個會場，錢院長並邀請了各位教授，就在這天舉行了一個座談會。這是一個輕鬆的談話會。各教授均自由地發表他們個人的意見。摩根索教授覺得這是有意義的聚會。事後他又參觀了本院。當他回美後，美國領事館的 Gerald R. Daly 先生，曾致函錢院長。在該函中曾說到：摩根索博士對錢院長及其所創辦的新亞書院與研究所，雖然只是一個短短的訪問，但這在他看來是一件最感興趣並最有意義的事。當他在香港逗留的日子中，他並且將這觀感，在一個宴會中告訴了港督葛量洪爵士。

異邦友人所給予我們的關懷，使我們覺得友情有無比的溫暖。

校舍奠基典禮　師生鐵函題名

一月十七日下午四時，本院農圃道新校舍舉行奠基典禮，敦請港督葛量洪爵士奠基。此次奠基典禮的行列為港督、趙董事長、錢院長、高詩雅教育司、協恩陳校長、徐建築師、本院各董事、研究所各顧問及本院各教授等。大會假協恩中學禮堂舉行，由董事長、院長及港督分別先後致詞，接着行列向農圃道基石前進。徐建築師呈鋤後，由港督葛量洪爵士奠基石。接着又由院長錢穆博士向港督贈送張瑄教授所刻之石章一件以資紀念。最後，港督由董事長等陪至協恩中學，嘉賓隨後參加茶會。

在奠基禮舉行前，還有一件有意義的事值得一說的，就是準備埋入地基下的鐵函。事先由沈燕謀董事說明鐵函之意義。此鐵函內所藏的，包括中華民國全國及香港地圖各乙幅，中華民國國旗乙面，四書、孝經、舊約全書、耶魯的一册贈書、新亞學報、新亞概況、錢院長的著作孔子與春秋一文，當天本港的中英文報紙各乙份、美國與本港的貨幣各乙套。在中華民國大地圖的背面，有鐵函師生題名錄。錢院長在題名錄的前面有銘語四句，後二句說：「後有發者考往事，所南心史等例視。」這是一件意義十分深長的紀念品，相信被人發掘出來，將是數百年以後的事了。

雙十節開慶祝會　國慶校慶又迎新

我們得由衷地感謝中國學生週報社，近二年來差不多每一次本院較大的集會，都是假座週報社開的。這一次不用說，週報又慨允借場所給我們了，這確是一個不尋常的節目，是國慶，又是校慶，同時還歡迎本學期的新教授與新同學，三個慶祝並連在一起，這一晚，師生來賓陸續地光臨了，漸漸地把這打通的幾間屋擠得水洩不通，主席葉龍同學最後講的那句話極使同學們興奮，他說：「明年今天，我們將在新校舍中舉行慶祝會了。」錢校長勉勵同學們仍應以精神為重，因為一件教育事業的發展，並不在物質條件，而有賴於其所持的理想與精神。接着張丕介教授致詞，幾位來賓與同學家長亦高興地起來發言。會後的遊藝節目向來是由王健武同學主理的，這次也不例外，由他的駕輕就熟的技巧，和豐富而別致的遊藝節目，贏得全場會眾的笑口常開。

除夕聯歡晚會　師生感情融洽

一年一度的除夕聯歡晚會，這是本院六年來富有傳統性的一個有意義的聚會，這次聯歡會的籌備雖很匆忙，但成績卻並不比往年的為差。主席由梅恒同學擔任，當簡單而肅穆和諧的儀式舉行過後，首由錢院長致詞，大意是說：「現在我們的學校在發展着，在擴大着。師長們比較籌劃校務的時間多了些。雖然親近同學的機會少些，但愛護與關心期望同學的心則一如往昔，也盼望同學們多與師長接觸，頗受教益。」又說：「我們的學校，現在正是向前跨進一步的時候，所以我們更得警惕自己，以期達到我們的理想境界。並且新亞的前途繫於每一位師長與同學，盼望同學們更能好學向上，培養出良好的學風來。」接着有唐君毅先生、張丕介先生、沈燕謀先生相繼講話，繼有豐富的遊藝節目，師生均在愉快的氣氛中散會。

除夕師生樂團聚　新年同學拜年忙

在農曆除夕的前兩晚，住在嘉林邊道的錢院長和牟先生，這邊住在桂林街的張師母和唐師母都分別邀請本院無家可歸的同學們在他們家中過年吃年夜飯，錢先生和牟先生是邀請了住在嘉林邊道宿舍和研究所的諸位；唐張兩先生所邀請的對象是除了桂林街宿舍的同學外，住在校外及留在宿舍的同學亦在被邀之列。這次除夕晚餐，師生們一團和氣，宛如一個大家庭，在唐張兩先生家中過年的就約有二十位同學，雙方師生們輪流着在唐張兩先生家中聚餐。先生們所預備的美酒和佳餚，使同學們大快朵頤。最後，所有的師生均齊集在張丕介先生的屋內吃水餃並玩有趣的遊藝節目，室內的燈光佈置得很美，更顯得充滿了和諧愉快的氣氛。其中有一個猜燈謎的節目，張先生出的燈謎其中有：「原子時代，唯我獨尊，乾坤一擲，醉翁開心（打食物一）。」「一對燕兒向南飛，一隻瘦來一隻肥，一年只可來一回，一月卻又來三次（猜字一）。」還有唐先生的「江流石不轉」猜詞牌名。這一晚師生盡歡而散。第二天元旦，同學們大清早起來，就三五成羣的紛紛往師長家中拜年去了，這些中國傳統的優良風俗，使遠適異鄉的遊子們平添了無限的生活情趣。

新亞夜校兒童節　師生慶祝齊歡欣！

本院附設之新亞夜校於四月四日兒童節晚在桂林街舉行盛大慶祝晚會，到場的有全校師生、來賓、校友共二百人，會場佈置得很美麗，燈光亦很燦爛耀目，唱校歌後由學生自治會主席梁靜之同學首先致詞，績由校長列航飛先生致詞，他勉勵同學們慶祝兒童節不可忘記將來要做國家的好公民，並且在學校中要用功求學、敬愛師長。禮成後由同學們擔任豐富的遊藝節目，首先由全體學生合唱兒童節歌，接着有合唱與獨唱，歌名有「本事」、「黑霧」、「虹彩妹妹」等，其他尚有話劇、街頭節目、默劇、歌劇等。話劇為「破除迷信」；街頭即景包括「潑婦罵街」、「非法」、「捉魔鬼」三齣；默劇為「老大徒傷悲」；歌劇為「安全土與賣花詞」。這些節目由天眞活潑可愛的孩子們演出，更顯得動人與美麗。教育下一代的責任是重大的，但願這些孩子們將來都是有用的國民，都是未來的主人翁。

圖書館增聘職員　藏書亦不斷增加

本院的圖書館，在館長沈燕謀先生的領導下，在業務上的進展很快，對圖書方面之充實，尤為校方所關切，最近增加數量最多的是屬於歷史及叢書方面的書，在外國文學書籍方面，則經常有外文系主任丁乃通先生的購置，也比以前充實了許多。最近又接到美國新聞處與香港大學方面的大批英文贈書，現在藏書將達四萬册。此數目仍距本院所計劃的藏書數量甚遠。本院計劃暫定至一九六〇年得有中文書十五萬册、英文書二萬册，但相信在不久的將來將會實現。

又本院最近加聘了一位圖書館職員以利工作，她就是本院前期畢業的校友王懿文小姐。

本院增聘教授　同學人數增多

本學期新聘的教授與新增的課程為：左舜生先生擔任中國近代史，張伯珩先生擔任訓詁學，羅集誼先生擔任日文，莫可非先生擔任大學國文，譚維漢先生擔任理則學，王聿修先生的財政學，張海慈先生的商用數學。外文系增聘的則有許吉鴻先生、布克禮夫人、甘夫人、葉雨果先生等。

本校本學期增設了外文系，現在共有五系。本學期就學同學總人數為一百九十五人，計文史系七十六人，哲教系三十二人，經濟系二十八人，商學系十四人，外文系二十八人，並選課生十七人。

告本屆畢業同學

一九五七年七月

諸位同學，今年諸位畢業，是我們學校正式遷到新校舍以來的第一批。這幾年來，我們學校在社會上薄負時譽，但究竟我們成績何在，這值得我們自己作一番內在的自省。校舍之建立，圖書之充實，教授之增聘，科程之添列，這些都該算是我們學校之成績，但主要的還該說到學生的程度。尤其是畢業生，他們成績如何，這是衡量學校成績唯一主要的標尺。

新亞的歷屆畢業同學，能獲機會，進入研究所，或出國深造的，究屬少數。大部分都是投身社會，謀一職業。但初從大學畢業，年事總還輕，在校學養也總還淺，所獲職業，亦比較多屬低級的，沒有什麼重要職位。如是，則試問畢業生的成績，又該如何表現呢？

固然，我們新亞歷屆畢業的同學，總還是大部分有職業了。而且一般說來，新亞畢業同學，也比較能獲各方信用，能勤奮，能盡職。但我們卻不得在此上自滿。我們並不希望，畢業同學初入社會，便有什麼異常的成績表現。然而就一般說來，我們新亞的畢業生，似乎仍未能與學校教育平日所期望者相符。

我們新亞的教育宗旨，向來都說要為學與做人並重。諸位畢業後，到社會就業，一面是諸位學業之表現，另一面是諸位品格之表現。在學校，或許諸位總認為學業為重。因為學校的課程與考試等，豈不都像偏重在學業方面嗎？但諸位一涉社會，致身職業，諸位便該覺悟，一切高下的衡量，乃及成敗的關鍵，卻處處是品格為重了。若使你有較好的品格，縱使你學問稍差，仍會得人信任，受人重視。你的地位和事業，也會逐步有上升之望。若使你品格差了，縱使你有較好的學問，你總會受人鄙視，失人信用。你的地位和事業，也總不會讓你自己得滿意。

我想，一個學校若能栽培出青年們好的品格來，這比能指導青年們有好的學問，更為有成績。今年諸位從學校畢業，諸位都該想，主要的不是在學校獲得了更多的知識，卻該是在學校養成了更好的品格。這是一個學校的成敗得失所在，也即是諸位投身社會，將來的成敗得失所繫。

就我歷年來的觀察，我們新亞歷屆的畢業同學，並不是說，在品格上有如何顯著的缺點。但似乎我們新亞的畢業同學，在此點上，也並不能說已有了一種深切的瞭解和覺悟。換言之，我們新亞的畢業同學，有些能在學業上還想深造，有些能在職業上刻意努力，但比較最少的是在自己品格上，能一意認真向上。

若使我的觀察並不差，我深怕，我們新亞的畢業同學，只要在社會久了，縱使他們能應付，能奮鬥，沒有大毛病，但也決不能有大成績。他們總會隨波逐流，變成一世俗尋常之人，卻不見所謂「新亞的教育精神」來。如此，則仍還是新亞教育之失敗。而同時，也是諸位終身莫大之失敗。總結一句，若不在做人方面，刻意認眞上進，此人歸根結柢，總還是失敗，而且是大失敗。

我不想在消極方面，具體舉例來說，我仍想從積極方面，從大原則上來給諸位一指示、一鼓勵。說到此處，我仍想舉出我們新亞的校訓「明誠」二字來。

我們新亞的校訓「明誠」二字，本來從為學、做人兩方面全都兼顧了。但我今天，則只想從做人方面來對「明誠」二字稍稍有一些發揮。

所謂「明」，是要你明白人情，明白事理。總沒有對人情事理不明白，而其人可以負大責任、成大事業的。若要明白人情事理，此事儘不易，也儘有工夫可做。但諸位無論如何，總不能說對一切人情事理全都不明白。諸位至少也明白了幾許的人情事理。因此這一「明」字，卻已是諸位本已有之的。

所謂「誠」，只是不虛僞、不欺詐、誠誠實實，照你所明白的直直落落做去。那更不是難事。我想，諸位決不肯，而且也決不能，說我是一個不誠實的人。當然，諸位也決不能，而且也決不肯，說我是一個不能誠實的人。

因此，明白是人人有所明白的，誠實是人人都能誠實的。一個人，只要既誠實又明白，那將無事不可為，而且無往而不利。因此我們學校，舉出此「明誠」二字作校訓，單就做人方面言，那是一個最低標準，同時卻又是一個最高標準。說它是一個最低標準，因為這是人人所能的。說它是一個最高標準，因為只能此便夠了。

但社會上卻永遠有些人，而且是大多數人，對事理人情不明白，對說話做事不誠實，這為了什麼呢？簡單一句話，因他有了自私自利之心，專想從私處找便宜，於是對人情事理，遂陷於不明白。對說話做事，遂陷於不誠實。其實他對自己的不誠實。至少他還是自己明白的。而且他不該不誠實，他也自己明白的。只要他肯誠實，他依然是能誠實的。這一層，他自己也明白。但他卻存心要不誠實，認為他若誠實了，他會自己喫虧的。這一層，卻是他不明白之處。

其實，一個人立身處世，本不該專從自己利害作打算。縱使從自己利害作打算，也該從大處遠處打算，不該從小處近處打算。若明白得這一層，便知「明誠」兩字，所以是做人最低的標準，也即是做人最高的標準了。

我們學校，一開始便施行了工讀生制度。此一制度，卻並不專為同學們在校時之經濟上打算。此一制度，在學校的用意，是想用來歷練同學們在校時之做事能力。更高的，是在培養同學們在做事時的德性與品格。但此制度，在學校幾年來所表現的成績，似乎先後有不同，我甚想借此機會來一講。

在開始，學校經濟十分窮困，同學們激於此種情況，同情學校，都能自發心幫學校服務。只要能對學校盡一分力，在他心上，也感覺到一分愉快。那眞是一種最高的品格表現。而且在那時，學校師生人數尚不滿一百人，關係也簡單。在當時，眞是學校如家庭，師生合作，大家說「新亞精神」，那是夠使人快慰，夠使人興奮的。但現在不然了。一則學校經濟，似乎較之以前是充裕了。二則學校人事，也較之以前遠為複雜了。有些人便把獲得一工讀機會，認是他的一分權利，把對學校工作，認為自己的一分權利，於是其居心與動機都陷於不正。於是有趨逢搶機會，有躲閃不盡職，有怨望不公平，種種不良風習，便會慢慢醞釀。我並不是說目下在校工讀，或畢業後留校服務的，都不如以前。只從大體說，有此趨勢。可見大原則一差了，循此以往，便會走向錯路上去。所謂差以毫釐，繆以千里。只要久了，影響自不同。

我從同學們現在在校工讀情形，便不免要聯想到離校到社會上去服務的。我們決不能對目前狀況自滿。只要在我們存心上、處事態度上，小有差失，積而久之，便會有大分歧。我們新亞書院的畢業同學，若要在社會上眞能顯著出一種成績來，便該從此大原則處認眞。

讓我再重複說一句，做人與為學並重，這是新亞的教育宗旨。「明誠」二字，是我們新亞的校訓。諸位此刻畢業不論學業高下，將來謀事不論職位大小，總之應努力做人，在自己品格上力求上進，力求完善。這是諸位唯一應該注重之要點。讓我便把此來貢獻於本屆的畢業同學們。

附錄　新亞書院・亞細亞大學交換學生協定

宗　旨

新亞書院、亞細亞大學，基於建校理想之相同，彼我共鳴於俗世之中。以崇高學風，互信互賴，為促進兩國文化之交流。除相互交換教授等外，先以作育將來達成中日合作之優秀青年為始，願相互交換學生教育之。

總　則

一、交換學生之實施，定一九五八年度起開始試辦。試辦期間定為二年。

二、交換學生人數在試辦期間內，定為每年二名，嗣後之交換人數另定之。

三、交換學生之學費、宿費、膳費由雙方學校相互負擔。交換學生之香港—日本之間之往返旅費及零用，由學生自己負擔。

四、交換學生暫以商科志願者為限，入學後不得轉校轉系。

五、交換學生住宿於兩校所定之宿舍，於宿舍內與其他學生共享同樣伙食。

六、交換學生之履修時間為二年半，由雙方第三年肄業學生之中選派之。

七、雙方對交換學生之教育方法及內容，由各自計劃決定之。但宜留意使之不受國內學生履修課程規定之束縛，斟酌予以特殊方法有效的使之完成留學為目的。

八、新亞書院選派之學生留學後，於亞大留學生部可先受日本語教育。但亞大之選派學生，於留學前在亞大先受中國語之教育。

九、交換學生之啓程歸國時期，因雙方學期之不同，暫定如左：

新亞書院學生：每年九月末啓程，十月十日到校報到，於第四年三月畢業歸國。

亞大學生：每年二月末啓程，三月十日到校報到，於第三年之七月畢業，八月歸國。

雅禮和新亞雙方合作三年來之回顧與前瞻

一九五七年

一　回顧之部

新亞書院創始於一九四九年秋季，本是一所流亡學校，在極端艱苦中成立。自一九五四年，獲美國雅禮協款，又得亞洲基金會及哈佛燕京社補助，學校規模，迭有進展。舉其著者：

一、新校舍之落成：最先開始，僅租賃課室三間，辦公室一間，目下已有一所可容六七百學生的新校舍。

二、圖書館之充實：最先只有藏書數百冊，目下中西書籍已逾五萬冊。

三、學系之添列：文史系分為中國文學系、歷史系及外文系。

四、課程之增設：最先每學年開課每週僅在八十小時左右，目下已增至每週一百九十六小時。

五、教授之增聘：最先僅教授六、七人，均屬無薪給。目下已有專任教授十一人，包括研究所教務長及藝專主任。兼任教授三十人。

六、研究所之創辦：本校創辦研究所已歷四年。本年已有正式頒給碩士學位之第一屆畢業生八人。

七、學報之刊行：此項學報，大部刊載研究所教授及學生之論文，僅收小部分外稿。每期三十萬言，已出四期，頗為各國研究中國學術文化之學者所重視。

除上舉七項外，復有目下正在開始之事項：

一、藝術專修科之成立：發揚中國藝術，提倡審美教育，本為本校夙所抱負理想中之一項目。惟直至今年春季，始獲創立一藝術專修科，暫定兩年畢業。該科教授四人，僅於該科所得學費項下，酌支車馬費。該專修科之開始，正與新亞之開始同一精神，乃僅有理想，而並無經濟憑藉者。

二、科學實驗室之籌設：本校所設各系，並不涉及理工科範圍。但甚望授與學生以較普通之科學常識。故於第一期校舍建築，即有科學實驗室三間，及科學教室一所。目下正開始籌設生物實驗室。於本年秋季，正式增列普通生物學一科。如經濟許可，再增數學一科。並擬於再下年度繼續籌設物理、化學兩實驗室，及增開普通物理學與普通化學兩科。

三、研究所叢書之編印：研究所除刊行學報外，其較巨篇幅之專著，擬另編叢書。目下第一種叢書已付印，暑假中可出版。其已有成稿，可編入叢書者，截至目下止，尚有兩三種可付印。

本校同人，除努力於日常教育工作外，實從未忽略在學術上繼續作高深之研究。此亦為本校自創始以來所抱理想之一主要項目也。

上舉十項，均屬具體可指。第一，可證明本校事業，此數年來，實不斷在進展中。第二，以少量之經濟，完成多量之事業，此亦為本校同人共同之理想。就於此數年來學校規模及學校事業之具體進展，本校同人幸感對此理想，無甚大之內慚。

其次復當申述者，本校歷年延聘教授，雖在極端困難之環境下，遴選無不審愼。不論專任或兼任，多數均係資歷優深，在社會負有譽望，並多有著作或譯述刊行。又本校歷屆畢業生，共計四十七人。本屆三十五人不計在內。有赴國外留學者，有留本校服務者，有在香港、臺灣及南洋各埠從事各項職業者。截至現在止，多數均有職業，並在社會上建立有信用。其在校學生，凡遇香港各專門學校之論文比賽，演講比賽，及各社團之公開徵文等，本校學生，名刊首選者，占十分六七以上。此等亦皆有具體事實可證也。

二　前瞻之部

此數年來，本校獲有如許進步，其有賴於雅禮基金會之慷慨協助，本校同人同深感激。惟五年合作，轉瞬已過其半。此後新亞方面仍有待於雅禮之繼續協助，自亦為新亞方面一種極懇切之希望。今特就雙方此後合作，重申新亞方面之意見如次：

新亞得與雅禮合作，開始於盧鼎教授之來港考察。當時盧鼎教授與鄙人，雙方商有兩項主要之默契。

一、新亞方面，除雅禮基金會每年決定所能補助之數字外，不向雅禮作任何額外之申請。

二、新亞之教育宗旨及學校行政，全由新亞自主，雅禮不作任何干涉。

此兩項默契，於惠格爾教授來港考察後，雙方並曾互換信件，對此兩原則，重加肯定。新亞方面，認為此兩原則，實有為此後雙方繼續合作再次提醒之必要。

新亞教育之一貫立場，主要在以中國自己的文化傳統作中心，栽培中國青年，期望其能為中國社會服務。而有兩點當申說者。

一、對各宗各派的宗教信仰，將儘量保持公開與自由，但並不想使新亞成一教會學校。

二、對學生外國語文之訓練，將儘量提高其水準，但在課程比重上，將不使其超過於對中國本國文字訓練之上。

其次，再略述此後五年所急切期望完成之事業。

一、校舍方面：本校所請香港政府撥給之地面，及第一期校舍建築，皆保留有第二期建築之計劃。因此，必待第二期建築完成，本校校舍之全部設計始完成。

二、圖書方面：本校圖書館之已成建築，共三書庫，計劃收藏中外文書籍二十萬册。目下僅使用一書庫，僅得藏書五萬册。此後五年，至少盼再添圖書十萬册。

三、教授待遇：本校原從極艱苦之經濟狀況下開始，教授待遇，根本無標準。此數年來，一切經費獲得，大都使用在其他方面，教授薪給仍極微薄，僅堪與香港官立小學第二級以下之薪給相當。而教授任務，除繁重之課程外，尚各兼任學校其他職務。但各教授始終保持學校創始以來之刻苦精神，於自身待遇一項，從未計較。此實為新亞精神始終一貫之一項主要表現。但此種精神，究為可暫不可久。此後求學校繼續發展進步，教授待遇之調整，實所必須。

㈠當減輕任務：教課多，即不宜兼任職務。職務重，即不宜多兼教課。節省精力，庶可於教務職務上，更求上進。並望於教授自身之學術研究上，更有深造。

㈡當增加薪給：最低限度，凡專任教授，當求與香港一般官立中學之薪給相等。兼任教授，亦當依此標準而調整。

㈢住宅問題：在香港最感困難者，厥為住宅問題。目下新亞教授，所得薪給，其三分之一都花費在租賃住宅。而多數住宅，全是逼窄煩囂，實與擔任高等教育及從事學術研究者之生活要求，太不相稱。

四、關於研究所方面：基於本校之教育理想，於學校本部之上，添辦一研究所。使有志中國文史哲方面之研究，而可資深造之青年，獲得一繼續進修之機會，實為一主要而不可缺者。就研究所現有成績言，亦甚可使我們感到滿意。但因香港一般中學中文程度之低落，大學四年，基礎不夠。升進研究所，兩年畢業，仍嫌短促。為山九仞，功虧一簣，事至可惜。因此，研究所訓練，實有延長一年之必要。蓋此項對中國本國文史哲學有較高水準之後起青年，實為當前中國社會各方面所急切需要，而又無法仰賴外國教育機構代為培植。凡本校研究所之種種設計，實胥為針對此項使命而起也。

五、關於藝術專修科：本於本校教育宗旨，及針對香港社會一般的精神需要，藝術審美教育，必當重視。此後五年內，希望此暫行辦法下之藝術專修科，能發展成為正式一學系，加入本校原有六學系，共成為完整之七學系。又望能成立一藝術館，與現有圖書館與正在籌備中之科學實驗室，成為本校鼎足而立之三機構。

以上為本校此後五年，所急切盼望完成之較大計劃。儻此諸計劃，能次第實現，此後當就此規模，一意力求內部充實，而暫不再求學校規模之擴大。雅禮方面，就於上述諸要端，或能酌量協助其某幾部分之實現，或能代為向外募款，協助其他部分之次第實現。使在此第二次五年合作中，獲得新亞理想規模之確立，則實為本校同人所深切希望也。

此項報告，由新亞董事會之同意而執筆。

附錄　校聞輯錄

新校舍落成典禮

一九五六年十月十一日，這是一個可紀念的日子，因為我們的新校舍在這一天舉行落成啓鑰典禮，正如教育司高詩雅所說：「本院新校舍的落成是本港中文高等教育發展史上的一個重大里程碑。」也可以說，新亞的教育理想發展自今日起，將進入一新的階段。這是自美國耶魯大學之中國雅禮協會與本院合作後之一項重大建樹之一，即協助我們建立一所新校舍。也正如雅禮代表費爾先生所說：「雅禮與新亞之合作，冀求在中西文化間，促成更大之了解。」

增闢藝術專修科

為提倡我國固有文化藝術，培育繪畫人才師資起見，本院自本學期起增闢藝術專修科。由陳士文教授任主任，其他教授有丁衍鏞、王季遷、曾克耑等，分別擔任繪畫理論、中國畫、西洋畫、書法等課程。現有學生三十人，成績優良，下期聞將擴大招生，詳情另見藝專陳主任之專門報導。又本院為使同學在科學上獲得基本智識起見，下期決定設立理化、生物、數學等課程，為一年級必修課，現正積極購置科學儀器中。

日本亞細亞大學校長太田耕造氏訪問本院

日本亞細亞大學校長太田耕造氏，今春來港，其主要任務為與本院商討交換留學生事宜。本院由錢穆院長設茶會招待，到會者除太田耕造氏及本院錢院長、王書林教授、牟潤孫教授、左舜生教授外，尚有本港文化界人士丁文淵、童冠賢諸先生及本港中等學校校長數十人。在此次會談中，雙方對中日文化之交流，亞大與本院之交換留學生，及本港中學畢業生赴日留學等問題，均有商討。本院與亞大交換留學生事，已有具體決定，自明年起先行交換商學系三年級生各二人。

中國古代名畫展覽

此次本院藝術專科主辦之中國古代名畫展，在本院圖書館展出，會期自六月一日至五日止，五日內觀衆逾萬，對本院此次展出之古代名畫，極為讚美。查此次展出之名畫計六十幅，包括宋、元、明、清各代，其中優品有宋劉道士「湖山清曉圖」、趙孟頫「龍王禮佛圖」、倪瓚「西園圖」和「岸南雙樹圖」、夏昶「清節高風圖」、沈周「秋山讀書圖」、唐寅「南州借宿圖」、文徵明「滄浪濯足圖」、董其昌「山水圖」、丁雲鵬「山水圖」、釋弘仁「山水圖」、八大山人之「荷花小鳥圖」、王翬「古木晴川圖」等，均為不可多得之名作。此等展出作品，係蒙本港鑑藏家慨允借得者，計有王南屏、田溪書屋、馬積祚、陳仁濤、張鼎臣、張碧寒、靜好樓、燕笙波等各家。此次畫展，本港文教界人士及書畫家咸認為本港有史以來最盛大、最有意義價值之一次。教育司高詩雅先生於三日蒞校觀賞，港督葛量洪爵士伉儷亦於五日蒞校，除觀賞古畫外，並巡視本院圖書館書庫、研究所、藝術專科畫室、科學館、宿舍等，港督對本院各項建設之良好情形極為稱道。

文化講座

本院「文化講座」自一九五〇年秋季開始舉辦，到一九五六年冬季，已先後舉行了一百四十六次。此一自由的學術講座，乃適應先後由各地來港之知識份子對思想與知識之要求。邀請各方面專家，作有系統的學術演講，通常於星期日假本院舉行，免費邀請各界聽講。所講範圍涉及人文科學、社會科學之各部門。本學期舉行了九次，茲將各次主講人及講題錄於後：

一四七：羅香林教授　法國漢學研究及其影響

一四八：達林博士（Dr. David Dallin）蘇聯與匈牙利

一四九：劉若愚教授　中國詩之情、景、境

一五〇：施高德（Scotte）教授　中國戲劇中丑角之地位

一五一：鄭吉士博士　近代西方史學的趨向

一五二：休漠（Hulme）教授　The Writer The Bensorand Society

一五三：葛璧（Kirby）教授　今日大陸之經濟趨勢

一五四：董作賓教授　殷墟

一五五：康爾（Dr. Korn）博士　今日之美國外交政策

圖書館概況

圖書館位於本院西部，面對科學館，恬靜軒爽，光線融和，洵屬一理想之讀書勝地。館之前部為閱覽室，占地面積二五〇八英方尺，同時可容一百二十人。室中備有各種工具圖書及各系普通參考用書，尋檢極便。後部為書庫及辦公室。書庫高下三層，上層佔地面積一七五五英方尺，分藏外文圖書及部份中文書籍。中層佔地面積一〇五七・五英方尺，專儲中文線裝圖書及善本書籍。下層佔地面積一四三八英方尺，暫作存放報紙雜誌之用。全部書庫，可容書二十萬册。

藏書統計，截至一九五七年六月中旬止，有中文書四萬七千二百三十二册，外文書四千一百一十四册，總計五萬一千三百三十六册。雜誌報紙在整理裝釘中。按一九五五年六月藏書統計為一萬八千七百六十册，兩年來之增加三萬二千五百七十六册。

關於圖書分類，自一九五六年八月起，中文書改用劉國鈞中國圖書分類法，而加以修訂。外文書則按杜威之十進分類法。其編目，中文書採用中文圖書編目條例，並參酌中國圖書編目法，編製卡片目錄。外文書則參照美國國會圖書館編目的條例，編製卡片目錄。

年來圖書館對於蒐購中文線裝書籍，艱苦頗多，又以購書經費有限，仍未趨於理想。至承中外人士及各界團體捐贈者，為數六千餘册。目下圖書館工作極忙，除將已編目之書，隨時提供閱覽外，並加緊繕製卡片及添置書架，以期早日全部完成。

新亞研究所簡訊

本院研究所之設立，旨在培養中國文史專材暨大學師資。其學制暫定為兩年，研究生畢業後由教育部頒給碩士學位。自一九五三年開辦以來，已有研究生多名。其出國者，余英時在美國哈佛攻讀博士學位，蕭世言在比利時攻讀博士學位。留所者，章羣、何佑森編纂清史稿索引。本年正式成立後第一屆畢業計有：唐端正、柯榮欣、羅球慶、孫國棟、余秉權、石磊六位。關於渠等今後工作或留校或出國，聞校方已有所決定。

又研究所暑期招生在卽，凡曾在大學或獨立學院（不包括專科學校）畢業，年齡在三十歲以內者，均可報名投考。考試科目照去年規定有：國文、英文、中國歷史、中國思想史、中國文學史、中國社會經濟史、中國史學史及文字學等。招生日期大約將在八月中旬，科目有無變動，現尚無所聞。據云與去年之規定恐無大出入。

學生人數統計

本院學生人數，歷年頗有變動，以下為各年學生註冊人數：

年　份	註冊人數
一九四九年秋季	四二人
一九五〇年秋季	四八人
一九五一年秋季	三五人
一九五二年秋季	六三人
一九五四年秋季	一二九人
一九五五年春季	一三五人
一九五六年春季	一九〇人
一九五六年秋季	二四九人
一九五七年春季	二九九人

第六屆畢業典禮講詞

一九五七年七月十五日

今日是本院大學部第六屆畢業典禮，也是本院研究所正式成立以來，第一屆畢業典禮，並且將正式頒授碩士學位。

今天每位畢業同學，已在大學中完成了學業階段，將由學校時的青年時代進為社會的成年時代。各位將來進入社會做事，無論在那一崗位，都應具有愉快心情及活潑生氣，去迎接當前任務。盡自己最大的力量，去努力擔負你的責任。

俗語說：「做一天和尚撞一天鐘。」這句話普通人只看其消極的方面，認為是過一天，算一天，敷衍過去就算了。其實此話有其積極的意義，即是一天在職位上，就當守一天的崗位，盡量把事情幹好。

俗語又說：「一個和尚挑水吃，兩個和尚抬水吃，三個和尚沒水吃。」此話說出了一般人依賴推諉的心理。但如我們人人各在自己崗位上盡力，那麼三個和尚不但不會沒水吃，而且將會有六桶水了。

俗語又說：「各人自掃門前雪，那管他人瓦上霜。」一般人以為這是自私自利的行為。但從另一方來講，卻是積極的，本份負責。試想，他人瓦上霜有多少？如果連自己門前的雪都沒有掃，難道還有力量去管別人嗎？霜是在瓦上的，留着無大礙。雪是在門前的，留着是會阻路。如果人人把自己門前的雪掃清了，就會打開一條四通八達的大路，對人人都有利益。

其次希望各位踏入社會做事，當力求上進。有些人在沒有謀得職業前，甚麼事都願意幹。謀得了，就發怨言，對所處的人事環境都不滿意，這種心理要不得。我們不應該計較名譽地位，不應三心兩意，我們當努力於當前的事業崗位，帶着好像初進大學第一天的那種活潑、熱誠、興奮、鼓舞的心情，就會覺得幹甚麼事都有意義了。

一個人最怕是沒志氣沒活力，意志消沉頹唐，做事敷衍塞責，那就什麼都完了。我們不應貪小利小便宜，當腳踏實地的做去。所謂上進，並不指求天天有更高的職位與名利，而是不斷的完成充實自我。不要老批評別人不好，當反省自己的缺點。求學與做事，齊頭並進，人人都易上進，這社會就好了。我們當知，社會不好，責任在我，那麼社會自然上軌道了。

我順便講一件故事，當四十餘年前，即民國二年，我在無錫一座家鄉小學任教，有一位我所喜愛的學生畢業了，又去上海讀書。中學畢業回來，我請他同我一起在小學教書，但他不肯。他說：「我今年教小學，明年教小學，一輩子教小學，這不是我的好前途，有什麼意義呢？」這種意見是錯誤的，我們只應把當前的事盡力辦好，牢守崗位，力求上進。

至於前途，不必太計較。要知道一個人的升遷際遇，有時是靠機會，個人不能勉強。但是我們亦當知道，如果我們盡責任，力求上進，那麼社會也就決不會讓我們永遠吃虧。要緊的是我們當抱赤子之心，以迎接一切。我們不要以為社會是黑暗的。而我們應該用眼睛照亮這社會。光明是從我們每個人的眼中發出去的。

各位不要以為這是老生常談，當記得我這一番話，十年二十年以後仍然有用，並知道其好處，及當如何處世做一個人。

（香港華僑日報）

第九屆開學典禮講詞

一九五七年九月十一日

今天是第九屆開學典禮。本院在香港是流亡人士創辦的第一所私立專科以上學校。在時代的大變動中產生，也可說負有時代的使命。

新亞創辦迄今已有九年，現在可說已非一所流亡學校了。但我們仍應認識，我們應對國家民族與社會作一番貢獻。近年來，新亞在物質上可說有了進步，如有了新校舍，有了像樣的圖書館，有了更多的教授，增加了新的課程等。但在精神條件上來說，我們是否也有了進步呢？近幾屆的畢業同學在各方面比較起來是不是比上幾屆同學更進步呢？其實仍是差不多。

又如過去學校在桂林街時期，每年新同學進校來，常感愉快滿意。而且舊同學們在學風上，常有影響新同學的力量。現在物質條件進步了，而這方面的精神就不見得比以前進步。

我常說，一間學校要辦得好，乃師生共同的責任，非單方面的事。一間好的學校，物質上的進步是不可恃的。新校舍，它會一年舊似一年。今年是新的，明年就舊了。但在學業上言，可使它一年比一年的提高。我們當各自思量，我們同學的程度是否有一般大學的水準？是否比得上今日世界上的一般大學呢？相信只要努力上進，那也是可能的。即學校的校風，亦可以天天提高。

照事實看，我們同學的水準，並不如理想那麼進步得快。例如英文程度，雖比過去幾年提高了，但是否合得上標準，則仍難說。就國文言，幾年來亦沒有很明顯的進步。一位大學生，應搞通本國文，字也應該寫得像樣些。現在一般大學生，文理通否不論，即連字也多數寫不好。故一位大學生，國文要夠水準，首先要會寫通順的文章，其次要能讀書。現在的大學生，只能讀五十年來的近人作品。但我們應該能懂三百年甚至二千年以前的古人作品。講到英文，不妨降低一些標準，但至少也得能講普通的英語及流利閱讀有關各科的原文書籍，這是作為一個大學生應該具有的水準。

我們自建新校舍開始，就把重心放在建立一個充實的圖書館上，現在已有藏書六萬冊以上，希望以後幾年內能達二十萬冊，這是我們最低的理想。我們現在每天能平均增新書近百冊，這已盡了校方最大的努力，希望同學們能盡量地利用這個圖書館，找你所想看的書去讀，至少每人能每週看一本書。其次，盼望同學們，除了進圖書館研究及課堂所授功課外，在生活上使同學間，尤其是新同學與舊同學間，有親密的活潑的團聚，有正當的團體活動，造成有生氣的良好校風。過去好的一切，我們保留它。過去沒有的，我們來提倡。總之，要使這個團體有活潑愉快的生氣。

我再重複說，請同學們多去圖書館自修閱讀，其次便是除了正課以外，多做些有益身心的課外活動。

（香港華僑日報）

孔子誕辰紀念講詞

一九五七年九月二十八日

今天是孔子第二千五百零八年的誕辰紀念日。我們稱孔子為「大成至聖先師」，因為孔子是我國第一位為國人所崇敬的標準的老師。

可以說，孔子為我們師，並非是學問上、知識上的，乃是指人格上的。因為孔子最主要的是以人格來教導陶冶我們。所以稱他「大成」和「至聖」，是因為孔子在人格上，已經達到了理想標準圓滿的境界。

孔子的偉大人格，不但為我們國人所崇敬，而且也為我們亞洲東方民族所共同崇敬。如日本、韓國、越南，凡是曾受我國文化所陶冶的東方民族，他們都一致對孔子有共同的敬仰與崇拜。例如此次越南領袖赴韓，是去參加南韓的祭孔大典。今日他們又趕去臺北，參加祭孔盛會。同樣的，日本也尊敬崇奉孔子。故崇敬孔子的不僅是中國，也是亞洲東方民族所共同的。而且也可說是全世界所共同的。因為今日世界人，西方人也崇敬孔子。

一般人將孔子、耶穌、釋迦牟尼與穆罕默德相提並論，稱為四大教主。其實孔子與他們三位不同。他們都是由信仰而各形成一種宗教。孔子則並非一教主，也沒有形成一種宗教。第一：孔子無廟或禮拜堂，孔廟與耶、佛的寺院教堂不同。我國各省、各府、各縣均有孔廟，但並不舉行日常禮拜，只是有重要的祭祀大典時才行禮，與各宗教的教堂不同。第二：不論佛教、基督教、回教，他們均有特別的信徒，如和尚、神父、牧師等，用以專門宣揚其宗教教義。但崇奉孔子的，並無一批特別的信徒專門從事宣傳。故就形式上言，信仰孔子的人，並不比信仰別的宗教為少。除了我們五萬萬以上的中國人外，尚有日、韓、越諸東方民族，且有了二千多年的歷史。

何以崇奉的人會如此之多，且迄今不衰？這完全由於孔子本身的偉大人格精神感召，且孔子的教義亦實有一能普遍深入廣大人心的力量。力量在那裏呢？今天不能盡述，我現在只舉出論語一書，乃其平常講話經人整理而編成。今日論語已被譯成世界各國語文，只要是關心世界文化人生思想的人，無有不讀。各位同學如尚未讀，則趕快讀。如已經讀過，則還得反覆再去詳細讀。

在論語中，可看出孔子教義的全體。孔子並不注重如何教，而是重視如何學。故我們稱孔子為教主是不妥的。其根本精神不在教人，而在自學。但他並非只學某種學問或知識，而更重要乃在如何做人。

論語開首第一篇第一章卽說：「學而時習之，不亦說乎？」其第一字卽為「學」字，是要常常學，時時學，永遠地學，一輩子去學。孔子說：「吾十有五而志於學，三十而立，四十而不惑，五十而知天命，六十而耳順，七十而從心所欲不踰矩。」他的一生，就一直是在學。不僅自己學，並且希望大家來同學。故說：「有朋自遠方來，不亦樂乎？」意卽共學。又說：「吾非生而知之者，好古敏以求之者也。」又說：「十室之邑，必有忠信如丘者焉，不如丘之好學也。」卽自稱「好學」。

孔子一生，卽是學的人生。他教人亦希望別人與他同樣去學，並非有其他一套高深哲理。故孔子在論語中給人的教訓，也並非千篇一律，大都是教人實踐去學。也並非教訓全體人，只用一句話表達。故孔子回答學生同一問題時，也常有不同。如問「仁」，孔子回答亦並非用理論去解釋，而是告訴學生們如何去實踐、去學。孔子答顏淵問仁，曰：「克己復禮。」意卽如何自兩者去學，去下功夫，卽可懂仁了。孔子再答其具體的細目為「非禮勿視，非禮勿聽，非禮勿言，非禮勿動。」又如孔子答仲弓問仁曰：「出門如見大賓，使民如承大祭。己所不欲，勿施於人。在邦無怨，在家無怨。」總之，教人在日常生活中去實行。

後人稱孔子是「大成至聖」，但他當時很謙虛地對子貢說：「聖則我不能，我學不厭，教不倦。」子貢曰：「學不厭，智也；教不倦，仁也。仁且智，夫子旣聖矣。」其實仁且智，就是聖善的至高境界。總之，孔子教我們最重要的就是要一輩子去學如何做人。

子貢問曰：「有一言而可以終身行之者乎？」子曰：「其恕乎！己所不欲，勿施於人。」其實孔子無法用一字回答終身可行的問題的，他只是非肯定地說：「或許是恕吧！」恕者，卽是己所不欲，勿施於人。卽子貢之引申意：「我不欲人之加諸我也，吾亦欲無加諸人。」這是消極的，是不可做的，但孔子亦沒有講別的字，可見其謹愼與謙虛。

孔子又說：「有鄙夫問於我，空空如也。」甚至還說：「吾不如老農，吾不如老圃。」孔子能虛心地接受，踏實地學習，所以有無限的造就。在宇宙人生界中，能超越的涵蓋持載一切，成為偉大的學者。孔子認為沒有什麼可以教人的，最重要的在乎「學」。所以孔子非教主，並沒有一種私人教條讓世人去奉行，並作為一種宗教信仰。孔子講仁，亦只說：「仁者，人也。」做人做到如此，可算一人矣。故孔子對仁的解說，也有各種不同的說法。並非如西方哲學上的假設與定義，而只是要我們努力地去學與做。

孔子認為，實行即是仁，即是要在社會中與人們一起生活，相處得好，並非要脫離這社會。是入世的，而非出世的。單是這一點就很難。因為我們在社會上將遭遇到各式各樣的人，為要處處實行做人的道理，故孔子主張「毋意、毋必、毋固、毋我。」不知命，便不免要臆測，要期必，要執滯，要私己。這些不可必得，而害仁。絕此四端，才能安命，才能成仁。孔子並不主張一定要固執地去硬做，只要牢守恕的原則就可以。

孔子並非一定要為人師，他說：「三人行，必有我師焉。擇其善者而從之，其不善者而改之。」三人中，卽有其他兩人可相比較，處處有可供學習的地方。自消極處講，卽別人有不善的，亦可作為自己的警惕。孔子無常師，而是一學人，因此我們均應學孔子的學。

中國最特別的，就是可容納任何宗教，不受排斥，不相衝突，這卽是中國民族的偉大處。恕則道並行而不悖。己所不欲，勿施於人，於是才有了思想、言論、信仰等等的自由，這才是眞正的百家爭鳴，百花齊放。我們普通稱「孔廟」，那是俗話，其實應稱「學宮」，這纔充分表示出學的精神。

各位中，有信仰基督教的，也有信仰天主教的，也有信仰佛教的。但任何信仰，都不與孔子之學有衝突。故你讀了佛經或是基督教的新舊約全書，你仍可讀論語。論語可說是中國人的「聖經」，是東方民族的聖經。現在希望大家回去以後，能去讀這部寶貴的書。可從論語中，得到寶貴的教訓與啓示。

（香港華僑日報）

慶祝新亞第九周年校慶講詞摘要

一九五七年十月十一日

本校本學期增加新教授十九位，幾與原有教授人數相等。新同學增加一百四十二位，佔全校總人數百分之三十六。可見新亞校務日漸發展，新亞精神與辦學宗旨也漸為社會人士所瞭解。

今天我們在這裏慶祝本院第九周年校慶。我們校慶與國慶原是在同一天，即在九年前的十月十日，為我校創辦之日。這不僅是巧合，也可說我們學校與國家命運是息息相關的，意義是深長的。今天我們慶祝校慶延後一天，今天只為紀念校慶，國慶雖過去了，但我想在這裏特別講幾句國慶的話。

過去幾年來，每逢國慶日，我必去街上各處跑跑。我所特別注意的，不是要看社會人士對國慶有何表示，而是看社會人士對國慶的不表示。大致說，年年情形都如此，小街巷尾掛的國旗多，大街鬧市掛的國旗少。如尖沙咀區，簡直很稀少。香港區方面亦然，在皇后大道中就見不到幾面國旗，向東往灣仔或向西往大道西，國旗掛的就多了。就住宅區說，太子道旗掛的少，九龍城區就漸漸多了。再往黃大仙、鑽石山等區一看，簡直是旗山旗海了。就究竟是什麼原因呢？何以經濟比較富裕、教育程度比較高一點的區域，對國慶比較沒有什麼表示，而平民對國慶卻比較更關心更熱烈呢？這當然是比較一般趨勢說。我們在香港可看到，某一階層的社會人士，對國慶比較地關心，這是很值得我們注意的現象。

本校創辦之初，是一所流亡性的學校。教授或學生，大都是流亡來港的。每逢國慶，就抱着興奮熱烈的心情，在精神上將國家與學校的前途打成一片。九年了，試問各位同學，我們是否還繼續保持有此種精神呢？新同學們在本港久些，也希望他們能對國慶校慶的意義了解得深刻些。

去年的國慶日，出了事，香港政府為了治安，要我們今年改遲一天舉行慶祝會，這是使我內心深感歉疚的。

照過去例，今晚也是歡迎新先生和新同學的聯歡會，希望每一位同學都能為學校的前途而努力，也不可忘掉學校的教育宗旨與精神，將來並擔負起對國家民族應盡的一份責任，作一番貢獻。

（香港華僑日報）

天才技藝大會開幕詞摘要

一九五七年十一月三十日

今晚本院舉行技藝大會是一種新花樣，因為過去雖時有表演，但非專門性的。希望以後的第二次、第三次技藝大會，更能有進步。

今晚的會稱為「天才」表演，諸位以為天才是了不得的字眼。其實天才人人均有，且每一人可不止僅有一項天才。只是有時各人將自己的天才埋沒了，或者我們太看重現實功利，以致忽略了。各位今晚參加表演的，均可稱為天才。天才並非要比別人高明，只是天賦予我以某項特有的技能。至於技能高低，則是另一問題。

人生有小圈子，如謀求一職業。人生又有大圈子，如去尋求廣博的學識，以達成一事業。但亦只是人生的一小部份。人生又是多姿多采的，有各項的技能。去學習何項，則要看各人興趣習性之所好。人常有各種潛在的能力，只是有時放棄或埋沒了。現在社會上的人，有很多不知道怎樣去發揮自己潛在的能力，尋求正當的娛樂，於是養成不良嗜好，如打麻將就是。要之，也不過去坐咖啡館，去看電影而已。但這些只是被動的。我們所需要的是正當的娛樂，希望各位都能「游於藝」，此即要做到各人都能有天才的表現。上天賜予我們一切所具有的，我們卽當充分利用發揮。

新亞不僅是硏求學問之所，還當學做人。人生不是單調的、呆板的，而應是新鮮的、活潑的。不但當富有教育意義，亦當富有人生情味。希望大家能在技藝表現中，發現更多的天才。

（香港華僑日報）

第一次月會講詞摘要

一九五七年十二月三日

此次徵文比賽得獎同學計有二十二名；前七名有獎金及贈書，其餘得獎者則不分名次，各贈本人所著國學概論及唐君毅先生著人文精神之重建兩冊。此項徵文之優點，是各位同學能廣泛地去找材料，於思想研究、歷史探討及學術考據等各方面，均有寫成論文。其缺點則因側重內容，而忽略了文章之技巧，如修辭佈局等。

本院此後將對徵文辦法有所調整，不致使經濟學系及商學系之同學有所吃虧。此次得獎者，除其中三位外，其餘均為以前未得過獎的同學，這是可喜的現象，希望每一位同學均能努力。

這次為本院第一次月會，目的是因為本校擴大了，師生聚會時間少，因此造成了每位同學只有為自己求學的觀點，只想到「我讀書」，而沒有想到「我是在新亞書院讀書」。但是發揚新亞精神是每一位師長和同學們所應該共同努力來完成的。現在我們所要談到的雖然過去講過，但仍極重要。具體說，表現新亞精神可分兩方面。

一為學風方面。本院向來注重中國文化，我們是中國人，將來當然也須為自己的國家社會服務，先能認淸自己的目標，將來纔能對社會有所貢獻。要想造成有用的青年，當然首先須對本國文字有良好的基礎。過去本院同學所表現的成績是好的，校方也每學期舉行論文賽，並規定必修國文為兩年，社會上各界對本院文史方面有好的讚譽。我們是否能繼續保存下去，並更能進一步的發揚呢？自從港大的中文系開辦以來，有優良的成績與進步，且本港的各專上學校也在倡導重視中國文化，故欲保持本校的優良成績，有待我們不斷的努力。

本院向來提倡「通才教育」，因為學問是不能分隔的，應該互相融會貫通。求學問的門户當濶，基礎宜廣。過去本港各界所舉辦的各項學術比賽，本院同學常能獲最高奬，這也與本院過去所倡導的通才教育有關。因為新亞的同學智識領域較廣，而且學國文的不能像三家村的老學究那樣祇懂寫文章。過去歐美學者訪港參觀新亞時，他們都稱讚本院為一所成熟的學院，同學所表現的成績優良。又如有一次日本京都大學校長來校參觀，還說新亞與京都大學的成就有很多相似之處。

第二點是校風方面，各位同學來校求學，除了不缺課、勤學及考試及格外，還得學做人，以成一品格完整的人。今日我們亟需提倡的卽為「義利之辨」。我們做一件事，當問應不應去做，不必用功利的觀念去計較。學校所公佈的法則，同學也得遵守，這就是奉公守法。同學們做一件事，當重公義而輕私利，以愛護學校作為建立私人道德的標準。不然卽會發生不可想像之事。至少同學們當公私兼顧。希望本院的校風更有長足的進步。

（香港華僑日報）

第四次月會講詞摘要

一九五八年三月六日

本院的文史研究所，其實並不單為本院而設，而是為了吸收各地各校的優秀大學畢業生。例如我們很歡迎臺灣方面的青年來考，可是由於近年來臺灣青年來港不方便，因此有的考取了本院研究所，仍無法來港就讀。至於本港的，我們也希望別的大專學校的同學來投考。本所決無門户之見，只憑考試成績。由於有的不願來考，來考的又未必能錄取，因此最近兩屆公開招考取錄的，均以本院畢業生為多數。其缺點是各位因此失去了競爭心。

至於本所過去畢業生，是由臺灣自由中國教育部承認頒發碩士學位的。根據送部的論文成績，這次我去臺灣講學時，教育部的負責人對我說，新亞研究生的論文特別好。甚至還要我們新亞設立博士學位的研究生。這是有關經費等問題的，只好留待將來再說。但鑑於本所研究生成績好，教育部方面是希望我們能申請設立博士學位的。

我們希望新亞的校友將來能在新亞任教，能負擔繼起教育的責任。總之，造就本所研究生的目的，一方面使中學有優良的中文文史教員，一方面是能培育出大學任教的人才，希望大家能做出優良的成績，以取得社會的信任。也希望準備投考的歷屆畢業生，努力準備學業。我們希望研究生的成績能日益提高。

關於研究所出版的新亞學報，已受各國學術界的重視，希望以後刊登研究生的論文，能逐漸佔多數的篇幅。

講到出國留學的同學，本院過去留美的已不下十人，也有去歐洲各國的，希望他們能切實地學些東西回來，以貢獻於本國。

最後還要提出的一點，就是諸位當知道作為一個中國青年，當尊重並了解中國的文化。新亞所特別重視的亦即着重在對中國文化的陶冶與訓練，這是我們的理想和目標。

最近有位新聞記者與我談及許多有關本港大專教育的問題，並特別讚許新亞能以最少額的經費，表現最良好的成績，而培植出優秀的大學生。我聽了不免覺得很沉重，我們當反省我們每一位是否都是優秀的大學生呢？諸位更當努力求學。尤要者，諸位更千萬不可忘記「我是一中國的青年」，我當尊重並愛護中國的文化。

（香港華僑日報）

發刊詞

一九五八年五月

任何一個團體，要希望它有前途，首先該為它創造一個「心」。這是個團體心，我們又稱之為團體精神。

如要創造此一個團體心，便得這團體中每一分子，各自把他們的心，貢獻出一部分給那團體。各自對此團體，由關切而瞭解，而愛護，眞把他自己個人交出成為此團體之一分子，也把那團體認為是他自己生活和事業中之一部分。如此，由於那團體中各分子之心之交流，心之互映，纔會眞有一個團體心，逐步呈露。待到此一團體心眞實呈露而成為客體化了，那一團體，纔始是正式成立，纔始有它的前途希望。

新亞書院創辦迄今，已近九足年，快將踏入它第十個年頭了。我們常喊「新亞精神」，但我們若眞要一個新亞精神，便得先為新亞創造一個心。那是一個「新亞心」，要在我們新亞每一分子的心裏來創造。有了「新亞心」，纔能有「新亞生活」。但我們也可以從新亞生活中來鍛鍊出一新亞心來。

我們這一份新亞生活雙周刊，便想把新亞生活之各部門，各方面，盡量彙集披露出來。這是我們新亞現實的一面鏡子，各人照着這面鏡子，可以認識我們的新亞來。這是我們新亞將來的一部歷史。這份雙週刊，繼續着三年五年，八年十年，將來要瞭解新亞如何生長，如何成熟，如何發展，以及新亞生活中究竟包藏了些什麼，所謂「新亞精神」究竟具體表現了些什麼，便要憑這份刊物來察看，來推尋。

我願乘此刊物創始，來祝賀我們新亞之前途。讓我們新亞這一團體中之各分子，各自貢獻出他一分心力來共同創造「新亞心」。讓我們新亞這一團體中之各分子，各自交出他一部分生活，來共同發皇充實新亞的生活。讓這一份刊物來時時考驗我們和督促我們，向此目標而前進。

惜別和歡送

——歡送郎家恒先生離校致辭

一九五八年七月二日

新亞與雅禮的合作，在中美兩民族的教育史上，實在是一個創例。雅禮在經濟方面，逐年支援着新亞，而從不過問新亞之內政。只有一個代表，從雅禮來新亞，負責雙方之聯繫。郎家恒先生，即是啣着這個使命而來駐新亞的第一人。

郎先生來新亞，轉瞬已過四年了。他以雅禮代表名義而參加新亞之董事會，他是新亞董事會的執行祕書，又兼任了學校的課務。新亞的校務，隨着郎先生之來而不斷發展。起先由桂林街推擴到嘉林邊道，隨後又轉移到農圃道的新校舍。郎先生是新校舍的建築委員之一，他對此新校舍建築，貢獻了不少的精力。

他在學校課務上，起先負責一二年級普通英文課程之整頓。隨後又代理了一年外文系主任。這幾年來，新亞同學英文程度之普遍提高，和外文系之迅速成長，郎先生有莫大之功績。

郎先生因為在學校任課的關係，他不僅參加了董事會，又參加了學校的校務會議。因此，在名義上，郎先生原只是雅禮的代表，但在實際上，郎先生已切實成為新亞之一分子。新亞的教授同人和學生們，對郎先生個人，莫不表示親切之友情和敬意。郎先生對新亞之克盡職責，較之新亞其他同人，可謂是有過之而無不及。

尤其是郎太太，一樣抽身來新亞任課，若非是第二位小郎先生出世，郎太太在新亞的課程，也會繼續不斷地擔任下去的。

下學年的新亞，正在繼續發展的途程中，第二期新校舍之建築，附屬中學之創辦，藝術館之成立，這幾個大項目，郎先生都曾預聞過，但郎先生已不及見其一一實現，在下月初，便要離去了。就我個人言，因於學校的職務關係，和郎先生接觸往回的機會特別多，對郎先生之為人，有一番更深切的瞭解，於郎先生這幾年來對新亞之貢獻，更所感激。因此我十分自信，我是最有資格來代表新亞全體師生向郎先生道達我們這一番惜別之情的。

中國古人云：「四時之行，功成者去。」郎先生在新亞，可說是功成而去了。因此我們於惜別之中，還兼帶有歡送之情。敬祝郎先生郎太太前途無量。敬祝郎先生郎太太和他們一家小妹妹小弟弟們健康快樂。還希望郎先生在離開新亞之後，他的心上常會記念到新亞，正如新亞的師生們常會記念到郎先生一般。

責任和希望

——給本屆畢業生

一九五八年七月

學校的希望，主要在學生們身上。學校的責任，主要也在學生們身上。

每逢學年開始，學校招收新生，總會引起我們一番新希望，希望這一屆的新生全是優秀有前途，能為學校增聲光，能對社會有貢獻。但在每一屆學年終結，學校將快舉行畢業典禮時，也總會引起我們一番責任感。我們要詳細檢討，這一屆的畢業生，究竟成績如何？他們平日的生活訓練乃及學業修養，究竟在他們畢業離校之後，能不能服務社會，勝任愉快？是否我們確已為社會培植了一批新人才？一面是是否已完全達到了我們學校四年教育所抱的理想？一面是對那批畢業生，將來立身處世，是否已能放心信託，覺得他們確已備具了高飛遠走，離開學校，進入社會，有他們各自獨立，奮鬥向前的能力？

所以每一屆的畢業生離校而去，在一方面講來，學校對他們所負的教育責任算是結束了。此後則有待於他們之各自努力，各奔前程了。但在另一方面講來，學校對他們的責任感卻正在開始。他們此後涉足社會，所表現的，是好是壞，為成為敗，卻正是我們學校這幾年中，對他們所施的那一番教育成績之開始受考驗，開始待批評。

學問和事業，人格和修養，總是永遠無止境的。在學校方面，對每年那一批批離校而去的畢業生，總該增加刺激起我們身負教育之責的一番責任感。回想當年他們在學受教的那一段時間內，我們是否確已善盡了我們最大的努力，達成了我們在他們身上所應有的最大可能之期望？我們之對他們，是否尚有心力未盡之處？我們之對他們，是否可以有更大貢獻之處？這一層，總會引起我們每年一次的內心自省。

每一個家庭，為父母的，總希望他們的每一個子女，都成為理想中最好的子女。每一所學校，當教師的，也同樣地總希望他們每一個學生，都成為理想中最好的學生。每一社會機構，也何嘗不想他們所任用的各職員，所包容的各分子，盡成為理想中最好的分子呢？其實每一個人，也同樣地在希望他自己能成為社會上一個理想中最好的人。正為希望無盡，所以責任無盡。人類社會之演進，人類文化之向上，也完全寄託在那一番希望無盡，責任無盡的心靈感覺上。

我們對於這一屆的畢業同學，因於你們之快將離校而去，又會重新再引起我們對你們四年來在校時之無盡的責任感，但同時又引起我們對你們離校後之一番新的無窮希望。敬祝你們各自努力，前途無量。

第七屆畢業典禮講詞

一九五八年七月十五日

今天是本院舉行研究所第二屆、大學部第七屆畢業典禮。本院創辦研究所已有兩屆，成績很令人滿意。

我們感到今日中國四十歲以下的青年，已很少能繼承中國文化遺產的。如果一個國家沒有人能擔負起他自己國家的文化，實是一件可悲的事。我們創辦研究所的目的，即在此。兩年來，畢業的研究生，他們都能獨立運用思想，並作高深的研究，且有一部份的成績，已在新亞學報中發表了。

與研究所相輔而行的，就是圖書館的創立。因為研究學習，不但要靠老師，而且更要靠書本。

過去一般社會人士，總覺得新亞只注重文史，而忽略了外文。然而，這一屆有了正式外文系的畢業生，他們的成績，已達到一般人所要求的水準，令人告慰。故新亞幾年來，對英語系的造詣，已可能趕及了中文各系。此外，我們還設有法文、德文、日文各科。今日的世界，將不再是壁壘分明，而且該是互相溝通的。所以每一位同學當懂得兩種以上的語言，除了中文，他當熟習英文或他種語言。

其次，我們當感謝藝術科陳士文先生及諸藝專教授的犧牲精神，不久我們將正式成立四年制的藝術系。

下學期開始，為了適應本港社會環境的需要，我們增設了工商管理系，聘請了陳靜民先生為系主任。此外，我們也希望能在最近的將來，開設一所附屬中學、興建第二期大學部的校舍、並建築藝術館。這雖是物質上、經濟上有了進步，但這不是唯一的進步，我們亦當在精神上更求長進。

同時我又將在這裏再次提到，新亞辦學的宗旨是要各位「學做人」，而且是「學做一個中國人」。各位求智識，求一種專門的智識。各位求職業，事先亦必選擇自己所喜好、所適合的職業。各位做人，在今日世界尚未達到大同以前，我們當做一個像樣的中國人。我們過去的失敗，並不在體力上、知識上、智慧上比外國人差，而是不知道怎樣做一個當前理想的中國人。

（香港華僑日報）

附錄　本院南洋僑生申請免試入學辦法

一九五八年七月十四日

一、僑生申請免試入學資格：

（一）高中畢業會考及格具有證件者，得申請免試入學。

（二）具有高中畢業資格畢業年度之平均成績在七十分以上，由原校特別保送者，得予免試入學。

（三）高中畢業未參加會考，及未得原校特別保薦者，得申請免試為試讀生，試讀期間成績及格，得升為正式生。

（四）高中肄業二年以上，並曾自修一年，具有證件者，得以同等學力申請免試為試讀生。

二、申請手續：填具申請書保證書（以原校校長保證為合格），連同學歷證件，掛號寄本校教務處。

三、申請日期即日起至八月底止。

四、費用：本校設有男生宿舍，僑生得優先寄住，每月宿費港幣二十至廿五元，膳費每月四十元，學費每學期三百元，分五次繳納。

五、紀律：學生須嚴格遵守新亞學規及學則規定，並不得參加任何政治活動，違者依章議處。

六、獎助學金及工讀：本校為救濟清貧子弟，設有各種獎學金助學金及工讀，凡家境確實清貧而第一學年考試成績在七十分以上者，得行申請。

七、學位：學生須在校攻讀四年，修足各該系規定課程總學分達一三二學分，並呈繳畢業論文，經審查合格，方准畢業。畢業生學位之授與，依教育部規定辦理之。

告本屆新同學

一九五八年九月

每一屆學校的新生入學，等於是為學校灌輸了新血，增長了新的精神，激起了新的希望。我願誠懇而鄭重地告訴我們本年度的新亞新生幾句話。

新亞是一所隨著民族的苦難而誕生的學校，諸位進這一所學校來，應該先明瞭這一所學校的時代使命和其創辦精神。

諸位都是在這民族的苦難中誕生而成長，諸位必先明瞭，民族的前途，即是諸位的前途。民族的命運，即是諸位的命運。諸位莫認為，只在目前求得些知識，只在將來獲得一職業，便可解決諸位之前途，便可主宰將來諸位自己之命運。

諸位當善盡各自的時代使命，諸位首先當懂得，該為民族而獻身。諸位目前所尋求的知識，將來所擔任的職務，應該繫於此一大使命之下，而始有其意義與價值的。諸位！莫為你個人的自私，莫為你當前的短視，而忽略了這一大使命。

這一使命，自然是艱鉅的，是又困難而又重大的。然而我們不該為此自餒，不該為此退縮，不該把自己躲在一旁，只讓別人來擔任。

遠的從近處做起，大的從小處做起。羣眾的、團體的由各自個人做起。困難的、複雜的從易簡處做起。只要具此志願，立定此方向，一人人，一步步，一念念，一事事，朝著此方向而努力。積微可以成著，眾志可以成城。微芒之塵，可以堆成泰嶽。涓滴之水，可以匯為滄海。基礎只建築在各自心上立刻之一念，工程只開始在各自腳下當前之一步。諸位！努力吧！

我們這一所學校，成立以來，已踏進第十個年頭了。在創始時，大概正是諸位初進小學的時候，那眞像是一個街頭流浪的窮小孩，既是無親無眷，又是無依無靠，衣不蔽體，食不充腹，酸辛孤苦，熬著挨著，現在是像快成人了。

我們這一所學校，正好是時代一象徵。我們要把這一所學校的歷史，來作時代歷史之縮影。我們要把這一所學校之精神，來作時代精神之反映。我們要把這一所學校之意義，來闡發時代意義。我們要把這一所學校之使命，來參加時代使命。我們希望，我們這一所學校的教育，將為時代而教育。我們希望，我們這一所學校的青年，都能成為一個時代的青年。

諸位！請你們各自激發自己的良知，各自開張自己的聰明。諸位當知，在我們的時代的內裏，還有許多盤根錯節。在我們時代之前面，還有許多驚風駭浪。我們的時代是如此，我們的學校也如此。諸位各自的前途和命運，也莫不都如此。

我們希望，由於我們這一所學校，讓你們能認識時代，認識自己。讓你們能貢獻給時代，讓時代能擁有了你們。

諸位第一天踏進這學校，盼望你們各自具備一副軒昂的志氣，各自保持一番沉重的心情，各自開展一個寬廣的意識，來各自擔負一個偉大的使命吧！

新亞的新同學們，請你們大家來唱新亞的校歌，請你們大家來讀新亞的學規。

變動中的進步

——第十屆月會報告摘要

一九五八年九月十三日

俗語說：「五年一小變，十年一大變。」新亞今天已進入它生命史的第十年，正是要有重要變化的階段。當然這並非說我們好大喜功或是要突飛猛進。我們只是腳踏實地的一步步向前做去，從時間的積累上，造成進步。回想新亞過去，每一學年，可說都有新的進展。以上學期為例，就有幾件值得指出的新進步。

第一、本院與日本亞細亞大學交換留學生辦法，已開始實行，今夏兩校已互派學生兩人就讀。此外尚有日本青年數人及韓國青年一人，到本院研究所深造。另外約四十位的南洋僑生申請入學。又美國方面，有人建議，派青年學者，前來研究漢學。這些情形，是表示我們同學來自遠方異國的開始。

第二、「英語視聽教育班」是本院的新創舉。

第三、在張丕介教授主持下的新亞生活雙周刊，給予本港及海外各地以良好的印象。

第四、增置「工商管理學系」。

時可以開學。

第五、籌辦「新亞附屬中學」，現已獲得港府立案，並已請得建校基地，校舍即將興建，明年此

第六、大學部增建第二期新校舍，即將動工。

我希望大家在求學期中，努力打好中文與英文及其他外文的基礎。過去社會人士認為新亞同學的中文程度較好，英文水準較差。幾年以來，經外文系各教授的努力施教與督責，外文的訓練上已有進步，故希望中文方面也有同樣的進步。凡進入新亞任何一系的同學，必修中文與英文各二年。一個現代的中國青年，國文要好，外文也要好。拿學習英文的方法來學習中文，收效必將更大。

還有一件特別要向諸位報告的事。五年以來，新亞與雅禮合作，過去五年，雅禮代表是郎家恒先生。今年七月郎氏奉命他調，現改由羅維德博士繼任雅禮代表，並兼本院教授。羅先生致力大學教育多年，已屆七十高齡。他不但是耶魯大學的一位名教授，而且在全美國學術界，也享有盛譽。羅先生過去在耶魯曾得廣大的愛戴與敬仰，相信他在新亞也必能有同樣的成就。

國慶與校慶

一九五八年十月十日

十年前，我們挑定了「雙十國慶」來舉行我們學校的創辦年的始業式。從此以後，我們逢著國慶，便同時舉行我們的校慶。

這也有一意義，要我們新亞的師生們，時時都紀念到我們自己的國家，要大家深切瞭解到校運聯繫於國運。若無國慶，便無校慶可言。

但這裏面，也同時另有一意義。我們國家民族，已縣延著五千年的悠長時期，擁有五千年來優良的歷史文化傳統。中間縱然有些時，走上風雨飄搖，晦盲否塞的厄運，但終無害於其前途之光明健壯。我們學校誕生，正值國運又臨險惡之期。興學本期報國，作育人才，求為國用。誰又能說一校之校慶，便絕對不能影響到國慶呢？

社會私人間的教育團體，可以影響到國運的，自古以來，史不絕書。首先我們會想到孔子之「洙泗講學」。雖說孔子生年，也沒有能把當時魯國的衰運挽回過來，但孔門弟子，像冉有、子路、子貢等，究竟對當時的魯國，也有過不少貢獻。而且，更重要的，我們正該說，此下中國兩千年的歷史文化傳統，卻都是受到孔門洙泗講學的絕大影響呀！

更直接的是在漢代，漢儒都說「孔子為漢制法」。他們做學問，都主「通經致用」。豈不是兩漢燦爛光昌的盛世，受到洙泗講學的影響嗎？

其次要想到王通的「河汾講學」。他生前也並不能對隋代有何貢獻，但他的門弟子，相從講學之人，風聲所播，在唐初卻顯出力量來。雖說「興唐諸賢全是河汾弟子」是一句誇大話，但王通當時的河汾講學，對唐代有影響，究是不可否認的。

其次要想到胡瑗的「蘇湖講學」。胡瑗本人，並無政治業績，但胡氏蘇湖門人，卻在當時政府的各方面，表現出極大成績來。尤其重要的，胡氏蘇湖講學規制，後來被採為中央大學的規制了。更重要的，是由胡氏起而開創了宋代的新學風，蔚興了大批的新人才。

和胡氏同時，像范仲淹的「睢陽講學」，較後像程氏兄弟之「伊洛講學」，張載之「關中講學」，南宋有朱熹之「白鹿洞講學」，陸九淵之「象山講學」，這些都是為後代中國人所稱道想望不絕的。

在中國歷史上，自秦以下，漢、唐、宋、明是四個大時代。宋代比較國運最差，但文運學風，較之兩漢、唐、明，卻是有過之而無不及。我們也可說，宋學是開啓了從此以下近千年來中國後起之新國運。

其次要想明代初年，宋濂、方孝孺師弟子之「金華講學」，這對明初國運，也有了大影響。其次如明中葉王守仁之「浙、寧、贛講學」，如晚明顧憲成、高攀龍之「東林講學」，都給當時的時代和後來的歷史以大影響。

總之，國運隆替，必將影響到社會各階層、各項事業之興衰成敗。但社會各階層、各項事業，亦必然會影響到國運，這是絕無可疑的。尤其是學術思想集團，文化教育事業，其可能發生之影響，更為宏深，可說是無微不至，無遠弗屆。若要舉例，古今中外，例不勝舉。上文所列，則因其為中國歷史文化大傳統所繫，故特為提出，以求吾人之更加注意而已。

如上述，可知一所學校之意義與價值，正在其如何能與國運相關通之處。兹事體大，然亦正貴能於精神上默默作主，生根發脈，從人所不見處用力。至於學校規模之大小，經濟之盈絀，物質條件之豐枯，此等盡屬次要。新亞書院本屬一所流亡學校，在艱難困苦中茁長，積年來所欲鼓舞淬厲者，亦端在此一點精神上。今正值新亞創始以來第十度的國慶校慶。大陸同胞，盡在水深火熱中。金馬風雲，又是險惡萬狀。回念此整整九年來學校之所僅有的一些成績，亦實微不足道。爰再重申斯義，以與吾全校同人同學共勉之。

附錄　建校九年大事記

亞洲文商專科夜校成立，開學　一九四九年十月十日

新亞書院改組，開學　一九五〇年三月一日

本院第一次校慶　一九五〇年十月十日

文化講座首次講演　一九五〇年十一月

校刊第一期出版　一九五二年六月一日

第一屆畢業典禮　一九五二年七月十二日

畢業同學會成立　一九五三年一月二十九日

本院獲准香港高等法院登記　一九五三年七月七日

本院研究所成立　一九五三年十月一日

本院與美國雅禮協會合作開始　一九五四年五月一日

新亞社員大會第一次全體會議　一九五四年十月十六日

董事會改組後第一次會議　一九五四年十一月十六日
新亞學報第一期出版　一九五五年六月三十日
增設外文系　一九五五年八月一日
農圃道校舍奠基典禮　一九五六年一月十七日
農圃道校舍啓鑰禮　一九五六年七月一日
文史系分為中文及歷史系　一九五六年八月一日
增設二年制藝術專修科　一九五七年二月一日
第一屆研究生畢業　一九五七年七月十五日
增設英語視聽班　一九五七年十二月四日
雅禮代表郎家恒先生離校　一九五八年七月五日
增設工商管理系　一九五八年八月一日
雅禮代表羅維德博士到校　一九五八年九月十二日

孔道要旨

——孔子聖誕日講詞

一九五八年九月廿八日

諸位先生諸位同學：今天是二千五百零九年的孔子誕辰。我寫有孔子思想和世界現實問題一文，登載第九期新亞生活雙周刊上，今天我再略加補充。

中國文化已歷五千年，孔子生在中國文化已產生了二千五百年之後。如果沒有前半期的二千五百年的文化，中國就產生不出孔子。孔子是從中國文化中陶冶出來的，上接二千五百年之文化傳統，下開新規模、新局面，至今又是二千五百餘年了。

孔子在中國，一向被尊為「至聖先師」。「聖」是中國人一種人格之稱。什麼人格可稱為聖？可以說聖是一種最崇高、最完美、最偉大的人格。而孔子是這種人格中更偉大、更崇高、更完美者，所以被稱為「至聖」。

「師」是老師，在小學、中學或大學中，教授任何一門課程的先生，同可稱「師」。但孔子之「師」是「為人師表」，做一切人的模範榜樣，做一切人之師。

孔子憑什麼來為人師表？做到如此偉大人格的呢？這很難講。孔子既不是一位哲學家，也不是一位在某一方面特別見長的專門學者，又不是一位社會改革家，或是一位宗教家、大教主，同時也不能只稱為是一位教育家。因今天我們所謂的「教育家」，涵義仍與孔子人格有些不相稱。

孔子之偉大處，正在教我們以人道，卽人與人相處之道，卽教我們如何立身處世，在社會上做一人。孔子的教訓，以道德始，也以道德終。

孔子所講的道德，卻並無甚深玄義，人人能懂、能說、能做。孔子之道之大，正因此道乃人人所能知、能行者。

也許有人要問：孔子所講已是舊道德，能否繼續應用在今天？

我們且看，曾子說的：「夫子之道，忠恕而已矣。」怎樣叫作「忠」？忠就是自盡己心。如我們進學校來讀書，大家可以捫心自問是否已經盡了自己的心，這只有自己才知道，別人卻不能知。若進了學校，不能用全心求學，這就是對自己不忠。我們做任何一件事，都該盡我十分之十的心，若僅用到七八分，那就是於己心有不盡，那便是不忠。這樣說來，又有什麼新舊之分呢？你交一個朋友，做一件事，自己都可問一問自己，是否用了你全心？這便是忠與不忠之辨了。

又，何謂「恕」？恕是推己及人。若別人對我如此，我會不高興，我為何可以如此對人呢？

「忠恕」二字，只是孔子在他的做人經驗中覺得應如此，只是在其與人相處時體會得應如此。孔子只是一先覺者，他是以先覺覺後覺。我們若要接受孔子教訓，仍賴我們各自內心之自覺。我們生在孔子以後二千五百年，但我們卻可與孔子同有此心與此覺，正為我們和孔子大家是人，所謂人同此心，心同此理呀！

孔子又常講「孝」。「五四」以來，一般人批評孝是封建的，有階級性的。但如果我們自己做了父母，又盼子女如何呢？「己所不欲，勿施於人。」我們懂得這個道理，卻早已是孝道了。

因此孔子所講的道德，既不是一種法律，也不是一種理論，又不是一種神祕的啓示，只是普通人共有的一種內心之覺。故孔門教人又重反省。曾子又說：「吾日三省吾身。為人謀而不忠乎？與朋友交而不信乎？傳不習乎？」你自己總不喜歡別人對你不忠不信，你自不該以不忠不信對人。可見講忠信，便是講恕道。想來當時曾子所得孔門之傳，主要亦就在此。曾子在孔門見稱為愚，然而後人謂曾子得孔門之傳，實因孔子的道理講來本屬非常簡單，即就曾子的「忠恕」二字也就夠了。

孟子是很推敬曾子的，他在忠恕以外，又提出了兩個字：曰「愛」、曰「敬」。人誰不喜歡人家愛、人家敬？所以我也該愛人、敬人。這與人該忠恕，是一樣的道理。孟子曰：「愛人者人恆愛之，敬人者人恆敬之。」一個人若能得到大家的愛、敬，豈不就是人生最高幸福嗎？

但如果遇到一個人，我以愛敬待他，他不以愛敬待我，這又將如何呢？孟子說：「我們該反身自省，怕是我們的愛敬之心尚未全盡吧！」若我全心愛敬待他，而他仍不以愛敬待我，則又將如何呢？孟子說：「那麼此人與我像是異類了，我也好不必計較了。」可見孟子主張以愛敬待人的態度，是不可更改的。

我們新亞的校訓是「誠明」二字，此兩字出典在中庸。何謂「誠」？拿出你十分的心就是誠。何謂「明」？懂得推己及人，一切道理也就都明了。可見就淺近處講，「誠」還就是「忠」，「明」還就是「恕」。

從上所講，孔子之道重在原則上。怎麼樣叫做孝呢？在今天，家庭、社會、經濟情況、人事關係，全都變了。自然今天講孝，內容也該變。只是心不變，便是道不變。還是請大家來各自反省吧！我們也可說，孔子的學問，是一種人類的心理學。這一種心理學，是在社會交際上、在人生實踐上，得到了解。接下來便成歷史與文化了。若使人類全成不忠不恕，不愛不敬，不誠不明，這一社會便必將被毀滅，也就沒有歷史文化可言了。

中國歷史上，三國時有一大人物曹操，他在政治上、軍事上、文學上，都有絕大聰明，絕大能幹。只他不佩服孔子。他說：「寧我負人，毋人負我。」這實在是違背了人與人相處之道了。故曹操之人格，並不受後人敬仰，這是有理由的。

現在，我們如果覺得孔子的話是對的，我們就應該照他的話去實踐。

孔子曰：「吾十有五而志於學，三十而立，四十而不惑，五十而知天命，六十而耳順，七十而從心所欲不踰矩。」孔子一生學問，自立「志」始。我們只要有孔子之志，便可學孔子之學。孔子之道，是本原於心理的、社會的、歷史的，人人能知，人人能行。只要你有志，你肯跟他學就行了。這是孔子之道之偉大處。

我們今天聽到孔子的話，若我們今天就去做，那今天便是一有道德的人。明天再如此做，明天仍是一有道德的人。天天如此做，便是下學而上達，可以直上達「天德」。孔子之道，若從簡易平直處講：在古代是孟子，後代是陽明。若從複雜周備處講：在古代是荀子，後代是朱子。孔子只是從先知覺後知，先覺覺後覺。孔子之道，還是在人身上，在人心中。但孔子之道，正貴人由身由心去實踐。孔子之道，必要配上活的人，才見其為道的。

講到中國歷史，中國文化，便會想到孔子。中國的歷史文化，也都是從孔子這種道德精神而來的。

孔子之道，又該是世界的，我們應將孔道與中國文化宣揚光大，使之昌明在人類世界。這是我們的責任。

新亞書院概況序言

新亞書院是一所隨着民族之苦難而俱來的學校。當一九四九年的秋季，一輩流亡教授和一輩流亡學生們，臨時租賃一所中學之教室兩間，以夜學校開始。翌年春，遂正式成立新亞書院，到今已滿九個年頭。其先是赤手空拳，艱難備嘗。此後陸續獲得外來援助，自己興建了新校舍，有了藏書六萬册以上的圖書館，並添辦了研究所，最近並擬添辦中學，總算有了一個草創的規模。歷屆畢業生，出國留學的，也已分佈到美、英、西德、日本、菲律賓、西班牙、比利時諸邦，總數將近三十人。來學者，除卻港、臺、南洋各埠，並有日本、南韓的青年，前來留學。回溯此九年來，獲得如許成就，誠非始料所及。古人云：「十年樹木，百年樹人」，要培植一棵像樣的木材，也得至少十年以上的工夫。而況是一個作育人材的學府，在短短未滿十年的時期之內，處在此風雨飄搖，人心惶惑之時代，又是託庇在異國政令之下，曲折以赴。同人等徒抱區區之微願，而自知棉薄，力不從心。最近現況，羅載此册。得荷覽者之矜察，而賜以匡輔而教進之，則誠同人等所深望也。

一九五八年八月錢穆識

介紹張君勱先生講詞

一九五八年十一月四日

新亞的文化講座已有百餘次，但今天卻是最盛大的一次。今天特請張君勱先生演講。他的大名各位早已知道，用不着我來介紹。但我要特別一說的是，張先生不但是一位現代的學者，將來在中國學術史上必有其地位。各位所接觸的是現代學者，書本上讀到的是歷史學者。諸位今天在這裏可以見到一位活的歷史學者，他的聲音笑貌活現在諸位眼前。

剛才我在樓下，聽到幾位先生談論關於那次張先生親身參加的「玄科之爭」，使我有所感想。現在我就對這點約略講幾句。約當民國十年，張先生在清華大學講學。那時正是「五四」運動以後，許多人專講「科學」與「民主」，要推翻中國傳統文化，引起了一場「玄」「科」大爭辯。當時胡適之、丁文江等先生曾高喊「打倒玄學鬼」！這五個字，既非學術，又非思想，而只是一個口號，一種標語。其性質，不在討論，而在攻擊。「玄學鬼」三字，則更含有輕薄之意。又如他們的另一口號是：「打倒孔家店」，也同樣是一句輕薄而富有攻擊性的口號。學術而出之於以輕薄的口號，則學術不能有前途。但君勱先生在這三十多年來，仍照常講他的孔子思想與中國文化。他今日所講的是「儒家思想之復興」。諸位應當注意，這是講學術思想，大家可以來研究、討論、批評，也可以提出異見，但卻不應該用輕薄的標語口號來攻擊。

學術思想並非口號，並非羣眾運動。如果稱為學術運動，也應該在各人思想裏運動，在講壇上運動，在圖書館中埋頭研究，在學術著作上去運動。斷不可學街頭羣眾，搖旗吶喊，喊「打倒」、「擁護」等口號去運動。

今日仍有許多青年人問張先生說：「那麼，你用甚麼來領導我們呢？你所創造的新風氣是什麼呢？」須知要參加學術運動，是一件終身事業，要將整個的生命投進去。要形成一個獨立思想，要創造一個獨立學說，往往要三五十年的深潛功夫。張先生就是這樣的人物。他已年逾七十高齡，仍不斷繼續研究著作。他的精神和著作，就是上面一個問題最好的答復。

張先生這次旅行歐亞，在西德講學，途經香港。本來這裏的友人希望他在港多留些時日，我們也希望他為新亞作十次八次有系統的講演，讓大家可以知道張先生近年來做的學問，和他達到的更高境界。可惜因為旅程限制，不得如願。我們今天仍然很難得的請到他來這裏演講，所以我要代表新亞師生與來賓，向張先生表示我們的敬意與謝意。

知識、技能與理想人格之完成

——第十七次月會暨藝術專修科第一屆畢業講辭

一九五九年三月二日

今天是本院第十七次月會，同時為本院藝術專修科第一屆畢業諸君授憑。回想兩年前，本校開始創辦藝術專修科，那時是一無憑藉，困難重重。我常說，本校藝術專修科之創設，正如本校開始創辦時同一精神。此兩年來，幸陳主任和各位教授，本着提倡藝術，純為教育而服務的精神，把開創時期的種種困難，逐漸克服。到如今，居然已有第一屆同學畢業，不僅藝術專修科已稍具基礎，薄有成績，而且從本學期起，能在藝術專修科之外，更正式成立了藝術系，那真是值得我們大家欣慰的。

古人說：「事非經過不知難。」這句話，確可玩味。但事情經過了，事後回想，那些難處，也就不覺得眞難了。因若眞難了，就無法得經過。現在既得經過，便證實非眞難。事業無窮，路途遙遠，我們只該一意向前。當知任何事，總有難，一步難關過了，便有另一步難關當前。我們不該因於經歷了前一難關而自滿自足，正該面對着後一難關而再加警惕。而且行百里者半九十。譬如登山，從平地上迤邐前進固有難，到崇高絕頂在望處更是難。我們當把經歷了前一難來鼓勵自己更向後一難，才不致自我陶醉，中途自劃。本校自創始到現在，已歷九個年頭。常有人說，我們學校創始時那些艱難困苦，已逐漸為現在的同學們所遺忘，而無法再在他們心中活現了。我想，此亦事理宜然。讓我們把懷舊的心情解淡些，來鼓勵我們努力再前吧！

說到藝術專修科此兩年創始，固多困難，但成立了藝術系，此後如何逐步再進而完成我們的理想，那將會更難的。學校教育，縱說抱有如何般的理想，但就實施上言，主要還只是傳授知識與訓練技能。使來學的人，不知的知了，不能的能了，那便是教育功能。論語裏子夏說「日知其所無，月無忘其所能，可謂好學也已矣。」不知求知，不能求能，學問之事，大體說來，如此也就完了。但諸位當知，此「知」與「能」之背後，必有一主體，此主體便是那學者，便是諸位之自身。諸位來學校，日有長，月有進。從前不知的，現在是知了。從前不能的，現在是能了。諸位當知，一切新知新能，是全會影響到那知與能者之主體，全會無形中變換那求知求能者之全人格的境界與內涵的。換言之，一人之知能增進，便該是那人之品格提高。

新亞的教育宗旨，常以提倡人文精神為主。試問人文精神何嘗能離開了知識與技能？那裏有無知無能的人文精神？諸位來校學藝術，講堂教授，只是教諸位知道些畫理與畫法，訓練諸位如何下筆畫中畫與西畫。但學校的教育精神，則並不在這些上，更要則在諸位各自之全人格上。學校不僅希望諸位懂畫能畫，更主要在求諸位各自能成為一理想上完美的人。就諸位之所學言，亦可說，乃在希望諸位能成為一理想上完美的藝術家。但試問，那有不懂藝術不能藝術的藝術家呢？

近幾年來，各系教授都要在提高各科的程度和加嚴各科的訓練上認眞努力。盼諸位仔細了解此中的意義，莫認為傳授知識和訓練技能是一件可輕視的事。

但知識技能，範圍極廣，勢需各就才性所近，各自向一較為專門的目標而前進，庶可期其有成。學校分科用意便在此。但諸位又當知，各門學問，其實是相通的，並非可以分門各別，不相照應的。而且任何一門學問之背後那一個主體，則同樣是一「人」，那更是相通的。任何人，生長在同一的社會中，呼吸沉浸在同一的文化體系中，則更是相通的。因此包圍在各項專門知能之外，滲透在各項專門知能之內，是有一個共通的大境界大原理的。我們學校的教育宗旨，一面常講「人文精神」，一面又總要提到「文化意識」，也就為此。

諸位瞭解得此意義，便知學問之困難處。而那些困難，則待諸位自己去克服。從前有一故事說，仙人呂洞賓，能點鐵成金。他遇到一乞丐，把一塊泥土用手指一點成了金，給那乞丐。但乞丐不要那金，卻要呂洞賓那手指。諸位來學校，學校所能盡的責任，則只在傳授知識和訓練技能上，那些知能，縱有價值，也僅像一塊塊黃金。什麼是能點鐵成金的那手指呢？諸位當知，諸位之自身，諸位自己所修養鍛鍊出的諸位之品格，才是那點鐵成金的手指呀！

人常說，因他有好的藝術作品，他才出名成為一藝術家了。因他有好的文學作品，他才出名成為一文學家了。但就實際言，正因他先有了文學藝術的修養，才能有好的文學藝術作品之完成。換言之，先該有此品格，才能有此成就與表現。從一切知識與技能來訓練出一個人。有了這一人，才能再從這一人的身上來發現出新知識與新技能。我們不能盼望從知識生知識，從技能生技能，主要中心還在人。再就藝術言，從藝術之欣賞，到鑑別，到批評，到創造，一切關於藝術之知與能之背後，會有一「人」之存在。若沒有了那人，試問有何藝術可言？有好些青年，在學校中，未嘗沒有好的成績，但一出了學校，就平常了。也有好些青年，在學校時，像是平常，但出了學校，卻逐漸露頭角，顯得與眾不同了。正因有些青年，在學校時，只知道接受呂洞賓所給與的那黃金，而有些青年，則懂得討乞呂洞賓那手指。

因此，每一個青年在學校，應知有四件重要的法寶：

第一件是知識：此一件法寶，一半得自教授之傳授，另一半須由自己去探討。

第二件法寶是技能：此一件法寶，則幾乎全須賴自己練習。

第三件法寶是自己的品格：這一法寶，更需要自己修養，自己鍛鍊，而且與第二法寶不同，因其不能與人以共見，只藏在自己內心自知之。

第四件法寶是自己的人生理想：這一件法寶，更無憑據，無把握，有待於出了學校以後之逐步努力、逐步完成。諸位要能建立理想，便該從廣大的知識中覓取。諸位當知，任何一專門學者乃及一普通人之有意義有價值的人生理想乃及學術理想，全需在社會大羣之現實境況與夫文化大體系之繁複機構中，而有其意義與價值的。

我們學校之教育宗旨，重在人文精神，便是要諸位從認識第一件第二件法寶知識與技能之修習外，進而獲得第三第四件法寶，卽自己人格之鍛鍊，與自己理想之建立。

所謂人生理想，雖是各別的，仍是共通的。主要不過要大家好好地做一人，做一能在社會人羣文化體系中，盡自己的職分，能對社會人羣文化大體有貢獻的人。從這一層說來，職業卽是事業，事業卽是出路，私人生活不成為問題。當知知識、技能乃至品格、理想，這四件法寶，是全不能把經濟價值來加以衡量的。出了學校以後各人的經濟情況，那全是些機緣與際遇，那些是全不可以預見預測的。因此諸位來入學校，選習課程，全該各就自己才性所近，由各自的興趣來完成各自的志願，這才是一條可以達到的途程。若先橫梗了一種經濟計較，認為某種知識技能可以有好出路，可以獲得好報酬，期望好待遇，那就大錯特錯了。

藝術這一門，尤易見得我上面所提出的種種理論，所以我特別要乘今天這一機會來講這些話。尤其是我們所以必要在學校中來添設藝術這一門，必要在兩年的藝術專修科之外，來增設四年完整的藝術系之用意所在。我很希望我們全體同學共同能瞭解這一番話。

現在再就我們學校所已有之各學分課程來講，大體可分兩大部門，一部門是中外文學、歷史、哲學與教育，再加上藝術，另一部門是商學、經濟與工商管理三系。這兩大部門，實在都是屬於人文方面的。諸位當知，無論修習那一系那一科，總之該從知識之獲得，與技能之訓練，來培養自己的品格，來建立自己的理想，那是一以貫之的。人文教育與職業教育是同本共源，相得益彰的。

將來學校逐步再有發展，我們很想把藝術那一支再擴大，把文哲、經濟和藝術，成為我們學校課程之三大支。換言之，即是正式成為文學院、商學院和藝術學院。我們並想把此三支的課程和興趣，盡量互相滲透，互相潤劑。學文哲藝術的，不要忽略了將來置身社會時之實際事務幹練。學商學經濟的，也不要忽略了各人應有的文哲藝術修養。我們在最近期內，更想把藝術興趣普遍到全校，設法來增添課外各項游藝活動。我今天深切希望，我們學校此兩年來藝術專修科之創立，以及此後藝術系之正式成立，能對我們學校增添出一番新光彩，來充實發揚我們學校教育宗旨中，有關於藝術教育一方面之意義與使命。

介紹董之英先生講詞

——本院第十八次月會

一九五九年四月八日

董之英先生是今日香港的成功企業家。他極重視我國傳統的道德，對社會公益事業，更是非常熱心。尤其可貴的是，董先生雖然盡力於社會公益事業，但不居功，不求人知。四年以前，香港教育司曾表示，希望本院添辦一所合標準的中文中學，但要本院先籌經費二十萬元。這當然不是一件容易事。於是有友人介紹我與董先生見面。那是我與董先生第一次的會晤。

見面後，董先生開始就問我：「想辦中文中學，還是英文中學？辦中學之動機是不是為了賺錢？」當時我回答：「我們想辦的是一間中文中學，並且，本着新亞一貫的作風，決不是以牟利為目的。」董先生對我們的政策，立即表示滿意，並且很慷慨的應承，代為籌措這筆經費。他說的十分坦率：「二十萬塊錢沒問題。」

另外一個大難題，就是要找一個理想的校址。等到校址有眉目時，教育司認為二十萬元的開辦費還不夠。全部建築設備費要一百多萬元，教育司可協助四分之三，本院必須籌出廿八萬元。於是，董先生又在原先答應的二十萬之外，再增加八萬。這是一個不小的數目，而董先生竟毫不猶豫的應允了，這種熱心教育事業的人，在今天眞是少見的。董先生的熱誠，使我十分感動。董事會決定邀請他作本院董事，而他再三謙辭，方才同意。現在我們董事會中增加了董先生這樣一個熱心教育事業的人，對於本院的發展，將會有很大的幫助。我希望我們的陣容中，再多幾個董先生，可以給今天這個只重私利少顧公益的社會，促成一種新風氣。

董先生是一個成功的企業家，他今天的演講，對諸位將來之獻身於社會服務，必將大有裨益。

家庭母愛與孝道

一九五九年五月

——母親節演說辭摘要

任何一個社會，希望獲得和平與快樂，安定與繁榮。這些，並不能靠賴在此社會的財力或強力上，而需靠賴在此社會各分子相互間的善意，即道德心情上。

此理可資歷史為證。世界各民族，儘有在歷史上富強過人煊赫一時的，但只為它憑仗富強，把人類相互間應有的善意拋棄了，道德心情墮落了，此一社會便可不久而腐敗，而崩潰。富強美景，只如曇華一現。甚至此一社會，根本在歷史上消失，而更無蹤影可尋的，也不少。

就近取譬，據人人目前可見事來說。家庭正是一個社會之雛型，正是一小社會。若此家庭中各分子，全縈心着意在財力強力上，把相互間各自應有之善意全遺忘了，此一家人相處，根本沒有一種道德心情作維繫，試問此一家庭，從何處覓和平，求快樂，更從何處得安定，有前途呢？

中國社會，在全世界人類所組成之各色社會中，綿延最久，展擴最廣。亦只有中國社會，一向最看重家庭，人人懂得把處家之道來處世。在中國社會裏，那一番人與人相互間各自應有之善意最眞摯，最洋溢。亦只有在中國社會裏，道德心情，流露得最深厚，最自然。以此中國社會纔能長久存在，廣大散布。

我們也可說，中國社會是比較最和平，最快樂的，又是比較最安定，而最有前途的。此中涵有甚深眞理，卻莫要單憑一時財力強力來衡量。

今天在香港，大家眞誠熱烈地來舉行這一個母親節，正可把來為我上面那番涵有甚深眞理的話作見證。

那一人無母而生？母愛正是表現着人類最深厚的善意，最高貴的道德心情。無論是孔子、釋迦、耶穌、穆罕默德，乃及世界人類中其他大教主，只要成為一大教，必然將宣揚人類間仁愛慈悲那一番大道理。而那一番大道理，則在每一人的母親身上，正在不斷地用最自然、最平凡、最眞切、最具體的人生實踐來重複表現，重複闡揚了。

中國詩經上說：「哀哀父母，生我劬勞，欲報之恩，昊天罔極。」正因為人間世有此一番深摯眞切的母愛，纔激發起為人子者之孝心。孝只為求報恩，報恩也正是人類相互間一種值得重視之善意，一種高貴的道德心情。中國社會一向提倡孝道，那是寓有一番甚深眞理的。也可說，中國社會之所以得綿延久而展擴大，其主要因緣卽在此。但若無施則何來報？施是主動而積極的，報已是被動而消極了。而且孝道常要有人來提倡，母愛則是不煩提倡而亙古皆然的。在不懂得提倡孝道的社會裏，母愛依然存在。母愛之偉大處正在此，而中國社會之常常懂得來提倡孝道，其中實寓有甚深眞理，堪稱為人類社會一種高度的文化表現者，其理由亦在此了。

今天又是香港社會大家在眞誠熱烈地舉行此一年一度的母親節，敬獻此辭，讓我們大家來珍重此一番心情，來發揚此一番文化，來各自反省，各求報答我們人人所具有的那一番昊天罔極的大恩吧！

研究生報告指導摘要

一九五九年四月二十一日

——研究所月會金中樞同學報告「董仲舒的思想」

「董仲舒的思想」，這個題目很不好講。因為在講一個人的思想時，很難抓住它的重點，何況董仲舒的思想又甚複雜。

西漢人特重春秋，因此亦看重董仲舒的思想。至東漢，轉而尊鄭康成。宋人講思想，甚看重董仲舒所說的：「夫仁者，正其誼，不謀其利；明其道，不計其功。」清人陳蘭甫，在他的東塾讀書記中，將朱子與鄭康成相提並論，對董仲舒未見尊崇。董仲舒成為一個近代所注意的思想家，始於康有為今文學家。所以重倡董仲舒，基於下列二因。

一、康氏是今文學派，講公羊者。

二、康氏主張變法，不看重革命。

反對康氏者章太炎，是古文學派。不過他有些地方難免有偏見，他極力地批駁康氏，甚至詆董仲舒為「大巫」。實是過份。

清末，中國初與西方接觸，遇到了耶穌教，中國人民就認出宗教之重要性。於是康有為提倡董仲舒，孫詒讓提倡墨子。當時夏曾佑寫了一部中國歷史教科書，推尊今文學家，以為漢代今文學家是在宗教觀念上講孔子。「五四」之後，大家又來反宗教。因此對董氏亦喜依太炎講法，視之為專涉迷信。

思想隨著時代而變，批評思想的亦隨著時代而變。金同學這篇報告有一點甚好，即是並未偏重在「通三統」或公羊學的傳統上來講。或是他並未注意到現代。有時書讀的少，反可無門戶之見，多讀書反而能入不能出，受了拘束。讀書應能見其大，不要鑽牛角尖，如此可不受束縛。今晚金同學講：「董仲舒因不得已，故講「天」，用來壓在當時政府之上。」此說亦有理，然亦可換一說法。

漢代確開中國歷史上向所未有之新局面。古代各國皆遠有淵源，即秦亦然。惟漢獨否，無端由平民為天子，此是中國歷史上向所未有的。此一點，當時的人便想加以解說。最流行的，就是：「受命於天」之說了。太史公為董仲舒弟子。當時人又極力推尊鄒衍，太史公卻不肯用鄒衍說法。可是講到漢高祖，畢竟也不得不採用了「受命而王」的說法。可見「受命」之說，亦是當時人用來解說歷史上之新局面的。董仲舒亦接受此觀念，可說是應時代的需要，來解答一個歷史上之新問題，總比主張該用武力征服天下的說法好。因此，鄒衍說法加上了五德終始、通三統等，遂大盛於漢代。此一觀念之盛行，吾人應加以原諒。金同學自此觀念輕輕接下去，便落到人生、社會上。此種講法卻無大病。

董仲舒以前有賈誼，賈誼的過秦論甚好，他講秦之亡是：「仁義不施」，這四字是儒家的。又云：「攻守之勢異也」，則是從軍事上講了。賈氏並未講及「天道」。如說秦亡是「仁義不施」，則秦孝公至秦始皇一段之富強，亦並非仁義使然，這又該如何解釋呢？過秦論後面寫的似乎有些不好。

董仲舒之偉大處在反對秦人之尚法，因此要復古更化，此與賈誼的講法同。如果將賈、董講法對比，賈誼是根據歷史、利害、人事來講，董仲舒卻能自最高原理「道」來講。「道原於天」，漢人推尊此一說。

可是原於天之道，落下來應到何處？在董仲舒的理論中，講的是「禮樂教化」。禮樂教化作為國家之政治制度，其大本在天，而由皇帝來接受。如此講，仍是從上到下，不大好。賈誼治安策本於歷史經驗、歷史教訓。此條路本好，可是有一最大問題，即是無法講漢代別開一新天地之事實。

即如近代法國盧梭的民約論，實際講，歷史亦並非如此，也不過隨便找出一個說法而已。當時中產階級興起，藉此一理論，結果造成了法國大革命。

中國人在漢代無法用選舉，而且當時又毋須革命。道原於天，天無法表現道，天只能表現災異祥瑞。依董仲舒講法，禮樂教化其實仍找不到一根本所在，董仲舒理論的缺點卻在此。

禮樂教化的根本，應在孟子「性善論」中去找。荀子講「性惡論」，人要戰勝天，結果造成了後日之法家。董仲舒另配上漢代大一統政府，一切禮樂教化全在政府，他的政治主張成為漢代所定之法度。董仲舒對當時政治上誠有貢獻，但在思想上卻不能與孟子及以後宋儒相比。

中國儒家一定要講「性善論」。依董仲舒講法，便要講成神權政治。此套理論直講到王莽時代，至白虎通成書，即不再講了。白虎通不講五德終始，今文經學的大題目便失落了。於是東漢時古文學派興起。後來曹氏、司馬氏篡位，仍要根據五德終始說。這只有更失信用，終至無人肯信。隋、唐後，遂至再無人講此一套學說了。

既不講「天」，宋儒遂出來講「理」。卽使貴如皇帝，亦得遵「理」，於是把董仲舒的缺點去掉了。但董氏並非存心要講專制，若如此批評董氏，似乎不應該。惟道原於天，天子受命而王，此說終有毛病。但宋儒說法也有病。戴東原曾云：上面人（統治者）講「理」，則下邊人將毫無辦法。戴氏此語又甚有理。如今日在大陸上，凡有父子、夫婦、子女、家庭倫理觀念者，則必被加上一「溫情主義」、「小資產階級意識」的罪名。一定要為社會、為大眾。這也就是一「理」字。也是拿「理」來殺人，人將莫奈之何，這就符合戴氏所言了。戴氏用意實是在指斥清廷之大興文字獄，及頒布大義覺迷錄等，故是有感而發。

可見每一時代之思想，皆是針對此一時代的。董仲舒思想，有其缺點。孟子不失為儒家之大正統。後來王陽明講「良知」，一字不識，仍可做聖人。這一講法，亦有毛病。講自由的講到極端時，天下之罪卽皆假之以行。可見批評他人思想之不容易。

通情達理敬業樂羣

——第二十一次月會講詞

一九五九年六月一日

今天或許是這一學期最後一次的月會，我想將我們學校這一學期之經過來作一檢討。首先，我要提到，我們這一所學校，是從艱難困苦的環境中奮鬥出來的。我們創辦這學校，自認有一個理想。希望能透過一個艱難困苦的境界，來達成我們的理想，這也可說是我們的「新亞精神」。諸位進學校，或許是為了求得一張文憑，以便畢業離校後，可謀得一職業。這種想法也並不是錯了。可是我們辦這一所學校的宗旨，只是為了要培植人才。任何一種職業，均得由人才來充當。如果你是一個人才的話，就不怕在社會上無職業，無貢獻。人才教育與職業教育，是相輔而行的。我希望每一位同學，一定要把自己做成一「有用之才」的理想放入心中。

再換一面說，無論講人才，或職業，我們所栽培的是中國的青年，希望他們成為一中國的人才，將來在中國社會謀職業，對中國社會有貢獻。因此，要求諸位能了解中國文化的意義，受中國文化的陶冶。

我們學校又注重文化教育。文化教育、人才教育、職業教育，這三個目標實係相通，等如一個，這是我們學校教育的宗旨。新亞的校歌和學規，申明了我們的精神和宗旨，希望諸位常常在念，深加瞭解。

可是新亞自成立至今已九年。我們的理想，究竟完成了多少呢？這不得不時常地檢討。或許我們所表現的，與我們日常所談的精神、理想，距離得太遠了。這更要我們認眞來檢討。

下面試分四點來檢討本院此半年來之成就。

一、物質建設：新亞初創時，物質方面是我們最大最難克服的困境。到現在，我們總算有了一座自己的校舍。去年我曾說，要開始第二期的建築了。但由於各種的原因，荏苒一年，迄未開始。因此對於南洋同學來校的住宿問題，未能獲得圓滿的解決，這裏面的情節也不再在此述說了。好在今年的暑假。第二期校舍建築准可動工。第三期校舍建築也已在計畫中。至於是否能有第四、五期的建築接著來，那是將來的事了。依照學校目前的校舍規模而論，我們可算已經脫離了艱難的階段。其他如關於物理、生物、化學等實驗室，我們早曾有計畫。前年已擬添設生物室，可是今年連生物室的地方都被擠去了。可見卽在物質建設這一條路上，也就很曲折，只能一步步地向前走。不過這終不算是太困難，只要有經費，問題就簡單。

二、事業發展：去年中，我們增設了工商管理系和藝術系。下學年是否又可有新計畫，那則很難說。其次說到創辦中學的事，地是領到了，建築經費也已籌到，中學校長也早經聘定了。大概要在暑假期間纔能開始建築，明年春是否能開學，此層在目前尚無把握。總之，此一事在發動中，可算已走上了大半的路程了①。

三、學業進步：這一點，我想應該是我們最大希望之所在。我們同學的一般學業水準，是否能逐年在進步呢？我們至少希望我們一般同學的學業水準該與國內外大學，如臺灣，或英、美、日各國的著名大學，達到相等的程度。這一層，要待我們有更大的努力。社會上對我們薄有稱道，那只可說是虛名吧。外人總認為本院提倡中國文化，所以在中國文史方面的課程，應較其他學校好。其實也並不然，我曾屢次在講堂上對大家說：外面稱道全只是虛名。我們切莫認以為是自己的實情呀！但這一種虛名也是有其來歷的。

回溯本院在桂林街時，學生總數不到一百人。有一次，中國學生周報舉辦首次徵文，初選十名，新亞就佔了五六名之多，第一名就是新亞的同學。此後凡有那些比賽，新亞總是名列前茅。即如前年中國文化協會舉辦大專院校辯論和論文比賽，我記得似乎新亞同學又得了兩個第一名。社會上都說新亞中文確比他校好，是由此等事而來的。可是日前這次辯論比賽，新亞國語組失敗，而英語組勝利了。外人一般批評，都認為是意外。他們說，新亞的國語組不應失敗，這似乎好像英語組也不應勝利似的。其實本院在中國文史方面雖擁有虛名，也不過是我們率先開了風氣。實際上，我們的中國文史

① 編者案：新亞中學延後於一九七二年創辦於新亞書院九龍農圃道舊址。

水準，也不比他人超過得太多。我每年都批閱港大中文系各年級的試卷，這幾年港大中文系也歷年有進步，到今天，他們的程度也並不比新亞差。最近我又評閱了港大的碩士論文，我認為在這方面，似乎還不如新亞。但或許再過一兩年，他們也將不比我們差。這些，我是在很客觀地檢討著。如說我們的中文程度比人家特別好，這是未必的。

從去年起，本院國文系做了很多改進工作，至今已有一年。如要抄書，不許寫別字，督促看參考書等。諸位也許覺得很麻煩，很辛苦。但諸位要知道，擔任國文課的先生們，他們的責任也加重了，他們要比諸位花費更多的精力。關於這方面，學校的大方針是正確的。工夫上不可馬虎。希望每一個同學能在一兩年內，把國文程度能達到一水準。至少不再寫別字，能多讀課外書。即如詩經、史記等，驟然看像很沉悶，但在文化的、人才的教育意義上，是應該注重的。對諸位將來造詣亦將大有幫助。我要求諸位，多多鼓勵明年一年級的新同學能在國文課上努力，幫助校方闡明我們這一番宗旨。我們希望能慢慢走向這一個理想。

現在再談談本院的外文系。最開始，外文系隸屬於文史系。本院最先幾屆的畢業同學中，有僅識英文字母的。這些同學從大陸流亡出來，由於以前種種經過，使他們沒機會學英文。但他們畢業後，在社會上也都能勝任他們的工作。我們學校，自遷入新校舍後，開始注重英文。我曾屢次公開地說：我們同學們的外文是有進步了。我們希望中文系也像外文系一樣向前更進。本院外文系，現已有了二三年的歷史，我們確是把它當件事來辦。而外界並不知道我們是在努力中。這次比賽，我們的國語組怕是犯了自驕的毛病，而英語組比較虛心。做人是該要虛心的。這次英語組之勝利，並非僥倖所致。而國語組之失敗，則是我們的教訓。

我們雖不敢說我們的中文、外文都好，但我們實在是歷年在進步中。本院是一間文學院，同學們無論讀那一學系，中英文都要好才行。要能直接看中英文的參考書，能口講筆寫。一般水準盼能繼續提高。

照我們學校的宗旨來講，我們所希望的人才、文化的教育，一定要注重中英文。在今日之世界中，若不通外文，這是苦痛的，不方便的。若在中國人的社會中而不通中文，這將是一種奇恥大辱。所以希望我們全體同學，要努力在此兩課上注意。

本院的文史研究所，在國內外聲譽都很好。但研究所也並不能經常維持一高水準。現在第三四兩屆，就未能較第一二兩屆更好些。希望今年下半年研究所方面，能有更滿意的新成績。今年文史系的畢業同學中，聽說有幾篇頗好的畢業論文，不過我尚未看到。總之，同學們的學業，今年好，或明年壞，這是有種種理由的。但是我們總希望諸位的學業，尤其是中英文，能逐步向上。平心而論，我們的中英文程度是尚不夠一標準大學的水準的，所以我特別希望諸位能積極的努力。

四、學風陶冶：學業水準固然重要，可是學校的一般風氣更重要。譬如本院的圖書館，常常丟書，這是不應該的。我前幾天見臺灣東海大學的學生刊物中，刊載有一篇由他們同學所寫的文章，指責他們圖書館丟書的事。我看了甚為激動，我深感那種現象是甚為不好的。而且本院不但圖書館丟書，同學們還有在學校中丟錢的事。

再就同學的服務精神言，在校同學，千方百計請求免費。有些是經濟困難，有些則並不然。又如在校工讀生和畢業後留校做職員的，也不免有「遇義不先，見利恐後」的意態。這不論是講職業，或講人才，都談不上標準。我希望同學們能「通情達理」，「敬業樂羣」。諸位當知，學校是一公的機關，一切都該從公的方面著想。諸位在學校，都該通情達理。偷東西是無情無理的，全是不堪恕的。諸位平日對各人自己功課要當一件事情看，這是「敬業」。對先生、對同學要快樂和平相處，這是「樂羣」。

一個學校的校風，是很難養成的。有了短缺之處，是很難糾正轉移的。我不知上面所說那些不良風氣，我們學校何日才能轉好？詩云：「高山仰止，景行行止，雖不能至，心嚮往之。」我總希望我們新亞能有一良好的學風。學校固然無法注意到每一位同學，但每一位同學，各該自己警惕，自己勉勵。那丟書的風氣則總是不對的。丟一本書，像是小事，但可使整個學校之精神因此而降低。此等事，反映在各人心中，都要覺得有羞恥。每個人的向上精神都會有損失。諸位當知，你們將來離校走進社會，做任何一件事、任何一個職，你的一舉一動，無論好壞，都對整個團體的精神上有影響。當然我們不能說新亞同學都不好，但事實不容否認，不能說像失竊的事，全是校外人幹的，這裏面總有校內人在做。在我們學校裏，容有如此類的人，這將使我們精神沮喪。各自在內心上貶低了我們學校全體的價值，而連我們自己各個私人也在內。我們當知，任我們做一件好事或壞事，都足以鼓動團體，或打擊團體，無形中都有其影響力。

我們創辦這學校，是懷有一番理想的，是想對社會有一番好的影響的。希望諸位在校，在學業上要求上進，對公共的校風及對各自的日常生活，要「通情達理」，「敬業樂羣」。我們總希望我們的學校，能蒸蒸日上，至少須把我們的有些醜惡面，能儘量洗刷去。

為學與做人

——香港蘇浙公學講演辭

一九五九年五月廿六日

今天我第一次到貴校來，看到有這樣宏人規模的新校舍，一個新創辦的學校，一開始就有很好的氣象。諸位同學能在此讀書，我想是一定非常高興的。

今天我所要講的題目是：「為學與做人」。諸位入學校讀書，由小學到中學，中學畢業後或許進入大學。那麼我要問諸位，進學校有甚麼意義？為甚麼一定要進學校呢？諸位或許是想學一點知識和技能。以前所不知、所不能的，進學校後知了、能了。將來畢業後進入社會，就可以謀有一職業。不知道諸位是否如此想？我認為這樣想法也並不是不對。因為每一個人都應有一職業。人生活在社會，該對這一社會有貢獻。我們貢獻給這社會的，就是我們的職業。任何一種職業，都需要有一定的知識和技能。我們入學所得的資格或文憑，便是表示我們的知識、技能，已經達到了某一程度、某一階段。諸位進學校來求知識和技能，以備他日到社會上去得一職業，這是十分應該的。

但是選擇職業卻有一個重要的條件，就是我們該要有自由。為甚麼選職業要有自由呢？我們每一個人，對於社會的貢獻是多方面的，而各種職業又有不同。在挑選職業時，我們應該有兩個標準：

第一個是選我最喜歡的，最高興擔當的。即是我們每一個人的性之所近，也可說是天性所愛。譬如說：我喜歡文學，你喜歡科學，或者愛好運動或音樂，各人所好不同。但每一種職業，對於社會都有其貢獻，有其需要，因此我們儘可挑選自己喜歡的來學。

第二個標準是，要選我最能盡職，最可有成績，和最能表現我自己的。如學醫的可以做醫生，學法律的可以當律師。我們應該考慮那一種職業最能表現我自己最好的成績，那就決定挑選那一種。

這兩個標準，實在就是一個。自己所喜歡的，就一定能學得好、做得好。不喜歡的，則情形就相反。所以一定要選與自己天性所近的，自己所最喜歡的，將來也可以是自己所最自信最能幹的，因此選擇職業應該讓各人有自由。選擇的條件並不在外而在內。如問甚麼事情可得到較高的待遇，或者那項職業容易找等等，這是在外面的。所謂在內的是，選擇的標準要是自己所喜歡的。諸位進學校後，要慢慢能認識自己，要知道自己的性情近於那一方面，如此將來諸位方可挑選，決定自己的出路。如果我們挑選的職業，恰是自己所最喜歡的，做起來當然是最能幹，最出色，最有把握的。這樣人生才會有幸福，對社會也會有貢獻。

職業是我們的義務，人進入社會後，應替社會服務。但是我們選擇職業，同時就有一權利，就是選我最喜歡，最能表現我自己的。諸位不要認為職業是一項負擔，或者是令人痛苦的。反之，職業是我們人的生命之表現。人總要有一職業，或者做教育家，或者做實業家，這就要在教育事業上，或者實業界中來表現你自己。人總是希望能拿出自己最有把握的給人家看，當知這絕不是苦痛，乃是快樂呀！

今天諸位在學校，將來要走進社會，擔當職業，這背後有一極重要的因素，就是諸位自己這個「人」。無論是知識、技能或職業，這都是屬於每一個人的。

人並不是天生就如此的，知識、技能都要學。而更要緊的，我自己將來要做何等樣一個人，這更要學，這是一整套的。要做何等樣一個人，這也是各位的自由。人不是一架機器，機器只會工作。但人有他一套整個的性情和整個的生活。在整個生命中，拿出一部分時間來做職業方面的工作。即如諸位入學校，豈不也是拿出一部分時間來用功讀書嗎？另外的時間呢？諸位上課聽講，下課寫筆記，這只是諸位日常生活中的一部分。遇到了星期日或放假日，諸位就覺自由輕鬆了。但是不要忘了，你還要在那裏做人呀！功課有一定的程序，走路有一定的目標，那麼做人呢？諸位是不是認為人是要「做」的呢？若認為是的，便也就該學。諸位讀書成績有好有壞，我要問諸位，做人有沒有好壞的呢？社會上有沒有不及格的人，或甚至不算是人的人呢？我說是有的，我想諸位也會說是有的。人有好有壞，甚至有不及格的，不算是人的，但也有優級的，超等的。一切的知識和技能都要學，做人的道理也就該學。

應該如何做人，這也是知識。能否如此做，這也是技能。任何職業由你這個人去做，卻不是純由你的知識在做。即如老師教你們書，並非只憑知識在教書，而是他整個的「人」在做你們的老師呀！

所以在一切的知識、技能中，做人的知識和技能應該是第一等的。

我們常說某人能幹或聰明，可是他做人不好。諸位在讀書時，先生教你們這樣是好，那樣是不好。然而做人是不是也要知道好與不好的呢？這一種知識重要不重要呢？諸位除了上講堂之外，還應該有講堂以外的生活。做一好學生，不但要功課好，而且還有許多其他條件。在學校中要做一個好學生，在家中要做一個好子弟，將來在社會上也要做一個高貴的、有價值的、好的人，不要做一個壞人，或不及格不算是人的人。

諸位讀書成績的好壞，不過僅是一端而已，做人則並不僅限此一端。做人要我們在日常生活上，起居飲食，坐立言行，一切的一切，都有一規矩。這不是贊成和不贊成的問題，而是應該想一想，究竟有沒有這一個道理之存在。什麼叫做規矩呢？圓的叫規，方的叫矩。圓的是自中心至四邊的距離都相等，方的是四個角都成為直角。如果圓的不圓，方的不方，這就不像樣子，這是不及格。

做人要規矩，諸位一定想那是外面對你加上了束縛，其實不然。諸位當知，規矩乃是一種藝術。圓的應是圓，方的應是方。寫一個字，畫一幅畫，要像字像畫。人也要是一個像樣的人，怎麼可以不像樣呢？諸位在家對父兄，應該要像一個子弟。在學校對師長，應該要像一個學生。將來離開學校踏入社會，謀到了一項職業，做甚麼應該像甚麼，應該各有各的規矩，各有各的模範。人有人的樣子，也便是有規矩了，這是人生最高的藝術。如此說來，人要有最高的藝術精神，才能做一像樣的人。

如何是像樣，諸位正該學。所以科學是對物的，而藝術則是對人的。西方文化主要是在科學，而中國文化主要則在「藝術」。科學一點不能馬虎，藝術亦然，同樣不能馬虎，都有一定規矩的。比方說：穿衣服多了就覺得熱，少了就覺得冷，應該穿得恰好纔舒服。我們的飲食起居言行，也都應有一恰好的程度。從外言之是科學，從內言之是藝術。亦可說藝術實卽是道德。故科學與藝術，同樣有一標準。人能合乎這標準，這是一件最快樂的事。我們所謂「人品」，這就是做人的內在標準。合標準，方是合理想，也就是品格高有道德的人，其實則是一「藝術人」。

又如要倒一杯茶來喝，所用茶杯的質地，一定有好壞之分。如果那茶杯是稀世之寶的古瓷，拿那杯的人內心就會肅然起敬，十分地謹愼。做人也如此，人是有品格的。在社會上做了一個不夠規矩沒有品格的人，社會就要把他丢在一旁，輕視冷落他。倘是一個品格高尚的人，別人對待他也就會肅然起敬的。如今社會上不幸是好品格的少，壞品格的多。大家不互相看重，像那破茶杯不值錢，老被人家隨意丢。

在我臨結束這番講話之前，貢獻諸位四個字，曰：「敬業樂羣」。「敬」是當心，要把事當事看。諸位在學校有師長同學，在家裏有父母、兄弟、親戚、鄉鄰，如果在社會上服務，就有同事，這都不止你一個人，這就是羣。「羣」是在你之外還有別人存在着。職業由你自己喜歡，自己挑揀，他人不該強迫你，這是你的自由。但做人則應有一個做人的共同標準。一個人可以失業，也可以沒有職業，但一個人終不能無羣。縱使你眼前無羣，然而在你腦中仍不能無羣。假若世上全沒有別人，只有你自己，在這樣的情形下，今天的你，也還要替明天的你負起一個責任。否則，對不起明天的你了。僅是一個人，尚且如此，故在社會上處羣，不得不當眞看重，那便是「敬業」了。同時更須有一快樂的心情。對父母、師長、同學，甚至對職業，對社會，全該有此一番快樂，即便是「敬業樂羣」。

人又有喜、怒、哀、樂、愛、惡、欲七情。你現在入學讀書，他未入學讀書。這並不能說，你是人，他不是人了。七情是人所共有，卻也是做人的條件，我們稱之曰「性情」。性情都該有修養，有合藝術的、道德的規矩。性情的價值，就是人的品格的高下所在了。若深一層言之，諸位當知，做人的條件，可以是知識技能不在內，職業高下不在內，而主要即在性情上。諸位要懂得一個做人的道理，無論起居飲食，一言一行，對待家庭、學校、社會，這一切都有你內在性情的表現。最主要還是要敬業樂羣。能知敬業樂羣，便使為學與做人，一以貫之了。

我以上所講，諸位或者會認為很普通，可是眞要照所講去做，可也就很難。孔子曰：「學而時習之，不亦樂乎。」一個人自小至老，時時在學，最快樂的就是學「做人」。這是人生下來第一個職業，也是我們人最偉大、最高貴的知識和技能。今天我所要貢獻給諸位的，就是那「敬業樂羣」四個字。必「一天人、合內外」。儻或僅敬業而不樂羣，中國人則不奉以為性命之正宗。

研究生報告指導摘要

——研究所月會某生報告「陸象山思想研究」

一九五九年六月二十二日

最近幾次的月會報告，有一個共通的長處，就是大家都很守時，都能以一小時講畢。由於時間的限定，所講的內容就應該朝向深入精彩方面走。不可枝蔓，範圍要縮緊，精神思想要集中。人所熟知的，可以不講，只需說出心得。

就以剛才所報告的象山思想舉例，如果在這一小時內，還要附帶提出周、程、張、朱許多思想家來批評，就不易講得好。如果讀書功夫不到，便很容易講錯。其次，別人所知道的，我們不必用來作客套式的平鋪直敍，免得浪費時間。但我們仍須知道，以當作研究時的參考。同時進一步，就得就某方面或幾個問題作深入的發揮。譬如報告象山思想為例，我們單說象山不喜伊川思想，這便太膚淺。如果我們能進一步，用心在象山何以不喜伊川思想？及以象山對明道的看法，研究作發揮，那就有意義價值得多。那才算是成功的讀書報告。

又如楊慈湖、王陽明、李穆堂，這是最重視象山思想的三位不同時代的人物。如能把他們對象山思想的看法與偏重點，作一分析與比較，便成一好論題。又如欲以象山的實踐精神為中心的話，則可自他的治家及治國（至少是治一地方）方法處入手，作深入的研究，則又為一好論題。又如就象山對王安石新政的批評，如何自其「心學」落實到對現實社會的看法，作一研究，這又不失為一好題目。又如人說象山不重讀書，其實他讀經學很多，我們看其精讀的着重點何在？讀經學目的的偏重點又何在？那麼這也將是一個容易發揮的題目。如果我們只說象山重精讀，也重師友，那麼朱子及其他學者又何嘗不如此？這樣講便太膚淺了。

讀書時應該深入的去找問題，不可走馬看花，不然等於水手遊歷世界，無所用心，也就無從發生心得和意見了。所以報告時首先要有好的命題，避免「今天天氣很好」這一類的客套語，儘量略去別人所熟知的不講，要變換方式，及就其重點講。最好是發揮引申前人所未講過的，才是有所見。

我們看太史公的史記所以偉大，就是他在表面上看來只是一篇平鋪直敍的歷史報導，但骨子裏卻是一本有深刻見地的思想論文集。又如我們讀孟子梁惠王章，首節是用論辯的體裁，詳細的舉實例道出孟子的輕利重義思想。這番話讀來固可使人興會淋漓，但比起論語的「君子喻於義，小人喻於利」兩句，意境究竟低得多了。故並非說平鋪直敍不好，而是說，要深刻而有見地的思想，能寓于平凡的文句中，那才是最偉大的。

我今晚所講的，並非專就今晚的報告來批評，而是指出大家通常均所疏忽的地方，希望以後報告的同學均能注意及此。

第八屆畢業同學錄序

——代畢業訓詞

新亞書院第八屆畢業諸君印畢業同學錄既竣事，來索序。余惟古人臨別贈言，於情於義，皆不可已。然臨別之贈，亦何容易。惟其臨別，故所贈貴於要而不煩，尤貴於人人時時處處事事而皆適。則余將何所言以塞諸君之意。計惟有仍舉平日之所常言者，以昭余之鄭重，而期諸君之毋相忘。

吾儕共生於此苦難之時代，新亞乃在苦難中產生，而諸君亦於苦難中來學。諸君之來，已挾苦難而俱來。諸君之去，亦將挾苦難而俱去。則諸君之所學，莫貴於能認識此苦難，能善處此苦難，能於苦難中求如何完成諸君生命之意義與使命。諸君在校，常唱校歌，曰：「手空空，無一物。路遙遙，無止境。」此十二字，實足象徵吾儕之時代，亦以象徵吾儕之學校，亦將以象徵諸君前途之生命。果使諸君常能保存此十二字之意象，常能真切瞭解此十二字之內涵實相，銘心刻骨，勿使忘懷，則前途將無往而不順。

中庸有言：「君子素其位而行。素富貴行乎富貴，素貧賤行乎貧賤，素夷狄行乎夷狄，素患難行乎患難，君子無入而不自得。」今日吾國家，吾民族，正值一貧賤患難之素，素其位而行，是謂常行，是謂庸行，是謂中道之行。否然則素隱而行怪，尠不為小人之歸矣。

何謂素隱，處貧賤而妄欲自掩其貧賤，處患難而妄欲自諱其患難。不惟掩諱於其外，抑亦掩諱於其心。是謂無認識，無擔當，則其所行必失常，而終見為怪行矣。舉國舉族而莫不素隱行怪是務，斯所以貧賤之日甚，而患難之日深也。

天地一眞常，生命一眞常。人生大道，則亦一眞常。惟其是一眞常，故無往而不自由，無往而不平等。惟我行我素，乃無往而不得。「手空空，無一物」，乃是大富有。「路遙遙，無止境」，乃是大歇腳。竊願揭舉此義以贈諸君。然諸君眞欲瞭此義，具此行，則自此以往，乃大有事在。論語之首章曰：「學而時習之，不亦悅乎。」惟此學最宜時習，惟時習於此學，乃見有大悅。苟大悅生於心，則貧賤患難亦復何有於我乎？

一九五九年七月三日錢穆序

開學致詞

一九五九年九月十六日

諸位先生、同學：

今天是本校的開學典禮，我想先報告一下我們這一學期幾點新的變動。

首先是關於新校舍的事：第二期校舍打樁工程現已結束，卽將開始建築，希望在半年內完成。其次談到新亞中學：大家都知道，中學的建校地址，在去年卽已看定，不過因為種種手續上的麻煩，始終未能正式領到。今天開會後，就要去與政府正式辦理接收土地的手續，我們希望經平地、測量、建築諸過程後，能在下學年正式開始招生。

我們學校一向講做學和做人，二者相通一貫，兼重並進。基於這一點，所以本校教授們，不僅擔任課程，並多兼行政工作。而本校同學，亦儘設法多留機會在校工讀，兼習做人做事。在畢業後，亦有很多同學留校服務。然而一個理想，總不能十全十美，可能在某幾方面有它的缺點。經過數年來的實施結果，發現了此項理想仍是與事實有着一段距離。教授兼管行政工作，每每妨礙了教授們自己的治學，且對行政工作亦不能全力以赴。所以自本學期起，學校內部的行政與教學，盼能漸次分開。這仍是在一個大理想之下，期求能加以一些修正。

本年度學校在行政上分教務、訓導、總務三處。教務長管理同學們的課程和學業，仍請唐君毅先生擔任。自本校創辦以來，唐先生即已任此職。

總務長請雅禮協會代表蕭約先生擔任。蕭約先生是本校的客人，而且他事務亦相當忙，現在請他擔任總務長，在學校方面也有一理想。

我常覺得關於社會、團體、公眾的事情，西方人治理似較東方人好一點，這也許是我們的缺點。我們似乎尚未有一種經訓練的現代羣體生活。本校一天天地擴大，對事務方面似乎始終未上軌道。我們一向講儒家思想，對依法理辦事，普通目之為法家而輕視之。

一般自以為追隨新潮流者，看到西方人講自由，亦隨之講自由。我們應知，自由是有其意義與限度的。譬如隨地吐痰，是否是自由呢？大家應該知道，這並非是在自由範圍之內的。此數十年來，一般知識青年，每每自以為是「青年」，便該要求多一分的自由。個人如此，一二三十人的集體行動更甚，要求特權，踰越規律。這些不煩舉例，諸位自可知道。西方人奉公守法的精神，確較東方人強。民主社會所講的自由，實並不如我們一般的想像。我們希望學校在事務方面能上軌道，同學們亦可無形中受到一分寶貴的教育。

人們常說：中國社會是一個現實社會，實則有些處中國人並不講現實。中國人有時不大看重經濟，西方人則不然。這並不是愛錢貪財的意思，而是一種嚴肅認眞的態度。譬如中國人上館子吃飯，遇見熟人多是爭着付賬。西方人則儘親熱也還各自付賬。乍視之，每覺西方人不近情理。實在說，西方人在此等處是嚴肅的，並不馬虎，這是在精神上和道德上的兩種不同態度。中國社會現在越來越窮，我們要每一文錢都用在恰好處，不要再馬虎。以前我在北大、燕大教書時，北大用錢就比燕大浪費。北大工友多，燕大工友少，然而燕大院舍反較整潔。中國社會若長此隨便浪費，它的經濟問題將永無辦法。我十分希望諸位同學要奉公守法，對公眾經濟要嚴肅認眞。中國人本有節儉的美德，可是對待公物就無此習慣了。蕭約先生是一位文學家，請一個文學家來管事務，恐是違其所好，然而我想這也許是期望中西文化交流之一個具體事例。

本校原有生活輔導組，本學年則另聘程兆熊先生為訓導長。程先生曾在本校任教，本校第一、二、三屆畢業同學都熟識他，有好幾位同學全今還和程先生通訊。程先生是臺灣臺中農學院園藝系主任兼臺大教授，又在農復會任職。程先生雖是學園藝的，可是對於中國文化思想道德精神各方面，都有甚高的認識與修養。他著書很多，其中尤以對於論語和禪宗的研究極為深湛。在臺灣，程先生曾花幾年工夫進入山地考察，歷盡艱辛，一度失踪。我許多友人都說：程先生的書固可愛，但其人更可愛。程先生不喜多言，他是一個感情內涵的人。我希望諸位同學與程先生多接近，對人格修養上必有大益處。師生之間本是雙方的，學生要自先生處有所感受，這一分責任卻該由學生們負其半。程先生來，我希望他能將儒家的活的人格來示教。但亦希望同學們能好好領教得益。程先生前在新亞任教時，家居沙田，每日遠途跋涉來校上課，但從不誤課。程先生能克服外境之艱苦，而其內心則極平和，在艱困中更不忘著述。即此一點，已夠作同學們的極好模範了。蕭約先生可說是代表西方文化，寫的多是描述中國社會的文學書籍。程先生可說是代表中國文化，他留學外國，對西方瞭解甚深。希望二位先生之來任此新職，能使本校之理想，有更進一步地實現。

對於今年入學的新同學，校方內心有不愉快之處。首先是外面需要升學者甚多，可是由於受了三院聯合招生之諸多限制，本學期已報到之新生人數不如理想。我憑良心說，新亞確聘有好的教授，在教學上亦極認眞。我們希望能多收容優秀的青年，關於這點，本校殊感歉意。有一部分新同學，在塡寫志願時，第一志願本不是新亞，這類新同學來校，或許抱有委屈的心情，對本校來說，無異是多負了一個使其能安心向學之責任。此次三院聯合招生，為了提高程度，要中學會考合格始得應考。此一限制，使很多學生裹足了。又錄取標準，亦與本校往年所採者不同。例如：考中文系者，國文課考得甚好，數理考得不好，在過去是無問題的。然在此次三院聯合招生試中，即不能合格。又這次投考人數也未如所預料者之多，因此錄取標準亦並不比過去一定高。我們的理想是希望能提高程度，但本年度同學不知眞能比去年更好否。大學程度本是很難有一客觀水準的，我們只希望好了可以更好。盼本校新舊同學，都能加倍努力為是。

下學年本院的校舍更寬敞了，教授陣容也加強了。可是照高標準講，現在同學們的程度，實並不比過去更佳，或許僅可說是較整齊而已。這一層。盼同學們大家注意。

我們希望新亞從此以後能有一良好的學風，更重要的是要培養校風，這是先生與同學們都要負責任的。有好的學生，纔是新亞辦學的眞成績。希望新舊同學都能體諒此意，和學校共同來負起此責任。

友情的交流

——歡送雅禮代表羅維德博士夫婦暨歡迎蕭約先生

一九五九年九月五日

羅維德博士、羅維德太太、蕭約先生、諸位先生、諸位同學：

今天我們的心情非常激動，因為我們學校中一位最受敬愛的先生將要離開我們。我雖不能用英語表達我內心的話，但即使用中國話，也無法完全表達我內心的意思。

羅維德先生對我們學校的貢獻實在太大，這種助人的精神，真使我們全體師生感動。就過去一年來說，如新校舍的建築，院務的推進及教學上的發展等，羅維德先生都予極大的幫助，現在我試舉出幾點來加以說明。

第一、我們第二期校舍開始動工了，我想明年的今天，工程將會完成。跟着第三、四期工程也會開始。這新校舍的建築，羅維德先生幫了不少忙。

第二、我們學校原有的藝術專修科，在羅維德先生的贊助下，已正式成立一學系。

第三、在過去，我們的教授們除授課外，仍須負學校的行政工作，這樣便犧牲了對學生的指導及個人的研究。從下學期起，教學與行政分開，各自獨立的去從事有系統的工作。我們從前只有學生生活輔導組，從下年度我們將要實施訓導、教導及總務三種制度，這個制度的建立，也是羅維德先生提供我們的。

第四、我們學校原來沒有理學院，現在我們正計劃在二、三年內，能增建一所理學院，包括物理、化學及生物等學系，同時也希望有各該系之實驗室。這個計劃也得到羅維德先生的贊助。

這些都是羅維德先生在過去一年來，對我們學校的貢獻。

最近香港政府，表示承認我們學校，及其他各校共同組成一所「香港中文大學」。這件事的進行籌劃，也大多由羅維德先生代表我們學校出席商洽的。據我所知，羅維德先生幾乎每日不停地辛勤地為我們工作。

記得有一天，我們在四樓開會，羅維德先生問我們說：「你們能聽見我所說的話嗎？」起初我們都不明白羅維德先生問這話的意思，後來才知道，羅維德先生由於工作過勞，而甚至不能聽到自己所說的話。雖然如此，羅維德先生第二天經醫生檢查後，仍然照常工作。

在我們學校裏，羅維德先生的年齡算是最大，而且是我們的客人。然而在這半年來，他卻最忙最勤勞。如幫助計劃院務之興革與發展，籌募基金等，各項事務上所耗費的時間，比我們都多。羅維德先生這種忘我助人的精神，我願代表學校向羅維德先生致敬意。同時我個人，亦敬佩羅先生之高貴品德。

有一天，我到羅維德先生家，問及他能否留在香港時，他說：「首先，我心底的意思是希望留在香港，俾能予新亞書院作更多的貢獻。問題是，假如我回到美國，比留在香港對新亞書院的貢獻更大的話，那我還是回去的好。」我們也曾致函雅禮協會要求挽留，可是羅維德先生終於決定最近回去了。我們希望羅維德先生回去後，能好好的休息一下。然而，羅維德先生卻仍願繼續為新亞書院辛苦。羅先生比我年齡大，又非學校的正式負責人，可是他不辭勞苦，忘我的為新亞工作。諸位同學都是不到卅歲的人，趁着羅維德先生仍在這裏的時候，我們要想想，這應該是我們的好榜樣。

我們學校一向主張中西文化交流。我也常聽諸位說：「雅禮協會對我們的幫助是耶穌精神，而新亞所提倡的是孔子精神。」我想孔子精神與耶穌精神雖若互異，卻是可以相結合的。羅維德先生在校一年，從未向我說過一句宗教的話，可是他的確代表着耶穌的精神。用中國的話來說，羅維德先生可以是一個賢者。在我們的校歌中，有這樣幾句：「東海，西海，南海，北海有聖人」，這是陸象山先生所說的話，說明了全球無論甚麼地方，此心此理，總可相通的。羅維德先生不僅是一個耶穌的信徒，同時和孔子的道理相符，可見中西聖人的道理是可一致的。比如羅太太，她來此不到一年，便能畫很好的中國畫，而且能夠深切地了解中國的藝術，這更充分地說明了全世界各民族的文化、藝術、文學、哲學，皆可互通。其所不通者，在於語言的阻隔而已。

羅維德先生卽將離開我們，他對我說：「我再三考慮後，才將蕭約先生推薦給你們。」蕭約先生是代表雅禮協會到新亞書院的第一位外國人，也是我們學校最先接觸的第二位外國人。當時我們的學校很窮，我還記得我與郎家恒先生的見面，還是在蕭先生的家中。蕭先生是一位傑出的文學家，擅長以中國的事物用外國文字表達出來。

前幾天，有一位耶魯大學物理教授到我們學校來，說：「中國人長於埋頭讀書，卻短於手腦並用。」我覺得他批評並不大錯。記得我從前在北京大學以及在燕京大學教書的時候，北大校役甚多，但地下的清潔總比不上燕大。這次我們請蕭約先生做我們的總務長，相信我們的事務行政一定能整整有條的。

今天我們覺得十分抱歉，因為我們不知道怎樣報答羅維德先生在過去一年對我們的貢獻。同時我們也感覺到對蕭先生抱歉，因為我們將給他更多的麻煩。現在我只好在這裏結束，因為即使說得再多一點，也無法完全表達我心中所要說的話。

珍重我們的教育宗旨

——新亞書院成立十週年紀念演講辭

一九五九年十月九日

今天是我們新亞書院成立十週年紀念日，回憶在十年前的雙十國慶日，我們新亞書院在那天正式舉行開學典禮。那時我們結合着好幾位由大陸流亡來港的學者，鑒於許多大專學生流亡失學，而決心創辦此學校。我們最先是絕無絲毫經濟憑藉的，來學的青年又是隻身流亡，衣食無着。進了學校，還得想法幫他們解決生活。我們的免費學額，最多時，佔了全部學生名額百分之八十。我們這學校，最先從佐頓道偉晴街租了一所中學的兩間教室，從夜校開始。半年後，纔遷到深水埗桂林街，租得三間教室，改成為日校。在萬分艱難中苦撐過五年，開始獲得美國耶魯大學雅禮協會之合作，同時又獲亞洲基金會協助添辦研究所，此後又獲得美國哈佛燕京社對研究所之協助。到今天，我們已建築了一所新校舍，第二期的建築正在開始。我們又有了一所中外書籍超過了六萬册的圖書館，我們並有了八屆的畢業生，和三屆的研究所畢業生。我們在今天來回想此十年的經過，眞所謂感慨萬狀，一言難盡。

此學校十年來仍獲存在，而且不斷獲有長進，得像今天這樣的一個規模，這全由學校外面各方的同情和援助。我得趁此機會，代表新亞師生全體向十年來同情我們援助我們的各方，致萬分誠懇的謝意。

說到此學校十年來之成績，大部份亦多是關於物質方面的，多是學校外面人的力量。說到學校內部，如校風之培養與學風之策進，關於學校自身理想方面精神方面者，實在很慚愧。我們總感覺，我們學校自身之進步，我們學校同人自己所盡力的，較之學校外面人所給與我們的同情與援助，是相形有媿了。這一層，我也願趁此機會來鞭策鼓勵我們全校師生，繼今以後，加倍努力，使學校能繼續蒸蒸日上，庶不負了此一學校艱難創始的原本精神，與夫中外各界對此學校之同情與援助之深切厚意。

我們開始創辦此學校，自問對於教育宗旨方面，有一番理想與抱負。我們鑒於整個世界動盪不安之局勢，鑒於我們自身當前所受之苦難，我們認為，當前的大學教育，至少有兩目標該注意：

一是人類的文化價值。

一是個人的生活理想。

此兩項目標，該使來學青年都能深切感到其重要性，都能對此兩項目標懂得追求，懂得探討，懂得身體力行，懂得為此而獻身。

我們是中國人，我們是為着栽培中國青年而創辦此學校。中國文化有其五千年的悠長傳統，必有其內在可寶貴之價值。我們該使中國青年，懂得愛護此傳統，懂得瞭解此傳統之內在價值而能繼續加以發揚與光大。

但我們亦該知道，今天的中國人，正是受盡磨折，歷盡辛酸，陷在奮拔無從的深阱中。中年老年人，只有隨分掙扎。青年們更加如迷途羔羊，要在迷惘的路程上摸黑前進。即就新亞書院的同學們說，有些是在饑餓線的邊緣上，有些是流亡的苦味永遠佔據着心頭，大多數是今天過了不知道明天。這樣處境的青年們，若我們不能給與他們以一個正確而明朗的人生理想，那在青年們的內心上，可以泛起連他們也不自知的種種異樣變態的心情來。

我們常認為，若非對中國自己的文化傳統有一肯定的價值之認識，中國青年們終難找到他們的人生出路。反過來說，若使這一代的中國青年們，各自找不到他們的人生出路，所謂文化傳統便將變成一個歷史名詞，如一團影子般，會漸淡漸失。

我們自知，我們所抱的教育宗旨是正確的，但也是艱鉅的。但若不把握緊這個宗旨向前邁進，則種種物質上經濟上的發展，將全會失卻其意義。在香港社會上少去這一所學校和增多這一所學校，將會無甚價值可言。以上這一番話，我更願乘今天這機會鄭重提出，來鼓勵我們全校師生共同向此目標而前進。並懇切盼望，凡屬同情我們援助我們的中外各界，能同在此一宗旨上，來加深他們的同情，和加強他們的援助。

讓我們來負擔起中國文化的責任

——國慶紀念暨第二十二次月會講詞

一九五九年十月十日

諸位先生、同學：今天是本校第十次舉行國慶紀念，十年前我們挑定了國慶紀念日，來作為我們開學的日子。諸位可試回想：十年前我們自大陸淪亡來到香港的情形，與今天是大不相同了。我們懷着沉重的心情來創辦此學校，又挑了國慶日作為我們的校慶日，以後每逢「雙十節」，我們必紀念國慶，同時又慶祝校慶。我可告訴諸位，我們有數位先生在參加第一次校務會議，作了如此決定時，心中都抱有一極大信仰，相信我們的國家仍必是有前途的。倘使國家無前途，我們決無此心情來辦此學校。倘使我們辦此一學校，無一準備貢獻國家民族之大理想，我們亦不會選今日作為本校開學的日子。

自創校至今已是十年了。我們看到此十年內，國際間與香港一地的變化情形，我可說：我們的國家一定是有前途的。若國家無前途，無國慶，即無校慶。我們學校就寄託在此一信心上。信仰國家絕對有前途，這是我們學校的精神。在今天的香港，這是一個殖民地，和商業化的都市，我們卻要來講中國人、中國民族、中國文化的前途。我們因有此信心，故有此膽量來如此講。諸位之前途，是寄託於國家民族之前途上的。若國家民族無前途，我請問諸位，你們做人的理想、事業、希望，與意義價值將在何處？我希望諸位皆應有此一深深的信仰。我們為何能有此一信仰？此即要講到我們文化之價值。中國文化有價值，絕不會使我們無價值。

回溯二十年前，日本人侵入中國，那時我隨西南聯大文學院流亡至後方。在湖南南嶽，某晚聽到廣播說：南京淪陷了。因為南京是國家的首都，戰局惡化到如此地步，所以到第二天，一般同學心理上都惶惶然。我記得，那時曾在一次公開講演中，對大家說：南京雖是淪陷了，然而南京是否代表了全中國呢？戰爭是否就要結束了呢？南京雖失，但是國家仍必存在，戰爭也仍是要持續下去的。當時有許多同學要去延安從軍，我不記得是那一天了，在校園草地上開話別會。去的人講了話，歡送的先生和同學也都出來講話，都一致感覺到國家民族已無前途，去延安也是一番惘然的心情，犧牲的、無把握的。後來他們請我說幾句話，我說：諸位既是惘然，為何要去呢？國家民族如何會在此惘然之下獲救呢？我勸你們安下心來，中國仍必要站起來的。當時的清華大學哲學系主任馮友蘭先生站起來講話，他說：他對我所說的一半同意，一半反對。同意的是勸同學們安心讀書，反對的是不贊成我反對這幾個同學去延安。馮先生講完之後，我說我還要說幾句話。我說：一個人只該有一條路，同時並無兩條路可走。今天我站在做你們先生的立場，我只有一個目標，就是「學術救國」。若我贊成赴延安，我自己必先去，我絕不身在此地而歡送他人赴延安。人亦只能有一個信仰，不能同時有兩個信仰，若不然，則必陷入惘然的心情中。後來在成都，局面已較安定，我常對同學們說：你們應知大局之變化，不要老是心不定，等到真正勝利來臨時，你們的年齡已在你們的心情不定中蹉跎了。中國是有前途的，等到中國光明日子來臨時，那些不定心的人將要悔之莫及。你們不要只是等待，而無堅定的信心。

我們來香港已十年了，我們似乎又是在等待了十年。在我自己，我自知有一極真切的信仰，即信仰我們必將回去。此一信仰何處來？乃從我一輩子努力在要求瞭解中國歷史和中國文化價值之過程中來。

諸位應知，若真到了那時，你們將以什麼來貢獻於國家民族？在光明將臨時，我們要準備迎接此一光明，我們要懂得「藏器待時」。我們辦這一所學校，即是要為國家民族藏器，將來必有一日用上。倘使國家民族無希望了，那我們又何苦來作此「種桑長江邊」的工作呢？桑樹在江邊易受水淹，是不會長大的。我們做一件事，必先要有一番眼光和計劃，然後此事方有意義，方有價值。新亞書院的意義和價值，即是寄託在對國家民族的信仰上。倘使一旦國家有了辦法，而我們對國家無貢獻，那諸位也該要擔負此一責任。不但是諸位白費時光，在國家，在民族，亦算白有了你。今天是你們努力的機會，我希望諸位仔細想一想。

諸位在此學校求學，先要你們堅強此信心，確定一目標，求對國家民族將來有貢獻。若只講謀職業，結婚成家。當知做一亡國奴，一樣可有職業，可結婚成家，可世世代代做亡國奴。然而意義與價值何在？我們的理想又何在呢？

昨天慶祝校慶，許多客人見到我，都道恭喜。我說無喜可言，難道多一座校舍，圖書館多添了些書，每年多幾個畢業生，這就值得喜了嗎？我們的校歌說得好：「手空空，無一物；路遙遙，無止境。」我們應走的路實在太遠，今天的成就距離我們的目標尚遠。有一位先生對我說：你們艱辛十年，總算已出了一口氣。我想我們是有一口氣，可是此一口氣仍未有出。又憶抗戰時，在成都華西壩，有一天，在一個歡迎馮友蘭先生的會上，又請我講話。我說：諸位在今天一定要做一個中國人。馮先生卻認為做中國人太不夠了，應做一個世界人，結果那天甚不愉快。我說：沒有中國人、美國人、英國人，而要做世界人的那個日子尚未到。在今天，若要做一世界人，首先必要做到是一個中國人，或美國人，或英國人。我們要做一中國人的那一口氣。至今仍未出。但此一口氣，並非我一個人所能爭，一定要大家來同爭此一口氣。我們希望喚起中國人來共同爭此一口氣。諸位要了解我們學校的精神所在，應首先要懂得校歌中：「手空空，無一物；路遙遙，無止境。」此一心情之何所來。

我昨晚回家後，仔細想十年來我們如此艱辛，我們的學校究竟有無令人得到安慰處？我心中想，這十年該仍是值得的。十年來我們的同學，仍是有努力，有成績表現的。即談到我們這次校慶中之成績展覽，我們同學每年都寫有甚多論文，雖不盡好，然仍可代表我們之努力。我敢說，在香港，不會有第二間大專學校能有如此成績。上半年哲教系有一位美國先生，在港大刊物上撰文，談到了香港的大專學校。他說：這些學校中能走上學術研究之路者，只有新亞書院。我想至少我們已有小部份同學業已如此，這是我們可引以自慰的。

前些日子，香港某報上登有一篇文章，談到最近新嘉坡南洋大學經審議會評定，認為不夠大學標準一節，該文作者認為香港的一些大專學校亦如此。我看了以後，心中極為不服。若說我們學校不夠大學標準，我可舉實例來說，我們學校的教授先生們的水準，實可與任何大學作比。我們研究所歷年所出版之學報，亦已獲得歐美各地研究漢學的機關所看重。常有各地來信，稱許讚揚。我們畢業同學，也有在本校任教的，成績都尚不錯。在此點言，我們在短短十年中，便已有了如此成績。再過十年，我們希望新亞各系，都能交給新亞的畢業同學們去主持，這方是我們的眞成功。

昨天校慶會上，林仰山教授最後講：世界上應該需要有像新亞這樣的一所學校。我承認林先生的話，至少在我們新亞的辦學宗旨上，我們是受之無媿的。

我們學校此十年，確有令人可安慰處。只是我學校的師生們都有心希望學校更好，大家同基於此一心情來批評學校，這是一好現象，我們該以一更高標準來衡量自己。我們不該以少數學生之成績來代表學校，希望全體同學都能好。我希望每一位同學，進新亞後，即要共同來負擔此責任，為學校力爭上游。我們仍得要奮鬥，諸位同學都該參加此一奮鬥。學校如此，國家民族又何嘗不如此。今天要來講中國文化，猶如今天在香港辦新亞書院，我們要努力，終有一天光明會到來。至此時，方是我們眞的國慶、校慶的日子。

我們在此大波瀾中，創辦此一學校，也有許多同學一意欲赴外國，而且去了不思再返。有如此意圖之同學，大可不必進此學校。不信仰中國，不願做中國人者，不必進新亞。「手空空，無一物；路遙遙，無止境。」我們學校的缺點尚多，距離理想尚太遠，我希望同學們共同努力。下一個十年，希望能有一個新的新亞出現。

歡迎英國大學委員會代表福爾頓博士訪問本院講詞

一九五九年十月十六日

福爾頓先生來香港，是負着香港在最近將來將設立一所中文大學之使命而來的。我們今天代表兩種身分表示歡迎福爾頓先生，一站在香港教育界立場來歡迎，二站在新亞書院立場來歡迎。

先就站在香港教育界立場言，我們認為香港應該有一所中文大學，可分三方面來說：

第一方面：就香港社會言，香港現有三百萬以上之人口，而僅有一所香港大學，又是學額有限，理應再添一所大學。又香港乃是一個中國社會，因此理應增添一所「中文大學」。

第二方面：就中英兩民族之關係言，從前的香港居民，我們亦可稱之為香港人。十年以來，情形變了，此刻的香港居民，我們已不能僅稱之為香港人，而應改稱為中國人。香港政府能用香港社會中國納稅人之錢，來幫助中國教育界人士自辦一所中文大學，以培植中國青年為目標，將來此輩青年，逐漸成為中國社會中之優秀分子，對將來中英兩民族之感情與友誼，必可有好影響。

第三方面：就世界人類文化前途言，中國民族擁有五千年優良文化傳統，在香港辦一所中文大學，應以注重闡揚此一文化傳統為主，而再以謀求中西兩大文化系統之溝通，此對世界人類和平前途必有大貢獻。

其次，我們將站在新亞書院之立場說幾句話。新亞是十年來香港首先成立的第一所流亡學校。新亞創立，無政治背景，無經濟憑藉，純由於一種教育理想之抱負，即就上述之三需要而創辦此學校。

新亞此十年來，不敢說有何成就，只是憑此理想，十年來艱苦奮鬥，這一段精神，我們自認為值得要請校外人士之瞭解與同情。

我們此十年來，自認為是在辦一所大學，而且是在辦一所有理想有抱負的大學。經此十年奮鬥，現在已蒙香港政府正式把此學校也列入為將來可能被承認為大學中之一分子，在我們自感快慰。

若我們此下能繼續發展，我們至少有三個目標，將繼續努力：

一、網羅第一流的好教授。

二、完成一個像樣的完備的圖書館。

三、提倡專門性的高深的學術研究。

我們自有種種困難待克服，有種種缺點待改進。但我們今天蒙福爾頓先生之光臨，我們所急切想知道的，在於一所學校究須到達如何般的水準，纔能得被正式承認為大學這一問題上。

今天我們歡迎福爾頓先生，一面是熱切希望在香港之最近將來，能眞有一所中文大學之出現。一面是熱切盼望福爾頓先生能坦白直率地對新亞前途應有之種種改進作指教。

校務概況

——錢校長致董事會報告書摘要

本院一九五八—一九五九年度之校務發展情形，與上年度大致相同，而呈穩定的進展狀態。本年度之重要成就，計有藝術系之設立，教授之增聘，課程之增開，學生人數之增加，圖書設備之添置，研究計劃之開展，獎助學金範圍之擴大，新註冊手續之進行，第二期建築計劃之開展，與新亞中學校地之接收，此其犖犖大者，茲分別說明如後：

一　藝術系之成立

本校於一九五七年春季，設有兩年制藝術專修科。茲為適應香港社會之需要，及提高學生程度，與發揚中國藝術起見，經於本年二月，成立藝術系，並定為四年制之正式學系。聘陳士文教授為系主任。原有藝術專修科於一九五九年七月，宣告結束。現有藝術系學生人數為三十六人，男生二十二人，女生十四人。

二　教授之增聘

本校教授分為專任與兼任兩種，專任教授除擔任全時間之課程外，多兼任一部份行政職務。兼任教授則以教課為主，待遇按上課時數計算。本年度聘有專任人員十八人，包括教授十人，副教授二人，講師五人，助教一人，兼任教授四十人，總數為五十八人。其中中國籍者四十七人，美國籍者十人，日本籍者一人。一九五九—一九六〇年度，專任增至二十三人，兼任為三十九人，茲將過去三年來，本校專任兼任教授之數字列後：

年度	專任	兼任
一九五六—五七	一三	二七
一九五七—五八	一三	四一
一九五八—五九	一八	四〇

三　課程之增開

本年度所開設之課程，計九十四種，共三百三十二周時，較之上年度，有顯著之增加，茲按其分配情形列表如後：

系別	課程	周時
一二年級共同必修課	二〇	一三〇
中國文學系	七	一九
歷史學系	七	一九
外國語文學系	一〇	二九
哲學教育學系	八	二一
經濟學系	六	一七
商學系	九	二四
工商管理系	一	三
藝術系	一七	五二

研究所	九	一八
合計	九四	三三二

一九五九—一九六〇年度所開課程為一〇七種，茲將過去三年來所開課程列表如下：

年度	課程
一九五六—五七	六二
一九五七—五八	七七
一九五八—五九	九四

四　學生人數之增加

本年度學生註册人數共四百五十六人，包括大學部及研究所在內。其分配情形如下：

系別	人數
中國文學系	一〇三
歷史學系	三六
外國語文學系	五九

哲學教育學系	八二
經濟學系	三八
商學系	六二
工商管理學系	一八
藝術學系	四三
研究所	一五
合計	四五六

茲將過去三年來學生人數列表如下：

年　度	學生人數
一九五六—五七	二五六
一九五七—五八	三二五
一九五八—五九	四五六

五　獎助學金名額之擴充

本年度學生所獲得之獎學金，共一十三種，包括香港政府、孟氏基金會、西雅圖、雅禮同學會、青年商會、李氏、孟氏特別、扶輪會、留美同學會、歌德利、聯青會、國際大廈，及本校獎學金共十三種。獲得獎金之人數共五十四人，金額由每年六百元至二千五百元不等。

助學金方面，本年度本校學生，所獲得之助學金共有四種，計孫氏助學金、政府助學金、孟氏助學金及本校助學金。助學金額，由每年六百元至一千五百元不等。獲得人數共一百一十四名。

六　交換學生

本校與亞細亞大學，訂有交換留學生辦法，每年交換名額為兩名，饍宿學雜等費，全部由學校供應。第一期交換計劃，暫定兩年，為試辦期間。現此項計劃，業於本年七月期滿，經教務會議，及校務會議檢討結果，認為有繼續實施之必要。至交換名額，則仍照原案辦理，惟須通知亞細亞大學，應注意交換學生中英文程度。

七　圖書設備

本年度中西圖書之增加，現有中西圖書七七、四五九册，其中中文圖書為七〇、四七八册，英文圖書六、九八一册，茲將過去三年來館藏圖書增加册數列後：

	（中文）	（英文）
一九五六—五七	五〇、六三一	四、五五八
一九五七—五八	五二、八五九	五、二二七
一九五八—五九	七〇、四七八	六、九八一

八　研究所

本院研究所成立於一九五三年，截至目前為止，畢業研究生，共二十一人，茲將本年度研究所發展要點列後：

一、導師研究員及助理研究員：本年度聘有導師、研究員七人，助理研究員八人，分別擔任指導及研究工作。

二、課程：本年度所開課程計論語、孟子、通鑑、中國文學、朱子、詩經、史學名著、中國思想、經學史。

三、研究生：本年度共有研究生十五人，其中男生十四人，女生一人。一年級生六人，二年級生九人。本年夏季畢業者七人，一九五九年考入新生為八人，現有人數為十四人。

四、出版：新亞學報已出版至七期，大部份刊載導師、研究員、助理研究員、研究生之論文。此外並編印研究叢書，本年出版者，計有錢所長著兩漢經學今古文平議及學籥。其在編寫中者，尚有二三種。

九　建築計劃

第二期校舍建築圖則，業經教育司及工務局正式批准，刻正公開招標。一俟決定，即可開工。打樁工作，業已於本年八月完成，本期建築經費約港幣乙百萬元，尚缺設備費約港幣拾萬元，已向政府申請補助。

第三期建築計劃，亦已擬就，所需建築經費港幣一、〇三六、二七〇元，設備費港幣六八、三八五元及修繕費六〇、〇〇〇元，已向政府申請補助中。

十　新亞中學

新亞中學之校地，業經政府正式撥給，面積為九萬二千尺，於本年九月十六日，正式接收。目前正進行繪圖及劃界等工作，建築經費定為一百四十萬元，除由董之英董事捐助港幣二十八萬元外，其餘一百十二萬元，刻正向教育司接洽貸款。

十一　重辦專上學校註册

本校為適應將來中文大學之需要，經遵照一九五九年專上學校法令規定重新註册，並進行新立法手續，及通過新組織章程。

新亞書院十年來的回顧與前瞻

——第二十六次月會

一九六〇年一月四日

諸位先生、同學：今天我在此月會講話後，不久卽要暫離學校，恐怕要在十個月後，方能再和諸位見面。前幾天同學們舉行除夕聯歡晚會，並歡送我。當時我曾講過一番話，不過有一部份同學沒來，未曾聽到，所以我現藉此月會再講一次。我今天的講題是：「新亞書院十年來的回顧與前瞻」。

前天研究所同學們約我同赴新界旅行，有幾位桂林街時期的老同學，與我談到過去新亞的情形，引起了我今天作這番講話的動機。

新亞書院十年來的發展，可分為三階段。開始在桂林街，可說是學校最艱難困苦的時期。一個月前，我和唐君毅先生陪着雅禮協會攝電影人員，去桂林街舊校舍。街道房屋依然如昔，教室又小、又低、又黑、又髒。我們已習慣了現居校舍，再回那邊，不禁令人緬想過去，感慨良深。

我想起在桂林街舉行第一次開學典禮時，先生同學們侷處一室的情形。直到現在，我還記得很清楚。那時同學人數從未超過一百名，校舍極不像樣，然而師生們卻有一光明的遠景，無限的希望，並有一種無所畏懼、奮鬥向前的精神。此外甚麼都不想，也是甚麼都沒有。那時我們常講：「新亞是一個大家庭」，「師生合作」等話，事實上亦確是如此。師生們朝夕相見，每一先生皆熟知每一同學的姓名、狀況，彼此間極其親切。而每一同學的心目中，亦都將新亞的理想前途，作為自己的理想前途。此種精神，今日想來，極值得回念。那時我們的希望很簡單，只想何時才有自己的一所校舍，地方可大一點，同學可多一點，以為如此便足。此一想法，亦可說甚空洞而幼稚。可是此一空洞、幼稚的理想，實具有無限價值，極可留戀。此一時期至少有四年之久。

後來學校與雅禮合作，又得亞洲基金會、哈佛燕京社幫助。開始自桂林街時期，進入建有今日之新校舍時期。此時之發展，突飛猛進。理想與希望在具體實現中，遇到了新刺激，而至一新階段。但亦可說，此段時期比較前四年更艱難，當時我們學校遭遇到種種危機。因在此時，學校面臨着開創以來的最大變動，亦可說是翻了一個身。在大變動中，必有種種危機潛伏着。猶如諸位離開家庭進入學校讀書，由小學、中學而大學，這是一步步的。一旦畢業後，進入社會，正式是一個成人了，此中變動極大，下一步如何？不但是你的家庭和學校，甚至你本人亦都不知。現在我們幸而跨過了重重危機。諸位或只見學校在一步步地向前，而不知其經過實況，今天我特地提出來講一講。

自桂林街至農圃道，此一時期，簡言之，是理想與事實發生了衝突。從前只有一簡單空洞的理想，當此一空洞的理想逐步進入事實時，就不簡單了。猶如諸位現時在校讀書，對職業、婚姻等問題皆有一理想，及至面臨事實，將發現無法與原來理想完全切合。本校在初期數年，亦是只有一理想，及至此時，理想與事實相夾雜。如雅禮幫助新亞，雅禮亦自有其理想，且與我們的理想有些處並不一致。任何兩套理想，要融成為一套後，方能美滿。不止雅禮如此，即如亞洲基金會、哈佛燕京社等，凡屬援助我們的，皆亦各有其理想。新亞最可寶貴之處，則為自己有一套理想，並始終堅持此一理想，來迎接外面種種的事變。

新亞自接獲外界幫助後，教授同學日增，各系擴展，內部日趨複雜。在此情形下，將來究如何？我們並不知，且亦無把握。例如當初辦研究所，即曾經過一長時期之辯論。如要不要辦？如何辦法等？其他學系的增設等亦均如此。

從前學校猶如一大家庭，在桂林街時，我下課以後，可與任何一位同學交談。現在我不但不知同學們之姓名，甚至不敢確認某一同學是否為新亞學生。今日我們學校已不再似一大家庭。同學之間，因此亦有了各種不同意見。已畢業同學和新進學校的同學，各自有一套想法。我記得在一九五六年夏，借協恩女中禮堂舉行大學部第五屆畢業典禮時，曾說：希望同學們對學校要多愛護，不要多批評。即使有批評，亦應自愛護學校之本原上出發。但那時，事實上批評漸漸超過了愛護。並且各方面意見不同，好像只聽見一片批評。儘管說是愛護學校，總是對學校有不滿，此乃危機之一。

在教授方面，亦有了新舊之分。比如一個大家庭分了家，各系同學僅與本系教授保有親切關係，如此逐漸有系與系間之界限。例如以前學校全體師生，每年至少旅行兩次。我個人也從沒有一次不參加。到後來同學多了，無法聯合在一起，各系皆單獨舉辦，以致我每有無所適從之感。在去年，我們曾有一次全校師生旅行，然而一至目的地，各系仍自分開。實際上，亦無法不分。又如最近這次除夕晚會之攤位遊戲，亦是各系自為一單位。其勢如斯，不得不爾。不過此一情形，仍自過去之大家庭精神蛻變而來。

另一方面，新舊同學間亦顯有隔閡。例如在過去每逢過舊曆新年時，同學們多至先生家中拜年。現在新同學日多，不可能仍保舊風。在此等處，新舊同學間也會互有批評。此因學校當發展時期，我們並不知下面將如何變。空洞的理想變複雜了，於是師生們的精神自會稍嫌渙散。那時我曾再三要求大家，對學校要多愛護而少批評。我總覺得當時學校相當危險，潛伏有種種離析之可能性。

新校舍建成後，我曾講過，經過了一段發展，應能有一段安定的時期。上次除夕晚會中，我又告訴諸位，我們希望能穩定一時期。第一步站穩了，再開始第二步，不可跳躍前進。那第二段時期約有三年，此三年中實是相當艱險。因此第一個四年是困難期，第二個三年是艱險期，最近的三年幸而日趨穩定，危險期幸已渡過。雅禮與新亞之合作，也已日趨融洽。此外援助我們的，如亞洲基金會，或哈佛燕京社等，亦都有此情形。雙方關係之增進，應是自然而然的，不能勉強，求其一步登天。現在已是危險期後走上了一穩定期，能穩定了，然後再求擴展，是較省力的。

我現在勉強將新亞十年來之發展，分成為三個時期：

一、生長時期：亦即創始期。在此期內，新亞一日一日長大，漸得各方面看重和幫助。

二、轉變時期：亦即發展期。此時有了自己校舍，日趨發展。猶如植物之開花期，開花期也是一危險期，人在得意時亦每易有危機。

三、成熟時期：成為今日之新亞，漸已定型。

但若將過去十年合起來看，仍應只算是一開創期，下一十年將是危險期，而再下一十年方可預想為新亞之穩固期。

每一件事，在開始時總覺空洞幼稚，但此時期卻最可寶貴。例如研究所創始，固然令人時刻擔心，然總是在日日長大中。但今天的研究所，能否再如開始時之日見長大呢？又如藝術系，在創辦時是勇往前進的，但到現在也會覺到漸漸與各系無甚差異了。因此我們的事業在日益穩固後，應自加倍警惕。一如逆水行舟，若停留在目前階段，認為滿意，則必然會退步。

我們的校歌「手空空、無一物」的情形，現已漸成過去，新亞在物質上已有了些基礎。然而前面正是「路遙遙、無止境」的階段了。我首先要求諸位都要自我警惕，不要停留退步，要勿忘最先所有理想，日日向前。其次，明年我們的學校或許又可能到一轉變期，面臨許多新的困難。我們在形式上雖不能再與桂林街時代相似，但總要保留新亞大家庭之原來精神，要師生合作。再一點，我希望諸位同學對學校要愛護多於批評。若批評過多，則將成為對學校的不滿，此是一危機。今日同學們似仍有兩大缺點：一是對學校之不關切。二是無生氣，不活躍，不往前。

十年來，我們只可說是建立了一個新亞書院。明年起，新亞將面臨另一時期。我這次赴美將要在十個月後纔回來，此十個月內之變化必定很大。我希望諸位能和衷共濟，努力向前。學校一切均能照常，並且蒸蒸日上。

中國經學家講公羊春秋的說有三世：一是撥亂世，二是昇平世，三是太平世。新亞在香港十年而能有今日，這是撥亂世。開創難，守成更不易。撥亂世比較簡單，因只要衝開一條路。其後慢慢向前，卻更難。以後十年的新亞，希望是一昇平世。逐步穩定發展。至於太平世，其實永遠只是一理想，或許永遠不能眞有此一世。對於新亞來說，也該是路遙遙、無止境，永無太平世。我們只能把太平世的理想，安放在撥亂世與昇平世的過程中。今後十年，我們又會有一個新時期，大家要小心翼翼向前發展。我在此臨別前，謹祝福諸位能同心協力，將此一事業向一更理想之境界邁進。

本校今後的理想與制度

——歡迎吳副校長、程訓導長、謝教務長、潘導師大會講詞

一九六〇年一月十六日

諸位先生、同學：

今天我們在臨大考之前，週末的下午開會來歡迎副校長吳俊升先生，訓導長程兆熊先生，研究所教務長謝幼偉先生，和研究所導師潘重規先生。此一歡迎會，可說是對新亞前途充滿着光明和希望，並且有極大的意義。此四位先生中，潘先生本在南洋大學執教，那邊聘約是在本學年告終。我們現在是預聘他從下學期起開始授課，所以我以前未曾向諸位談過。而程、謝二先生，則原是希望在本學期初來校，在開學典禮時，我已向諸位作過介紹。至於吳先生，我們早已和他接觸洽聘。因他有一研究計劃，須到美國考察訪問，不知道需時多久，因此未能決定。自吳先生至美兩個月後，始答應重回新亞。本校在桂林街時，吳先生早已參加，所以新亞亦可說是他的老家。但吳先生允應重回後，不久又要重作考慮，在此期間我不好對諸位講。因吳先生來擔任的職務責任重大，他若不來，我先講了，恐使諸位失望。所以我在去年除夕晚會，和本學期最後一次月會中，皆未提及聘吳先生事。最後吳先生

才電告決來。吳先生所以中途遲遲不決再三考慮者，並不是關於他個人之出處，而只是考慮他若來新亞，對學校有無貢獻？倘使他來對新亞無貢獻，或反有礙，便不願來。吳先生是一肯負責，能擔當，且能精密考慮的人。他所考慮的不在新亞之內部，因他自己就是新亞的舊同事，今天許多舊同事仍在學校。即新同事中，他也有甚多熟識的。吳先生所考慮者，是在學校之外面，考慮學校的整個環境與對各方的關係。我常說我們學校雖小，但背景卻甚大。也可說是各方面關係相當複雜。吳先生來新亞，須考慮到他所擔當的職務與學校各方面的關係上。結果事實證明，他之來不僅對學校無礙，甚且有利，所以吳先生最後終於毅然決然答應來校。吳先生經過了兩個月的精密考慮後，而作此決定，我想他對新亞定有一極大自信，必能對本校有甚大之貢獻。

我現在接講我們所希望於吳先生者，這是我個人的意見。吳先生決定來新亞前，他的來與不來，在我心中始終盤旋着。本學期最後一次月會時，我講新亞的回顧與前瞻。過去十年來的回顧，我已講了。前瞻一層，則並未講到。今天我想藉此機會來補講這一方面的話。

我們學校今後所最需要者，亦即過去所最缺乏者，乃是學校之「制度化」。我們在桂林街時代，只抱有一個理想。從嘉林邊道來農圃道後，理想漸與事實接近。理想要與事實相融會相配合，這是相當複雜艱難的。我們今後所當努力者，主要當使學校之制度化。即如今年所新聘的各位先生：研究所教務長從前由外文系主任張葆恒先生兼任。副校長、訓導長根本是新添設的職位。研究所過去也並無專任的導師。本校日益發展，各部門也逐漸分開。現有文、商兩學院，不久又要有理學院。在此情況下，學校之制度化是亟需的。制度卽是一規模，亦可說是一局面。亦可說有了制度便是走上了軌道，從前只是崎嶇前行。

孟子有兩句話：「徒善不足以為政，徒法不能以自行。」善是人生的最高理想，然而只有一理想，縱然高，卻不能平白地在事業行為上表現。新亞在桂林街時，只有一理想，並未曾與事實交融為一體，可說是僅見精神未成局面。現在本校先生、同學日多，自要建立起一規模，此需一項活的學問來促使其實現。理想可從書本上得來，如修、齊、治、平之理論，諸位讀了大學，卽可獲得此等理想與觀念。然而我身非汝身，明日之我又與今日之我不同。家與國更是日日在變動中，明日將如何？我們並不知。若我們求把理想融入於明日之未知中，此卽需要一種學問。而此種學問則是活的，並不能專在書本上獲得。此須事上磨練，有人生事業之眞實經驗，纔能接觸到此項學問之眞實境界。

三十年前，我已曾與吳先生同事，那時他是北京大學教育系主任。當時北大一個學系的學生至少有七八十至一百多，教授也可有二三十人，可謂相當龐大而複雜，吳先生在那時早已有了豐富的行政經驗。抗戰時，吳先生進入政府教育部，負責全國高等教育。不久以前，尚在臺北教育部負責教育行政。因此吳先生早已有了此項活的學問修養。吳先生可說是始終致力於教育行政工作者。

法與制度是空洞的、呆板的，亦可說是死的，它自己邁不開步，不能自己往前。我見過許多大學有經費，有規模，局面大，各種設備亦齊全。好像是有了制度，卻無精神、理想。此正如孟子所說：「徒法不能以自行」，只是一空架子存在著，要它眞向前卻也難。諸位不要誤會吳先生是一只會辦事、能應付的人。吳先生是學教育的，又偏重在教育思想與行政方面。最近他赴美，即藉杜威誕辰一百週年紀念，去參觀訪問各著名大學和學者。吳先生前在教育部時，曾有甚多關於我國教育制度上之建樹，中國在此一時期的大學高等教育的立法，大部成於吳先生之手。不幸國家未能有一日之安頓，大陸淪陷，吳先生之精力可謂是浪費了。我想吳先生何不以其數十年之教育理想與經驗，再回新亞老家來施展呢？吳先生不僅有經驗，且在教育上有一套系統的理想。此與我們新亞各位先生之理想是大體相一致的。

新亞第一個十年是過去了。此下第二個十年，要將新亞理想加以具體化，即是一步步走向制度化。使新亞眞像個樣子，有規模、有局面。講至此，我自己很抱歉。上面所提，孟子所言我是懂得的，然而我自知並無此項本領，因我無此項經驗，或者是我的才性本不宜在此方面發展。因此我只能閉門讀書，上堂教課，卻不能實際從事學校行政。我想今天在座者，仍有桂林街時期的同學，大概還能記得在五年前，我曾公開講過一番話，我說：「以前的新亞是用了我的長處，以後恐怕要用上我的短處，今後我對學校的貢獻將極有限。」

我最喜歡論語上的四句話，即是「篤信、好學、守死、善道。」我在年輕時，即常以此八字來反省、自勉。

關於「篤信」一項，我希望諸位能給我六十分。對於治學、處事，我能有篤信。如我深信中國一定有前途，我一生卽從不曾放鬆了此一信念。「好學」我自信也勉強能及格。「守死」二字，以前我不深曉，後來歷經艱困，才體會到此二字之眞義。新亞在困難時，我決不逃遁，便是此二字的教訓。但此後新亞有辦法了，我自審才性，該是臨當退避的時候了。倘使要我帶兵的話，我想我最多只能做到曾文正公所謂「紮硬寨，打死仗」的一法。曾文正帶兵絕不能與王陽明先生比，猶如諸葛孔明用兵不能與曹孟德相比一般。在用兵上，陽明似孟德，而曾文正則似孔明。

學校到了今天，四面八方逐漸呼應起來，應能在各方呼應中去找尋一條路，這是一個問題。這是不再要紮硬寨，打死仗的時候了。這時不是要「守死」，而是要「善道」，但我在此兩字上實在是不及格的，絕拿不到六十分。在學校困難時，我可堅持苦鬥。然而在今後學校對外之周旋、對內之策劃上，則實非我之所長。吳先生若能在此數年前早來一步，學校或可更好。今天我們固然要穩健向前，但不能只有理想，而無做法。霍去病謂「用兵存乎一心」，不用讀兵書，此見他有軍事天才。在軍事方面，須有活的學問，不能如趙括般徒讀父書。我相信吳先生在教育行政方面是有此天才的，而且有充足的經驗與具體的成績表現，已屬人盡皆知了。今後本校對外的應付，對內的策劃，使之如何走向制度化，我想此正是吳先生對今後學校之貢獻所在。

我在歡迎訓導長程兆熊先生的會上曾說：我們必須要有一制度。猶如一大家庭，亦必須有家法。新亞在過去是一小家庭，現在成了一大家庭，不能再無制度。

諸位要迎接此一新光明的來臨。我們自今以此要逐步走向制度化，中國文化並不是不看重制度，無寧說更看重能有一大制度。卽是能與理想配合的大制度。

我們的研究所也是前途有很大希望的，今天有謝、潘二位先生來，研究所也添了生力軍。

今天我個人感到無限高興，後天我即將離校赴美，待我回來時，希望學校有着無限的光明和新氣象。不僅能保留過去長處，尤要在能逐步制度化，來補充以前短處，來創新我們學校的新生命，來奠定我們學校的新局面。我希望各位同學，也能在此學校一大目標之下，與各位老師充分合作，邁步向前。

今天此會，我要說，我們不止是來歡迎副校長吳先生，訓導長程先生，研究所教務長謝先生，和研究所導師潘先生，而且是在歡迎我們下一十年的一個光明的、新的新亞書院。

附錄　錢校長赴美歐行程

錢校長應美國耶魯大學之聘赴美講學，定本月十八日，乘泛美機經東京、檀香山、三藩市至紐約，轉抵紐海文。

中途在日本作一星期之逗留，並將在日本東京大學、京都大學，及亞細亞大學等校作學術講演，定一月二十三日飛赴檀香山，在該處停留兩日，參觀夏威夷大學，考察該校漢學研究情形，於二十五日，離檀香山經三藩市，預定於二十六日抵達紐約，轉赴紐海文耶魯大學。

此次錢校長所擔任之特聘講座，其專題為「漢學研究方法」、「中國經學」及「中國文學史」。講演期間，預定自二月二日起至六月初止。講演完畢，將赴美國各地考察各大學有關漢學之研究及其發展等情形。八月中旬轉道英倫，參觀牛津、劍橋、倫敦、威爾斯及其他各大學，並將與英國大學聯會高級當局，交換香港中文大學之籌設計劃，然後轉道羅馬、巴黎、波恩、雅典等地考察高等教育，約於十一月初旬返港云。

自美來函之一

諸位同學：

我離開學校到今天，恰已十天了，但我心上天天忘不了學校。我去東京，新亞在亞大的五位同學，深夜到飛機場來接，又深夜到飛機場去送。我再三叮囑，接了不要送，因亞大去飛機場路途十分遙遠，但他們仍然全體來送行。我去亞大演講，新亞五同學，又特地來會客室，圍在一桌，在百忙中，談了十分到一刻鐘的話。

我來耶魯，新亞同學孫述宇，在清晨四時即遠從新港去紐約，同車的是雅禮去年離新亞的柯克先生。至於羅維德博士，他老人家已先一天到紐約。他們三人一清早六時左右已會集在機場，但飛機誤時，我們在七時半始抵達。那天上午十一時，我們安抵寓所。我們新亞王佶先生的妹妹夏夫人，已先在我們抵達以前，替我們安排了許多瓶瓶罐罐，油鹽瓜菜一應俱全的裝叠在厨房裏，我內人可以立刻做一頓中國飯。元旦那天，一清早，孫述宇便來拜新年。當晚，夏夫人又請我們上中國菜館，也算在外國嚐了少許中國新年的情味。還有新亞一位女同學趙玉立，她已在此結婚，生了兩個小孩。這週末她要請我們到她家去喫晚飯。此刻雅禮在新亞的那幾位先生，他們的家屬知道我們到新港，都遠道送禮物來，花呀果呀！我們收到了，還得打聽那些禮物究是何地何人送來的，結果仍然是新亞的關係。又在我們新亞教課的胡大樂先生，知道我們來了，特地從紐約附近趕來，親到我們寓所，約我們去他學校小住。去年離港的那位高國麟先生，他是在任職香港亞洲基金會時，盡力幫忙我們研究所的，也親來我們住所。只有羅維德夫人因感冒，不能來，我們也還沒空去，只通了幾次電話。

你們看了我上面許多話，便知道我們在此十天內，仍然如在香港般，仍然多接觸到有關新亞的人。至於談話提到新亞的，我此處不想再提了。還有盧定教授，他是雅禮方面來香港的第一人，開始決定和新亞合作的。我已和他見了兩次面。一次在餐席上，他回憶當年來香港的情形，告訴了我許多我以前所不知道的經過。他曾和我們第二屆的畢業同學奚會璋接談過，他到今還記得。我們過夏威夷時，有許多人和我提起唐、謝兩先生來此出席哲學會議的事。又曾和夏威夷大學一位校董長談了一些此後兩校交換教授的計劃。因此，我此十天內，雖然離開了新亞，還是天天接觸到有關新亞的人和事，這眞使我十分高興。我此次遠在日本及美國，居然能到處遇見到新亞，想來你們聞此亦會高興吧！

我初來，實在太忙了，匆匆寫此幾行，並誠懇感謝你們的除夕聯歡會和許多同學到九龍機場的送行。在機場的照相，也有許多張已由伍先生寄來看到了。即此止筆，此後稍閒，當再續函。

錢穆寄自新港，一九六〇年一月廿九日晚十時

人

一九六〇年一月二十日

——日本亞細亞大學講詞

新亞書院與貴校亞細亞大學，雖然是建立在兩個不同的地方，一個在日本，一個在香港，可是中日兩民族是同文同種的。再說，貴校叫亞細亞大學，我校叫新亞書院，可說校名相同。記得一次在香港，與太田校長見面，我立卽覺到太田先生是一位有崇高人格的人，這亦可說兩校在精神方面先溝通了，才促成此後兩校互相交換學生的協定。最近兩年，交換學生每年暫定兩名。我們希望中日人民更親密地攜手，將來對亞洲有所貢獻。

我在四年半前曾來貴校，今天面目一新，這完全是太田校長苦心經營的結果。懸想四十年後，貴校的發展，當更難限量。四年半以前，我在一教室中與諸位見面。今天，在大禮堂，對着近千的同學說話。眼見貴校的發展，實使我感到無限高興。

今天，我要講的題目是一個「人」字。約在一千年前，中國有一本書叫三字經，每一個中國兒童開始讀書時，都要先讀這本書。三字經開卷的第一字就是「人」。近代中國，學校編的新教科書，初級第一年的第一個字，仍然是「人」。人字比較容易認識，你我同是人，小孩子對人字亦易懂。但我們進一步問，甚麼叫做人？人的意義是甚麼？不要說你我難以明白，可說從古來對此不明白的也真多。

我們通常說人生，指衣、食、住、行四項。吃飯、穿衣、住房、走路，這是人在生活，並非生活即是人。人為要生活，就得找職業。職業有士、農、工、商之別，但這是人在當職業，並非職業即是人。職業進一步而有事業，譬如政治、教育、經濟、科學，各有專門，但也只能說這人成了一專家，專家也並不即是人的本身。人的職業、事業有不同，但同樣由人來擔當。若以國籍來分，有中國人、日本人、英國人、美國人、法國人等。用中國話來講，便見其同樣是人。若改用別種語言來講，那同樣是人的意義便不明顯了。

正為中國人看重此「人」的觀念，因此中國古諺說：「中國一人，天下一家。」這意思是說世界宛如一大家庭，譬如中國人為哥哥，其他各國人則如弟妹一樣。可是要達到這理想，卻不易。試從近代的交通、經濟等各方面看，空間範圍縮小，世界真像成為一家了。但若從人們的心理及精神方面來講，相處愈密，衝突愈增。人與人，國與國，民族與民族，多為利害關係相衝突。我們當知，顧及自己，亦應顧及他人，心胸必須放開，才能達到「中國一人，天下一家」的理想。

前面提到過，貴校稱「亞細亞大學」，我校稱「新亞」，兩校的命名，正欲使每一個青年知道，他們不僅是一個日本人或中國人，但同時同是亞洲人，也同是世界人。若要中日問題獲得解決，必須先解決亞洲問題。若要解決亞洲問題，更非先解決世界問題不可。世界是一個，人類是一家，大家同是人，人類相同，應該共同來解決我們人類本身所共同面對的問題。知識不同，職業不同，可是人總是人。知識可以各有專門，職業可以分工合作，唯有人與人的問題雖分你我，而共同相通，易於一致的。

再說到大學，研究大學問的地方才叫大學。中國在二千年前，有一本書叫大學。我們剛才已講過，由中國話講，日本人、中國人、英國人、美國人、法國人，同是「人」。但人又可以分別為「大人」和「小人」。懂得研究，懂得解決人類的大問題的是大人。只以個人為主，只求解決個人一己生活的，這種人統稱為小人。雖則人有貧、富、貴、賤，這些祇是人的遭遇，不是人本身的區別。

中國人區別人，卻不分中國人和日本人，也不分貧人與富人，但注重分別大人和小人。人之大小，觀其心胸之大小。祇顧一己，其心小。若能在一身以外，顧到自己的家庭，其心便較大。顧到國家與民族，心則更大。若能顧及全世界，全人類，那他的心更大了。中國大學一書中，討論到修身、齊家、治國、平天下的道理。當知必要講到「平天下」，人的問題才算有解決。必須天下平，然後國亦治，家亦齊，個人修身亦算達到最高的目的了。但為各個人的力量知識有限，不可能一下達到平天下的大目的。所以，我們只有一步步做去，由修身而齊家，而治國，而再到平天下，概括的講，人類的問題是共同的。如何去解決的工夫，則由各個人各自做起。

中國人又把人分為：「聖人」、「賢人」、「君子人」、「善人」等。這和把人分為大小是同樣意義的。中國向不把人的貧富或社會地位來分等級，如統治階級，被統治階級；資產階級，無產階級等。中國人注重的是「人格」，人格有高下，有大小。資產階級的人不一定是大人，無產階級的人不一定是小人。資產階級的人也不一定是惡人，無產階級的人也不一定是善人。看人不從外表看，乃以人的本質為準。但上面已說過，天地生人其本質則是同一的，而其生後修養有別，因此有：聖人、賢人、君子人、大人、小人、善人、惡人之相異。

但中國人又認為每個人都可成為聖人的，人類最理想的社會，便是每個人都成為聖人的那一個社會了。前面講過的三字經，它開卷第一句便說：「人之初，性本善。」這是說聖人與普通人的天生本質是相等的，都是善良的。故中國人認為，每個人都可成聖人，即都可成為最高標準的人。如何達此目的，正是人類最大的問題。解決這一問題，必須循一途徑。此途徑，中國人稱為「理」，即道理的理。

我們怎樣能懂得理呢？這不能僅靠書本，或是僅從外面學。這該本於人之內心的。若人無能知理的心，便無法知得理。我們都是人，人相同，理亦相同。因此中國人說：「人同此心，心同此理。」又云：「東海有聖人，南海、西海、北海有聖人，此心同，此理同。」

那麼人要達此理想，到此境界，是否都該受最高等教育呢？諸位當知，教育不只在學校中，也在社會人羣中。所以不識字的人，亦可成為一堂堂的人。換言之，大學畢業，研究了高深的學問，獲得了博士學位，著書立說，他的知識勝過人，但未必就可以堂堂的做個人。我們先要認識人的意義與價值，所以中國人才注重來分大人、小人、善人和惡人了。

記得四年半前到貴國，在京都大學曾與吉川幸次郎教授敍談，講到中日兩國民族是同一文化的。吉川教授舉一例說：日本人責罵自己的兒輩時，總愛用「你這樣像一個人嗎？」這句話祇有日本人講，中國人講，其他各國人，似不講這句話。人要怎樣才算是人呢？人一定要是好人，才算是人。人為何定要做一個好人？人又如何能都做得一個好人？正為人的天性就是良善的。「性善」這一番理論，可以說是哲學，亦可說是宗教信仰，也祇有東方中國及日本人才有此信仰。正如父母責備兒女：「你這樣像個人嗎？」兒女可以反駁：「我怎麼不算是人呢？」做父母的會告訴他，該如何才算是人。假如父母用此話來責罵兒女，兒女卻說：「那麼你為何不送我進大學呢？」正因進學校不是做人的唯一條件。難道說，每一人進入大學就算是人了嗎？又難道無法進入大學的，就不算是人了嗎？當知要做眞正的人，條件不在進學校。父母認為兒子做好人，是兒子當下的責任，他卻不做，責任便在他自身了。故能責備他「你這樣像個人嗎？」這是中國道理，也可說這是中國文化。

一切文化從人創始。你我都是人，人主要在求解決人類共同的問題，那些問題不是殺一個人乃至殺千千萬萬人可以解決的。人與人間的問題，決不是用人殺人的手段能求解決的。國與國間的問題，也不是能憑原子彈或氫彈或任何武力來解決的。人的問題不解決，你我的問題，國家與國家間的問題，亦永遠不解決。

從個人做一個善人開始，達到「中國一人，天下一家」的境界，這才是人生最大的學問，最大的理想，也是我們最大的責任。目前，世界上有很多問題待解決，知識日新月異，情形千變萬化。但問題越來越多，而且越來越嚴重了。在此世界中，我以為最重要的是發揚文化，發揮做人的精神。剛才說到，亞細亞大學和新亞書院基於共同的目標，為達成一共同的理想而合作。這種合作是我第一次與太田耕造校長見面時，因為我敬仰他這人，而才產生此合作的。這是人與人，心與心的合作。我們兩人雖然言語不同，又是初次相逢，然而造成兩校合作的基礎了。若此後有更大的合作，這是中日兩民族文化精神的表現。不是一種理論，卻要有信仰。

你是否相信人是同樣的？你是否相信人有高下大小之分的？你是否相信人可以離開一切外在的條件，人人有做「大人」的可能？你若沒有這種信仰，我想你的親朋有一天會責罵你：「你還是個人嗎？」這是一個最切身的問題。

今天，我這番話，衹要大家明白，我是人，你是人，大家是人。再進一步問怎樣算是人，怎樣算大人。若是人不能為人，不能為一大人，一切學問知識會全無價值。人類將步入黑暗，任何問題都無法解決。這是今天我所要貢獻諸位的話。話雖淺，但這是我個人的信仰。謝謝。

曾何兩先生哀辭

自我來美國，匆匆快已將三月。心閒無事時，常易想到學校。不斷有學校中來訊，總說學校氣象日新，師生歡樂，合作無間，不斷在進步中。讀了那些信，感到欣慰無似。最近所隱藏在心，時時會感到些悵然的，便是何福同教授的死訊了。我回想，何先生病久了，我在學校時，總是那麼忙，何先生家和我家隔得不遠，我好幾次想去他家探問，但終沒有去成。至今回想，我和何先生最後一面，究在何時，竟亦回想不起。只有這一事，幾天來，在我心上泛起惆悵。那知今天早晨，忽接程兆熊先生來信，說曾特先生在十四日忽然也過世了。程先生信上說，曾先生那天早上還去學校辦公室，晚間九時起病，十時卽不救。人生淹忽，乃有如此，眞出意外。我們夫婦於晴日照窗之陽光下，驟展此信，儼如在此不到一月前之氣候，好好在和煦天氣下，一霎間陰雲浮蓋，霰雪紛飛，轉瞬窗外皚皚然，室內也寒氣侵襲，彷彿像兩個天地了。我們驟得程先生信，一時心象，正是如此。

何、曾兩先生，同是我們新亞的好好先生，古之所謂善人。不料短短在半月內，相繼逝世。善人不壽，更覺可憫。尤其在學校正欣欣向榮時，他們兩位，遽爾離開隊伍，默默地走向另一世界去，這在我們新亞師生間，對此自然都抱有無限感傷。尤其是曾先生，這幾年來，因擔任學校訓導工作，有許多事時時和我接觸。他屢次來我家，有時和他夫人同來，我們夫婦亦時時去他家。他家幾個子女，都曾在我們學校中，因此更添親密。曾先生來我家時那些神態心情，一幅幅泛現在我眼前。我此刻回憶曾先生，也還如憶及新亞其他各位先生般，只覺是海天懸隔，那能眞切地感到曾先生果然已去別世了呢？

我常覺得人生只有抱着同樣經驗的，才是眞相知，因此我常說，只有在同一事業中才易成眞朋友。我們要找朋友，必須從同事人羣中。新亞此十年來，我和各位同仁，同此艱苦，同此奮鬥。古人所謂「以文會友，以友輔仁」。教育事業，最是斯文之大者，亦最是仁道之著者。我感到我私人和曾特先生之友情，主要正為同事斯文，同在盡此一番仁心，而遂於此一段經過中深相結合。現在是死者已矣，生者不可不加勉。

程先生來信說，學校正為何、曾兩先生捐款，開全校追悼會，又要為兩先生出紀念刊，他信上說，盼我能寫一短文寄去。我立刻放下正在手邊做的事，徬徨嗟歎了一些時，立刻按下心，坐下寫此文。想到兩位先生之家況，何先生貧病交迫已久。曾先生一家，夫婦雍睦，他夫人亦在我們學校中任職，子女都孝友敏謹。在家是好子弟，在校是好學生。我又知其家中還有兩老人，一家人口多，夫婦收入薄，生活過得極清苦，而曾先生夫婦怡然若不以為意，一心常在學校的職務上。此刻曾先生過世，他夫人要一人獨自肩負上事老親，下教子女之責。我因此又想到中國人之倫理道德，一切總使人要想到義當如此，便也只有說命也奈何了。

就我當前在美國之所見所聞，似乎死生之際，不會有此種心情和觀感。何、曾兩先生，同樣可說是一個善人，正都是從中國文化中陶冶出來的人。兩先生之家屬，亦將在中國文化傳統下處一種特有之景況與情味。我們對此兩先生和他們兩家家屬所抱之同情，正亦是中國文化心之一種表現，而且也已同情到中國文化傳統之幽深處。我想我們學校師生，必同有此感。特書此即速寄出，俾可如程先生所囑，及時刊在紀念集中，以弔死者，以唁生者。哀哉！哀哉！

一九六〇年四月二十一日正午前錢穆書於美國新港耶魯大學之寓所

自美來函之二

兆熊吾兄惠鑒：

上月十七日來書，久置未答為歉。此間春假兩週，各處人來，反而比上課時期冗雜。匆匆過去，甚為悵然。目下已開始上課了。明雍姪來港，曲折延遲，不知目前已得成行否？兄又寫成了學、庸講義兩種，眞是筆健，羨極羨極。王西艾曾有來信，弟在此處，留至六月。七月當去西部。屆時必過芝加哥。有許多新亞同學在彼處，亦已來信相約。令弟久未晤及，弟雖去紐約，到處隨人，欲往訪，頗不易。好在兩地近，彼若能來，可得從容一敍耳。

此間氣候多變，昨晨尚是下雪。春令遲遲，不知何時始到？或云須待弟行期，始見春到。然春來轉瞬即逝。此間秋色佳，惟弟不能有緣欣賞矣。

前去紐約，見有蝴蝶蘭展覽，憶及舍間那幾盆，不知兄曾否有暇去看過？明年尚可有一盆兩盆有發花希望否？若兄有暇去，見到貫之夫婦，幸代道相念之意。在此無他事，然寫信之忙，有勝於在港時。只是作答，懶於作向人問候之緘。惟心中則時時念到而已。弟在此杜門時多，出外應酬時少。客來，必先電話相約，極少久坐不走者。此種風氣，弟極欣賞。在港多為無為周旋，浪費時光，實大可惜。

每週必有一下午，有人來駕車出遊，兩三小時即返。所到只是附近數十里間，惟到處皆如在園林中。村落與都市無別，安富之感，令人回想祖國，乃如天壤相判。因念我們只講義理，不問經濟，終是一偏。如何教人從實際上，作富民功業，此乃一大事。衣食足，而後知榮辱。富而教，是人生一大順序。中國人之貧，已到無可教之階段，似尚遠不能與兩宋相較。弟去此間菜場，隨內人購每日飲食所需，物品充足。來者無不有車，衣履皆必整潔，驟不知是農民，抑是工人？寓所附近，有黑人街，弟曾在黑人住宅區散步，彼輩居室，在港九亦已是中等住宅矣。亦不知此輩黑人，作何生活？來此之人，視若固然。試一細思，其富盛實大可驚羨也。

弟並不想多去大都市，只此等鄉僻去處，實亦大可流連。一日下午，在僻處覓得一小池塘，環池高柳葱鬱，大有江南風景。在一小咖啡館坐下，玩賞窗外池柳。此等小去處，此一小咖啡館，在港九亦已是上乘之選矣。三代漢唐，斷無此盛。都市縱有腐化，然厚積深藏之處，非可忽視。此乃弟在此所得，聊述以當閒談。匆頌

近安　　內人同候。

弟穆一九六〇年四月

自美來函之三

兆熊吾兄大鑒：

五月五日來函奉悉……關於與兄討論世界宗教組織之美國女士，在此並未晤面。又普林斯頓哲學系有人去新亞，不知是否該校之教授，弟並未晤到。語言隔閡，與人討論學問或事業，甚感困難。弟在此絕少與外人往還，職以此故。苟非有人專意來訪，弟則絕少去訪人，此亦一憾事。明雍姪能到港療養，刻想已到，惟獲早日康復為念。

弟自來此邦，已踰三月，接觸漸多，感想日增。國人滯留此邦者，甚少佳況，然既不能安，亦不能決然捨去，寧忍心神上之苦痛，不甘放棄物質安樂之追求，此亦無可奈何者。此後教育，如何培植青年對祖國文化之自尊自信，如何提倡簡單樸素之生活，如何能在此基礎上接受世界潮流，能成一有體有用之才，此實大堪注意。

弟在此期間，亦深感到美國社會之種種缺點，以及美國前途之可慮，及西方文化之困難處。然以較之中國社會，無論如何，高出甚遠。中國人如何推陳出新，於舊傳統中覓新出路，此事實大不易。

要西方人瞭解東方，更所難能。彼輩只能在自己範圍內酌取少許東方意態而止。而東方人則全部忘卻自己，結果亦甚難接受西方長處。人類悲劇，在短期內似無甚大光明。不知何時有人能出而擔任此一大事因緣，為人類生活指示一新方向。吾儕則只有守先待後，能在此混濁中自保一分清醒，已大不易。所出愈遠，所知愈少，弟在此過六月，即離此漫遊，不知到歐陸後自己感想又如何？不知返港以後，自心安定，能否萌茁一些新知，抑或依然故我，全無長進？只覺離校以來，雜務日減，身心康健較勝，此乃惟一收穫。

嚴冬已過，春令甚短，倏已初夏，繁花濃陰，到處可以留戀。無城市，無鄉村，到處如一大園林。弟不喜去紐約，惟常在附近周圍數十里內漫遊，深感到一種流動的美，與從前所懂欣賞的靜定的美，各有勝場。公路上汽車來往，有如風馳電掣，轉瞬間一切景色皆疾捲而去，然新景色紛至沓來，山陰道上，應接不暇，走馬看花，另有佳趣。常欲寫幾首詩，惜乎為他事牽擾，終未下筆。惟遊興日增，常想多所領略。將來若能在此方面深入，可以告人在藝術上文學上如何調和中西，似乎比講哲理較親切，比講歷史較真實。偶感如此，敬請教示。專頌

近祺

弟穆拜上一九六〇年五月十日

自美來函之四

——耶魯大學贈送人文學博士榮譽學位之經過

一九六〇年六月十三日

兆熊吾兄惠鑒：

昨讀來緘，要弟將在此間獲贈名譽學位時典禮經過情況，及有關照片等寄上，俾刊載於新亞生活中。弟昨函已婉言相辭。繼思在此未必有人作此詳細報告，而學校師生盼知此情況者必多，弟不應不親自報告一番。

此事在弟來後未及半月，即由耶魯祕書長 Holden 君親交一緘，封面寫有祕密二字，並囑弟復書亦親自面交云。書中即為贈予學位，徵求同意。弟為此從未將此事向同人等提起，直至最近 Holden 君來告：「如有友好須參加觀禮者，學校當局當特備席位。」但弟亦並未邀約任何人前來觀禮。只翁君舲雨在新港，彼意欲一看耶魯畢業典禮之情況。弟轉託羅維德先生要一券位送去，卻亦未告彼是日弟有獲贈學位之事。惟雅禮協會早定於是日晚間舉行一盛大餐會，為弟慶賀。芮扶書君自哈佛前來，彼轉邀余君英時隨車同行，途中余君謂：「隨車去新港，重獲與錢師見面暢談之機會，固所心願，但為了一頓晚餐，在新港住下三夜，殊所不耐。」芮扶書君不得已始告以實情。因此余君也在路途中始知。孫君述宇在此，亦未前知。彼是日獲碩士學位，但並未出席，只去圖書館工作，始見本屆獲贈名譽學位之名單。此間附設一東方語言學校，有不少中國人在此學校教書，並多在弟班上聽講，平常過從極密，但彼輩事前亦未獲知，當天上午赴學校上課，始獲消息。臨時學校特為放假一天，俾許多先生們可來參加觀禮。但學校並不有大量券位可以一一遍送，因此有些人急要想覓券位，有些人急要回家攜取攝影機等，事先未有準備，不能為弟有計畫的攝取鏡頭。

是日在連日陰雨中，忽遇晴朗，各地遠道來參加觀禮者極為踴躍，會場當在一萬人以上。美國社會傳統，重視此項典禮之熱烈表示，出弟意想之外。當校長誦讀對弟之 Citation 時，並由耶魯遠東系副教授李君田意在禮壇上翻譯國語播送，此因弟不解英語，故學校特備此一節目。弟以一中國人，在此獲贈名譽學位，據別人所告，已是二十年來所未有。至於在耶魯畢業典禮中，有中國語播送 Citation 一節，則更屬創舉。

典禮方畢，有不少外國人走向內人面致賀意，大多數總說弟所獲掌聲為當日中最熱烈最持久者，此是實情。彼輩事前並不知弟之名字，並多不知有新亞書院，只為中國人在此獲贈學位者不多，而是日又有一中文播送，更屬新鮮。彼輩之熱烈鼓掌，只是為中國人表示同情，弟以一中國人在場作為一旁觀人之心情，卻不能不有一番深刻之感動。

同時獲贈名譽學位者，連弟在內共十三人。前一晚在校長私邸歡宴，當日中午，又在學校辦公廳有一盛大宴會。內中有老者，年事踰八十，前五十三年曾在耶魯畢業，此次獲贈名譽學位，遠道自Arizona親自駕車前來。當晚彼面告弟，彼有幾位兒女，幾位孫輩，及幾位曾孫輩等。惜弟英語太不成，無法和他老人家暢談。當日午宴，彼又邀他隨來的許多家人，一一和弟夫婦握手見面。午宴既畢，此老人又在人叢中尋覓到弟夫婦握手道別。弟親聽他老人家在對別位向他道賀的人說，我特別喜愛那兩位中國人，那一對中國夫婦。彼老人家亦不深知弟是一何等人，只知弟是一中國人。在我們參加遊行行列時，他適和弟前後相隨，他又向人說我們是老朋友。此老人在Arizona創辦一博物院，弟夫婦此後旅行過Arizona時，不知能和彼重獲一面否？

凡弟參加此典禮時之自己內心所感，只感到弟因是一中國人，而在此獲人看重。當晚雅禮協會之歡宴，場面之大，感情之親切與熱烈，更使弟永感不忘，在場有雅禮董事長Lauren Arnold先生致辭，及羅維德先生之報告，主要均側重在新亞與雅禮合作之經過及其前途之希望。並有耶魯有名之中國史教授Arthur F. Wright先生致辭，彼歷述自中日抗戰以來中國學術界人士所處之環境及生活之艱難，與夫其奮鬥不懈之精神，語極動人。此下由弟作一簡短答辭，弟當時心情上實受莫大感動，若能由弟痛快發言，或能表達弟內心所感深處於萬一。但演講辭已預先擬定，請李田意先生轉讀英文，因此不便臨時隨口講，弟在當時甚感歉然。但弟此番短短演辭才畢，全場起立鼓掌，歷久不斷，弟屢張雙手，請求停止，亦無用處。此次晚會，雅禮來新亞之Bachelor除賴孟瑞夫婦臨時因事未到外，都來了。他們的父母家長及下學年兩位新的Bachelor及他們的家長也都來了。演講完，一番握手介紹，都是感情如一家人般。尤其是其他許多人，多半從遠道來，在此至少須住宿一宵。晚餐照美國例，多由自己破費。他們並不曾和新亞有過直接關係，但他們對新亞之熱情，則不待語言，已夠表露。弟深感新亞接受此種異邦人之熱烈支持，實在更增深了我們自己的一番責任。弟在當天晚上，又深感我是以新亞之一分子而在此受歡迎。弟深知此一日之種種被接待，完全是在我是一中國人，是新亞之一分子，若別人認為弟本人受此殊榮，實更加深弟內心之歉疚不安而已。信紙已盡，姑以此作報道，餘不多及。即頌近安。

弟穆上　六月十五日

美新港雅禮協會公宴講詞

一九六〇年六月十三日

主席、諸位來賓：

今天我在此獲得耶魯大學的名譽學位，感到十分榮幸，而且認為這是我畢生極可紀念的一件事。不僅耶魯是美國一所有悠長歷史、有崇高地位的大學，更應該提起的，是耶魯和中國的關係。

第一：中國第一個留學生來美國，便是到耶魯，遠在一八四七年。容閎來美國，他是耶魯的第一個中國留學生，在耶魯攻讀四年，一八五四年離耶魯返中國，到今恰是一百十年。此一百十年的長時期中，中國接受西方文化的一個大運動，正由容閎在耶魯開其端。

第二：應該提起的是雅禮協會了，他們創始於一九〇一年，在中國大陸從事教育乃及醫藥方面的工作，也已有半個世紀以上的歷史。美國人在中國創辦學校或建立醫院，為數並不少，但由一個大學來發動主持其事的，似乎還並不多。雅禮雖並不全部代表着耶魯，但雅禮這一個團體，產生在耶魯，成長在耶魯，他們這一團體之英文名稱，用的「耶魯在中國」，至少這一團體之精神與事業，亦可算得耶魯的精神與事業之一部分。因此我們可以說，由於雅禮的關係，耶魯對於中國教育事業有其極大的貢獻。

第三：我要提及最近七年來雅禮協會與香港新亞書院合作之經過。新亞書院在香港創始，此是一九四九年的事。有一輩愛好自由，熱心從事教育工作，而又尊重寶貴中國自己傳統文化的學者，在極端困難中，創設這一所學校。這一學校萬分艱苦的一切情況，這裏盧定教授在一九五三年夏前去香港的時候，他都親眼見到了。由於盧定教授之提議，雅禮協會在翌年，一九五四年，遂開始決定了雅禮與新亞合作的計劃。這一計劃也可說開創了中美兩國教育文化事業雙方合作的一個新面目。因雅禮完全尊重新亞教育宗旨與行政獨立，而只在經濟上從旁協助，那是史無前例的。向來只是美國人去中國辦學校，卻沒有美國團體專來幫助中國人所自己主辦的學校的。目下雅禮與新亞之合作，雖只經過着短短七年的時期，但在此七年中，已有了不少的進步。去年羅維德博士在香港，正是新亞獲得英國方面承認，有於最近幾年內正式成立為大學之可能，而羅維德博士在與英國方面關於此一問題之種種討論，盡了他最大的努力。若使新亞能在此後，不斷有進步，能在東方完成為在學術上在文化上能確有貢獻的一所像樣的大學，此不僅是雅禮協會對中國教育事業一絕大的貢獻，而且此種合作方式，亦可說開了一新紀元，可在將來中美兩邦教育文化合作事業之進程中，創闢了一新途徑。

個人是新亞創始人中一分子，在去年新亞成立十週年紀念中，耶魯校長格里司伍德先生有一函致個人，內謂：「健全的不屈不撓的學風的高等教育，它之存在與持續，是代表人類保障東西文化最好的希望。」這一句話，提出了關於人類教育宗旨與文化理想極崇高極偉大的啓示。談到東西文化，無疑中國文化是代表着東方傳統中之最久的，而美國文化則代表着西方傳統中之最新的。但耶魯已有了兩百五十年以上的歷史，雅禮的生命亦已超過了五十年，而新亞則是一新生的嫩芽，今年尚在它第十一個年頭的幼稚期。轉瞬間，新的轉成為舊了，而舊之中仍可茁長出新的來，人類文化正在如此般演進。

本人來耶魯，在此短短半年時期中，於授課之暇，寫成了一部論語新解二十萬字的初稿。孔子是中國兩千五百年前的大聖人，新亞的教育宗旨，將以「復興新孔學」為其使命中主要一項目。本人認為，孔子學說亦有在美國社會宣揚之必要。本人此一著作，乃求以近代人的新眼光，來解釋中國兩千五百年之文化舊傳統中最主要的思想之眞意義所在。本人希望回返香港以後，這一初稿能在一年之內寫定。這是本人來耶魯一件最可紀念之工作。若此稿出版後，有翻譯成英文之機會，自謂對於西方人瞭解東方，可有稍微助益。本人願將此書作為耶魯贈予本人學位之一項報禮。

臨了我內人和我謹敬感謝雅禮協會今晚給我們夫婦的盛大宴會和光寵。我並將代表新亞全校，乘便在此感謝雅禮協會所給予新亞的種種慷慨協助。謝謝諸位。

自美來函之五

兆熊吾兄大鑒：

弟明晨離此赴紐約，住六日去華盛頓，住十天去芝加哥，住五天去三藩市。在華盛頓芝加哥均預約演講，須到紐約後預備華盛頓之講辭，又在華市預備芝加哥之講辭。所到須遇見之人，須遊覽之處，已甚忙迫，而天氣已熱，此間中午都至八十至九十度之間，聞華盛頓更熱，此後一路恐難多寫信。兄意能常以文字與新亞諸同學通氣，此層當常存胸中，然恐不克有此機會。語言不通，總是有許多意外之麻煩。而在旅行中各地通信約晤，更屬費時。不知到三藩市或西雅圖後，能否有一天兩天閒暇，略報行踪，供雙周刊作資料。匆匆不盡。

順頌

近祺

弟穆拜　一九六〇年六月廿九日

自美來函之六

鼎宸老弟大鑒：

五月四日來書，久已奉悉，未能即復為歉。大著中國兵制史已出版，聞之欣慰。承告一意潛心宋明理學，近方專讀明儒學案，甚佳甚佳。能與程兆熊先生相接觸必得甚深啓示。又告近方整理新亞文化講座之筆記，此事若成，自對新亞有甚大關係，因藉此可表示新亞最初幾年之精神，長留一珍貴之史料參考。惟此項筆記年久，恐記憶不眞，只就臨時筆記整理，事極辛苦，若能完成，應費大力耳。竊意此稿成後，最好分送原講人，在港者可以分別將自己所講，加意潤飾，俾成完篇。其有人已離港，無法請其親自校讀者，最好亦請與此講演有關係之學者，過目一遍，庶免留有錯失，……如是或可少疵病，不知最近此項工作已否開始，究有實際困難與否為念？此事似不妨與唐君毅先生及張丕介先生等，時時商討，若能成書亦大佳也。吾弟家務常累，仍能一心筆墨書冊間，十年不倦不懈，為穆所僅見，不勝私心欽重，幸自勉力。在此流離辛苦中，為他人樹立一榜樣，此不僅吾弟一人之成就而已，亦可藉此激發他人，影響之大，非可計算，故心盼吾弟之日就月將，更有進境，勿遽此止步，此

自弟之夙願，所以再道及者，亦鄙心不欲言不妨再言之耳。忽此，順頌

近祺

穆一九六〇年六月四日

穆意整理筆記，不妨先就可整理者先整理之，其中有困難者，暫留後整理之，勿只一意依原講先後次第為要。

附錄　錢校長伉儷講學歸來

本校校長錢賓四先生伉儷，前應美國耶魯大學之邀，於一九六〇年元月十八日飛美講學。錢校長在美國耶魯大學授課歷時五月，於六月三十日離新港，赴中、西部考察。中、西部地區漫遊，時近兩月，所經通都大邑，如芝加哥、紐約、華盛頓及三藩市等地，均應當地文化教育機關之請，作學術講演。旋卽飛赴歐洲，考察各國教育制度。計在英倫逗留二十日，巴黎十日，羅馬五日。本月四日離羅馬，搭泛美號航機返港，五日下午九時半抵達。

錢校長離港迄今已近九月，同仁、同學及各方友好深為懷念，其將於五日下午四時半抵達啓德機場的消息傳來，大家皆具歡欣的心情等候時間的到來，莫不以早瞻丰采為快。十月五日，適逢農曆中秋佳節，依慣例，是晚當各有賞月酬酢節日；加以飛機一再誤點；原為四時半，突改七時半，終至九時半；雖然如此，前往機場歡迎的仍極踴躍。計到機場迎迓的有：吳代校長、唐教務長、楊汝梅院長、蕭約總務長、程訓導長、各系主任、教職員、學生團體代表及文化教育界人士百餘人。情況極為熱烈。

飛機是九時五分著陸的，因旅客須經過海關檢查，所以延遲到九時半，錢校長伉儷始步入迎機室。當他們二位露面時，一陣徹耳的掌聲由人叢中響起，首先由學生代表鄒慧玲同學趨前獻花，接著錢校長伉儷與歡迎者一一握手問好，情至親切。旋卽馳車至新樂酒店下榻。

錢校長此次赴美歐講學，其學術言論，極為國際人士所重視，對溝通中西文化貢獻甚大。此不僅是錢校長個人之光榮，亦為我國我校之光榮。此次載譽歸來，本校教職員特於六日下午七時假樂宮樓設宴，為之洗塵。是晚，席設十餘桌，到者百餘人。因久別重聚，席間自然是觥籌交錯，別具歡愉的氣氛。直至十時許始興盡而歸云。（若農）

三十四次月會講詞

一九六〇年十月二十五日

我這次到美國去，離開了學校共有八個多月。在這八個多月中，不斷接到學校教授們和同學們的來信，知道我們學校在各方面都很平穩地獲得進步。現在回到學校，見到很多新教授、新職員、新圖書、新課室、新設備，果然是各方面的進步都很大，使我覺得很高興。

我在國外，見到了過去學校許多畢業同學。留學在外的，對學校還是很關懷很愛護。他們本身各自的努力與奮鬥及其成就，也使我感到非常快慰。

只要是遇見中國人，幾乎沒有不知道有新亞的。他們對新亞也都很注意和關切，關切到新亞將來的發展。提到外國人方面，最值得報告的，是雅禮協會對我們學校的信心和熱忱，尤其使我衷心感激。我今天特地提出要我們學校全體師生同仁，都因此有一番反省。所該反省的，是我們自己的努力與進步，是否足夠配得上別人的關懷和援助。

我們不要以為接受別人援助是一件輕易的事。我初到耶魯，即曾參加過一次雅禮的董事會，他們為設法募款援助我們，實在是煞費苦心，盡力為之的。在我臨離耶魯以前，雅禮協會又舉行了一次盛大的公宴，參加的大概有四百人左右。他們中有大多數自遠道而來，旅餐費都得自己花。這種精神，在中國社會裏，就很不易見到。他們並不是都和新亞有什麼關係的，他們之熱忱援助，在精神上的，更遠超在物質之上。

雅禮如此，別處亦然。如哈佛燕京社，也是幫助我們的一機關。我去哈佛，他們還特別放映了新亞的電影。事實上像新亞這麼一間小小的學校，眞是算不得什麼。電影中的新亞，那可和哈佛、耶魯等規模相比，但他們都對新亞誠心加以讚美，且盼望新亞將來不斷有進步。並不因我們規模簡陋，瞧不起我們，這實在很難得。我到其他大學，有好幾處都說曾在電影中見過新亞。我們學校雖小，最低限度已獲得了國外人的注意和看重，這是我們值得欣慰，也值得時時將此情形來自我反省的。

我這次又去了歐洲，好多大學和學術機構，他們都知道有新亞的存在，並都付與以同情，這實在是很使我們堪自欣慰的。

只有兩件事，使我心上感到不樂。

第一件事，就是我們學校三位教授的逝世。我在耶魯時，接到學校來信說曾、何二先生去世了。在倫敦，又接到陳伯莊先生去世的消息。回憶當我在美國見到陳先生時，他還很健康。想不到回校來，竟不能再見他一面。我們失去了這三位教授，我相信我們全體先生和同學們，都是和我一樣心下覺得難過的。

第二件事，就是國慶懸掛國旗的事。我為了這件事，特地提早一個月回來。我們過去雙十國慶年年都掛著國旗，今年卻由教育司署之不許可，而沒有掛。這使我們心上都感到非常不快樂。這件事現在是過去了，但那心上的不樂卻仍然留下。我想我們師生同仁，也都和我一樣，會長留下此一份不樂的心情。

今天我不想把此事再提出討論，我想把我心上為此事而引起的另一些感想，關於我們中國儒家書面的幾句格言教訓，提出來講一講。

我們的校訓，是「誠明」二字。此二字出於中庸。中庸說：「喜怒哀樂之未發謂之中，發而皆中節謂之和。」我們為著懸旗事，心上都感到了哀與怒。有了喜怒哀樂，則必然會發，而且也應該有所發。

中庸上說此四情之未發，叫做「中」。發而皆中節，叫做「和」。此「中節」二字，卻值得我們注重。節，是一個限度。此種限度，也可說是在外而存在的。情發向外，外面便存了有此限。如我們離去了自己的國土，流浪到香港來，懷念國家，又何嘗不有悲哀，不有憤怒。但為的那處境，那外在的節限，我們內情之發便都得要中節。若純照我們內心情感，喜則是喜，怒則是怒。若必須中節，似乎不痛快，不圓滿。但因發了即是外在化了，只有中節才能與外得一個和。踰限失節就不能和。儒家講的「內外合一」，這「和」字是很重要的。

有些同學對學校當天不掛旗感到非常憤激，這表現本是很好的。但憤激也不好不中節。我們為了要對外保持一個「和」，有時就不得不認識此一「節」。喜怒哀樂是天生的，卻唯有仁者方能使之發而皆中節。「中」是對內而言，「和」是對外而言。因有對外，才在中字之外又加上一和字。這是儒家所講處世一項大道理。

易經六十四卦，為首是乾坤兩卦，乾德主健，但坤德主順。在坤卦上又有「直方大」之語。人生是該講直道的，但我們在社會上要處處一直線向前，根本沒有此可能。碰壁了，行不通又如何呢？我們該改變一方向再往前，但又得不廢此直道，於是此一改道，就成為一直角了。經過幾次的改道就成了一個方，方之四邊全是直，沒有一些委曲。雖說改了道，仍回到原位上，仍在原出發點上，如是則直線擴成方形而大了。我想這一講法，是有深意存焉。

我們的校訓是「誠明」二字，我想存於中的是「誠」，發於外而和便須要有「明」了。直道向前也是誠，但方而大則又須要有明了。誠是在內的，明是對外的。

一間學校不是一個人的力量所能辦，也不是幾位先生老師之力所能辦，這需要全體師生大家共同努力。這話，我以前曾向諸位提起過。回想我們在桂林街的時代，那時，我們的學校還不能擺出來讓人看，所謂「新亞精神」只是存於中，尚未發於外。今天，我們的學校是已經擺出來了，與人共見。就不能再關起門來，專是師生合作仍不夠，更需要社會的多方幫助，使此學校變成為一社會的，世界的。此所謂「化私為公」。一切事業，只有公的，始是可大可久。試問若沒有雅禮的幫助，我們那得有今天？我還清楚記得在桂林街時的艱困，這種艱困實在也不可太久支撐的。自我們有了雅禮、亞洲協會、哈佛燕京社等機構之幫助，我們才有今日的發展。以前只是美國人幫忙，現在連英國人也來幫忙了。我們也不必把這些外面的幫助看作是恥辱，沒有人能夠獨立自存的。我們辦此一所學校，就須放開眼光，看遠些，看大些，不要認為此事業可由一兩人來辦，須得放進大處公處，我們實在是不能關起門來自己辦一間成功的學校的。

我們常說：「新亞已沒有了桂林街精神了。」當我們搬到嘉林邊道時，便有人說我們沒有了桂林街精神。現在搬到農圃道，更沒有桂林街精神。但我們也須知道，我們不能夠永遠停留在桂林街階段的。像一小孩呱呱墜地，不能永遠是一個小孩。他要成長，要做大人，要有發展。事實上當我回想到桂林街時的情景，眞像做了一場夢，不勝感慨。現在好多同學都未見過桂林街時的我們這所學校，是什麼樣子，而且也無法想像。只有我們身經其事的始能知道。我們實在不能，也不應永遠留在那一個階段。我們學校發展到今天這樣子，也不過仍是一初步而已。我們還該有前途，到那時不是更變得厲害了嗎？變，是必然的，無可避免的。我們不要害怕變。一個小孩子一定會變成大人，不能要他永遠作小孩子。我們今天，可說那小孩子已由家中走了出來，進了小學。將來進中學，進大學，還要結婚，生兒女。我們當然要叫他不要把父母親忘掉，但父母親可也不能永遠跟在他身邊。他要離開父母是必然的。只心中不忘記他們就是了。

但這小孩漸漸長成，在他心中也該明白，他自己將來要成為一個什麼樣的人。由小學、中學、而大學、而出國留學，由學士而碩士而博士。但不能永遠如此的，到他三十歲左右，就該有一個定形。此後的發展，也只是就此定形而發展了。

我們學校也一樣，也得要有成長發展的。現在我們學校實在還未到定形的時候，我們也得想想，我們這新亞將該變成什麼一樣子。

但無論如何，她都得向前，不能後退。

而一直往前，究往何處去？這卻是值得我們深思的。

這在事實上我們雖不能逆料，但我們一開始，便有一個宗旨，這宗旨卻不可失。若失了，便如那小孩子已死去，更無存在與發展可言。

前途有大風大浪，是不可能完全避免的。我們不能要求天無風，海無浪。遇著大風大浪仍得向前。我們今天像是一條船已出了港，但距離大海卻仍遠，實在還未見過眞正的大風浪。但大風浪就快要到來的，像我們今年國慶不許掛旗的那件事，據我想不過是個小風波而已，將來一定還有更大的風波。到時我們也不必害怕，只要能掌持那個舵，定下一個方向，奮勇直前，不斷努力，就是了。

新亞之在變，不須我詳細說。如以前同學們全由大陸流亡而來，現在的同學差不多全是香港的中學畢業生。以前在學校裏見了面，人人認得。今天人很多，在學校裏見了面，就有許多彼此不認得。這也是一種變。更大的，我們以前是關起門來辦學，現在卻和社會和國際都有來往，有交涉，不能老由我們幾個人來辦，這不是大變嗎？

新亞是在變著，但無論其變成怎樣，在變著而未定形的時候，在發展而未臻完全成長的時候，我們就得記住中庸上的話，使「喜怒哀樂發而皆中節」，以求其得一「和」。這是應該的。小不忍，亂大謀，只從得不到和而起。

只要我們自己有一個理想，這是很重要的。不然的話，人向東，我也向東。人向西，我也向西。在小局面之下，似乎也無不可。但走到了大地方，人多了，有人向西，有人向東，那時候你該跟誰才好呀？我們得有宗旨，得有理想。縱使在現實中遇著艱困，碰了壁，仍得有自己的努力處。守此「中」，才能求此「和」。有此「誠」，才能獲此「明」。我們要存在，就得跑出來；求發展，不能永遠都關在家裏。無發展卽無存在，而發展則必跟外界接觸，就得注意那「和」了。

我這一次在外八個多月，有一個極深的感想，就是「我們國家民族不爭氣」，千言萬語只此一語。這是千眞萬確的現實。我們要有理想，但理想永遠無法脫離現實。理想必須走進現實中，而理想與現實間又永遠有一個距離。我們就只得一步步向前，這須大知大勇，須自己能時時反省，時時努力。

我今天這番話，請同學們大家好好去體味，去認識。

第二期新校舍落成典禮講詞

一九六〇年十一月十二日

諸位來賓、諸位同仁、諸位同學：

今天本校舉行美國雅禮協會捐贈本校第二期校舍建築落成典禮。我首先要代表本校全體師生，向美國雅禮協會表示我們誠懇的感謝。

新亞本是一所流亡的學校，在經濟上絕無憑藉。七年以前，美國雅禮協會代表盧鼎教授來香港，開始決定由雅禮協會按年對新亞給予一筆經常經費的援助，那時我們才能由桂林街擴展，物色新校舍，在嘉林邊道成立了新亞書院之第二院。逾時兩載，即由雅禮協會於按年之經常經費之補助外，又為我們另募款項，開始建築我們此刻在農圃道的新校舍。於一九五六年落成，即於是年秋季始業，正式使用。我們由桂林街及嘉林邊道轉來農圃道，這是我們學校開始邁進新里程之第一步。今年是一九六〇年，距離我們第一期校舍落成僅隔四年，我們又見到第二期新校舍之落成。這一切，全是雅禮協會之美意樂助。我們學校得有今天之規模，可說完全是雅禮協會之所賜。倘使沒有雅禮協會這幾年來對我們之協助，我們將會仍在桂林街，這幾年來之種種進步，可能全不能實現。

進一步，說到雅禮對協助新亞之精神與動機方面，更值得我們特別提起。雅禮之協助新亞，其主要動機，完全在同情新亞之教育理想與教育精神，而無條件的施予種種援助。這幾年來，新亞雖靠雅禮之協助而獲得發展，但雅禮對新亞，則絕不干涉其一切內政與向前之理想。換言之，種種事業是屬於新亞的，而支持這一分事業的力量，則來自雅禮。雅禮協會只從旁協助，在雅禮似乎是只有施與，並無獲得。在雅禮所獲得者，似乎只是像今天般，聽到我們說幾句感謝的話而已。

我要在今天特別提起者，便是雅禮協會方面的這一種精神。這一種精神是至高無上的，其意義與價值是難可計量，難可言述的。我們知道雅禮方面的這一種精神，由於其宗教信仰而來，我們也可說這便是一種耶穌精神。在新亞，我們所懸為我們自己的教育宗旨與教育理想之主要方面，是想提倡中國文化，而更進一步來謀求中西文化之交流與調和。在中國傳統文化裏面，也正十分看重著我上述的這一種精神。

因此，我要說，雅禮這歷年來對新亞之種種協助，不僅在物質上表現了，在精神上也同樣地表現了，而且更深切，更實在。雅禮方面之種種施予，實在便是雅禮精神之十足表現，十足完成了。

但回過來說到新亞，我們得人信任，受人協助，我們自身方面，對我們的教育宗旨與教育理想，究竟表現了幾許？完成了幾許？這是值得我們今天在向雅禮表示我們誠懇的感謝外，該反身自省，來切實檢討我們自己，鼓勵我們自己的。

若我們對自己所標舉的理想與宗旨，自己無所成就，只憑著我們幾句空話來博人信任，獲人援助，那在我們的內心上，將感到是何等的一種愧疚呀！

在雅禮可以只有施予，不求報答。但在我們，將何以自處？這是我們新亞全體師生所應時時互相警惕，時時互相鼓勵的。

讓我趁今天機會，歡祝雅禮精神不朽，歡祝新亞前途無量。

從西方大學教育來看西方文化

——香港大專公社學術講演講辭

一九六〇年十二月十一日

諸位先生：

今天我本來要講的題目是：「對西方文化及其大學教育之觀感」。我想這個題目太大，不好講。所以改講：「從西方之大學教育來看西方文化」。

我們在討論文化問題時，應具兩種心理上的條件：一是平等。一是客觀。我們對於一切文化，皆應有平等觀與如實觀。我們應知世界上各種存在之文化，必各有其意義與價值，不然如何得以存在？我們第一步應懂得承認它應有的意義與價值，第二步是來認識其意義與價值究竟是一些什麼？此方為我們應有之態度。

任何一文化有長處，亦必有短處。在我們求認識討論某一文化時，首應認識其長處，不必多注意或挑剔其短處。世界各文化當互將長處相調融發揮，如此方可有一新文化出現。即使要批評某一文化之短處，亦應自其長處去批評。例如：批評一音樂家，應自音樂上去批評，不應批評他不善於運動。

其次兩種文化相較，必有異同。我們應注意其相異處，不必太注意其相同處。

我們研究或討論文化問題，應具此二條件，然後世界方能希望有新文化出現。不應主觀地認為人家的不好，自己的纔好。但是反過來像我們「五四」時代之認為人家都好，自己都不好，或如今天之共產黨徹底奉行馬、列主義，認為其他一切全不好，則皆荒唐之至。

我今天特別側重講西方的大學，並由之來看西方文化。

講到西方大學，我們不得不承認西方大學之偉大。此可分兩點來講：一是其大學歷史之長，一是其大學規模之大。

像美國的耶魯與哈佛，英國的劍橋與牛津，它們的歷史皆較其國家政府為長。美國耶魯大學建校已有二百六十餘年，哈佛更超過了三百年，但美國開國卻尚未及二百年。英國之牛津、劍橋，則在西方中古時期即已建立。此乃我們應注意之第一點。

第二點是西方大學規模之大。如上舉四大學，皆以其學校為中心，而成一「大學城」。亦即是，其大學本身即成為一很像樣的城市了，此外乃附帶於此大學而存在者。這種情形，在我們社會上不容易看到，此亦可算為歐美大學之特點。

如此歷史悠久規模宏大之大學校，卻都是私立的，在他們背後，並無政府或公家在支持。他們開始時，僅是少數幾個人，附帶着少數學生，那是小規模的，一個小團體。此少數創辦人，亦並不是有名偉大的人物，只是抱有某些理想的一些普通人。先是成立了一個個不同的學院（College），後來才合併在一起，稱做大學。University 一字之本義卽是：將一切合成為一個。此等大學在開始時是私人的，後來可稱為團體的，乃是私人與私人間相結合而成為一集團。西方大學開始都是私立的，是在社會中之一個社團。而此一社團，其事業可維持下來一二百年，甚至五六百年。不僅不破敗，抑且更進展。這是一件了不得的事。此種社團，其活動能維持下來，較諸國家政府尤為久遠。國家政府變了，而大學仍然繼續存在。此種情形，只要我們一讀英美國家歷史卽可知。這一點我們平時不注意，只看到如此一個像樣的大學，卻不問其如何來的。

其次我們應知者，厥為西方大學開始時乃是宗教性的。略讀西洋史的人，皆可知此一事實。中古時西方之修道院、禮拜堂與大學，乃三個性質極相近之宗教團體。西方人之所謂教育，乃從教堂中分出。在英國牛津或劍橋，每一學院卽有一禮拜堂，禮拜堂是此學院之中心，附近四周圍着許多建築。直至今日，牛津、劍橋仍保留着他們幾百年前的古舊原貌，並無多大變化。我最近至牛津時，牛津校方因英女皇要來參觀，而其校舍建築石砌的牆壁皆因年久，表面已呈剝蝕狀，他們將石牆外風化層加以刮磨，重加粉飾。牛津、劍橋中人，每以其所保有歷史悠久之古老建築為榮。現牛津城設了一汽車廠，遂將此大學城一半變為工業城，牛津教授們覺得甚為討厭。又在增建新學院時，校方有兩派的意見爭論着，一派堅持保存古貌，一派主張參用新式，後此爭持不下。美國耶魯大學之建築，亦都是中古式的。其新建築尚未到一百年者，但亦模仿古老式樣。西方人看重古老氣氛與其舊的傳統，特別在大學中表現尤顯。

我在哈佛時，居住在該校之貴賓室。那是一個二層樓八間房之小型建築。他們說：此屋極有歷史價值。其貴賓簽名簿上，極多美國或世界上之著名人物。此建築最近曾依原樣遷移一次，從街道那邊遷到街道這邊，耗資甚鉅，而仍完全保留其古樸的式樣，毫無改變。若使拆舊建新，至少可省一半經費，而且可更是摩登好看些。西方人們甚注意歷史傳統，至少在大學方面是如此。但中國今日則只知新的有價值，舊的全不要，這正可成一極端之對比。

美國大學中尊重歷史傳統，又可於下述一事看出：為了遵守學校原來規定，至今不准男女同校。乃於大學內另辦一女校，以變通辦法來收納女生，此種情形亦可謂是甚可笑的。我們應知西方大學，乃自宗教開始。故於大學傳統上，有其宗教精神，即是有一宗教信仰而創始。其後方漸發展成為今日之大學。近代中國大學，自開始時即與西方大學不同，故無法講歷史傳統。

西方大學，第一是有其悠久的歷史，第二是由私人自由結合而來。由於後者，故歐美大學皆保有一自由精神之傳統。此一自由之集團，不依附於政府，不依附於社會任何一部門，此乃獨立於政府及社會各社團之外，而自成一社團者。

另一方面，西方大學是極重職業性的。讀西方教育史，可知西方大學在初期時最要有：神學、哲學、法律、醫學等科。前二者可在教堂中服役，後二者可以走出教堂作謀生之用。青年們進入大學時，先有一宗教信仰。走出大學後，又有一專門職業。職業則必將是專門化的。教授在英文中是Professor，這是專家的、職業性的，亦是一信仰的。為一信仰發言，或宣誓、決定，亦名為Profession。

故西方接受大學教育之青年，乃是一有信仰、有職業者。關於此信仰與職業之知識與技能之傳授人，即稱為Professor。一般青年人跟從聚居，遂成為College，後遂逐漸合併成為一大學。自此處，吾人亦可了解西方文化之某種特點所在。

西方大學中，因其規模宏大，致使一人進入大學，乃致無法能懂得或了解此一整個的大學。某一人驟然走進大學，其首先注意者，厥為此大學之建築。其次所看到者，乃其裏面之設備。如擁有規模宏大之圖書館、博物館、科學館、實驗室、體育館等，凡此種種，皆極像樣。觀其學校之建築與設備，便可知此一事業絕非能於一短時期內建成。但是諸位須知，彼等僅是一集團，集團中人常是在變換的，而此事業卻不斷在進步。無一人能完全懂得此學校，但此學校各院科系俱全，能不斷在各方面發展。此絕非一人之事，亦非一人之計劃可成。此一事業乃是屬於一團體，而此一團體之歷史則綿延久遠，乃出人想像之外。

我們可再看西方大學之規模，各個學院、學系之分張與配合。自其建築、設備、規模觀之，皆極複雜，何以能合成一大學？則我們非進而研究其組織不可。若無一健全之組織，即不可能有此分張發展之成績。

西方人喜講法律、制度，我們應知制度是死的，要尊重此制度，遵守此制度，此制度方可發生效力。故在制度之背後，我們必要講及其「精神」。我對西方大學之看法，乃是從其建築、設備、規模來研究其組織。又將其組織與其歷史配合起來，而尋求其精神。我認為如此，乃了解西方大學之代表西方文化之所在。

在西方人或自認為極平常，但自我們視之，則見為不平常。反過來說，亦有中國人自己認為是極平常者，而在西方人眼中則認為不平常。我們研究文化，該從此等處着眼。我現在來講他們的精神：前面已說過，今天西方大學從歷史淵源言，是由一種宗教精神、自由組合與職業訓練三者配合而來的。最先是私人的，私人結合成為集團，集團更擴大成為事業。此事業乃由集團所推動而主持者，而此一集團乃創始自幾百年前，並可延續至幾百年後。今日其集團中之人，已非昔日之人，集團亦成為一抽象名詞。私人在此一事業集團中，其地位確已微乎其微，每一人乃是屬於此一集團事業者。此是私人參加了此一事業，而絕非此事業是我的，或我們的。

我在耶魯領受其名譽學位時，一美國友人某教授，他大聲對我說：「你今天是耶魯的人了。」此在美國乃極普通的一句話。然此話涵義，正見：「我是此事業的，而事業則不是我的。」

許多人講文化，都說中國文化向內，西方文化向外。此處所說，彼等所看重者，乃在其事業，而絕不是在某一私人。這亦可說是向外的。

在美國，工人階級每月可得工資四百至五百美金，大學教授可得八百至一千美金，僅多一倍。中國抗戰前，在北平的一個大學教授四百銀元一個月，用一僕人月薪不過四元，相差幾一百倍。這亦可解釋為，中國社會有尊師重道的精神。美國大學中任何發展，儘先皆在建築、設備上，而絕不用來增加教授們之薪金。此一精神，亦可說是他們看重事業不看重人。

我們又說，西方人是個人主義者，但此亦可說西方人主要只是在其事業集團中，服從而自盡其職責。此亦是一種個人主義。

西方人在學業中之地位，亦正如其在事業中。每一教授，其所治之學，則只是學海中之一滴。各人只埋頭在各人的一門專門知識上。故每一教授，在其大學全體事業與學業分張展開之大組織中，眞是微乎其微，各人只自盡各職。此亦可謂是一種個人主義。

西方大學對於整個政府或整個國家，有時似乎並不很關心。而學校對於每一教授們之言行，亦多認為是他的私人行動，與學校亦無關。此仍然是一種西方精神。中國留學西方的雖多，然上面所指出的西方精神方面，似乎未能學到。

今日英美大學最大之變，乃在其自宗教變而向科學。理工科方面貢獻日大，而宗教精神則日見淡薄。於此情形下，科學日益專門化。但對於人文學科方面而言，我認為在西方大學中頗為吃虧。如文學、史學、哲學等，都是不能太嚴格區分的，愈分愈狹，則所得愈淺。昔梁任公嘗提倡「窄而深」之研究。其實人文學科窄了絕不能深。自然科學，愈分而愈精。人文科學與自然科學不同。後者是前人之成績，今人可學而接受之，而更自此向前。前者如文學、史學、哲學以及繪畫、音樂、雕刻諸藝術，都不能說通曉了前人的，接受了以前成績再前進一步。人文學科只求能懂得，慢慢地吸收、消化、匯通，卻並不能繼漲增高。進入大學中，學人文學科的學生，最理想是懂得前人的，卻並不能要他定要再進一步，超過前人。物質世界可以日新月異，精神世界則否。西方大學中，將人文學科與自然學科等量並視，是會出毛病的。

尤其是進入了研究院讀博士學位，必須寫論文，而此項論文，必求其有新貢獻。此一觀念，實不妥當。學科學可以常有新發現，學人文學科卻不然。既是分門別類太狹了，又要求新發現，在鑽牛角尖之下，而所得的發現弊病實大，對社會卻會毫無幫助。

美國最近有一團體，曾廣泛調查了五十個大學的學生，來做一關於他們所有世界地理常識之測驗，答案用百分比來統計。結果發現了今天的美國大學生，連美國五十個州都弄不清，他們對世界地理簡直可說毫無所知。非僅對東方，即使對西方亦然。此見大學中各科系皆專門化了，便易造成普通常識之缺乏。在美國民主政治之下，而其最高知識份子，常識日見低落，此可謂危險之至。

又有一關於美國學生英文程度之測驗，結果亦發現有逐年低落之現象。此因美國大學中，並無一普遍加深語文訓練之課程，故其一般的英文水準亦日漸下降。此種不注重通才，只注重專家的大學教育，結果造成了許多沒有一般性常識的青年，以及沒有高瞻遠矚眼光的領袖人才。此乃西方大學之短處。

然此種短處何以不在西方社會中顯現其嚴重性？此乃由於西方社會賴有四柱支持，即：一、宗教。二、法律。三、科學。四、民主政治。一個青年在學校中隨便學一點專門知識，在進入社會後，社會另有一軌道，讓他們依從。在學校中儘可自由，一進入社會，即有此四大柱子在範圍着。至於所謂領導社會前進的領袖人才，美國大學似乎是漠不關心的。只待他們在進入社會後，自己表現。

諸位應注意，在我們則並無有如西方社會中之宗教、科學、法律與民主政治那四大柱。西方大學教育，乃由西方歷史在西方社會中產出，來教育其本國青年者。今天中國青年至美國後，多能發現美國缺點，而大肆批評。此種情形，與前不同了。不僅中國人如此，其他所謂落後國家之青年也如此。或許他們對美國之批評，比中國青年更甚。此輩青年返國後，他們所學得之專門精細的科學，或許無施用之處。而在人文學科方面，也多不能適用於他本國的眞實問題上。此乃大堪注意的問題。

倘使諸位到外國欲讀人文學科，最好應先在國內多讀幾年書。先有了一個自己的根柢，到國外始知抉擇。今天在美國幾間大的著名大學中，欲一去便得全部獎學金是不容易的。中國留學生去美國，每藉暑期幾個月的假日來做工，以補助其日常生活費用之不足。我認為，若將在美國暑期時之辛勞工作精神與其所耗時間，能在國內發憤讀書，所得成績也絕不會定差於到美國去留學。另一方面，我希望準備出國之中國青年，應懂得到外國該學些什麼。我在美國時，曾遇見許多新亞學生，他們多請我勸告在香港的同學們，切勿急於想出國。這意見是很對的。

由於西方大學教育本非為中國社會而設，故昔日中國留學生返國後，多肆意批評中國社會。但今天的中國留學生，在美國長期居留了，又多批評美國。且中國人在美國，還多是聚居在一處，生活上雖然改頭換面，實際上還是中國那一套。此乃由於中西雙方文化不同，美國文化之長處未必都能配得上中國的情勢。至於我們是否應有一理想的教育環境，來培養自己的青年，這是一個值得我們研究的問題。

前幾年，我到日本去，日本友人曾告訴我，他們的貧窮子弟多喜研究科學，蓋於離校後可謀一職業。至家庭富有者，便可多學文學、史學、哲學等。在中國適相反，一般的中國青年，都對人文學科提不起興趣。這事大可注意。我以為倘有興趣學人文學科，與其赴美國，倒不如往西方人文科學肇始處之歐洲、英、法、德諸國。不過亦有一位歐洲老留學生對我表示，中國學生素來自由散漫，應該令其赴美國學習他們的緊張生活，來西歐便連這一點可能希望也沒有了。總之，只要自己能學，即到任何一國皆可，在本國亦何嘗不可。若自己不能學，一味依賴他人來教，則西方大學並非專為適合教導中國青年者。固然西方文化長處甚多，但短處亦不少。

在日本，青年出國的較少，且在國外所得之學位，日本政府亦不予承認，非重行考試不可。此亦一可資模仿之點。

諸位若有欲出國留學而機會不許可者，應先學習國外留學生之工作勇氣與刻苦精神。有此一勇氣與精神，何處不可找工作？何處不可求學問？至於學人文學科者，則更不妨在國內好好地多讀幾年書，那一樣可以充實自己的。

讓我們過過好日子

——師生聯歡晚會致詞

一九六〇年除夕

諸位來賓，諸位先生，諸位同學：

我們新亞書院自從開創以來，每年除夕，照例都有一個聯歡晚會，而且很重視這個聯歡晚會。這因為我們的教育宗旨，一向提倡：為學做人兼顧並重。如何做人，如用淺白一點的話來講，就是教你「如何過日子」。教你要學如何過好日子，如何作好學問。你得先會學了如何過好日子，才會能如何作好學問。再進一步說，如果我是各位的家長，各位不作好學問尚可，若不得過好日子，則我必心感十分難過。

諸位同學或者會說，好日子誰不會過？只要金錢物質條件充足，誰都會安排自己的生活，過得舒舒服服。但我要提醒各位同學，日子全都一樣，只你會過便好，不在物質條件上。舉例來說，我校當初在桂林街時，每年聯歡晚會，總玩得興高采烈，氣氛非常之好。有人親口對我說，我校自桂林街遷到嘉林邊道，又自嘉林邊道遷到新校址，所過日子反不如從前。似乎以前那般好的氣氛，好的情趣，都沒有搬過來。這就證明，過好日子，不靠物質條件，端在你如何過法。

又譬如一些兒童們，每過一年，長了一歲，欣喜非常，急望做大人。而年長的人，又每每回想起兒時歡樂，不可復得。各位現在在校讀書，常盼畢業離校。但畢了業踏入社會的人，又回想到在校生活時的快樂幸福。人生不可能常做小孩，進學校讀書也不可能老不畢業。至論過日子，也並不是童年與學生時代才能過得好。任何人，只要會過，便都有好日子。

今天我且談談如何過日子。我又要引論語上的話：「子曰：志於道，據於德，依於仁，游於藝。」過日子，第一要懂得道理，不懂道理，是不能過好日子的。第二要根據德性修養，壞良心，壞脾氣，也不能過好日子。第三是依於仁，人不能離羣獨居，不能單獨一人過日子，在家有父母兄弟姊妹，出外有同學同事朋友。一個人不能偏愛己身，應開曠心胸，汎愛眾而親仁，而後才能過得好日子。第四是游於藝，過日子要多花樣，要多才多藝，使日子過得多彩多姿。

本校此後將更多鼓勵同學們課外游藝。原有的不提，新近開始了太極拳班，明年又將添開中國古樂研究。希望今後各同學在畢業時，皆有一種課外游藝專長，能有兩三樣更好。

一九六〇年將快過完，同學們想過好日子，請即從目前開始，並不定要等待明年。能把捉住舊的，才能迎接那新的。

今晚的聯歡晚會，節目很多，主持大會的同學，現將節目守祕不宣。諸位立刻有好戲看，我不再多說了。

課程學術化生活藝術化

——第三十七次月會

一九六一年元月二十日

各位先生，各位同學：

我在未講正題之前，先向各位報告一件事。即本校歷年春季，皆曾加入一次濟貧運動，今年又已經本校各同學團體聯合發動了。前兩天，又適逢紅磡山谷道木屋區大火，千萬災民流離失所，我們救濟的對象又增重了，一是貧民，一是災民。我今天特在此月會上提出，希望各位先生、同學，慷慨解囊，比往年更踴躍。

今天，是本校一九六一年第一次月會，俗語說：「一年之計在於春。」我們在這一年之首，應該對上年有一個總結，對本年作一個展望。

我記得去年此時，我正要離校，為歡迎吳副校長、程訓導長、研究所謝教務長和導師潘重規先生，特地召開了一會。當時我曾說：希望此後本校能逐漸走上制度化。因學校擴大了，制度化最是需要。但此非一人之力所能，必賴全校師生的共同合作。

在去年一年中，舊的制度有修改，新的制度有增設，進步甚堪滿意。今後盼循此基礎，眞使學校能達到制度化的目標。

當然，我們辦學並不是為了要創設某些制度，制度只是幫助我們達成辦學的目標。我們辦學的目標是甚麼呢？那顯然是為着教育了。我曾屢次說過，我們要有優良的校風與優良的學風。我們的校風尙好，學風則仍待改進。

我們所需要的制度，並不是單在行政方面，而須連繫貫徹到全校上下，自校長、教授、職員、學生以至於校役，全體都配合上，要使制度能助成此優良之校風與學風。我們的行政要制度化，我們的課業則須學術化。譬如說，同學們選一門課，應該使這一門課成為一個研究集團，選課的同學，即是此集團中一研究員，是來研究這一門課程，這一門學問的。現在諸位上堂多數只是聽課，等到考試時，便把聽進去的搬出來應考。畢業以後，屢有人說，他以前所學的現在都還給先生了。這話也很對，因為他在學校時，祇是把教授所講的聽了、記着，把來應考。畢業後不再要應考了，自然可以把以前聽的還給先生了。因為他之所聽只是先生的，不是他自己的。假如同學們能改變此習慣，都抱着研究的態度來上堂，來自作研究，而把所學消化成自己的，那就再也還不得先生了。

學問正要學要問，聽了記着這不是學問，須自己在學、在問、在研究，有了心得，那學問便是自己的。因此同學們選課，須先改變心理，不是來聽課，而是來做學問、作研究。如此在心理上改變了，始有好學風可冀。

我們學校初辦時，行政教務力求合一，因此教授的精力，都分散在行政上。今天學校擴大了，開始要把教務行政分開，希望每一位先生都能用他自己的研究精神來領導同學作研究。每一位教授擔任一課目，只是在此一研究集團中作領導。同學們在研究，先生自己也得在研究。須在精神上作感召，纔能有深切的影響。

我們這兩年來，出版了新亞書院的學術年刊，專為發表先生們的研究成績，今年的第二期似比去年的第一期有了進步。此後盼望第三期、第四期，逐年能更好。這是表現本校先生們的研究精神與成績的，也是先生們來提倡學校研究風氣的一種具體表現。

去年開始，本校定了一個新制度，希望每位先生都有一定時間留在學校，方便同學們請益。在每位先生辦公室門上都有一張卡片，寫明某先生的在校時間，希望同學們都能利用這時間。這是向先生請益一絕好機會，諸位在課程中發生問題，多向先生請教。這樣，先生除了上堂教課之外，在堂下又要花費一部分時間與精力，來指導同學研究。

今後並希望每位先生就其擔任的每一門課，都須選定一本兩本，或更多本參考書，指導同學們課外閱讀。這事當然也有困難，以前我在大陸教書時，學生們總問該用何項參考書，但我總很難給他們滿意的答覆。例如：中國通史、中國文學史，在當時就找不到理想的參考書。只有變通辦法，分別指定在某些書中閱讀某些章節。如講中國文學史，講到杜甫，便指導學生去閱讀有關杜甫的某些詩篇。我想這辦法現在仍然可用。如一門課程找不到理想的參考書，不妨分別指定某書某章作參考。總之，盼望同學們能在課堂外，有自己尋求閱讀的工夫。

為了配合全校師生們的研究，我們的圖書館不得不儘量想法擴充改良。這件事除了學校盡力之外，同學們也負有責任。就目前論，本校同學的看書風氣仍然不很好，圖書館的閱覽室很少滿座。有時疏疏落落，像是空盪盪地，這不是一件好事。這兩年來圖書館晚上也開放，但晚上看書的人數也不多。空言提倡不見效，只有想辦法來逼逼我們同學們都去圖書館。學校自去年起，開始盡力執行借書逾期歸還罰款的章程，那項章程，目的並不是為了錢，而是要逼同學們按期還書。如果一個同學借了一本書，久不歸還，別的同學再去借，就借不到。如是經過幾次借書碰壁，白跑之後，必然會掃興，不耐煩再去圖書館。因此規定同學借書，必得定期歸還，別的同學卽使一時借不到，也可讓他知道，這本書幾時可以回到圖書館，幾時可以由他來借去。

又，同學借書，應該當心愛惜，不應折角、塗污、做記號等。此事不僅保護了書本，亦是養成了看書人自己的德性。而且圖書館藏書常新，亦是鼓勵後來同學們讀書興趣一方法。又如同學們借書遺失了，那更是不好。遺失一本書，要照補一本，這須浪費很多館員的精力與時間。同學們千萬不要認為遺失一本書，是等閒小事，只照價歸還便算了。但試由同學們自己照樣去買一本書還圖書館，便可了解，這樣買一本書，除卻買書的錢財外，要花多少的精力與時間了。我以上所說，便是告訴諸位，學校訂制度，用意都在為諸位着想，都為諸位的學業着想。許多制度之用意，也只望學校能養成出一番好學風。

此外，我更想此後同學們要注意養成表現的風氣。如讀書要記筆記、寫報告，這亦是一種表現。此後學校諸位先生都要令學生交課外筆記及讀書報告，或課外論文。這是同學們自己讀書研究的心得與成績，但卻不是考試，也可不記分數。

我想，最好是每一系，每一課程，都能有讀書報告，或課外論文習作。由任課先生擇優送學校保存。如是幾年之後，積存多了，每逢校慶日，可以開一個展覽會，同學們可以互相觀摩。這些成績保留上五年十年，就可看出我們學校究是在進步或退步。年年有一比較，舊同學可以激勵啓發新同學。如是五十年、一百年，單是這項成績，也可成一個圖書館。這圖書館中表現的便是新亞精神，便是新亞的學術精神。這不是要求人知，只是要有成績，有具體表現。

除提倡同學們課外閱讀與寫作外，還須提倡由同學們來主動開會研究與討論。望能先由一兩個學系開頭，把此風氣傳遍全校。

新亞生活雙周刊，也希望多一些同學投稿，最希望在此生活雙周刊中，能更多表現同學們的學術生活。以後本校更希望能有同學們的作品出版。畢業同學離校，都可想法出版一刊物，表現他們的在校成績，這好過出通訊錄或同學錄一類的東西。

各系系會也該有出版物，篇幅儘少也無妨。學校此後當在可能時期成立出版部，總理全校師生出版印刷等業務。一切印刷品不求表面精美，但求內容充實。有了出版部，出版事業也可制度化，如必定要按期出版，莫逾期等。如是時間一長，學校裏良好的學風養成，那時的學校纔有真價值與真精神。

總之，各位來學校做一個大學生，並不是只來聽幾門課，考試及格便完了的。當求能自己研究你所愛的幾門學問。能多讀課外書，能寫筆記，寫報告，寫課外論文，要有自己心得，有做學問的良好習慣與良好基礎。如是始是學校所盼望的一種學風了。本校原有畢業論文制度，現在因為學制改變，把畢業論文廢止了。但同學可以把原來第四年級寫論文的時間，分到四年時間中來寫。這一事，實行時的詳細辦法，還需由學校諸位先生來詳細討論規定，也成為制度化。

總括上述，本校進入一九六一年之後的希望有三點：第一，行政制度化，此事由總務處負責。第二，教課學術化，此事由教務處負責。第三，生活藝術化，此事由訓導處負責。

關於生活藝術化一點，幾年來經訓導處之努力，現已有若干成績，但仍要求更多進步。當然，在實行中也有許多困難。例如提倡運動，而我們學校沒有一個運動場。又如京劇的研究與排練，雖經三次公演，有相當成功，但此事要繼續，還面臨很多困難。現同學們又正想提倡話劇，此事也不易。其他如提倡下棋，提倡中西音樂，提倡太極拳，諸如此類，一切都在進行中。

我希望，此後學校能籌設一所像樣的娛樂室，使同學們課外生活都能娛樂化。一切娛樂都能藝術化，以與課程學術化，行政制度化，三方會合，相互並進。這是學校在下學期起，想要着力做的事。今天提出來，盼望同學們瞭解此意，大家努力，來和學校配合，向此希望而前進。

從新亞在美校友說到校友對母校的重要性

——校友會歡宴致詞

一九六〇年十一月五日

這一次我參加校友會的聚餐，內心有與以前不同的感覺。一方面是，我在美國看到他們對校友會的重視情況。另一方面是，在美國各地的新亞校友，和我愉快會面，與他們的熱情招待，實在使我難忘。因此使我更覺得校友們對母校關係之密切與重要。

首先讓我約略一說在美新亞校友的讀書與生活情形。一般說來，他們在那裏的生活是很艱苦的。在美國讀書，有的固然是有獎學金可免學費，也有的甚至可免食宿費，但他們至少還得賺些零用金。至於沒有獲得獎學金的更不必說，要靠工作來維持生活。所以他們每逢週末或假日，便得去找工作，最主要的是寒暑假耶穌誕假期等，大概一年中做工的日子佔去四個月或不止。他們有的去餐室裏洗碗碟，英語說得較流利的可擔任招待，有的則去旅館服侍客人；有的去農場或果園，例如包裝水果等，也有些去應機關社團的臨時工，例如圖書館等。但這些工作，無疑都是忙碌和辛苦的。他們規定你在若干時間內完成若干工作，是計算得十分精密的，容不得你有絲毫鬆懈和偷懶的機會。人們常說，在美國容易找工作，此語誠然。其實在香港，如果你也肯這樣幹，覺得做茶房也沒有甚麼不好意思的話，那也何嘗難找工作呢？

在美國的新亞校友，有的親自告訴我，他們的工作情況，例如在旅館中服務，所獲正常工資是微薄的，全靠顧客小賬。但是那裏的人情，也同中國有相同處。有的旅客住滿期就搬走了，如果你事前不知道，任你招待他們如何殷勤週到，你也無法拿到小賬。所以你得預先探明他們離店的日期，以便守候他們，向之面索。有時這種場面是非常尷尬的。有一位女同學，一面索取小費，一面就掉轉頭來暗自飲泣，因為她在國內從未嘗過這種滋味呀！

講到這裏，覺得一個人做學問，其實不一定要去外國。譬如在香港有職業了，也有晚間，有假期，不少空閒時光，大可以自己做學問。在美國，一年你得抽出四五個月拚命賺錢，用來維持生活。在這裏，在你謀職業賺錢之餘，大可以在一年中抽出幾個月來讀書，那不是一樣嗎？尤其是研究中國文史方面的，眞可不必定要出國。你若去歐美研究英國文學，卻易為他們所輕視。這等於一個西人到中國來學中文般，也不易為中國人所看重。但若你能寫出一部像樣的英國文學的著作來，你縱未出國，人家也會對你另眼相看，說不定會請你去當教授。我這話並不是反對大家去留學，只是說，一個人只要立定志向，肯努力，不必要機會，也不愁沒有前途的。而且一個人在優越的環境條件下成功，那並不希奇。惟有在無把握的狀況下，能夠持之以恆，奮鬥不懈，那種成功才是更可寶貴的。當然諸位有機會出國去留學也好，但沒有機會的話，也並不卽算吃虧。如果有了機會，那首先也得準備能吃得起苦。

其次，再略講歐美大學對校友的重視。就以耶魯大學來說，他們每年定有校友日。今年的校友日，是規定有「五」字年號的校友回校，因為歷屆校友人數太多了，一起回校來，事實上不可能。這一次最年長的校友要推「一八九五」年的那一屆，我正在這一年出生，所以對這一屆的校友特別引起我的注意與興趣。經我打聽，才知那一屆校友還有三位，都是九十以上的高齡了。我當時很想見到這三位耶魯的老校友，有人告訴我，他們必定會來參觀耶魯的美術展覽會的。後來我果然在會場中見到了他們中間的兩位，第二天我在街上又偶然遇見了另一位。他們每一屆的校友，都有規定的服裝和標幟，那是年輕在校的玩意兒，像他們這樣高齡，還穿着校友服裝回校，那也是了不起的。

歐美的大學，由於規模大，歷史久，每校都能造就出不少的人才來。他們每以擁有地位的校友為榮。那些新進去的大學生，往往以那些校友的偉大成就，如在歷史上有地位，如對國家社會有貢獻的人物自期許，因而激發他們向前奮鬥的信心。所以在歐美大學中，他們對歷史上社會上的名人，那些是他們的校友，往往如數家珍。因此，出了偉大的校友，纔成為偉大的母校。校友在社會上有成就、有貢獻，其母校才有聲望與基礎。

我在美國時，有的新亞校友對我說：再過十年二十年，我們那時就有能力來扶持、發展我們的母校了。他們的熱忱使我很感動，事實上也確需如此。學校的聲譽與基礎，是要靠校友們來樹立的，所謂「十年樹木，百年樹人」。同學們在學校裏求學，正如一粒粒種子受到灌溉與培育。四年後畢業了，等於長成了一棵棵的幼苗，要拔出來分別栽種在社會上的各部門裏去，待他成材，可以大樹成蔭。到那時，這所學校的成績才算眞表現出來了。

我以為辦一所好學校，固然要具備不少條件，譬如先得有校舍，但這是容易解決的，只要有錢，校舍一忽兒就蓋成了。只要有錢，確可在短時期內蓋起一所規模宏大的校舍來。有了校舍和設備，還要請好的教授。這比較困難些，但仍不算難。我認為最難的，則惟要有好校友。也惟有這一點，不是有錢就可辦到的。所以校友對母校來說，關係是太大了，其重要性也就可想而知了。

新亞辦到如今，只有十年光景，歷史當然很短，也不能祈求馬上就要出大人物。不過照現在歷屆校友們的情形看，各人都有工作，也能牢守崗位，成績也都過得去。希望各位校友在社會上逐步上進，多回母校來，多與母校聯絡。更望校友在社會上為母校樹立良好的聲譽。這一希望，我並放遠著在三十年五十年以上，那時新亞的校友會，諸位想應是什麼一個樣子呀！

關於新亞之評價

——春季開學典禮暨第三十八次月會致詞

一九六一年二月二十二日

各位先生、各位同學：

今天我藉此機會，向各位賀新年。但新年匆匆已過，現在又開學了。去年最後一次月會，我曾向大家講過，本學期起，學校進程重點盼能課程學術化。有關這一問題的細節，已在教務會議上討論過，並已有所決定。今天我不想再講此事，擬另找一題目——「新亞的評價問題」，來和諸同學談談。

在新亞發展過程中，曾有過兩次，人們對新亞的評價問題，感到困惑。第一次是本校接受雅禮協會幫助，遷入新校舍，那時本校師生多以本校能否保持其創辦宗旨及固有精神為慮。這是過去的事了。

現在是第二次，本校接受香港政府津貼，又引起人們對新亞前途的憂慮。不僅本校師生，即社會人士亦對此問題同樣關懷。即是：外界環境變了，新亞的內在精神是不是也會跟着變？目前受津貼的幾所學校，可能成為一間大學，與香港大學並立。於是社會人士又注意到，新亞與港大的比較，以及新亞與現在接受香港政府津貼的另兩間學校的比較。

在此，我想向諸位略談我對新亞的看法。我這看法，或許本校大部分先生、同學都會具同感。去年曾有數位畢業校友到我處小坐，談話間，他們都說非常懷念母校，並覺新亞確與別校有許多不同處。這些感覺，或是他們踏進社會後，才更深深的體驗到。他們所指出的新亞與別校不同之處，正是我們日常提倡，希望求得，希望保持的。這事令我深感欣慰，因可證明我們在接受雅禮協會幫助以後，仍能保持我們的「桂林街精神」。校歌上說：「手空空，無一物。」諸位不要單想當時桂林街情況，認為校歌所云手空空無一物，是專指那時情況而言的。校歌此語，諸位須用哲學、文學的眼光與態度去欣賞，這是說我們應始終在創造進取中，不以小成就自滿，不沾沾計較物質條件為有無。今天我們學校的物質條件，誠非桂林街時期所敢夢想，但我們依然還是手空空無一物。只是我們在桂林街時期，確實曾下了一顆種子，今天的成長與發皇，全由那顆種子來。這不是外在的條件，而是內在的生命。我們卻須鄭重珍惜。我們雖是前有雅禮幫助，後有港府津貼，這些外在有利因素的配合，我們自然歡迎。但我們所欲保持而發揚光大者，則是我們的內在精神。因此，校歌「手空空，無一物」之下，接着是「路遙遙，無止境」。但話又說回來，我們的前程雖遙，我們究已踏上了我們的征途了。我們該知我們之所謂路遙遙，無止境者，究是什麼一條路。

每一學校應有其特點，正如每一人應有他的個性一樣。新亞應該有新亞自己的特長，這並不是說新亞特別好過於他校。祇是說，新亞與其他學校比，有其不同處而已。我望同學們，必須了解這一點，才能不自驕自滿。更不該存心要以第一自居，把其他學校盡當成第二、第三，認為不如我們。這種觀念，對自己前進也極為不利。將來你們踏進社會，要貢獻你們自己的特長，但同時須知，社會是一個大集體，不可能由一人包辦。我們只該希望社會上任何人皆有其特長，不應只知自己，抹殺他人。認為自己有了特長，便社會一切事盡可解決，那只是一種狂妄之見。

新亞自有新亞的特長，不必隨波逐流，事事隨人腳跟轉，這是我們該當仁不讓處。但人與人、團體與團體，各該用各自特長來向人羣作貢獻。至於其相互間，則並無一定的優劣與長短可比。人各有所長，亦各有所短。既不要我跟人腳跟轉，也不能要人跟我的腳跟轉。海濶天空，鳶飛魚躍，才是一個平等自由、理想太和的社會。

再一點，我們該知，大家固該各有特長，做一個特殊的人。但又不能祇做一個特殊的人，還該同時做一普通人。

人各有其個性，與各有特長。此項個性與特長，應求其盡量發展。但人與人間，尚有許多共同點，亦應大家鄭重保持。例如諸位來校讀文科或商科，自己的專修科目固然要好，而共同必修科亦不能不及格。我們應有長處，但不該有短處。所謂長處是指他個人專長言，短處則指共同的尺碼言。你儘有長處，但大家共同的尺碼，你不該不及格。不能因你自己有了長處，而原諒你自己的短處。這與輕視別人的長處，同樣不應該。

我們學校現在所擬定推行的學術研究化，用意是，要同學們各以自動的精神，來發現和發展自己的長處。有些同學程度較差，亦務必依照程序，按部就班，努力讀到及格以上。天資高，基礎好的，自可求較高成就。但這方面全靠諸位各自努力。而程度太低的，不及格的，則須學校加緊鞭策。學校定下一項制度，只能顧到普通多數的需要。因此，在提倡學術研究化的背後，對少數優秀的，將儘量鼓勵其自由上進，無限度的上進。對程度低落的，則須加緊督促，務求他能達到最低限度的水準。而中間多數的同學，反而學校像較少注意了。這一層，諸位須仔細瞭解，實在學校是最注意在多數方面的。

例如有些同學，各科成績都好，但有一兩科不及格，學校也須依章把他留級。學校並不能強求每位同學都做傑出人，不能要人人都是天才，成績最優秀。學校只能希望，同學不把成績做成最低、最壞。當然，我們希望同學，至少將來須好過現在你們的先生們，如是才是一種進步。倘同學永遠不好過先生，人羣將再不有進步，教育也將成為無意義。但不能奢望每一同學都能好過了先生，學校儘抱此希望，但不能把此來督促，這留待同學之自勉。學校只希望同學們能成績不大壞。所謂行政制度化，便要從這方面來督促。所謂課程學術化，則是學校希望同學們能無限上進，凡屬有希望、有造就的同學，都能有造就。但你成績縱好，若有幾門課程不及格，或在某些方面犯了校規，學校還是要處理。這在學校方面，是有其積極的意義在內的。因學校是為普通一般多數而着想的，只在多數普通之間，鼓勵其長處，同時也該裁減其短處。

在我們新亞，我認為是會培養出人才的，這有以前幾年成績可證，我不能在此列舉。但須注意者，所謂人才，有辦事的人才，亦有做學問的人才。這都是人才，相互間卻不可互相菲薄。新亞何以能培養人才？這要歸功於我們學校的諸位先生。有時先生說一句話，可以開導學生一條路。這句話可能不在教科書上，也可能不是在課堂上所講。他這一句話，也並不是每個同學都能領會，都能受用。但只要能領會的，就可受用無窮，甚而打開他終生的事業和做學問的大路向。先生之重要，就重要在此處。我認為，我們新亞的教授人選，能具備此項標準的。因而本校已往歷屆畢業同學中，已有嶄露頭角的，並有很多在逐步上進中。一個學校，只要培養出一個異常傑出人才來，已屬了不起，已值得大家引以為榮。但學校所能盡力的，仍在大多數，只在大多數中開此一路，讓此大多數來各自努力。我務請諸位緊緊記住此義，不要忽略了你自己的一分努力呀！

我們學校所努力的目標，應是在造就人才，並造就傑出的人才。外面物質條件之充實，與外在環境之變好，都得配上此一目標。此一目標是精神的，就此一目標而言，學校將永遠是「手空空，無一物。路遙遙，無止境」。大家都得在此十二個字中細細體會，才能希望自己成才。否則，如以為新亞已有了新校舍，便心滿意足了，那便是墮落。學校如此，個人亦然。人生本空空如，死亦空空如，一切空空如，何來那一條路？當知那一條路就是人生責任、人生理想，也便是人生大道。人生來雖手中無一物，但他兩個肩膀上責任卻重，因此人生必有大抱負、大胸懷。要能了解來去本無一物，可有可戀，而後此人纔能有所擔承，有所成就。

我們學校這一精神，是能造就人才的，但不知究是那一位，這在同學們自己立志努力。諸位不要認為畢業了，進入社會謀得職業，前途便定了。那些只是獻身社會開創事業的起始。

我們希望在本校同學中，沒有一個落後的人。而在這些不落後的人中，復能有傑出人才拔萃而出。這不是先生們的責任，也不是學校的責任。學校和先生都不能指定，某些人有希望，某些人無希望，某些人是人才，而某些則否。這全在同學們各自立志向前，誰也決定不了誰。

同學固是要立志做第一等人，但須知，在社會上第一等人不限定一個。社會上可有、亦應有，各種各樣的第一等人。陸象山先生曾說：「即使我不識一字，也要堂堂地做一個人。」但這只是哲學家言，不識字不害其堂堂地做一個聖人。從另一方面講，不識字的即不得進新亞。諸位當知，做聖人不一定要進學校，但要進學校便不能不識字。學生進入學校後，他所修課程就不能不及格，也不能不守校規。這些全是制度。青年在求學時被學校開除，而以後做了大人物的也有。但同學們不能以此為訓，不能以被開除來作為做偉人的準備。學校同樣希望諸位做偉人、做聖人，但要求諸位遵守校規，遵循學校制度，進德修業，對各課程勉求及格。這在學校立場上也有其意義的，諸位該有瞭解。即如最近大學生活上有很多篇文章，由我校同學寫的，內容多屬批評我校的中文系。這些同學似乎大多是自恃本身小有長處，而欲逃避中文系所規定的課業，這是不對的。例如同學儘管有長處，但究不能寫別字。我們中文系有些規定，是只訓練一個同學具備在文字修養上有起碼才能的辦法，但並沒有限止同學們之無限上進。

同時我也希望同學們要養成你們自己一種反抗的精神。譬如說：先生批評某同學不好，那同學便該偏要好給先生看。誰也不能估量別人的前途，孔子說：「後生可畏，焉知來者之不如今也。」每一位先生，應該有一番「敬畏後生」的心地，才是一理想的好教師。每一學生，應該有「有為者亦若是」、「當仁不讓」於師的想法。但我這話，並不是鼓勵諸位忽視課程與忽視校規，這是兩件事，而是並行不悖的兩件事。

總而言之，行政制度化與學術研究化，兩者須配合。而此一配合是積極的，不是消極的。前面路徑放寬，讓同學各自發展所長。後面督促嚴格，不准同學犯規，不准同學自暴自棄偷懶慢忽，不准同學成績不及格。每一同學要立志做一傑出人才，但同時又要做一普通人，大家所有的共同標準，你不該輕視。歷史上每一偉大人物，常是從最平常、最普通中間來的，所謂「極高明而道中庸」，同學要懂得「中庸之道」，要能從中庸中見高明。

今後我們學校外在環境之變化，固然不可預知，但同學們儘可不去注意這些。我們學校的價值，實不在這些上，不在外在環境之如何，而在能否保持我們本身內在的精神，及能否發展我們本身長處。諸位同學應明瞭，我們是一個普通學校，但我們有我們的特出之處。因我們有一些特長，有一些傑出之處，所以我們有價值，而社會也需要我們。但我們也不該忽略一般學校之共通點，我們更不該多生比較之心，常要求自己是第一位，要高出別人。

今天的話，可以補充去年最後一次月會的話。同學們要了解學校的想法，才能了解學校的做法。如果不了解學校的想法，就會對學校的做法有疑問，或有反感。總之，學校所希望的是，同學都能獲得一最低的水準，要和別人家至少站在同一水準上。另一方面，我們希望同學中能有傑出人才。這在同學們各自勉勵，各自向各自的特長發展。這裏有競爭，但無比較。若一有比較之心，便失卻遠到之望。個人如此，團體亦然。外面人常喜把新亞和別校相比，但我望新亞同學不必存此念。我們要在無比中見特出。我盼新亞能如此，亦盼諸位同學都能如此。

關於丁龍講座

——第三十九次月會

一九六一年三月二十七日

諸位先生、諸位同學：

今天本來是請一位加州大學的哲學教授來講「杜威的人文主義」的，臨時他病了不能來，來不及請別一位先生講演，只好由我填空。臨時想不出講題，因今天早上，有大批畢業文憑須簽字，正忙着簽，直到此刻還未簽完。同時又接到兩封信，一封是由臺北寄來的。那位先生從別人處見了我們學校新出的新亞心聲，非常欣賞，特地來書稱許。那位先生本人的詩就很好，他竟能欣賞到我們，說大學學生能寫詩，而且一般說來寫得尚不錯，又能集合成本，實在難得。他又說，我們本未送他此書，他是在別人處看到的，因此那位先生更想看我們其他的出版物。這一信使我很興奮。

另一信是我們新亞第一屆第一名畢業校友，由美國哈佛寫來的。他在好幾年前去哈佛，現在已專心在寫論文，待暑假可得哈佛的博士學位。他信上所提，是為他返校服務之事。我去年在美國，早約定他學成回母校任課。但此刻哥倫比亞大學有一個「丁龍講座」的席位，卻要請他去擔任。讓我先交代丁龍講座之來歷。

遠在美國南北戰爭時，有一位將軍退休了，寓居紐約附近，那位將軍獨身不娶，性情相當怪，家中僕人都給他打罵跑了。丁龍是我們山東人，隻身去美國當華工，他便投到那位將軍家裏。不幾天，那位將軍脾氣又發，要打要罵，丁龍受不了，也跑了。過了幾天，那位將軍家裏失火，亂七八糟，將軍獨個兒正沒擺佈，那丁龍卻回來了。將軍驚喜之餘，俱問所以，丁龍說：「聽說你家失火，沒人幫忙，所以復來。」那將軍說：「前幾天我要打要罵，氣跑了你。今天我正在無奈中，怎麼你又肯來幫我？」丁龍道：「這因我們中國有位孔夫子是講忠恕之道的。你平常雖待我不好，但你為人也不全壞，我想我和你總有些緣分。你此刻需人幫助，我若不來，似乎就不合我們孔夫子所講的忠恕之道了。」那將軍聽了，以為丁龍是位讀書人，便起敬道：「原來你是能讀古書的，知道你們古聖人孔夫子的道理，我以前不知道，對你失禮了。」丁龍卻說：「我不是讀書人，而且也不識字，我所講那些孔夫子的道理，只是我小時由我父親口授給我的。」將軍聽了，又以為他是個書香之家的子弟，父親讀了書教給兒子。誰知丁龍又分辯道：「連我父親也不識字，那些道理是我祖父講給我父親聽的，而且連祖父也不識字。」原來他們丁家只是世代耕地，卻一代代，祖教父，父教子，都講些孔夫子的道理。將軍聽了，大為感動，便請他繼續留下，從此主僕如朋友般，而且兩人也都沒結婚，竟如相依為命般。後來丁龍先病倒了，他對將軍說：「我在你這裏做了幾十年工，吃的、穿的、住的，都由你供給，還餘留有你給我的工資，現在積存也有一萬金。這些本都是你的錢，我死了，就把這一萬金還給你，算我答謝你的厚德吧！」那位將軍聽了，十分感動。心想：中國一個不識字的苦工，尚有如此般的德性操守，這絕不是偶然。因此他一心敬重中國，發心要人來研究中國文化。遂把他晚年全部財產共二十幾萬塊錢，加上丁龍的一萬，送到哥倫比亞大學去，指定要設立一講座，專來研究中國文化。這講座便定名為「丁龍講座」。這講座一直到今日未中斷。

我上次去美國，才聽到了這事。我平常常講，我們目前的知識界，擔當不起來作中國文化的代表人。若要眞講中國文化，或許轉在那輩愚夫愚婦一般老百姓身上。他們並不識字，也未曾受過新式教育，但他們身上卻還保留得些中國文化。我素常如此說，我從前去臺灣，聽到了吳鳳的故事，便逢人就講這理論。現在又聽到了丁龍的故事，這也就是我素常愛講的那番理論的最好一個例子了。諸位同學，別看得這事簡單，這事絕不簡單，這是中國文化之眞傳統、眞精神所在。一個中國青年到外國去獲得博士學位，他所能對中國文化表現與宣揚，或許就不及這一個不識字的鄉下人——山東苦力丁龍。

現在再講到余英時校友的來信。余君是我們學校第一屆畢業生，他現在在哈佛功課很好，今年他就要得博士學位。我去年去美國，要他回新亞來任教，他一口答應了，但最近卻又出生了問題。哥大擔任「丁龍講座」的那位教授，現在年老該退休了。那位老教授雖是美國人，但他生長中國，又在金陵大學任教多年。他老人家退休以後，哥大方面卻考慮要請一位中國人來擔任那講座。他們多經考慮，從年老一輩的考慮到年輕一輩的，結果竟決定有意請我們的校友余英時君去擔任。余君年事輕，資歷淺，當然不能直當丁龍講座的主持人。但他們決把此講座虛懸着，待余君到哥大任教幾年後，再正式任此講座。現在余君來信，要我決定他的去留。他以前已答應回母校，他既應允在前，不便自主，所以要我作決定。從我想來，教授、系主任種種名位，我都不動心。但這個「丁龍講座」的名義，卻實在不同，我心下非常高興，滿想讓他去。我此刻尚未作回信，也不論余君到底去不去，但此事在我想來，究是我們新亞的光榮。新亞不是一向說提倡中國文化嗎？現在有我們新亞的同學去美國任丁龍講座，實在使我聞之心喜，因此在這次月會上，脫口向諸位同學先報告。

講完了今天恰恰收到的兩封信，我還有餘時要提起今天上午的另一件事。

正在這月會前，我讀完了那兩封信，又有兩位南洋同學來我室中告別。其中一位說：他四年來在新亞，不敢說學到了什麼，但最低限度自信是多懂了些做人的道理。他這句話，實在說得非常得體，使我聽了心上無限愉快。我們在學問才能方面，可以客氣，可以謙虛說我沒學到什麼。但講到做人之道，卻是客氣不得的，萬不該說客氣話。你可以說自己學問不好，但你總不能說讀了四年書連人也不會做，連做人道理也不懂，那就荒唐極了。正如文章可以謙說寫得不好，但卻不能為了謙虛就說自己滿紙都寫了別字。別字是不該寫的，做人的道理是不該不懂的。那兩位南洋同學畢業而去，自承懂了些做人的道理，這話眞使我高興滿意。

上面所講，只是我今天上午，收到了兩封信和接見了兩位畢業同學的瑣事，隨口報告給同學們聽，因我本沒預備來講演。今天所要講演的本屬東西文化和哲學問題，其實這些不講也沒有關係，因此等大題目，不能和人人講，也不能求人人懂得。還是那起碼的做人道理，讓我們把丁龍作題材作榜樣吧！這就是我們常說的，人文主義和中國文化。我盼望諸位同學先學做人，都能像那位南洋同學來跟我告別時所說的話一樣。那就是我們新亞教育之成功，那就是我們新亞精神呀！

本刊進入第四年

一九六一年六月

新亞雙周刊已經辦了三年，現屆第四卷開始，我想藉此說幾句話。

這一份刊物，我們創辦時的用意，不外兩點：一是逐期報告學校師生們生活的實況，一是預備作將來校史之一份重要參考材料用。此兩目標，我們這三年來總算是保守不失。我們在此刊物上，至少做到沒有掩藏和沒有誇大，這是我們所堪自信與自慰的。

但所謂我們師生的生活實況，究竟有何值得如此經常記錄報導的意義和價值存在呢？此一問題，實在值得我們師生們共同深切的檢討和反省。

我們這一份刊物，已有三年的歷史了，究竟在此三年內，我們學校之一切，曾有了幾許進步？這些進步是否值得我們滿意呢？我們也正好從頭把此三年經過，憑藉我們這一份刊物來作客觀檢討之資料。這是我要提出之另一點。

又次，我們在此刊物內，經常發表師生們尤其是師長們的言論意見，有關新亞進展理想方面的並不少。我們究竟在那些方面確能依照自己當時理想實際努力而又確有成績表現的呢？這又是我們值得注意的又一點。

再就另一面講，我們這刊物本身，如內容形式、取材、編排種種，究竟是否也能與年俱進呢？這又是我們值得注意之一點。

我們希望此刊物，不僅在實況上作報導，尤其在我們所抱負的理想與應有之精神上，更能盡一份職能，來作鼓吹與領導。

我們亦希望此一刊物，在全校師生心理上，更能有其親密之關切。人人能把此刊物，當作學校師生共同生活上重要一項目，大家各盡所能，來求達此刊物所應有之功能，而求其不斷之進展。

以上這些話，都是我對此刊物第四卷開始所懇切想說的，讓我們大家努力以赴吧！

歡祝本屆畢業同學

一九六一年七月

今天是我們新亞第十屆的畢業典禮，並是新亞研院所第五屆的畢業典禮，恰好一五、一十兩個數字之配合，易於引起我們此後來紀念。更巧的是，今年是中華民國五十年，更易引起我們此後之紀念。

我提到此項數字，我將就此數字上來發表我一些意想。

五十年，在歷史上講來，似乎並不長。但若我們一加細思，便知不然。若從孔子時代算起，到今只是兩千五百年，五十年已佔全長五十分之一。此五十分之一之比數，也不能算小。即就周公時代算起，到今三千年，五十年已佔全長六十分之一。即從中國文化之最長時期說，中國歷史自古到今五千年，五十年也已佔了百分一之比數。

何以我說五十分之一的比數不能算小呢？如把孔子、孟子下到朱子、陽明等，中國兩千五百年歷史上所有大聖大賢，舉其最高標準之人物寫下五十名，此五十年內應該佔得一名。又如把兩千五百年中之大文學家如屈原、司馬遷、杜甫、韓愈等，舉其最高標準之人物五十名，我們此五十年中也該佔一名。又如大政治家、大軍事家、大藝術家等等各色各樣人物，我們在此兩千五百年內，各舉最高標準者五十名，我們此五十年中照例也該各佔有一名。依此類推，舉凡歷史上大事業、大著作、大成就，一切的一切，我們此五十年代若能各佔其五十分之一的話，諸位試想，此五十年代豈不燦爛光明，大堪驚人嗎？

現在說到我們這學校，自創辦迄今，也已十有三年，在此五十年代中，也佔了超過五與一之比數。若照我上面所說，此五十年代，在中國全歷史應佔如何比量，應有如何成就，則我們這一所學校也已佔有五十年代中五分之一強之比數了，那我們這一學校也該有些成就。而此刻說來，則使我們自感慚愧。

現在再說到諸位。我常說這一所學校，應是師生合作，共同負起此學校之前途的。學生對學校所負之責任，主要還在其畢業之後。我這番意思，曾對我們新亞校友會說起過。現在試想：倘此學校再經四十年，便有五十屆畢業，而諸位今天便佔了此五十分之一，研究所同學也佔了四十五分之一之比數。諸位自今天畢業離開學校到社會，再過四十年，不過六十多。但諸位細思，在此四十年中，豈不對自己，對學校，儘可有極大成就，與極大比重的嗎？

再就諸位個人說，今天的平均年齡是二十五歲，其實怕不到此數。我盼禱諸位能長壽百歲，但二十五歲實已佔去了此長命之四分之一。如此說來，諸位或許會引起內心警惕，好像隨便就過了二十五年。其實此二十五年在諸位之全生命過程中，是佔着如何重要的地位和分量呀！但諸位也不必因此感覺悵惘，四分之一之比數固重要，諸位以下各自有四分之三之餘數，豈不更重要！諸位如此想來，自知我今天告訴諸位的話之意義。

諸位莫認為個人是渺小的，生命是短促的。即如孔子，只活了七十多歲，但自孔子到今，雖有兩千五百年，孔子一生也就佔去了這段時期中三十五分之一之比數。諸位試想，孔子到今那段歷史多長，孔子一人生命未到八十，不算高壽。而他對此一段歷史之貢獻，與其地位及分量，則不待我再說。

我當然不敢把諸位都希望比孔子，但歷史上已往人物，可希可比者尚多，諸位也不當在此上作謙，卻當在此上立志。

我們中華民國以往五十年快已算過去了，但在此下的五十年，正是諸位的時期。到再過五十年時，諸位有的已過七十，有的快到八十。所以此下五十年，諸位都該好好把握，善用你們那四分之三的生命，來好好努力。為個人、為學校、為國家、為歷史文化、為人類，請諸位莫輕忽辜負了。

我盼望諸位在此下五十年中，能一五一十地常為人數說，那是何等光榮，何等值得歡暢，值得紀念呀！

即此歡祝諸位前途無量。

競爭比賽和奇才異能

——第四十二次月會講詞

一九六一年六月廿六日

各位先生、各位同學：

今天是本學期最後一次月會，因要頒獎，所以並沒有像往常般請一位先生作專題講演。我把下面一些剩餘時間，來講些此次頒獎有關人生及教育的意義。

到底在整個人生中，及教育意義中，競爭和比賽有沒有提倡的必要呢？有的人很輕視競爭比賽，有的則很重視，也有些覺得是無所謂。我認為，人生是該有競爭比賽的。例如：我愛好圍棋，但只是擺譜，不喜與人對弈，因此棋藝永無進步。為學做人亦同樣，只有競爭比賽，才能眞確了解到自己，使你自己眞確得有進步。當然人生最高境界是超乎競爭比賽以上的，如云：「曲高和寡。」可見音樂上最高境界，並不在比賽中見。又如云：「文章千古事，得失寸心知。」可見文學上的最高境界，亦不是可由比賽中見的。但這些能達到最高境界者，其初時都得經過與人競賽的歷程，存心力爭上游，才能成功。孔子所謂：「見賢思齊」，所謂：「三人行必有我師焉」，卽有「競」和「賽」之意義在內。為學做人都不是閉着門一人做的事，都需在社會朋友中磨練做成。比賽競爭之事，也並不可忽。

其次，這次頒獎，似乎多屬所謂奇材異能方面的。團體大了，必有奇才異能之士出乎其間。如淺水小池，只有平常的魚蝦之類。水大了，便魚龍混雜。深山大澤，龍蛇生焉。山大了，則有麒麟。林深了，則有鳳凰。天地生人，本各賦與一分奇材異能的。此種奇材異能，在整個人生中，亦是應該嘉獎鼓勵的。今天，我們學校比賽項目尚少，以後應逐步加多，使各種奇才異能都得一展所長。

但做人總該做一個普通平實的人，不要把你的奇才異能來損害了你的普通平實。我曾看梅蘭芳舞台生活五十年一書，使我對梅之為人更深欽珮。以前我以為梅蘭芳不過一伶人，只是有他一套奇才異能而已。看過此書，方知他平日為人極普通，極平實。用一般標準言，至少是夠得上普通平實，方顯得他那套奇才異能更為可貴。其他有名伶人亦不少，但或有些做人的普通條件不夠，只以其技藝驕人，則風格便低下了。

孔子曾說：「周公之才之美，使驕且吝，其餘不足觀也矣。」周公可謂達到了奇才異能之最高峯，但若不普通、不平實，便不足觀。此層務望同學注意。

我希望我們同學中，每一人都具備一套奇才異能，這比清一色好得多。天地生才，必有奇異。諸位讀歷史，便能見到許多奇才異能之士。我常愛讀班固漢書的兒寬傳贊，乃知漢武帝時，獲得偉大輝煌之成就，是決非偶然的。諸位有暇，不妨翻來一讀。

本來奇才異能之士，無時不有，但也須社會獎勵提拔。一般普通平實人，有時看不起奇才異能，那也是錯的。

如在我們學校，只要在開盛大的同學會，或在舉行各項比賽時，便易顯出奇才異能之重要來。奇才異能可使人生多采多姿。不僅學問事業上貴奇才異能，一切奇才異能都可貴，只不要在自己一項奇才異能之上自驕自喜，忽略了普通平實一面便好。諸位當知，最偉大的奇才異能，便是最普通平實者。此事要我舉例並不難，但要我說明其中道理，便有很深邃處，非幾句話能說盡。不如留待諸位各自細細去參悟吧！

第十屆畢業典禮致辭

一九六一年七月十五日

今天為新亞本校第十屆畢業、研究所第五屆畢業舉行典禮。我已有專贈此兩屆畢業同學的一篇講辭，刊在本屆畢業特刊上。今天乘此機會，再報告一些新亞最近的情況。

新亞辦學宗旨：第一希望盡可能延聘好教授，第二充實教學設備，務使此校成為一所具有高深學術研究風氣的教育機構。最近本校圖書館已擁有接近十萬冊的中西文書籍，並歷年出版本校教授同仁及研究所員生之著作及論文，以及本科在校學生之優良成績，約略統計當在五十種左右。若計算字數，至少已遠超過了五百萬字以上。我們不日當在圖書館，專編一份本校員生同仁之著作論文目錄，及設置專櫃陳列其出版物。並在不久將來，本校將特籌經費，成立一出版部，以適應學校以後對此方面之需要。

本校在下學年開始，並將正式成立理學院，連原有文、商兩院，鼎足而三。創設理學院為本校歷年計劃之一，所以遲遲到今始獲實現，因先有兩條件當考慮：一是教授人選，二是實驗室之設備。關於第一點，我們認為近代科學日新月異，應多延攬新進人才。但為理學院之通盤計劃及行政需要上，又不得不延攬資歷深、經驗富、比較年事稍高之前輩學者來主持與領導。目下此一問題已解決。本校先已設有生物系與數學系，下年增設物理、化學兩系，共成四系。除生物系已聘定任國榮先生為主任外，其餘三系，新的主任人選，均已在最近延聘相當人充任。此三位新主任，不僅各自具有極高榮譽的學歷，並均係擔任其他有地位大學中之教務長、理學院長及兼任其本系主任之職位歷有年數者。且又係在擔任行政與教務工作外，仍不懈於自己崗位之研究，不斷有高價值之論文著作刊布。惜乎他們應聘前來，在各該原校，必多加以慰留，我不便在此時先將各位之姓名宣布。至於實驗室儀器設備方面，除生物系兩年來已粗具規模外，物理化學兩實驗室，有本校董事會、雅禮基金會、亞洲基金會及世界大學服務會、教育司特別補助，又加熱心科學教育之南洋華僑徐銘新先生一人慨捐巨資，在本學年內，本校所能花用在理化實驗室設備方面者，已有港幣二十五萬元之鉅。就目前創始情形論，本校以後之理學院，必可與原有文、商兩院後先競爽，說不定後來居上。新亞的理學院，可能成為新亞一支強勁的生力軍。

有人說，新亞宗旨在提倡中國文化，何不專一經營文學院，卻要分散精力來辦理學院？但本校提倡中國文化，決非抱殘守缺。文化內容理當日求創新，即本校文學院，文、史、哲、藝術各系一樣中西並重，並不走上偏枯之路。工商實業與自然科學，在當前民主與極權兩世界中，同樣重視。只其運用之意義與途徑，則顯有不同。中國文化對世界人類之主要貢獻，端在人文本位修、齊、治、平之大理想、大原則方面。因此本校教育理想，不僅是理科、商科方面之各種學術技能可以增進中國固有文化傳統之內容，抑且重在發揚中國固有文化，可以對理科、商科各門學問賦與以更新之使命，開創其更新之前途。本校常教諸同學為學、做人齊頭並重。為學方面須能順應世界現代潮流，須能具備世界現代規模。但做人方面，則須能承受自己文化傳統，發揚自己文化傳統精神。我們新亞前途，一面須能有世界性的學術地位，同時須不要忘了，這是一所中國人栽培中國青年的學術園地。這是我們的理想與抱負。

現在再說到本屆畢業同學身上。本校另一注意點乃為畢業校友之前途。這十屆以前九屆的本科畢業同學，五屆以前四屆的研究所畢業同學，他們或投身社會，或繼續在國外學校進修，他們中亦有極佳成績表現的。我想本屆畢業諸君應各自知之，我不想在此一一歷指，迹近誇張。但願諸同學離校以後，都熱烈參加校友會，大家共同努力。當知新亞精神，一面固然表現在學校，另一方面則需表現在此後的校友會。如此分途並進，將來到舉行第二十屆、第三十屆畢業典禮時，再看我們表現如何吧！

專此祝畢業諸君前途無量！

秋季開學典禮講詞

一九六一年九月十八日

各位先生，各位同學：

今天是本學年度的開學典禮，因為還有幾位先生要講話，我只撮要地向大家報告兩點：

第一關於教務方面：從今年開始，我們學校的理學院正式成立了。上年我們已增設了生物與數學兩系，今年又新開設物理系與化學系，現下理學院共有了四系。這是我們學校新成立的一院，與舊有的文學院、商學院鼎足而三。至於為何要設立理學院，去年在畢業典禮講話中，我已詳細說過，現在不再重複了。學校一天天在發展與擴大，但我們不要忘了學校的中心精神，和學校的特有個性。我再簡單說，我們學校希望能有兩種精神：

一、中國文化精神。諸位是中國人，這是絕對不該忘了的。無論在何處，在何事上，都要如此提醒自己。既然為一中國人，就必要尊重中國文化傳統，從而督促自己要做一個像樣的中國人。

二、服務的精神。諸位來學校非僅為了拿一張文憑，謀一份職業。當然，我們也不是說要諸位完全不注意到這上去。但這只是一種最起碼的條件而已。如果我們單是為了找一職業為謀生之途，那只是自私自利，並非諸位來學校求學之主要目的。諸位應能對社會乃至人類有貢獻。父母生了我們這一個人，有手、有腳、有頭腦、有聰明，更有機會受高等教育，完成了你一個人，總要記得將自己所學，對家庭、對社會、對國家、對人類服務有貢獻。

以上兩點，我曾一再提起，今天再特別把來提醒大家，千萬不要忽略了。

第二關於校務方面：現在學校的校務，共分總務、教務、訓導三處。今年的總務長，仍由蕭約先生擔任。我一向佩服外國人的辦事精神，記得在民國十九年我在燕京大學教書，有一件小事，卻令我非常注意。即是：燕京學校裏的路燈，它的開關遲早，天天依着天氣陰晴和月亮圓缺而異。月初，路燈便開得早。若遇明月高照，路燈便開得遲。燕京是外國人在中國所辦的最高學府，從這一件小事上，可以看出外國人的辦事精神來。我們學校所以要請蕭約先生來擔任總務，也是希望他能把西方人的辦事精神，灌輸到我們學校。

我們的教務長由創校迄今十二載，都由唐君毅先生擔任。但唐先生兼職甚多，他現任文學院院長，哲社系主任，又兼研究所導師，還要自己從事著作，實在太忙了。他歷年來屢請辭職，我們今年已改請吳副校長擔任。本來吳副校長也已很忙，但在教務職務逐漸分任的大原則之下，只有請吳副校長為學校多化這一分精力了。

訓導長本由程兆熊先生擔任，程先生在中文系教課，也忙着在課外從事著作，他亦請辭去訓育兼職，所以今年就改請歷史系教授陶振譽先生擔任。

說到學校行政方面，我們盼望要能根據中國儒家人格教育與現代民主制度，兩相配合推進。儒家教育理想，以尊重人格為主。在雙方人格相互尊重下，就產生了中國傳統的一種道德精神。這是我們一向所提倡的。無論在教務訓導方面，學校當盡量尊重各同學的人格。但諸位同學，亦須了解學校的行政與課程方面之種種規章與制度。當知，學校每一制度的成立，都是一種師生相互人格尊重的表現。

講到民主制度方面。諸位在學校是同學，到社會上服務，有團體，有同事，在國家同是公民。所謂尊重人格，首先須了解一點，人在這世界上，不僅是自己一個人的存在，每一人都只是人羣中的一份子，都不能背公而顧私。只有人格是各人自己的，其他都在人羣大公之內。做一公民，便該服從國家法律。當一學生，便該服從學校規章。而我們學校的一切設施，則盼望能採公的態度，採用民主的精神。只要關於公眾的事，總要懂得少數服從多數。無論在學校的任何方面，都要懂得將公私分開。這並不是說要諸位公而忘私，諸位當知，我們各自的私，全賴在人羣公共之中才能存在而表現。

例如現在我們學校有同學四百人，諸位就各是其中的四百分之一。你的一切，你該知道將在此三百九十九份放進去之後才能顯出。就香港而言，則你只是三百萬分之一了。就中國而言，你又只是六億分之一了。假如將世界歷史上的人類都加進去，簡直不知我們該當得其中的多少分之一，這眞是渺乎其小了。但雖小，總是有你們的一份。諸位當知，一與一是平等的。如果是一個三口之家，父母親與兒女都各是三分之一。夫婦之間，相互各是二分之一。刎頸之交的好朋友，也只是二分之一。這裏面有公亦有私。在人羣大公之中，就有我的私。只不要因私而忘公。我們該懂得把這種精神來處家庭，處社會，處國家，而為人羣服務。

孔子曾說：「克己復禮為仁。」「仁」不能在各人的私上見，必在人羣之公上見。我們學校的訓導、教務各方面的行政，都盼望能以儒家人格教育與現代民主精神為中心。特別是我們本屆的新同學，你們進了新亞，就是新亞的一份子了。希望你們時時刻刻記得學校的精神與理想，來在此學校中做成一新份子。

孔誕與校慶講詞

一九六一年九月二十八日

各位先生，各位同學：

今天是學校建校十二週年的紀念日，回想過去，由於我們自己努力奮鬥，與外界熱烈支持援助，使我們學校有今天的規模。有幾點是值得我們慶祝的。

第一：我校在極端動亂的時代開始。當我初來香港時，廣州快要淪陷，此間情形亦極為混亂。我們創辦此學校，是在此間除香港大學外，現在各所大專學校之先。最初成立時，僅在晚上租佐敦道偉晴街華南中學的兩間課室開始，那時名稱「亞洲文商學院」。半年後，搬到桂林街，改為日校，始定今名。曾記有一位美國人來校參觀。他說：他在法國也曾見到過一所像這樣的流亡學校，此外便沒有像此般學校在他見聞所及了。我們在此極度動亂的時代創辦此學校，所幸我們沒有喪失了我們自己的理想，並不斷努力向此目標而前進。由今想來，可知我們並不要怕外界動亂來影響到我們，只要我們能堅持，我們的理想仍有實現的可能。一顆種子埋在地下，縱使經歷了暴風烈雨嚴霜寒冰的摧殘，但它仍能萌芽生長。這一點是值得我們慶祝的。

第二：我們是在極艱難的狀況下維持此學校。當初在桂林街時，我們只盼此學校能一日不關門，便決意一日不離去。或許今天在座中，有那時早期的同學，他們對我們學校當時的情形會很清楚。我們就在這今天不知明天的狀況下，咬緊牙關，渡過了漫長的五年。這又是值得我們今天來慶祝的。由今想來，我們也該說，我們不要怕外界的動亂，在動亂中仍可以建立基礎。我們也不要怕自己的艱難，在艱難中仍可以實現理想。

第三：我們學校能有今天的規模，這要感謝各方面對我們學校的愛護與援助，否則遲早總會要關門的。外面首先來援助我們的是亞洲基金會，跟着有雅禮協會、哈佛燕京社、福特基金會、洛氏基金會等各機關。最近兩年內，又得到香港政府補助。如此已有了七年的時間。如果在此七年內，沒有外界助力，我們學校卽不可能有發展，不可能有進步。例如一顆種子，定要它生根、長枝、開花、結果。若永遠只是一顆種子埋在地下，它老不能抽芽發葉，也便不能算是一顆種子，因為它根本沒有表現出它種子的能力來。這點也是值得我們今天來慶祝的。

第四：我們自從得到亞洲基金會、雅禮協會等各方援助，我們在此七年來，也幸而並沒有辜負了他們的期望。每一年，我們必有長進，有發展。如果是三年前入學的同學，請你們回想此三年來的經過。如果是在校七年的同學，請你們回想此七年來之經過。我們在學校各方面實已盡力期求改進，而且也確是不斷有進步。這也是值得我們慶祝的。

第五：十二年來，我們在校的先生們，不僅在教課方面，使同學們有長進，而且在教課餘暇，還能完成發表了不少著作。即是同學們，在研究學問方面，亦都有很好的表現。或撰寫論文，或在其他方面見成績。另一方面，說到離開學校的同學，也不斷地有長進。雖然我們建校只有十二年的歷史，但已有校友能在本校任課，並有在世界著名的大學任課的。例如在美國哈佛，在香港大學等，都有我們校友在那裏任課了。我盼望提倡同學們在課程之外的研究。例如上學年中文系同學所寫的詩，彙印了一本新亞心聲，已得到了外界不少的贊許，這也是一好現象。我上面所講學校發展，並不只是指着外表的建築或圖書館之擴大與充實，以及增加新的院系等。更亦是內部的，先生同學在校內校外學術上都有所表現，這是值得我們來慶祝的。我們只在此短短的十二年中，自然不能期望過高，但在歐美各國知道新亞的已很多。我們學校的出版物，在國外亦有了地位。這雖不許我們因此自滿，但也值得我們以此自慰。這又是我們今天值得慶祝的。

第六：我們學校的校慶，開始是定在雙十節，因我們創辦此學校是在國慶前幾天。加以時局動亂，大家在亂離流亡之中，感慨更深。我們深覺得，我們各個人的生命與國家民族的盛衰息息相關，沒有了國家也就會沒有了我們，更會沒有了我們的團體與事業，所以就將我們學校的校慶寄附在國慶那一天。從去年開始，我們把校慶日改定在孔子的誕辰。因我們感覺把國慶當校慶，容易引起外界誤會，或以為我們的學校是太過富於政治性。我校理想以提倡中國文化為目標，我們更該側重在文化教育性方面來慶祝，故把校慶日改在孔子誕辰。我們盼望國家有前途，必先盼望我們人民有希望。要人民有希望，必該靠重文化力量。孔子誕生至今已過二千五百年，孔子是中國文化的代表與象徵。我們把校慶改定在今天，對我們學校理想，是再恰當不過了。我要鄭重而誠懇地請我們各位同學，以及教職員們，都不要忘了我們自己是一個中國人。當知我們做一個中國人，並不是我們的羞恥，乃是我們的光榮。並不是我們的負擔，而是我們的責任。中國文化有其悠久的歷史，更有其崇高的價值。將來中國文化對世界人類前途，應有其貢獻。我們每一人，應有一份責任心，不僅為國家民族，也是為世界全人類。我們該發揚我們中國的文化傳統，我們是中國人，就應該尊重中國文化。要尊重中國文化，就該尊重孔子。尊重孔子，意義重大，今天不能詳細講述。但請諸位立志由進新亞開始，努力要做一個像樣的理想的中國人。大家該知尊重中國文化，這就須我們表示對孔子的敬意，這一層應是大可慶祝的。

第七：我們學校或許很快會變成香港中文大學的一份子。但這卻並不是一件十分了不起的事。最緊要的，還是不要忘了我們十二年前創校的理想，及十二年來這不斷奮鬥的傳統精神。如果一旦成為中文大學了，就把我們的創始理想和傳統精神遺棄了，正如一人去外國留學，得到了學位，就忘記了他自己是一個中國人，那是不值得我們稱揚的。一個人無論如何該知不忘本。將來諸位再了不起，也不該忘了自己的父母。我們生為中國人，這可說是一種天意，或說是上帝的命令。諸位來新亞讀書，乃是你們的自由意志。這些我們都不該忘。我們盼望我們學校將來任何演變，任何發展，都不要忘了新亞創校精神，這又是大可慶祝的。

第八：一切事都不能只求維持原樣，也不能專一回頭記念已往。我們只該向前，只該永遠向前。

我們希望新亞將來能在世界大學學府中獨持一幟，我們不該以現在的情況為滿足。我們創校只有十二年，比之英國牛津、劍橋，美國哈佛、耶魯，他們有創校的悠長歷史，把我們新亞作比，眞是差得太遠，無法作比。近如香港大學，它創始迄今，也已五十年了。我們這短短十二年，當然不能與五十年、五百年，乃至五百年以上的相比。我們要希望新亞也能成為世界上一著名的大學，不是十年、二十年的事。恐怕再等五十年、一百年，是否才可和其他著名大學相比，也難說。但我們要照此做的。再過一個十二年，兩個十二年，如此以往，是否眞能變成一所世界著名的大學，是否能與世界第一流大學分庭抗禮，這一層要諸位懸存心中，這也大可慶祝了。

第九：在桂林街時，由於經濟環境種種限制，我們學校連一個工友也沒有，抹窗、掃地等，都由同學做。今天我們學校已有發展，我並不希望此刻四百位同學都來替學校抹窗掃地，只希望諸位努力為學做人，都做一個像樣的中國人，都在文化學術上有成就有貢獻。我們今天，仍是「手空空，無一物；路遙遙，無止境」。我希望以前各屆畢業的同學們，以及將來絡續畢業的同學們，都能參加校友會。諸位不要認為校友會無力量，再隔一個十二年，三個十二年以至無數個十二年，我們將會有多少校友呢？到那時，或許有很多校友都成為社會上的重要人物。我們學校的存在，必要有一團體來支持，這就是我們校友們的責任。待到校友會能來維護此學校，此學校才算眞正的有基礎。這是我們的事業，我們的理想。此種事業和理想，固非一日所能實現。但孔子當時所抱的理想，到今已經兩千五百多年，而仍在不斷發展。我常說，我們學校是一個大家庭，諸位都是這家庭中的一份子。今天我希望諸位能多進圖書館，多注意研究學問，將來能回頭來維護此學校，發展此學校的理想。中國文化存在，我們此學校也存在，並能無窮無止地發展下去。這又是值得我們大大慶祝的。

第十：由桂林街到今十二年，這十二年間的發展，我們在前是做夢也想不到的。在桂林街時，我們並不曾想到有今天。我盼諸位試想十二年後、二十四年後、三十六年後，新亞會變成什麼樣子呢？我們的國家社會又將如何呢？我們要遠望將來，不能只顧眼前。行百里者半九十，一百里路，跑了前面九十里只算是一半，後面的十里又是一半，這後面的一半才是真長遠真艱難的，需要我們不斷奮鬥。但我們千萬不要忘了開始時的精神。諸位在社會上，他日有所建樹，而還不能忘做小孩時光景，那就很好了。我們要向前邁進，但也不要忘本，讓我們能年年來慶祝這校慶吧！

上面講了十點，值得我們在校慶日慶祝的。前面五點，屬於已經過去的。我們不要因為小有成就而欣欣自滿，我們還有更遙遠的路程需要不斷的奮鬥。後面五點，是我們新亞師生每一個人的責任，各位都要努力肩負起這責任，使我們學校的理想得以發展，創校的精神得以保存，終有一日成為世界上最著名的一所大學。

歡迎羅維德先生

——第四十四次月會講詞

一九六一年十月二十四日

今天我們萬分高興歡迎羅維德先生重來新亞。我想：在座諸同仁與同學，大多數都是認識羅維德先生的。只有少數不認識羅維德先生，但對羅維德先生的名字和其為人，也都早知道，所以我今天不必特為羅維德先生個人作介紹。我今天所想說的是關於雅禮協會與新亞合作的這一事件之過去和現在及將來。

雅禮協會是在美國耶魯大學之內的一個私人團體，這一團體由於有意到中國社會來推行醫藥與教育事業而創始的，到今已快近六十年的歷史了。一個私人團體，專為別一個社會而努力，而能一批接一批的，繼續維持到五十年以上的歷史。這一種精神，已值我們敬佩和效法。

自從大陸赤化，雅禮協會在中國內地所辦的事業也停頓了。七年前，雅禮協會推派耶魯大學歷史系教授盧鼎博士來東方，他的使命是要在臺灣、菲律賓及香港三地，重行設計雅禮協會所可能推進的新事業。盧鼎教授此行，決定了一個雅禮與新亞合作的意見，回去報告，獲得了雅禮協會之全體同意，這便是新亞與雅禮合作的開始。

新亞是在萬分艱難中創始而維持的，自從獲得雅禮協會之合作，遂能打開新局面，得有今天的成就。新亞也是一個私人團體，由於抱有某一種的理想而創始成立的。這和五十多年前，雅禮協會之成立，正無二致。但此兩團體所抱理想，就其大體言，都是為著人類社會之教育與福利求有貢獻，這是相同的。而講到雙方理想之內容方面，則總有許多不同的存在。因此在開始幾年的合作上，雙方總是有一些隔膜，或說是不相瞭解處。

在雅禮與新亞合作之第五個年頭上，羅維德先生由雅禮協會推派到新亞來作為雅禮的代表，同時也成為新亞的董事。羅維德先生在新亞雖然不過一年的短時期，但從他來新亞以後，可說雅禮與新亞之合作，又邁進一新階段，即是在雙方的理想上，精神上，獲得了更深一層的相互瞭解與相互信任。因此我常說，雅禮與新亞之合作，就新亞一方面的感想而言，創始這一個規模的是盧鼎教授，而奠定這一個基礎的則是羅維德先生。

羅維德先生在新亞，正值新亞開始接受香港教育司津貼，成為將來成立中文大學之一員，這裏面有種種討論，種種決策，以及種種商談，羅維德先生始終參與，而且是新亞方面為此事盡過最大努力，經受過最大辛勞的一人。照理說，我的年齡比羅維德先生輕，我在新亞的責任比羅維德先生重，但在此事經過中，我所盡力的，遠不如羅維德先生般辛勞而繁重。自冬迄暑，我和羅維德先生這一段共事的經過，將使我永遠不能忘懷。

我很願意羅維德先生多留在新亞，又怕他太辛勞了。但羅維德先生告訴我，能為新亞盡力，他都情願。只若回美以後，能對新亞更多貢獻，則他還以回去為是，因此我也不再多留。自從羅維德先生回美以後，我又接踵而去耶魯，那時羅維德先生是擔任雅禮協會的副主席之職，他為新亞所盡力的，一如他在新亞時，還是同樣地辛勞，而羅維德先生總是樂此不疲盡力以赴。在我朋友中，能一心一意，全心全力為一件事，為一個理想，而努力以赴之的，像羅維德先生，可說是我心中最敬佩的一個了。

羅維德先生是一個虔誠的耶教徒，我在羅維德先生身上，更認識了耶教精神，更認識了西方文化之特有長處。我在羅維德先生身上，也更認識了雅禮與新亞之合作精神。

今天，羅維德先生重來新亞，計算他離去新亞，已是兩個年頭了。我不知新亞此兩年來，倘有一些進步，能否合乎羅維德先生平日所念念不忘的對新亞的想像和希望。我常想，一些顯著在外面的事業上的成就，總是發動於蘊藏在某一人或某幾人的內心深處的一番眞誠和熱心的。但那些外面的成就，也總會抵不過那蘊藏在某一人或某幾人內心深處的一番眞誠和熱心的。

此次羅維德先生之來，雖只短短的十天光陰，但我希望羅維德先生看了他離開新亞兩年來的經過，多少能獲得一些安慰。更希望羅維德先生在此十天之內，能多多給我們以指示和鼓勵。更希望羅維德先生在短時期內，能第三次來新亞，能多住一些時。到那時，羅維德先生將會和他太太一同來，羅維德太太也是同樣時時紀念到新亞。而在新亞方面，凡認識羅太太的，也在此時時同樣地紀念到她的。

臨了，我代表全體敬祝羅維德先生健康。接著我們請羅維德先生對我們全體講話。

寫在本刊五卷一期之前

一九六二年六月

第四卷的雙周刊，已告結束，這是第五卷一期的開始。雙周刊的編者，要我對此一年經過作一檢討。雙周刊之用意，主要在報導學校生活。學校生活有進步，雙周刊自可隨之有進步。儻學校無進步，則雙周刊內容，自亦難有進步可期。此一年來，學校共同生活和羣體生活，似乎更有增進。而雙周刊之報導，似乎亦益見豐富與充實。這至少是值得我們引以自慰的。

至於學校的教學成績方面，雙周刊篇幅有限，未能包羅。除卻研究所的學報與學術專著，學校本部之新亞學術年刊均能照常繼續外，這一年來，各學系同學之平日成績，已絡續由各系分別彙集刊行，如外文、藝術、經濟、生物各系都有。這更是值得我們欣喜的。

但進步無止境，理想更無止境。我們決不能單就這一些進步，便沾沾自喜。我們該多方策勵，進益求進。近來亦有一部份同仁和同學，關心到學校處境日趨複雜，認為學校本身的自由少了，進步會受阻礙或停滯。這也是有理由的。進步必與自由相輔，苟無自由，何來進步。但從另一角度看，有時專一向外爭自由，並不即是自身的進步。而自身求進步，卻可獲得對外更多的自由。讓我們平心來看學校之內部，豈不還留著甚寬之餘地，好讓我們來力求進步嗎？

中國儒家傳統一向主張「盡其在我」。所謂盡其在我，便是把我所能力求進步之自由，盡量發展。這一層，更值得我們大家警惕，大家體會。學校之進步，主要還在學校之自身。我們試一回想，我們學校當在桂林街初創時期，豈不在客觀條件上給我們以種種限制嗎？我們能在當時不受此種種限制而日求進步，斷無今日處境反見不如理想。此層，盼我們反躬自省。大家能在所能盡力處善盡其力，以求學校之更益進步，這是我們的責任。我乘便在此提出這一意見，來為我們對此下一年的新亞，和此下一年的雙周刊作懇切的希望。

回顧與前瞻

——第五十二次月會

一九六二年六月十三日

諸位先生、諸位同學：

今天是本學年度最後一次的月會。每年我都借此機會，講一講過去一年來我們學校是否有些新的進步，值得我們高興，及下一學年我們當如何努力。換言之，即是我們學校此一年度之回顧與前瞻。希望我們每位先生和同學，都能在這一題目下，作一反省。個人宜如此，團體也宜如此。學校是一個團體，凡屬此團體中之各分子，都認為此團體以及各分子各個人作一反省。

今年我們學校最值得紀念的一件事，是理學院正式成立了。在理學院的四個學系中，生物系成立最早。而此二年來，生物系在學校所表現的成績已很好。雖然時間比較短，但與其他各學系相較，可以說並無遜色。生物系已成為我們學校極有前途、極有希望的一系了。我們更希望化學系、物理系和數學系，在最近的將來，同樣會有極好的表現。設立理學院，本是我們一向的理想。但因種種限制，主要自然是經費問題，直到今年才開始完成了我們的第一步。我希望理學院的先生和同學們，大家能不斷努力向前邁進。這是我們新亞一朵新的蓓蕾，一顆新的生命種子。

第二件值得我們提起的事，是在下學期可添一座新校舍，主要是作為禮堂之用的。本希望在下學期開學前完成，但因種種條件拖延了。目前預計，最早也要在暑假開學後兩個月才能落成。但這一拖延的責任，則並不在學校，這是我希望各位知道的。

除了上述兩事之外，還有什麼新的進步值得我們回顧，和在將來的校史上記錄的呢？我想，自從去年來，各位同學在課外研究的成績表現，已絡續出現了許多學系的刊物。例如經濟學系，自從有壁報取名「社經」，開始至今，歷年沒有間斷過。本學年開始擇優付印。其他如中文系、外文系等，皆有定期性的刊物。中文系的新亞心聲，專載中文系同學規定課程外的詩課，迄今已出了兩期。在大學文科中，能由各同學自己寫詩，那是一種新風氣，亦是一種新表現。因此，自新亞心聲出版以來，已頗得外界之好評。中文系又希望能出版一本有關課外研究的册子。其他各學系，有的有系的刊物，有的沒有。但我想，此項風氣一開，沒有的慢慢也會有。這是一種規定課程之外的研究心得之表現。或許從嚴格的標準來講，不能真正達到所謂學術研究的水準。但只要有了這種興趣，這種表現，總可以說是一種學術研究的開始。這是我一向提倡的課程學術化。以後只要大家依此努力，在篇幅內容上求進步，我們盼望隨後有更好的、更理想的成績。

只要是一所有名的大學，真像樣、真夠水準的大學，定是一間具有學術性的大學。學生們來到此大學，一定會感染到一種研究精神。至於提倡此種學術研究，領導此種學術研究的，這是先生教授們的責任。一位合理想的大學教授，主要不衹在講堂上，而在其能主持和領導研究。我們新亞歷年來已有新亞學術年刊，便是發表先生們的著作和研究成績的。其他各位先生獨自發表出版的著作，也是歷年有增加。我希望同學們受此影響，大家能努力在研究上，使新亞成為一所富有學術研究精神的學校。

再說到我們的研究所，從今年起，又創辦了一個「南洋史地研究」的新單位。第一步以歷史為對象，第二步憑著歷史研究，再接觸到南洋各地的現實問題。設立南洋研究，亦是我們好幾年來的理想，而在今年才始獲得初步的實現。現在我們已請得一位極合理想的導師來負責。目前是限於經費，談不上規模。但我們整個學校不也是平地拔起的嗎？稍待時日，我們要把自己的成績來獲得外面的注意和援助。我想這一工作，是極有意義，同時也是極有前途的。

以上各點，在目前所能說的，都不過是一個開始。將來成績，則要賴各位師生們共同努力，並能繼續不斷地努力。這都不是任何一個人所能擔此責任的，乃是整個團體長時間性的表現。諸位是新亞的份子，盼都能貢獻諸位的精力、智慧，甚至生命，共同為此一理想而前進。

現在講到我們學校在暑假後會有什麼新的發展呢？即是對將來有什麼盼望呢？若就建築而言，我們已沒有空地再蓋房子了。當現在正建築的那座禮堂完成之後，勉強約可容納六百位同學罷，那已是我們最初理想的數字了。又以學系而言，現在已經有了三個學院、十二個學系。在短時間內，應不會再有其他別的新院系之產生。就是有，也不可能在很快的時間之內產生的。但是我們要問，理學院固是剛開始，文學院、商學院則已有了十幾年的歷史了，是否能不斷地逐年有進步呢？有時我們所用的力量與所得的成績，並不能成正比。例如爬山，爬得越高，阻力越大，越難上進。我們上面所提出的幾點進步，那都是一種新的開始。新的開始固重要，但舊的不斷上進更重要。若只能有新開始，而舊的不能有不斷之上進，這又有什麼意義呢？這是我要提出請諸位特別注意的。

或許諸位在關心著，下年度我們學校能否正式成為中文大學呢？此事大體上到七月或可有分曉，因英國派了五位委員來港視察，且待到時看他們的意見再說。這件事在香港社會上是人人關心的。除了香港大學外，若能在香港再有一所中文大學，這自然是很有意義的。但從我們學校立場來講，我希望大家不要把此事看得太重。若我們換另一方面講，這也可說不過是一招牌的問題。掛起了大學的招牌，還是這一所學校。不掛大學的招牌，也仍還是這樣的一所學校。絕不可能因今日掛上了大學的招牌，就使我們的學校眞跳上了一級。也不可能因其沒有掛上一塊大學招牌，便使我們學校後退了一級。我此所講，是一「名實」問題，這是很重要的。

我們一切要重實際，不要徒尚虛名。我曾竭力勸諸位，到學校來，不要太重視一張文憑。每一位同學畢業都會有一張文憑的，但在此一張文憑之前後，都還是一個你。文憑之有與沒有，得與不得，與你自己之進步與否，並不完全是一回事。拿成績或分數論，有的六十分，有的八十分，中間儘有高下好壞。同有一張文憑，可能相差很遠。諸位應放開一步想想，在今天香港社會上，能拿到一張文憑的，究是青年中少數之尤少數。拿不到文憑的，多的是。但他們各有他們本身的價值、前途與將來。

不能說拿了文憑卽有前途，拿不到文憑卽沒有前途。一切我們要問自己本身之實際，不要過份看重外面虛名。文憑和招牌，有時僅可算它是虛的。

就算我們新亞下年度眞成為中文大學了，又如何呢？且看香港大學，已經有了五十年的歷史，我們新亞則還沒有到十五年。又如美國耶魯大學，已有了二百六七十年的歷史，新亞則連二十年都沒有。大學與大學之間，亦儘有高下好壞。在任何環境中，我們都要重實際，站定自我的立場。當然在環境上，我們各方面的條件會比不上別人。但人也不是種種條件便可能把他限制的。如我們力求上進，這決不是外面環境和條件所能阻。卽如我們學校，由桂林街到現在，短短不到十五年，但我們的同學也可拿著新亞文憑直接進外國研究所。我們的畢業生，除卻在本校、在香港大學任教的以外，已經有人在美國大學正式教書，而且不止一人，又是在美國有名的大學教書。可見外在條件實在限制不了我們。新亞規模雖小，但在學術界，各處知道我們新亞這個名字的已不少。無論在美國，在歐洲，新亞的名字對他們並不太陌生。我們在短短時期之內，在極艱困之條件下，我們能有此成績，也是我們可以自慰的。

現在我試再作一淺譬，如我們坐上飛機就能飛。飛機是實在的，飛也是實在的。但一塊招牌是虛的，一張文憑也是虛的。手上拿到一張文憑，這不比飛機，不能使你方便到處飛。文憑之於個人，招牌之於全學校，同是一樣。我勸諸位，不要太重視虛名與外在條件。個人與團體之成功與失敗，全須在實際上用心。要能腳踏實地，要能貨眞價實。若只重視文憑和招牌，重視社會虛名，這並不能眞正幫你的忙。反過來說，沒有招牌，沒有文憑，應該照樣有辦法。我這番話，說得像淺，但諸位應該把此淺言作深思，且勿忽略才是。

最近我在雙周刊五卷的首期，曾寫了一篇短文，希望沒有留心看此短文的同學，再仔細去看一看。我們有很多先生都深切地感到，以前我們是關著門辦學校，現在是開著門辦學校。外面有熱心幫助我們的，我們不能放棄此機會。否則我們就永遠停留在桂林街時代。我們縱說有我們的精神，但精神的表現也一定要寄託在物質上。這正如人的靈魂，一定要寄託在肉體上一樣。又如花草的種子，埋在土裡，才能長。但埋在此地下，便只能在此地長，這也是一限制。上帝給了我們人類以靈魂，但一定要寄託在肉身上。而人又一定要跑進社會，生命才有歸宿。正如一顆種子，一定要埋下土，又要太陽曬、雨淋，才會生長。否則便會枯死。條件不能限制我們，我已在上面說過。但我們不能要求一切須是無條件。比如靈魂進入了肉體以後，肉體便成為靈魂之限制條件。但靈魂仍有其自由。靈魂憑藉肉體，而使四肢各盡其功能。因此，我們應懂得如何來運用條件。在運用條件上，則須要有我們自己的精神。也可以說，條件愈有限制，而精神愈見發旺。理想必投進於現實，必憑藉此現實來完成。世界就是如此般進步的。理想無窮，條件也無盡。縱使我們上了天堂，我們在天堂裡仍該有理想。否則不再奮進就完了。

現在我們說回本題。若我們學校有一天掛上了大學招牌，我們要有進步。今天不掛大學招牌，我們同樣要有進步。我們學校之現有成績，比上不足，比下有餘。我們本不該專一用心與人比。我們主要在能把今天的我與昨天的我比，要能反問自己，我今年是否比去年有了進步？縱有了進步，還得問，我是否已盡了自己的聰明與智慧？而我此一年來的進步，是否已滿足了我自己的理想？若我能更多加一倍工夫的話，是否仍還是今天的我呢？我們在校的先生們，也要如此自問，是否已盡了自己的力量呢？若我能更多加一分心力，是否在教導上能比今天更好一些？我們且可不必責備到學校，也不必責備到別人，只要各自自我責備。學校不必責備學生，學生也不必責備學校。遇到不夠理想的，在我可能範圍內，多盡我一分力量，試問是否會更進一步呢？或是我的責任已盡，不必再責備自己呢？所以同學在校的，只該責備自己努力不夠，卻不必責備先生或學校，當然更不必責備學校以外的社會。如說香港是一個工商業社會，文化水準不夠，學術空氣淡薄。當知此等話，並不能把我們的責任交卸。縱是大沙漠，亦一樣有生命。我們更不必怪到亂世，說生在亂世沒有意義。我們只應反問自己，即在目前狀況下，我是否用力已盡？亦有的怪父母生我不好，使我身體不壯健、腦筋不活潑，比不上人。不要怪父母，其實一切不必比，只要把自己與自己比，把我今天和昨天比。當知學理科的，不一定全要做艾因斯坦。讀文科的，不一定全要做莎士比亞。讀商科的，不一定全要做什麼大王。只要自己不斷有進步，這才是眞能比。從學校方面講，或有許多對不起同學的。但同學也可想到有很多對不住學校的。如此想法，在學校，在同學，便能各自求進，卻不至互相責怪，當然更不必多來怪外面環境與時代。

我們當知，各有各的條件不同。我們也不能期求外面沒有任何條件來限制我們，我們也不必以各人的條件來相比。人人各有一可能，並有其最高可能，正貴各自努力。以上是講的所謂內外之辨。此與名實之辨同樣重要。無論做人和做事，只求向內務實便是。

現在學校可說是到了一個最艱難的階段，外面條件儘多，我只盼我們此後一切都能注重內部。求學校進步是大家團體的事，希望我們師生各能盡量拿出自己的聰明才智來，同心合力一意向前，專在實際的事務上著力，這才是所謂新亞精神。精神是內部的，但內部眞能不斷上進，這是最不容易的。我希望大家能一致記取我言，在下學年大家努力，向前邁進。

對十一屆畢業諸君臨別贈言

一九六二年七月十四日

歷屆畢業同學離校，校方諸師長，照例或用文字，或由講演，或取談話方式，總有許多臨別的贈言。其實那些贈言，都是老生常談。若說有用，卽一句一字，也可使受者畢生運用不盡。若說無用，則雖多亦奚以為？只是照例有此一套，其關鍵主要在受者，不在贈者。

從前中國禪宗祖師，曾有一譬喻說：「恰如載一車寶劍相似，將一柄出了又將一柄出，祇要搬盡，那有什麼意思。若是本分手段，拈得一柄便殺人去。那裏只管將出來弄？」諸位在校四年，所習所修，十八般武藝眞像是都弄過了。只要眞使得一件作看家本領，便可仗此防身禦敵，並不要件件武器都能使。至於那些臨別贈言，更屬多餘。所以那祖師又說：「如龍得半盞水，便能興雲起霧，降注大雨。那裏祇管大海裏鯤，謂我有許多水也。又如會相殺人，持一條鎗，才見賊馬，便知那個定是我底。近前一鎗，殺了賊，跳上馬背，便殺人去。須是恁麼始得。」

但例行事總還是例行事。今年畢業諸君，又要我寫幾句臨別贈言，那也情不可卻，理當有贈。讓我再試舉宗門一故事，聊以應例。

有一僧，一夕在某祖師處侍立。祖師說：「更深了，何不去？」那僧人珍重便去。卻回，曰：「外面黑。」祖師點紙燭度與僧，僧擬接，祖師復把來吹滅了。那僧於此大悟，便禮拜。今試問：那祖師究竟指點了些什麼？那僧人究竟悟了些什麼？此一故事，卻值得諸位深思。

依照宗門規矩，我不該對上面這節故事更有多說。多說了不僅是廢話，而且會愈說愈遠了。說遠了，會對諸君反而有害。但目前的世法，則總要人多說，好像愈多說愈好。我自然亦當循此世法，不免在此一節故事之後，仍再說幾句。

諸位此時畢業離校，正如那僧人夜深宜下。但外面漆黑，那是諸位初進社會會有此感的。所以諸位當離校而去之際，總會要諸師長有些贈言，正如那僧人珍重出去了卻又回一般。那祖師點與他紙燭，卻又一口吹了，這正是一番最親切的大教訓。其實外面雖黑，那僧人豈不保此一心，具有兩眼兩腳？大可小心放膽直行而去，不必疑懼卻回。或許此僧人所悟，便悟在這上。因此直從他內心感激，要向祖師深深禮拜了。

諸位讀我此番話，或許會別生疑情，說我教人總好舉孔孟儒家格言，此番為何一變常態，拈出禪門機鋒來。其實也如上舉，一車寶劍，任拈一柄卽得。十八般武藝由你使，使鎗也好，使刀也好。那僧人便只在祖師吹滅紙燭時得了大悟。可見關鍵還在諸位自己身邊。爭儒、釋異同，辨中西文化得失，此等都會愈說愈遠。且不如先問諸位切身受用在那裏？

我姑拈此義，作為對本屆畢業諸君的臨別贈言罷。

新亞書院文化講座錄序

新亞書院之創始，艱窘達於極度。同仁心力無所展布，乃於日常授課之餘，週末之夜，特設文化講座。除同仁主講外，並邀在港學者參加，以社會人士為聽講對象，而新亞學生亦參列焉。其時，新亞校舍在桂林街，隘巷穢濁，樓梯窄而黝，盤旋而上，每不得踏足處。講室設座，無憑無靠，危坐不能容百席。而寒暑風雨，聽者常滿，新亞學生僅能環立於旁。並有每講必至，歷數年不缺席者，孫君鼎宸即其一人。孫君於每講必有筆記，藏之有年，有意整理印行，此亦新亞早年一份至可寶貴之史料。唐君毅先生長新亞教務，始終主其事。匪唐先生不能有此講座，匪孫君不能有此記錄。孫君整理既竟，爰為序其端。

壬寅夏至錢穆序

英國文化協會贈書儀式中致詞

一九六二年七月五日

此次英國文化協會贈我們三千鎊的巨款，我們得以購買有關各科參考的英國著作，並又獲得大英博物館所藏中國敦煌古寫本之全部影片。在我們圖書館平添了一大宗珍寶。我今天乘此機會，特別要向英國文化協會致謝意。

說到敦煌，在中國唐代，是中西交通一個陸路站。因此在此僻小地區，還保留下許多當時的鈔本書籍，以及繪圖和雕刻等有關宗教方面之藝術品。這些鈔本，此刻已分散到全世界，而大部份則分別收藏在倫敦和巴黎兩處。在倫敦的這些鈔本，則已全部攝成影片。

此項古鈔本，近幾十年來，已為全世界學術界所注意。中間有許多為研究中國唐代文化和社會各方面之重要資料。尤其是關於佛教經典及民間文學之兩項，已引起了當前學術界之普遍重視。有不少中國學人及其他各國之學人，不斷前往倫敦巴黎參考研究。此次我們能獲得倫敦收藏之全部影片，更值欣喜。

我們今天處在香港，這是近一百多年來中西交通一港口，恰和唐代時的敦煌，一南一北，一水一陸，古今遙遙相對。我們處在這裏，瞻念前人遺業，更應該對當前中西文化交流此一巨大職責，有所奮發。這是我在今天的儀式中，尤其要特別提起的。

謝謝英國文化協會，並謝謝諸位來賓。

秋季開學典禮講詞

一九六二年九月十日

諸位先生、諸位同學：

今天是本校第十三年的開學典禮，我們首先將表示歡迎從今年起的新先生與新同學。今年的新先生下面將由副校長介紹報告。現在說到新同學方面，本年統一入學試錄取共超過了五百位，但到本校報到的只有一百二十餘人，較本校原定錄取名額一百六十人，尚缺三十位。其他兩間補助專上學院崇基與聯合，聽說報到亦未足額。三校合計應尚有一百個缺額。但那些錄取的人，究竟不知何處去了。香港的中小學都嫌學額不夠，但我們這三間專上學校，今年人數反而收不足，豈非是一件怪事。誠然，香港社會一般人，對我們此三間專上學校的地位，仍然不重視。所以能進入港大的，以及有能力遠赴英美留學的，又有去臺灣的，此外香港尚有三間師範學校，留下來有志到三校的學生，自然也不一定很踴躍了。

當然主要的第一點，是這三校還未正式成為中文大學，因此社會對此三校比較漠視。我為此事，經常告訴我們新亞的同學們，進入學校讀書，不要太過看重那一張文憑。只要有眞才實學，將來不怕沒有出路。所以選擇進入大學，主要應選擇此大學之內容，莫要只注重那招牌。從前國內學生投考大學，卻懂得這一層。當時國內大學雖多，大家爭先恐後去投考的，則只有少數幾校。諸位當知，你們進入一學校，會影響諸位將來的一生。也可說諸位的將來，已在此刻進入某大學時，早決定了百分之四十以上。或諸位今天不進新亞，而轉入其他學校，在名義上是差不多，在實際上則各校所給諸位之影響各不同。我們負責教育的人，自應警惕這一點，當知我們所負責任實甚重大。雖然諸位將來離校而去，好的不一定會感激學校，壞的亦不一定會責備學校。但學校的責任總是非常大的，我們不得不反心自問，警惕着這一重大的責任。

說到有關中文大學的事，此刻富爾敦先生所領導的那個調查團已回倫敦去，他們將在十一月中旬有一正式報告。據非正式的消息，這個報告中，或將建議在明春或暑假後，即成立中文大學，此三間學院均可在內。惟今年的新生，是否可以獲有正式大學文憑，刻尚不可知。至於今年的四年級、三年級、二年級生，會不會有大學文憑，這就更不可知了。我現在附帶告訴諸位，關於這些問題，我們可不必太重視。我在上學年最後一次月會中曾講過，一旦掛上大學招牌，新亞仍是新亞。若不掛上大學招牌，新亞也仍是那新亞。主要在學校自身能不斷自求進步。

說到學生方面也一樣。諸位須深切瞭解，學校有了招牌，學生有了文憑，固然好。但主要不在此。諸位不能專從文憑上來估量出路，出路不一定專靠那文憑。尤其是為長久計，當知一個人在社會上的出路，不專限在明天，主要在我們能有不斷的奮鬥精神。我上面所說，也就是我們新亞教育精神最重要的一點，我曾屢為諸位講起。今天的新同學，可說已上了新亞的第一課，此下盼能在眞才實學上各自鍛鍊你自己。

每一年，我們學校必要有一次或一次以上的檢討，現在我要重複上學期最後一次月會所講，約略檢討我們學校之過去與將來。現在我們學校中重要的學院和學系，大致都完成。只有理學院生物系、數學系尚有一年，物理系、化學系尚有二年，始有畢業生。這幾系的課程與教師，尚需增添。其餘各系則大體都已定了。說到學校組織方面，教務、訓導、總務三處，也已各有規模了。我們的校舍，到年假新禮堂落成，亦卽告一段落。而我們的大學招牌，不久亦將可能掛出。如是說來，我們學校的一切，到此已有一個小小的段落了。此下我們的新希望，該注意在那一方面呢？

我想引孟子的一段話來說，孟子說：「可欲之謂善，有諸己之謂信，充實之謂美，充實而有光輝之謂大。」我們學校在桂林街時，一切都眞是在可欲的時期，現在經此十三年，頗多是有諸己的了。此下的一段，我將請大家注意孟子的「充實」二字，我們學校正該刻意去求充實。在我們的教授先生們，我盼望能以身作則，在學術上不斷有新貢獻、新發現。對同學課程上亦要更負起責任，不斷在課程內容方面求充實，求革新。而同學們也應努力追隨學校此一宗旨，來充實自己。

關於「充實」二字，我想有一神話故事，可以作譬。此神話說：有一道士，放鵝入籠，從一鵝裝至十鵝，同樣裝下了。乃至二十、三十、一百頭鵝也裝下了。而那籠卻依然。其實那故事卽可以如今的香港作證。香港此十幾年來，從幾十萬人到數百萬，擴大了六七倍，猶如此道士之籠內之鵝，逐次裝進去，而香港還是一香港。若論我們的腦子和心胸，更不知可裝進幾多，而此腦子此心胸依然如舊不覺。我所講之充實，簡單是如此。讓我們不要專在外面量上看，轉從內面質上看，如是充實不已，便可有光輝。

說到一個學校要有光輝，那談何容易。世界有名大學如美國之耶魯、哈佛，英國之牛津、劍橋等，可謂是有光輝了。那是經過幾百年之充實而來。光輝是從外面人看來的，充實卻靠自己。新亞若說到要有光輝，那是距離太遠了。但憑良心說，新亞還是太不充實，不充實那會有光輝。我盼望各位先生同學，不斷充實自己，俾能使新亞眞成為一富有學術性、研究性的學校。不斷在我們內容上精神上求充實，我們學校終有在別人眼中見到光輝的一天。這是我們今後最該注意的一點，我特在今天提起。我們將懸此目標，在此後五年、十年中，不斷用此目標來檢討。這是我今天所要向諸位講的話。

孔誕、校慶及教師節講詞

一九六二年九月二十八日

諸位來賓、諸位先生、諸位同學：

今天我們在此慶祝孔子聖誕、校慶及教師節，關於學校方面，我在上學期最後一次月會及本年度開學典禮上，已講了許多，不擬再在此多講。關於孔誕方面，我特地寫了一篇文章，在今天出版的新亞生活上刊載，題目是校慶日勸同學讀論語並及論語之讀法。我並在去年校慶日亦寫有一篇論語讀法。兩篇文章寫法不同，意思卻是一樣，各位可以把我去年一篇重新參讀。在今天所刊出的一文，最後第二段排印兩錯字，我得在此提出。我在這一段裏告訴諸位，做學問要一點一滴做起，讀論語也該一字一句的讀。論語載：有一次孔子問子貢：「你與顏淵孰賢？」子貢回答說：「回也聞一而知十，賜也聞一以知二。」顏淵與子貢都是孔門高第弟子，但他們也只能一件件、一項項，逐一在孔子處聽受。所以我們做學問也應該今天知道一件，明天知道一件，逐一地累積，然後求會通。讀論語自然亦要一章一節，一字一句，逐一去讀。不應先橫梗着一番大道理、一項大題目在胸中，認為不值得如此細碎去理會。諸位讀論語，若能讀一章懂一章固然是好，若不能時，即使讀兩章懂一章，甚至讀十章懂一章，也已不差了。全部論語共不到五百章，若我們能眞懂得五十章，也已儘夠畢生受用。

關於教師節，孔子為萬世師表，中國自孔子建立師道以後，至今尚沒有一個比孔子更偉大的教師出現。中國社會常說：「天地君親師」，可見對師道之重視。我還記得幼年時，七歲開始上學，第一天父親親自送我到學校，先拜孔子像，再拜先生。當時社會一般人對先生的尊敬，由今說來，幾已是不可想像的了。在家庭中，父母兄弟姊妹，都對學校先生懷着敬意。因此入學的學生，自然不會對先生不尊敬。

我在民國元年自己開始做先生，那時社會上尊師之風仍保持。我當時僅十八歲，學生有比我年齡大的，但他們對我一樣表示十分尊敬。若見到學生家長，卽或街坊中人，他們亦必恭敬稱呼「先生」而不名，自然很多人根本不知此先生之姓名，但其恭敬之態度與心情，令人十分感動。

時間慢慢過去，先生漸不為社會所尊重，甚至也漸不為先生們自身所尊重。這裏原因極多，時代變了，社會變了，一切也隨之而變。但有些則其過在做師長的自己身上。猶憶民國十七年，我自無錫一師範轉到蘇州一中學去教書，到校約一月之後，有一晚，有六七個學生到我房間來，談話間問起：「先生來校已有一月之久，為何不見你告假？」我說：「我無病，又無其他事故，自然不告假。」但我心中甚奇怪，因反問學生：「你們是否希望先生告假呀？」他們初時面面相覷，後來才說出其中原委。乃因民國十六七年間，政治動亂，學校經濟受影響，教員薪水發不下來，祇發些生活補助費，所以先生大都告假。大致學生們更佩服的先生，告假也更多。告假多少，轉成為那位先生學問和地位高下之一種表示。他們見我不告假，因而感到奇怪，故此相問。當時我就對他們說：「我來的責任是教學生，薪水是我職務之報酬，我自己不該不盡職，而且不發薪水也非學校之過，乃是政府發不下來，但你們的光陰卻不該由我來浪擲。」

在這一件事上，我深深體驗到一般社會心理的轉變。做教師的順着社會潮流，也把教書當作一種職業，和其他謀生手段並沒有甚麼不同。教師領不到薪水就請假，在別人看來，也沒有甚麼不對處。這種觀念，到今三十多年，已經是一種極普遍極正常的觀念了。

回憶在民國初年，凡學校請先生，或由校長，或是學校委託人，必親向先生表明禮聘之意，經答應後，再致送聘書。至於薪水多少，請先生的與被請的，都不會提起，直要到正式教課後，再由介紹人或其他有關人，轉達說明薪水數目。這是一種心理，表示聘先生不該重在經濟報酬上。換言之，即是師道之尊，不能用薪給來估計和衡量。但到後來，必先講明薪水，一般人認為這是天經地義，無可厚非。

有一年，我在小學教書，當時學校開學僅一個多月。大約中秋節前十天模樣，我忽然收到一間中學的電報，請我到該中學任教。我心裏很願意去，但已接受了小學一年聘書，中途辭職於心不安。去向校長談起，校長一口勸阻，只有將辭職一事擱置下來。後與另一同事談起此事，他力主我辭職，並勸我再次向校長請辭。結果得到他的同意了。他那次挽留我，絕不談到學校等級和薪給高下，那位校長實是遵守著一向很典型的舊禮貌，使我至今還記在心。後來在中學，某年接到中山大學的來信和電報，請我到中大去教書。當我持信電去向校長請辭時，校長說：「你在中學教書，本是委屈的。但我仍請先生留下，隔一年兩年，我們一起走罷。」我因他這一留，把中大聘書退回了。

我談及這些往事，是說當初做教師的轉換學校，斟酌去就，至少在經濟待遇上，是不能提出作為正式理由的。但現在做教師的，已經認為待遇、鐘點等，是最重要的考慮條件了。若在現在，如像我們學校有一位先生，被其他學校用較高薪俸禮聘時，我只能對他說：「我們很不願意先生離開，但那邊待遇高，我們不能阻止先生的高就。」

這幾十年來的變遷，教師完全變成為職業性，而且也和其他職業一般，不能說當教師便特別清高些。而教師待遇卻比其他職業低，所以教師益不為社會看重，而且也不為教師本身所重，只成為一種不得已而為之的職業而已。又在抗戰期間，開始有「公教人員」一名詞，將政府公務員與學校教員放在一起，其意也在薪給問題上。開始一般教師聽此名詞，好像怪不自然，但後來也就習以為常了。這些，都可指出在近幾十年來，由於社會之變，而教師地位也隨而變。這好像是很自然，而且也是無可奈何的。

但我們若細讀論語，孔子當時也非可以沒有職業的。他教他門弟子如何做一「士」，士在當時即是職業。孔子論語中講到如何來盡職從業，至少也可得有百條上下。孟子也然，書中所論辭受取與，出處進退，都與職業有關。孔子弟子，大多數有職業，有些生活甚清苦，連孔子本身也如是。顏淵是孔門最得意的學生，顏淵死時，他父親想要賣去孔子的車來為顏淵做一棺材套，孔子沒有答應。因為孔子之子伯魚死，也是有棺無套。而且孔子有時要見國君卿大夫，也不能無車。他們生活如此清苦，焉得不重視職業。但他們從事職業，也非專一在生活上打算。因此他們的生活依然如此清苦。

現在的問題是，我們能否在重視職業之外，還保留一點師道呢？師道與教書職業，是否是相互牴觸，不可兩全呢？諸位畢業之後，必須謀一職業，這自不用說。但諸位也很可能在學校中教書，那時你們認為師道之尊要不要保持呢？就是不教書，或作其他職業，但每一職業，也必有一「道」。如到銀行中工作，至少必依時上班下班，辦事要謹慎負責。若如有機會給你舞弊貪污，或牽涉到政治立場，這些處都有「道」。那裏可以像一般想法，職業便是職業，專在私人的生活條件上打算，一切便不顧到道義了呢？

今天我們紀念孔子，第一要講到師道。縱說教師也是一職業。但此項職業與我此刻所談之師道並不相衝突、相違背。現代社會各項職業情形固是較之以往有極大的改變，但各項職業中仍該有道，此一原則仍是不能變。

讓我講一件孔子的故事。孔子是一大聖人了，他平常愛講禮，論語子罕篇記載着：孔子有一時病重將死，他那時的社會地位只是一士，他的一輩學生為他預備喪禮。當時學生中年紀最長的是子路，他指揮着同學們來當孔子的家臣，想要用當時卿大夫的喪禮來安排孔子的喪事。他的意思自然是在尊敬孔子，但卻違背了孔子平常講禮的意思。孔子為中國社會創立師道，他的身份那在官位上？孔子心中覺得，死在幾個學生手裏，那是何等好。而他的門人卻以為，孔子能照當時卿大夫禮，由許多家臣來辦喪事，那是一種榮耀。後來孔子病好了，得知此情，就說：「久矣哉！由之行詐也。」子路是孔子門下一位最有信用的人，那裏會行詐？但此事卻像是行詐，這因子路當時沒有懂得孔子創立師道之一番大道理，因此仍要一般學生來權作家臣。後來孔子的門人，才知道他們該如何來尊重孔子。到了孔子眞逝世時，他的門人再也不裝扮作孔子家臣來行喪禮。他們只是心喪三年，各人在孔子墳上搭一茅棚住下來守喪。又每人在孔子墳上植一株樹作為紀念，遂成為一林，即後世所謂的孔林。他們守孝三年後，才各回家去。只剩下當時最年長的子貢一人，又繼續在墳上守孝三年。

這一故事，說明了孔子當時建立師道，連他的學生也不知道那深長意義所在。至少孔子並不以做官為榮，而以當一教師為重。他心中，只希望有幾個好學生，並不想有幾個像樣有派頭的當差家臣。我們今天來紀念孔子，亦當懂得師道，並當從建立師道做起。尊師重道，這是中國文化傳統。或有人仍以為當一教師並沒有什麼值得尊重之處，但我們要提起，人總是最可貴的，教人為人的人，豈不更可貴嗎？豈不更值得尊敬嗎？你自己也是人，你不覺你自己可貴嗎？現在那幾位教導你的師長，不應該為你所尊重嗎？諸位要自尊，自該要尊師。由此想下去，那一位為中國社會創立師道的大聖人孔子，不是該值得我們尊敬嗎？

讀書與做人

——香港調景嶺慕德中學演講詞

一九六二年十二月二日

今天在這講堂裏有年輕的同學，有中年人，更有老年人，眞是一次很有價值、很有意義的盛會。如按年歲來排，便可分為三班。所以講話就比較難。因為所講如是年輕人比較喜歡的，可能年長的不大愛聽。反之亦然。現在我準備所講將以年長人為主，因為年輕人將來還得做大人。但年老了，卻不能復為年輕人。並且年幼的都當敬重年長的，這好讓將來的年輕人也敬重你們。至於年老的人，都抱着羨慕你們年輕人的心情，自然已值得年輕人驕傲了。

一

我今天的講題是「讀書與做人」，實在對年輕人也有關。嬰孩一出世，就是一個人，但還不是我們理想中要做的一個人。我們也不能因為日漸長大成人了，就認為滿足。人仍該要自己做。所謂做人，是要做一個理想標準高的人。這須自年幼時即學做。即使已屆垂暮之年，仍當繼續勉力學、努力做。所謂「學到老，做到老」，做人工夫無止境。學生在學校讀書，有畢業時期，但做人卻永不畢業。臨終一息尚存，他仍是一人，即仍該做。所以做人須至死才已。

現在講到讀書。因為只有在書上可以告訴我們如何去做一個有理想高標準的人。諸位在學校讀書，主要就是要學做人。即如做教師的亦然。固然做教師可當是一職業，但我們千萬不要以為職業僅是為謀生，當知職業也在做人道理中。做人理當有職業，以此貢獻於社會。人生不能無職業，這是從古到今皆然的。但做一職業，並不即是做人之全體，而只是其一部份。學生在校求學，為的是為他將來職業作準備。然而除在課堂以外，如在宿舍中，或是在運動場上，也都是在做人，亦當學。在課堂讀書求學，那只是學做人的一部份。將來出了學校，有了職業，還得要做人。做人圈子大，職業圈子小。做人當有理想，有志願。這種理想與志願，藏在各人內心，別人不能見，只有他自己才知道。因此，讀書先要有志。其次，當能養成習慣，離開了學校還能自己不斷讀書。讀書亦就是做人之一部份，因從讀書可懂得做人的道理，可使自己人格上進。

惟在離開了學校以後的讀書，實與在學校裏讀書有不同。在學校裏讀書，由學校課程硬性規定，要筆記，要考試，戰戰兢兢，擔心不及格，不能升級，不能畢業，好像在為老師而讀書，沒有自己的自由。至於離了學校，有了職業，此時再也沒有講堂，也沒有老師了，此時再讀書，全是自由的，各人儘可讀各人自己喜歡的書。當知：在學校中讀書，只是為離學校求職業作準備。這種讀書並不算眞讀書。如果想做一位專門學者，這是他想以讀書為職業。當知此種讀書，亦是做人中一小圈子。我們並不希望，而且亦不大可能要人人盡成為學者。我此所講，乃指我們離開學校後，不論任何職業、任何環境而讀書，這是一種「業餘」讀書。這種讀書，始是屬於人生的大圈子中盡人應有之一事。必需的，但又是自由的。

二

今問此種讀書應如何讀法？下面我想提出兩個最大的理想、最共同的目標來：

一、是培養情趣。人生要過得愉快、有趣味，這需用功夫去培養。社會上甚至有很多人怕做人了，他覺得人生乏味，對人生發生厭倦，甚至於感到苦痛。譬如我們當教師，有人覺得當教師是不得已，只是為謀生，只是枯燥沉悶，挨着過日子。但當知：這非教師做不得，只是他失了人生的情趣了。今試問：要如何才能扭轉這心理，使他覺得人生還是有意義有價值？這便得先培養他對人生的情趣。而這一種培養人生情趣的工夫，莫如好讀書。

二、是提高境界。所謂境界者，例如這講堂，在調景嶺村中，所處地勢，既高又寬敞，背山面海。如此刻晴空萬里，海面歸帆遙駛，或海鷗三五，飛翔碧波之上。如開窗遠眺，便覺眼前呈露的，乃是一片優美境界，令人心曠神怡。即或朗日已匿，陰雨晦冥，大霧迷濛，亦仍別有一番好景。若說是風景好，當知亦從境界中得來。若換一境界，此種風景也便不可得。居住有境界，人生亦有境界。此兩種境界並不同。並非住高樓華屋的便一定有高的、好的人生境界，住陋室茅舍的便沒有。也許住高樓華屋，他的居住境界好，但他的人生境界並不好。或許住陋室茅舍，他的居住境界不好，而他的人生境界卻盡好。要知人生境界別有存在。這一層，或許對年輕人講，一時不易領會，要待年紀大了、經驗多、讀書多，才能體會到此。我們不是總喜歡過舒服快樂的日子嗎？當知人生有了好的高的境界，他做人自會多情趣，覺得快活舒適。若我們希望能到此境界，便該好好學做人。要學做人，便得要讀書。

為甚麼讀書便能學得做一個高境界的人呢？因為在書中可碰到很多人，這些人的人生境界高、人生情味深，好做你的榜樣。目前在香港固然有三百幾十萬人之多，然而我們大家的做人境界卻不一定能高，人生情味也不一定能深。我們都是普通人。但在書中遇見的人可不同，他們是由千百萬人中選出，又經得起長時間考驗而保留以至於今日。像孔子，距今已有二千六百年，試問中國能有幾個孔子呢？又如耶穌，也快達二千年。他如釋迦牟尼、穆罕默德等人。為什麼我們敬仰崇拜他們呢？便是由於他們的做人。當然，歷史上有不少人物，他們都因做人有獨到處，所以為後世人所記憶，而流傳下來了。世間絕沒有中了一張馬票，成為百萬富翁而能流傳後世的。即使做大總統或皇帝，亦沒有很多人能流傳讓人記憶，令人嚮往。中國歷代不是有很多皇帝嗎？但其中大多數，全不為人們所記憶，只是歷史上有他一名字而已。那裏有讀書專來記人姓名的呢？做皇帝亦尚無價值，其餘可知。中馬票固是不足道，一心想去外國留學，得學位，那又價值何在、意義何在呀？當知論做人，應別有其重要之所在。假如我們誠心想做一人，「培養情趣、提高境界」，只此八個字，便可一生受用不盡。只要我們肯讀書，能遵循此八個字來讀，便可獲得一種新情趣，進入一個新境界。各位如能在各自業餘每天不斷讀書，持之以恆，那麼長則十年二十年，短或三年五年，便能培養出人生情趣，提高了人生境界。那即是人生之最大幸福與最高享受了。

三

說到此，我們當再進一層來談一談讀書的選擇。究竟當讀那些書好？我認為，業餘讀書，大致當分下列數類：

第一、是「修養類」的書。所謂修養，猶如我們栽種一盆花，需要時常修剪枝葉，又得施肥澆水。如果偶有三五天不當心照顧，便絕不會開出好花來，甚至根本不開花，或竟至枯死了。栽花尚然，何況做人！當然更須加倍修養。

中國有關人生修養的幾部書是人人必讀的。首先是論語。切不可以為我從前讀過了，現在毋須再讀。正如天天吃飯一樣，不能說今天吃了，明天便不吃。好書也該時時讀。再次是孟子。論孟這兩部書，最簡單，但也最寶貴。如能把此兩書經常放在身邊，一天讀一二條，不過花上三五分鐘，但可得益無窮。此時的讀書，是各人自願的，不必硬求記得，也不為應考試，亦不是為着要做學問專家或是寫博士論文，這是極輕鬆自由的，只如孔子所言「默而識之」便得。只這樣一天天讀下，不要以為沒有甚麼用。如像諸位每天吃下許多食品，不必也不能時時去計算出在裏面含有多少維他命、多少卡路里，只吃了便有益。讀書也是一樣。這只是我們一種私生活，同時卻是一種高尚享受。

孟子曾說過：「君子有三樂，而王天下不與存焉。」連做皇帝王天下都不算樂事，那麼，看電影、中馬票，又算得甚麼？但究竟孟子所說的那三件樂事是甚麼？我們不妨翻讀一下孟子，把他的話仔細想一想，那實在是有意義的。人生欲望是永遠不會滿足的，有人以為月入二百元能加至二百五十元就會有快樂。那知等到你如願以償，你仍然覺到不快樂。即使王天下，也一樣會不快樂。我們試讀歷史，便知很多帝王比普通人活得更不快樂。做人確會有不快樂，但我們不能就此便罷，我們仍想尋求快樂。人生的真快樂，我勸諸位能從書本中去找。只花三兩塊錢到書店中去，便可買到論語孟子，即使一天讀一條，久之也可有無上享受。

還有一部老子，全書只五千字。一部莊子，篇幅較巨，文字較深，讀來比較難。但我說的是業餘讀書，儘可不必求全懂。要知：即是一大學者，他讀書也會有不懂的。何況我們是業餘讀書，等於放眼看窗外風景，或坐在巴士渡輪中欣賞四周景物，隨你高興看甚麼都好，不一定要全把外景看盡了，何況是誰也看不盡。還有一部佛教禪宗的六祖壇經，是用語體文寫的，內中故事極生動，道理極深邃，花幾小時就可一口氣讀完，但也可時常精讀。其次，還有朱子的近思錄與陽明先生的傳習錄。這兩部書，篇幅均不多，而且均可一條條分開讀，愛讀幾條便幾條。我常勸國人能常讀上述七部書。中國傳統所講修養精義，已盡在其內。而且此七書不論你做何職業，生活如何忙，都可讀。今天在座年幼的同學們，只盼你們記住這幾部書名，亦可準備將來長大了讀。如果大家都能每天抽出些時間來，有恆地去讀這七部書，準可叫我們脫胎換骨，走上新人生的大道去。

第二、是「欣賞類」的書。風景可以欣賞，電影也可以欣賞，甚至品茶喝咖啡，都可有一種欣賞。我們對人生本身也需要欣賞，而且需要能從高處去欣賞。最有效的莫如讀文學作品，尤要在讀詩。這並非要求大家都做一個文學家，只是要能欣賞。諺語有云：「熟讀唐詩三百首，不會做詩也會吟。」詩中境界，包羅萬象。不論是自然部分，不論是人生部分。中國詩裏可謂無所不包。一年四季，天時節令，一切氣候景物，乃至飛潛動植，一枝柳、一瓣花，甚至一條村狗或一隻令人討厭的老鼠，都進入詩境，經過詩人筆下渲染，都顯出一番甚深情意，趣味無窮。進至人生所遇喜、怒、哀、樂，全在詩家作品中。當我們讀詩時，便可培養我們欣賞自然，欣賞人生，把詩中境界成為我們心靈欣賞的境界。如能將我們的人生投放沉浸在詩中，那眞趣味無窮。

如陶淵明詩：

犬吠深巷中，鷄鳴桑樹顛。

這十個字，豈非我們在窮鄉僻壤隨時隨地可遇到！但我們卻忽略了其中情趣。經陶詩一描寫，卻把一幅富有風味的鄉村閒逸景象，活在我們眼前了。我們能讀陶詩，儘在農村中過活，卻可把我們帶進人生最高境界中去，使你如在詩境中過活，那不好嗎？

又如王維詩：

雨中山果落，燈下草蟲鳴。

諸位此刻住山中，或許也會接觸到這種光景。下雨了，宅旁果樹上，一個個熟透了的果子掉下來，可以聽到「撲、撲」的聲音。草堆裏小青蟲經着雨潛進窗戶來了，在燈下唧唧地鳴叫着。這是一個蕭瑟幽靜的山中雨夜，但這詩中有人。上面所引陶詩，背後也有人。只是一在山中，一在村中。一在白天，一在晚上。諸位多讀詩，不論在任何境遇中，都可喚起一種文學境界，使你像生活在詩中，這不好嗎？

縱使我們也有不能親歷其境的，但也可以移情神遊，於詩中得到一番另外境界。如唐詩：

松下問童子，言師采藥去；
只在此山中，雲深不知處。

那不是一幅活的人生畫像嗎？那不是畫的人，卻是畫的「人生」。那一幅人生畫像，活映在我們眼前，讓我們去欣賞。在我想，欣賞一首詩，應比欣賞一齣電影片有味。因其更可使我們長日神遊，無盡玩味。不僅詩如此，卽中國散文亦然。諸位縱使只讀一本唐詩三百首，只讀一本古文觀止也好。當知我們學文學，並不為自己要做文學家。因此，不懂詩韻平仄，仍可讀詩。讀散文更自由。學文學乃為自己人生享受之用，在享受中仍有提高自己人生之收穫，那眞是人生一祕訣。

第三、是「博聞類」。這類書也沒有硬性規定。只求自己愛讀，史傳也好，遊記也好，科學也好，哲學也好，性之所近，自會樂讀不倦。增加學識，廣博見聞，年代一久，自不尋常。

第四、是「新知類」。我們生在這時代，應該隨時在這時代中求新知。這類知識，可從現代出版的期刊雜誌上，乃至報章上找到。這一類更不必詳說了。

第五是「消遣類」。其實廣義說來，上面所提，均可作為消遣。因為這根本就是業餘讀書，也可說卽是業餘消遣。但就狹義說之，如小說、劇本、傳奇等，這些書便屬這一類。如諸位讀水滸傳、三國演義、紅樓夢，可作是消遣。

四

上面已大致分類說了業餘所當讀的書。但諸位或說生活忙迫，能在甚麼時候讀呢？其實人生忙，也是應該的。只在能利用空閒，如歐陽修的「三上」，即枕上、厠上和馬上。上床了，可有十分一刻鐘睡不着。上洗手間，也可順便帶本書看看。今人不騎騾馬，但在舟車上讀書，實比在馬上更舒適。古人又說「三餘」：冬者歲之餘，夜者日之餘，陰雨時之餘。現在我們生活和古人不同，但每人必會有很多零碎時間，如：清晨早餐前，傍晚天黑前，又如臨睡前，一天便有三段零碎時間了。恰如一整塊布，裁一套衣服以後，餘下的零頭，大可派作別的用場。另外，還有周末禮拜天、乃及節日和假期。尤其是做教師的，還有寒暑假。這些都可充分利用，作為業餘讀書時間的。假如每日能節餘一小時，十年便可有三千六百個小時。又如一個人自三十歲就業算起，到七十歲，便可節餘一萬四千四百個小時，這不是一筆了不得的大數目嗎？現在並不是叫你去吃苦做學問，只是以讀書為娛樂和消遣，亦像打麻將，看電影，那會說沒有時間的！如果我們讀書也如打麻將看電影般有興趣，有習慣，在任何環境任何情況下都可讀書。這樣，便有高的享受，有好的娛樂，豈非人生一大佳事！讀書只要有恆心，自能培養出興趣，自能養成為習慣，從此可以提高人生境界。這是任何數量的金錢所買不到的。

今日香港社會讀書風氣實在太不夠，中年以上的人，有了職業，便不再想到要進修，也不再想到業餘還可再讀書。我希望諸位能看重此事，也不妨大家合作，有書不妨交換讀，有意見可互相傾談。如此，更易培養出興趣，只消一年時間，習慣也可養成。我希望中年以上有職業的人能如此，在校的青年們他日離了學校亦當能如此，那眞是無上大佳事。循此以往，自然人生境界都會高，人生情味都會厚。人人如此，社會也自成為一好社會。我今天所講，並不是一番空泛的理論，只是我個人的實際經驗。今天貢獻給各位，願與大家都分享這一份人生的無上寶貴樂趣。

衡量一間學校的三個標準

——春季開學典禮及五十八次月會

一九六三年二月二十二日

各位先生、各位同學：

在每學期開學典禮和結業禮中，我總講一些關於半年來學校的進步，和對下半年的希望。此即我常所講之回顧與前瞻。去年最後一次月會，我因身體不適，沒有出席，已由吳副校長對此半年之回顧與前瞻約略講了。我今天所講，則仍將是針對過去半年的檢討。但許多副校長已講的，不再提。

今天我的講題，可稱為：衡量一間學校的三個標準。我將把此三個標準來衡量我們新亞之已往。

衡量一間學校的第一個標準是物質上的，包括建築和設備，那是具體擺在那裏，可以與人共見的。

此刻我們第三期校舍建築已完成，香港政府今晨正派員來查驗，已予通過，下星期便可正式使用。記得我在第二次校舍落成典禮和以後好幾次月會中，都曾再三說過：「待第三期校舍落成後，我們學校在建築方面，暫時將不會再增加。」到今天，第三期校舍落成了，我們也確可認為在校舍建築上已粗具一規模，可以暫告一段落了。

除建築外，更重要的，則屬內部設備。如圖書館和理學院各科實驗室等，此刻也在日求充實中。回想我們學校在桂林街以前，曾有半年，只借人家一所中學的兩個課室，夜間上課。以後搬到桂林街，又擴充到嘉林邊道，最後始在此地自建校舍，至今已經過三期的建築。在最初，眞是連做夢也沒有想到的。今天的新亞，總算已成為一間小規模的學校，已算奠定了一個相當的基礎，值得我們滿意。

衡量一間學校的第二個標準，我們要問那間學校擁有多少教授和開設幾多課程？乃至這間學校的學生在學業上的成就究如何？在桂林街時，我們只有極少幾位教授。到今天，我們教授人數，專任兼任，比較當時，何啻增加了十倍二十倍。關於我們學校諸位教授在學術上的地位，我們固不便自吹自許。但諸位既是來此就學，在諸位心裏，也自應明白。至少在我本人，可以借此機會告訴大家。我們歷年聘教授都不是隨便的，各教授的學歷資歷和其學術成就如著作論文等，這些也都是具體可以與人共見的。至少我們學校的教授人選，應不會比別的大學太差了。這也不單是把來和香港一地相比，即把來和目前乃至以前國內的大學和世界各國大學相比也如此。我們的教授們，有些在學術上有地位、有名譽，他們有著作、創造，而且大多數並不單是一位專一從事講堂教課的教書先生，而同時是一位繼續從事研究的學者。當然，我也不好說我們的教授每一位都如此。我們只是一間五百學生的學校，論我們的教授陣容，就其比數言，定可說決不比國內和國際大學的教授陣容過於相差了，這是我至少可以說的。因此我們當前所擁有的教授陣容，也該值得我們看重。而且諸位更應知道，一位教授只要在學術上眞有成就、有地位，則其成就與地位不僅限於今天，至少該有十年二十年以上的繼續價值。因此，也可說他們的成就不單是今天的，而還是明天的。這層諸位應該鄭重認識。

其次，學校所開課程，一部份亦可代表教授們的成就。我們在桂林街時，雖然設有文、商兩學院，但所開課程，卻簡陋得可笑。如文學院，文學、歷史、外文只合設一個文史系。商學院情形也如此。到今天，我們絡續增設有十二個學系，共有了三個學院。諸位當知，一間大學要添多一學系，增闢一學院，那不是一件輕易的事。如我們文學院添設藝術系，開始甚困難，我們既無經濟準備，在校務會議和校董會議上，都引起了很多辯論，才獲通過設立。當時我曾說：「我們的藝術系眞是從無到有，恰如新亞的縮形。」雖然到今天，我們藝術系的成績仍不夠理想，但總是我們新亞一特色，社會上各方面也都很看重這一系。至於此後我們能否擴大成立一藝術學院，乃至有一所像樣的藝術館等，這正待我們的努力。又如商學院添設工商管理系，也曾經過很大的困難和討論。但在今天，工管系已有了一屆畢業生，而且也有了頗好的成績表現。我們在創辦這一系時，我們的理想，求能予當地香港實業界工商社會以貢獻，或說是能予以一種學術上之指導。當然，這是理想。在今天，我們仍未能達到，但總算已有一開端。

關於理學院方面，我們學校一開始，本卽有此一理想。外邊人都說：新亞是注重講中國文化的，為何要辦理學院？我們也深知此事不易。首先，要有良好的實驗室。因限於經濟，急切難解決。其次，教授人選更不易。科學日新月異，自從大陸淪陷，以前在國內大學任教的老教授們，流亡出來的不多，而且若沒有繼續作研究，可說在科學上是已落後了。而要請年輕一輩的，第一，在國外作科學深造的青年，都有出路，很少肯回來。第二，專作精深研究，而沒有廣博的科學知識和行政經驗，也不適合我們的需要。我們的理想，要能請到那些具有廣博的科學知識和在行政上有經驗的老教授們來計畫、來主持，而又能加以年輕的一輩，能和新潮流接近，如是互相配合。這些考慮，使我們的理學院，難於創始。到現在，我們理學院四學系中，還只請到了三位主任。另一位花了很大力氣，因種種關係仍然未請到。但請來的，總是合理想的。不止有很高的學位和悠長的行政經驗，而且更要的，都能在學術上仍然繼續不斷在研究，不僅以教書為專業。這一層，諸位理學院同學該知道，不是理學院的同學也該知道。我們的理學院總算奠定了一個很好的基礎，以後能不斷加上年輕新血新進教授之協助，我想不要幾年，理學院的發展必然很可觀。

我們若用第二個標準來衡量現在的新亞，把來回比在桂林街時的情形，我想我們學校在這方面的進步，也並不比在校舍建築和圖書儀器設備方面的增加，特別慢了些。

其次要講到學生的表現。

新亞從開辦以來，同學們的讀書風氣可說一路都很好，這是值得我們慶幸的。如我們研究所的成績，可作為一個很好的例證。我們研究所所出學報，最早開始，多數是外邊人寫文章。到今天，已減到極少了。大部作品，都是本所導師和助理研究員的成績，顯見這是進步。又如：學校的學術年刊，那是代表全校各系教授們的研究成績的。雖較學報為後起，但也已有其同等的價值和進步。另如：生活雙周刊，報導學校同學們的團體活動，又刊登一些先生和同學的講演或文章。又如經濟、外文、中文、藝術各系，都已出版或在籌備中，有各系自己的刊物，而且也都有很充實的內容，這也是代表成績的。

至於畢業離校的校友，已有十一屆，在國外大學深造的比數相當高。我們全校學生，每年不超過五百個，但在海外的，到現在不只五十人，且能在最有名的國際學府獲得最高學位，而在國內外大學正式任教的也已不少，已有了五六人以上。雖然數字像不算多，但論比數，則決不算少了。

我們若以第一標準，卽物質方面的標準來衡量新亞，從無到有，短短十三年，現有成績差可自慰。若用第二標準，卽在學術研究上來說，我們幸運地能請到很多好教授，也有很多好學生，憑他們的學術成績為新亞爭光，此十三年來，實在也可使人滿意。只是學術上的標準，不易看。如外邊有人來參觀，只看建築，看圖書儀器設備。縱說我們有學報，有年刊，有教授著作等，匆匆不易看。也不是只我們有，別人家沒有。這一標準固重要，而衡量卻不易。我們不好自己儘說自己好，要等別的識貨人說，才算有意義。

這一假期內，吳副校長赴美出席杜威年會，順道去到耶魯、哈佛等好多所和我們有關係的著名學府。他來信說：他接觸到很多我們畢業的校友，和那邊關心我們新亞的人。他所得影像，也很使我們得一些安慰。有幾所大學，他們提起希望和我們能在學術上有緊密的合作，許多則願在經濟上幫助我們。諸位須知：我們只是一間十三年歷史、只有五百學生的一所小學校，我們可能與具有十倍以上的歷史，二、三十倍以上學生的大學在學術上有合作，這是何等值得安慰的事！這層，待副校長回來，我想請他與諸位詳細作一番談話，讓他告訴諸位。

回想我們在桂林街時，當時只希望能租有十間二十間房間作校舍，已很不易。今天我們有了三期的建築，這眞是大進步。但這種進步究不是了不得，只要有錢，就能有建築。而且學校價值也不在建築上。換言之，沒有大建築，甚至沒有建築，縱使是租屋設校，也可不失為一所有價值的學校的。而且校舍建築，也有個止境，再往前建築儘多，價值卻不免要遞減。又如圖書和儀器等設備，這種擴充，應是沒有底止。但仍不是一個學校所最值重視的。所最值重視的，還是我們的成績。此十三年來，究竟我們在此方面進步了多少？如教授們固然不斷在研究，不斷有新著述出版，但在學術上究竟有多少進步？那是不易言的。我們此十三年中，校舍可以從無到有，圖書可從一本添到十萬本，只要有經費，那些都容易。但求學術進步則甚難。甚至不但不進步，可能有退步。至少就我個人說，這幾年在學問上，實是退步了。實因沒有時間，潛心學問。遇執筆為文，總不比以前那般從容探討，精心結構。現在寫文章，往往竟是逼來的。我常因此自慚。就我們學校論，教授陣容是充實了，課程編排也擴大了。但如把最近幾屆畢業同學的成績來看，難道也比前幾屆有很大進步嗎？又難道可以說定沒有退步嗎？

我們當知，建築和設備有了可以延續，教授陣容和課程開設也如此。但學業成績卻常變動，我們總希望它進步，而且進步無止境。我們不能說，今天新亞的學術水準已到了最高峯。我們不能自滿自懈。不僅要虛心，又要明白自知。我們實不能眞和世界上幾個有名大學比。豈止不可比，也可說相差甚遠呀！關於此方面，我們該求有大進步，而且還須時時提防可能有退步。

因此，我們在物質上可說該滿足了，至少不要在這方面多奢望。而我們的學業成績卻萬不能自滿，要求天天向上，求能在國際學術水準上有份。若說校舍，不及哈佛、耶魯，不及港大，甚至不及崇基，這些都可不論。但我們的學術水準，則決不可不論。只因此一標準衡量不易，也可說我們自己了不起，關起門來自稱王，由我們自己誇張，別人也難辯。正因這方面的標準很難定，因此我們更該虛心，更該求上進。其實我們能用一個很高的水準來作衡量的話，那就十分容易了。

我們講學問，萬不可你我彼此相比。若講歷史，來和司馬遷相比、或司馬光相比。講哲學，來和朱子、王陽明相比，不是很易知道自己的渺小嗎？只有知道自己渺小，才能奮進，叫你有希望夠標準。

我們在此標準上，卽第二項學術標準上來說，我們實該時時警惕。我們需要一種做學問的胸襟和氣度，不要比較學年分數，比較所得學位高下，比較畢業後職業。該在學術上把標準儘量提高，應以此一門學問中最高成就者來比。應知：他們也和我們一般，我們應該有志和他們作比。如我們理學院的同學們，大家和不久以前獲得諾貝爾科學獎金的我們兩位中國青年學者來作比，便知道我們新亞目前的學業水準太不夠。

可是我們評論一間學校，仍有第三標準，這就是我們校歌裏所唱的「新亞精神」。所謂精神，這標準則更是難說了。

如何叫做新亞精神？讓我從淺顯易明處說去。猶記我們第一期校舍落成，捐助我們建築的某基金會適有人來參觀，他表示很滿意。我問他滿意在那裏？他說：他知道香港房租貴，但我們的校舍全不在此着想，不僅無教授宿舍，連學校辦公室地位也很小，而圖書館和課室卻大。我想，這也就是我們的新亞精神了。精神，本應能隨處流露，也可流露在建築方面的。

去年有一位哈佛燕京社的先生，來看我們研究所。我說：「我們的研究室太小了。」但他道：「我們的更小呀！」這是確實的，我去哈佛時，確看到他們的導師室並不比我們的大。

我們學校建築佔地面積雖小，但拿我們的圖書館和教授研究室來講，在整所建築中，比例實在不小，也可說很大了。因此只從我們的校舍看，也可看出一部分新亞精神來。

當我們第一期校舍落成，曾有一位日本京都大學的前任校長來參觀，他說新亞很有些處像京都大學。我不知道他說那句話時，在那一方面欣賞着我們，而把新亞和京都大學比。無論從歷史上，從現實上，像是無可相比。我想：那位校長所欣賞於我們的，也即是一種我們的精神流露罷。

但何謂精神？仍難講，我將改說是一種氣象罷。諸位學哲學文學的，都知道宋代大儒喜歡講氣象。我想藝術系的同學們，也該知道這「氣象」二字。我從前在北平時，北大的氣象是這樣，清華的是那樣，燕京的又是另一樣。一校有一校的氣象，常在學生們身上顯露出。因教授可以同時在幾間學府裏兼課，就很難在他們身上顯露出某一間大學的氣象來。但從學生身上則很易見。每間大學各有其特殊的氣氛，即如美國哈佛與耶魯不同，英國牛津也與劍橋有不同。衡量一間學校，能注意到他們的特有氣象，那是更不易的了。其實學校氣象，主要還從學生身上見。學生在不同的學校，會有他們不同的風度和格調。如說：讀書人有讀書人的風度和格調，商人和官僚也有商人和官僚之風度和格調，軍人藝術家各有他們各自的風度與格調。同樣，作為一個大學生，他亦該有大學生的風度與格調，然後才有風度與格調上之不同處。以前在內地，一個青年跑進大學，尤其是進了那些有名的大學，他自會覺得他走進了另外一個新天地。他所接觸到的都是新，不到一年兩年，在不知不覺間，他自會具有一個大學生的風度與格調。可是在今天此地，我實在沒有見過眞正具有某種風度與格調的大學生。老實說，在殖民地統治下的大學教育，也不容易培養出我所謂的有風度格調的大學生。諸位有機會到外國去，便知道我此刻所說的眞確性。

現在我再說，要拿教授水準和課程內容來衡量一間大學，已是困難了。若要把大學生的風度和格調來衡量，那便更困難。新亞在此方面，也實在最可慚愧。從此一標準來講，我覺我們新亞還不像是一間大學。

諸位或要問：所謂大學生的氣象和格調究是怎樣來的呢？我想有兩點可以說：一是每一個大學生應有一個人生理想。一個青年跑進大學，至少應培養出他個人的一個人生理想來。如他看到大學裏面的教授們，有哲學家，有科學家，總會引起他一番羡慕嚮學之心，這就把他的人生理想提高了。至於他在課程方面所接觸到的種種人生境界，那自然更廣大更高深。諸位來此就學，註册上課，所接觸的只是些課程和分數單，可能對一位教授學問人格上的高低深淺，一切莫名其妙。如此般的影像，怎會提起理想，接觸到新境界？

我曾屢次告訴諸位：諸位來學校不可只重文憑和學分，要緊的是，能有一個人生理想，一番人生嚮往。一個宗教徒，他懂得嚮往天堂和上帝。你且問他天堂的情況，上帝的高矮肥瘦究怎樣？他自然不知道，但他總有了這一番嚮往。我上面說我們要有人生理想，這也並非有具體內容可說。只要有此一嚮往，有此一想像，就是了。倘若一個人眞能具有了如此的嚮往和想像，他的氣象自會不同，他的格調也自會不同。接着第二步他的待人接物的態度也會因此而不同了。

我幼年曾在一中學讀書，有一位體操先生，他給我印象很深。他是一日本留學生。有一天，我們上體操課，他跑到操場後說：「你們眞不像樣。」跟着他說起他在日本時，曾聽人說：有一位大將臨出軍前檢閱軍隊，那位大將一跑到檢閱場，便說：「這樣的軍隊不行，出去定會打敗仗。」他退下，號召部屬，叮嚀教誡。過了幾天，再去檢閱。這一次，他滿意了。他說：「像樣了，可以臨陣打仗了。」我常覺得，走進我們新亞，似乎缺了些什麼似的。我雖說不出來，但也可說在精神方面，在氣象方面，總有些不夠。諸位若是信教的，當你走進一所教堂，自會覺得和教堂外面有不同。進到一所理想的大學，簡單說，也該有些和外邊不同才是。

我們又常說中國文化，究竟中國文化最要處在那裏？前幾年，曾有人提起此語問我。我總回答說：「中國文化最要處，是它的道德精神。」但到現在，我覺得此話不夠鮮明。我想，中國文化之最重要、最特殊處，乃在其能看重學做人，在其能看出人的理想和境界，可以日新月異地上進。這種向上和前進，乃是人格的表現，但不一定便是道德的表現。由外面看來，像是平平常常的，並沒有道德和不道德的鮮明界線之存在。但在其內心人格上，是可日有上進，實不平常的。信上帝，進天堂，是死後事。但是講到孔子之道，中國文化之所重，則全在我們未死之前這一生，全在當下平常日用間。朱子曾說：「讀論語。今日讀一章，明日便該覺得自己像換了一個人。」這已說到中國人講學問之最高深、同時最切近處。諸位今天進大學，要能在明天也覺像是換了一個人。而且日日該如此。一日復一日，學無止境。「行年五十，而知四十九年之非。」在我們內心境界上，有一個天天上達、欲罷不能之境，這始是中國文化中獨有的學問和獨有的精神。

這種精神，不是要表露給人家看；所以說：「古之學者為己」，又說：「下學而上達，知我者其天乎！」孔子曾說，他「十有五而志於學，三十而立，四十而不惑，五十而知天命，六十而耳順，七十而從心所欲不踰矩。」他的內心境界，真是天天在進步。又如顏淵，「一簞食，一瓢飲，在陋巷，人不堪其憂，回也不改其樂。」當知：簞食、瓢飲、陋巷，在外面的人盡可見，看來好像總如此。但講到裏面，顏子的內心方面，則天天在進步，所以他覺得是可樂。孔子亦說：「我見其進，未見其止。」

我前面曾說：我在新亞此十三年中，學問是退步了。或許諸位可以說，我虛心，或能謙。但我總不能說我的做人退步了。因每一人之學問，可以停滯不長進。但論人格，卻只能進，不能退。又且此種進步，只有自己一人知，不能為別人知。淺言之，如諸位畢業後，去當一小學教師，每月得薪二百元，如此一年復一年，可以老做一小學教師，老得月薪二百，這也無所謂。但論做人，便不能老如此無長進。我們要能活在一個精神境界裏，要在自己人格上，不斷有上進。一個人從童稚到白髮，那只是身體物質上變化。這種變化，一切禽獸生物都有，卻不是上進。我們做人，從幼到老，也不是上進。上進則在精神上。

物質上的，只關外面幸運，與人的內在價值無關。孔子所講的道理，即中國文化之最獨特、最有價值處，是要懂得人之一生，在他內心應能天天有進步。每一人有他一分最高可能的理想與境界。諸位若知道這一點，人生樂趣與人生大道都在此。並可由此知道中國文化之高深獨特處。我們新亞在這一層上，似乎還是缺乏的。所以我今天要特地提出，使諸位知道，這便是中國文化精神，也該是我們新亞精神。

我希望諸位以後能從具體的學術研究，慢慢走上路，各從自己內心能醞釀出一番理想，一番嚮往來。又能由此培養成一種學者風度和學者的格調來。人人如此，便成為新亞一校之氣象與精神。到那時，新亞才始有與其他學府之確實不同處。將來要能到這一步，新亞才算成功了。但此事不易，我現在只能把此意告訴諸位，讓大家有此一番想像、希望便是。

至於有人批評說：從前新亞像是個大家庭，現在師生間關係不像從前般好。但要知道一個家庭中，子女長大了，氣象也會有不同，不可讓孩子老是像孩子。所以在這一點上，我們不必太拘泥。又有人說：從前新亞同學，都向外稱讚新亞好，鼓勵大家來新亞。現在同學有在外面批評學校，說學校的缺點。我想這也沒有關係。正如一個貧家子弟，怕人家說他家窮。但一個富家子弟，卻又怕人家說他家富。他常會說我們經濟並不寬裕呀！或許說我們還得借債度日呀！從前外面不知道新亞，所以同學們儘向外說新亞好。現在外面知道新亞，我們的同學們卻覺得其實也不過如此罷。那是人情，不足為怪的。其他許多講從前新亞好，現在新亞不如從前的，在我想來，那都不盡然。若把我今天所講第三標準來說，可說從前到今天，都還不夠格，都不符理想，這一層卻待我們大家努力的。

這是我今天特別提出來勉勵大家，要能共同嚮往去追求的。

第三期新校舍落成典禮講詞

一九六三年四月二十七日

唐露曉先生，各位來賓，各位先生及各位同學：

今天我們慶祝第三期校舍建築禮堂落成，我特地要代表全校同人向香港政府和教育司唐露曉先生敬致謝意。因為這一期的建築經費，完全由政府透過教育司撥助。今天，又蒙唐露曉先生在百忙中撥冗前來為此典禮致辭，我們實在衷心感謝。

在中國孔子的論語裏有一段話：子路問成人。子曰：「若臧武仲之知，公綽之不欲，卞莊子之勇，冉求之藝，文之以禮樂，亦可以為成人矣。」我今天要乘此機會，對這一段話稍加闡釋。

首先是這「成人」二字。依照中國人向來看法，人應可分兩類，一是天生的自然人，亦卽是動物人。從生物學上講，人是與其他動物同類的。二是經過教育的文化人。人類有了教育，創造出文化，這才與自然人、動物人不同。所以中國古人說：「人為萬物之靈。」人必經過教育與文化之陶冶，始能發展其靈性，完成其人格，此卽子路所問之「成人」。人若不經過教育文化陶冶，則僅是一自然人，無人格可言，亦可謂是不成人。

中國人一向有一套崇高的教育理想，並有深厚的文化傳統，因此極重視人格之陶冶與完成。縱使是一不識字人，而具有完美人格的，在中國現社會上仍是到處可見。教育的功效，在最粗處說是傳授技能，此即如冉求之「藝」。進則培養智慧，此則如臧武仲之「知」。更要再修鍊品德，此則如孟公綽之「不欲」、卞莊子之「勇」。但有技能、有智慧、有品德，仍不是孔子理想中之完人。孔子理想中之完人，則須於技能、智慧、德行之上，更有「禮樂」一項。惟有禮樂人生，始是經過教育文化陶冶的人生中之最高境界。禮樂，非技能，非智慧，亦非品德。乃在三者之上，而亦在三者之內。若使人類日常生活沒有了禮樂，縱使各人都能具備才藝、智慧與品德，仍不理想。未經禮樂陶冶的個人，不得為成人。無禮樂的社會，將是一個不安的社會。無禮樂的天下，將是一個不安的天下。

技能、智慧、品德具體可見，又復實際有用。禮樂則好像是人生中一裝飾品，所以孔子稱之曰：「文」。但人生不能有實無文。在人類社會中，一項最有價值、最理想的裝飾品，便是禮樂了。

我們學校的三期建築，最後一期始輪到禮堂的建築。建築校舍，不能一開始便先建築一禮堂。但沒有禮堂，這學校的體制終是不完備。好像一個人，不能文之以禮樂，便不得為成人，是同一道理。我盼望我學校同人深體此意，我們莫要忽略了禮樂陶冶這一層。而且技能、智慧、品德之傳授與培養，可以在各個人身上分別指導。只有禮樂陶冶屬於「羣體」，隔離了羣體，禮樂便不存在。若我們要發揚新亞教育理想，乃及新亞教育精神，今天的禮堂落成，是最值得我們深切體會，鄭重紀念的。所以我特別趁着今天的機會，提出此義，盼我們新亞師生同人，能在這一方面大家努力。

新亞藝術第二集序

新亞藝術系自創始以來，每學期必作展覽一次。除學生平日成績外，亦偶有教師作品參加。所以促進修，便觀摩，並求外界之批評與指導。去歲，始擇優攝影，取名新亞藝術。此為第二集，陳子士文重促予為序弁其首。嘗竊論之：中國人之於藝術，必貴其技而進乎道。故於繪畫，亦不專尚形似，而特重意境。若以文學為喻，形似者畫之賦，意境則其所比興。故中畫以山水為主，蓋因山水之用於比興，其道多方，可以任其意之所寄而一於畫出之。而畫家又貴作題。畫之有題，亦以補申其所比興而已。又必以畫道通諸書法。書法專仗線條，最為抽象。惟其屬於抽象，故能盡比興之能事。書家之意境，乃可於其運筆與結體之種種變化中，曲折精微，無所不到。中國人作畫，則又以書家運筆與結體之妙寓其間。故其人苟無意境，即不足以作畫。其人苟不通詩之比興與夫書家運筆結體之妙，亦不足以善用其意境以入畫。要而言之：畫之背後有人，畫之高下，則一以其人之高下為衡準。畫之意境在其人，而人之意境則初不在於畫，而別有其所在，此中大有修養。有此修養，又必習技能。技能又不專在畫，又必兼通之於詩詞與書法。由此論之，欲成一中國畫家之理想條件，亦可謂甚難能而大可貴矣。今諸生以青年來學校，短者僅一兩年，達四年，卽畢業以去，何能卽企此境。然卽從學畫中，亦可默體此意，知有此一境，而潛心果力以赴之。則作畫卽所以學作人，此亦由技而進乎道之一術矣。予不能畫，姑以此應陳子，不知陳子亦以其言為有當於畫道之一二乎否耶？壬寅端午序

禮樂人生

一九六三年五月

新亞生活雙周刊轉瞬已是六卷開始了。在每一卷的首期前頁，雙周刊的編者，照例要我寫幾句話作引端。這一刊物，本意要反映我們新亞羣體生活的。我適在最近禮堂落成提出了在羣體生活中禮樂之重要性，但語焉不詳，正好趁此機會作一番補充。

孔子論語說：「禮云禮云，玉帛云乎哉？樂云樂云，鐘鼓云乎哉？」可見禮樂之重要性，並不在其外面所用以表現的某些器物，乃至行事上。主要還在人之「內心」，在一切羣體生活中，感於要用器物和行事來表現禮樂之本原的心情上。

我將稱此種心情為「禮樂心情」。中國儒家對此不斷有闡釋，舉其最淺顯易明者言：禮是一種「節制心」，樂是一種「和順心」。由於有此節制與和順的心情之內蘊，而始引生出禮樂。鐘鼓玉帛，則只是表現此類心情之工具，而非其本真。

此種心情，即節制與和順的心情，主要必在羣體生活中始有。亦必在羣體生活中，乃見此類心情之意義與價值。論語中又說：「人而不仁如禮何，人而不仁如樂何。」這是說，人若沒有羣體生活的心情，便不能有禮樂的心情。也可說，人若沒有羣體生活，便不能有禮樂生活。中國道家如莊老，非不知人之心情應有節制及和順之重要。但道家思想之最大缺點，在輕忽羣體生活。他們想能遠避或脫離此羣體生活，而來保持吾心之節制與和順。如讀莊子、老子書，他們也常在敎人有節制能和順。但他們似乎認為，人類的羣體生活，乃是導致人心無節制與不和順的主因。因此，他們想望追求一種隱避的、孤獨的，乃至山林的生活，甚至是一種遠古的、原始的、自然的生活。明言之，他們似乎害怕有羣體生活，希望此羣體範圍愈縮小愈好。但人類生活，必然趨向於此羣體之日擴而日大，此乃一種自然趨勢。而莊老，則想違逆自然來崇重自然，此是道家思想內在一矛盾。

人在羣體生活中，必然須對己有節制，對外能和順，然後己安而羣亦安。若在此羣中，各無節制，互不和順，則羣不安而己亦不安。憑法律與權勢來束縛人、管轄人，如中國有法家，他們心中亦知有羣，而不知羣中仍當有人，卽個人之存在。豈能使人生僅有羣性，而無個性。人不能安，終於羣亦不安。此之反動，則高呼自由。不自由，毋寧死，亦人情所有。重自由，則重各自之表現與發洩。但如此，依然是無節制，不相和順。羣體不安，己亦難安。在中國，法家思想迄未得勢，因此自由呼聲亦不激烈。但今天的中國人，則只在個人自由與極權統治之兩極端上相對抗，相爭持。其實雙方，距中國儒家的人生理想都很遠。因此，在今天要來提倡儒家，終是困難。

但亦有人似乎主張禮樂生活只須在人的內心上求，只求自己心有節制能和順，便卽是禮樂。此等意見，亦落在一偏。他們雖不如道家正式反對禮樂，但他們亦似過重個人內心生活，而忽視了外面羣體生活。此一點，實涵有道家情味。宋儒有時卽不免於此。如程明道說：「己立後，自能了當得天下萬物。」但己之立，則必然得立在羣體生活中。離卻羣體生活，如何來辨別己之立與不立。此一層，宋儒少發揮。

上面一番話，再扼要簡單說之。人應該從羣體生活中，來尋覓各自的個別人生，來完成其各自的個人人生，這是主要第一義。幼年期的主要羣體生活在家庭，青年期的主要羣體生活在學校。人能從家庭學校的羣體生活中，培養學成各人的個人人生，然後進入社會大羣，始為一成人，而對社會有貢獻。這略近於孔子所謂三十而立的階段。

「不學禮，無以立」，立便立在禮樂上，立在自己心有節制能和順上。但此必從羣體生活中來。諸位且莫從字義上來解釋此節制與和順，諸位應從羣體生活中來體認各自之內心，如何是節制，如何是和順。若各自心上無節制，不和順，便在其個人生活中，不可能有此羣體之存在。此層當深深體會。「出必告，反必面」，卽是禮，而微帶有樂。和氣、愉色、婉容，卽是樂，而亦帶有禮。中國古代禮樂，一切規定，有些是年久失傳了，有些是時隔境遷，不再適用了。但中國古人所言禮樂精義，及中國社會一向所遵行的禮樂人生之實踐，則迄今仍存，所謂「禮失而求諸野」。我們固不易在鄉野見到鐘鼓玉帛，但我們在鄉野卻易遇到節制和順。有了節制和順，便是禮樂人生尚存在。只要禮樂人生存在，則鐘鼓玉帛自會隨時而起，不愁沒有。

我們學校，一向提倡中國傳統文化，一向重視人生最高哲理之探究與實踐，一向鼓勵同學們自主自發的團體活動。綰合此三者，而求揭示出一項統一原則，我想首舉此「禮樂」二字。

我現在再連帶說及我們新亞的校訓「誠明」二字。此二字見於中庸，中庸一書也是中國古代一篇講究禮的文章。「中庸」二字亦當在羣體生活中去體會，去尋求。若遠避了羣體，便無所謂誠與偽。人沒有了羣，根本不成其為人，只在天地間為自然萬物之一物。「明」字、「誠」字，乃是人分上的字，非物分上的字。因此在物分上，說不到明與誠。

死生利害，則是人與物的分上所都有。人有生死，物亦有生死。人有利害，物亦有利害。當然有些物，連利害生死都輪不到它分上，那就是物之尤下者。人既在萬物之上，則應有一些在人分上有，而他物所不同有的，如禮樂與明誠皆是。

若論「知」，則禽獸也有知。但「明」與知不同，明誠同屬「德」。知屬性，屬能，不兼屬德。西方人重能不重德，中國人則重能更重德。現代西方發明電腦，此亦屬能，不屬德。故西方人僅言能力，而中國人則必言德行。此一「德行」觀念，乃為西方人所無。物有性，但不能說有德。德亦必顯於人類之羣體生活中。道家離了羣體生活而言德，遂有所謂之「至德」。其實，至德便等於無德，所以老子也只有說：「至德不德」了。

要修明誠之德也不難，只要在羣體生活中，明誠之德便可修而致。如莊子只想遠避羣體來完成他理想的人生，又如老子更想隱然高居人羣之上而來完成他理想的人生，那只可說此等人有「大知」，卻不能說他們有「明德」。大學言：「明明德」，必然是親民的。能親民，始是明德，始能止於至善。

試問：無明德、不親民，又那裏是人生中的至善呢？大學也是中國古代一篇講禮樂的文章，和中庸同收在小戴禮記中。

諸位進學校，若一意尋求知識，知識儘專門、儘精、儘高深，諸位雖不學莊老，卻想躲藏在此羣體中，只為謀求個人自私自利作打算。此如木中有蠹，糞中有蛆，蠹與蛆皆是蟲，賴此木與糞而生，但不與木與糞同體。今有人賴此羣而生，他本身內心卻不屬此羣。這是說，在他內心，不認此羣和他是一體。若在如此情況下，此人若果誠是人，則只得稱為一「個人」，終不得與羣為一體。而今亦稱為羣，則此羣與那羣終非一羣。因此專講功利思想，便會轉向唯物哲學，正是此道理。

在唯物哲學中，必然會發明出鬥爭哲學來。我們也可說，在此世上有大眾的個人，各為本身功利起見，來在此羣中鬥爭奪取，那此羣亦自然只是一堆物。此羣既是一堆物，在此羣中之那些大眾個人豈不也盡是一堆物。物與物相爭，縱使有組織，相互間也只是各為工具，也終難於和平共存。

我們也可說，發明此一套唯物哲學乃及鬥爭哲學的，當然有「大知」，但並不有「大德」。彼之所知，卻是既不誠又不明。因此，推極其知之所至，也決見不到有至善。

西方人生亦有禮，亦有樂，但禮與樂必互相分別。中國人生貴和合，禮樂亦相和合。禮中必有樂，樂中亦必有禮。和合凝成，融為一體。一分一合，便成為一和一爭，此亦中西文化一大分別所在。

我認為，禮樂人生可以救此世，亦只有禮樂人生可以救此世。在禮樂中生活的人，自具有明誠之德。具有明誠之德，自可進入禮樂人生。此道不難，主要只在能從羣體生活中去尋求，去體認。

孔子說：「我非斯人之徒與而誰與？」中庸也說：「道不遠人。」禮樂則只是不遠人，能與人為徒。諸位若能從此向前，中國文化傳統的大道理，自能在各自心上逐步呈現。我們新亞雙周刊所欲反映的生活，應該以此種生活為目標而嚮往。我此所說，或許包括太大，義蘊亦許嫌太深，但盼諸位各自好好去認取。

對十二屆畢業同學之臨別贈言

一九六三年七月八日

每逢學校畢業同學離去，我必作贈言一篇。常苦所欲言者多，言之不能盡。然細思，此事主要在受者，不在贈者。若善受，雖贈少，亦可貴。若不善受，多贈何益！

人生常在受教育之途程中，實無畢業可言。要言之，當分三期。幼稚、童年期，主要在家庭教育。少年、青年期，主要在學校教育。壯年、中年、老年期，主要在社會教育。

家庭教育之主要在於愛。人生呱呱墮地，赤身外，無一物，無知無能，但以自成一生命，惟賴家庭之有愛。環顧莫非愛我之人，父母兄姊諸長上皆是。人人愛我，我愛人人，我之生命，乃在此愛中獲成長。

學校教育主要在於知。師長所授，同學所習，莫非人生所需之一切知識與技能。進而及於學得此知識技能之方法與途徑，更進而及於創成此知識技能之理論與規律。故受學校教育所貴者，不僅能承襲其所舊有，更貴在益進而能創闢其所未有。此為學校教育之主旨。

青年畢業離校，投身社會，首先所感，社會與家庭不同。社會未必人人對彼有愛，彼亦不必感到社會人人之可愛。既是人不愛己，亦復己不愛人，而長年集居羣處，乃若處身社會成為一大苦事。又次將感到社會與學校不同，學校意在培養人，社會則意在使用人。知能大得大用，知能小得小用，不知不能則不用。社會乃若極冷酷，惟求使用人，對人無同情。抑且不僅於此，有大知大能而反遺棄不用者，無知無能而轉高踞大位，以妨人之用。社會不僅冷酷，抑且無知。人之投身社會，豈不將更見為苦事。

於是一人投身入社會，乃需另受一番新教育。社會教育之主要在於磨練人之意志。人孰無志，然必經社會之磨練，使其志能堅定不退轉，曲折求完成，乃可謂之有志。人自家庭中來，必先知有此愛。人自學校中來，必先獲有此知與能。人果本此愛心與其知能以投身入社會，則必有其一己之所志與所願。己之所志所願，概而言之，亦在於盡己之所知所能以愛人立人，能以此己貢獻於社會。若一人能如此，此一人卽為社會中一好人。若人人能如此，此一社會卽成為一好社會。

若其人進入社會中，初無所志，亦無所願，僅求社會之收容，僅從社會乞溫飽。社會既形形色色，複雜散亂。社會本身，既無愛，亦無知，並無所謂志與願。人之進身社會，將僅見為社會之某一部門某一方面所支配，所奴役，所壓迫，及所遺忘。一處如此，在處處亦無不然。藐然一己，將無力以與此複雜散亂之大社會相抗，則惟有俯首聽命，一任其支配、奴役、壓迫、遺忘而止。循至於怨天尤人，認此社會為冷酷，愚昧，無人道，不可一日安。而終亦無法脫逃，畢生在此社會中，此為人生一最大苦事。而深求之，則並不然。一切所見其為此一大苦事之一大因緣，主要實在於己之無志願。

人在家庭為子弟為嬰孩，其時則惟求家庭對彼之愛。在學校為學生，其時則惟求學校對彼之教。但入社會，則成為組織此社會之一份子，雖若惟求社會之用，同時亦為此社會之主。社會所用者乃一人，人則必有一己，此一己之求用於社會，亦必先有此一己之所志與所願。若在己無志無願，惟求社會之用，則先已無己，亦惟有一任社會之隨意使用，而乃絕無所謂自主與自由。

人求自主，則必自主在其志與願。人求自由，亦必自由在其志與願。惟其社會之複雜與散亂，惟其自己亦為社會之一主，故其有志願者，終必能獲得與其志願相符合之事業與職位。然而此則有待於其志願之堅定不退轉，始能曲折求完成。故曰社會教育主要在於磨練其人之意志。

西方心理學家舊有知、情、意三分法。家庭教育為愛的教育，即情感教育。學校教育為知識技能的教育，卽知的教育。社會教育則為人格訓練，為意志的教育。人之一生，亦在此知、情、意三方之能不斷受教育以完成其一理想之人格。

孔子設教，有知、仁、勇三達德。家庭所以教仁，學校所以教知，社會則重在教勇。惟有大志大願，始能有大勇。惟有大勇，乃能表達其仁與知，以貢獻於社會。達乎其極，則為聖人。

今諸君方離學校以投身入社會，特舉此義，以為今年對畢業諸君臨別之贈言。

月會講詞

——第六十一次月會

一九六三年六月十九日

各位先生，各位同學：

今天我要藉這月會向諸位報告一項消息，便是中文大學將會在下學期正式成立。自從去年富爾敦調查團的正式報告書最近發表以後，根據這報告書所要進行的：一、是組織一選聘委員會來為這大學選聘一位副校長。二、是在副校長未聘定前，組織一臨時校務會議，為新大學的一切推動進行。依據政府最近所表示的情形看來，本年九月三十日以前，正式宣佈大學成立，大致是一件可能的事。

以前我常告訴諸位，不必對此事太重視。因大學成立後，新亞仍是新亞，諸位也仍是諸位。我常告訴諸位，不要太看重在名義與招牌上，主要應在自己心意上實質上不斷求進步。但從學校方面講，卻不能不說這是一個極大的變化。從前我們學校是私立的，雖然外面在經費上對我們有幫助，但我們是自己在辦這一間學校。大學成立後，新亞成為大學之一份子，這就變成為一間官立的學校了。這是一大變。從前我們是獨立的，將來卻要與其他兩間學院聯合，而成為大學之一份子。這又是一大變。

如此說來，諸位也許要問：我們豈不是把這間學校交給政府了嗎？從某一種角度講，這話也不算錯。我們學校獨立奮鬥了十三個年頭，也實在應該把她交出。正如兒女們成長了，總要離開家庭。學校栽培學生，總要有一畢業年限，不能長期留校。一個私人、一個團體，乃及一項事業，都得逐步成長。我們該顧慮到她的成長，不能把它老封閉在舊的格局中。

遠在嘉林邊道時，我們便已與崇基、聯合兩校共同要求政府承認我們三校畢業生的資格。此後一路發展，從舉行統一招生、統一文憑試，乃至即將成為大學的一個成員。在這一段過程中，我們首先時常考慮到的，便是同學們畢業後在香港的資格問題。其次，我們想要在同學中栽培出好人才，一定要多方延聘教授，同時充實儀器圖書等設備。這一切都要靠經費。以前我們常為學校經費擔憂，此後經費問題可不必時常擔憂了。我們在此幾年來，請到了很多好教授，增加了很多設備，這便是學校必得接納政府津貼的一個原由。再深說一層，一個團體，一項事業，總希望它能持久延續下去。一間學校，不是一兩年甚至十年二十年，可能完其使命，而讓它歸於結束的。我們每個人年歲精力總有限，單靠幾個人苦撐，學校永無一穩定的基礎，這是不行的。而且學校規模日擴，事務日煩，經濟負擔日重，而這幾個人的精力卻愈見其有限。向外籌募經費，當知門路有限，不會隨着年歲而遞增。甚至往往今年不知明年是否有把握，是否仍能繼續不斷地向前。這樣的事業，試問能持久嗎？接受了公家津貼，一切便不同。

或者諸位要問：我們不是有我們自己的理想嗎？現在為了經費問題，把學校交出，豈不和我們創辦時原意相違嗎？

我告訴諸位，我剛才說，一個人總是要成長的。小孩子到了一定年齡便要進學校，但也不是一進學校便會忘棄家庭的。到他在學校畢業，又得進入社會去工作，但他也不會定要忘了學校和以前在學校所受的一切教訓。縱使他也曾戀戀不捨自己的家庭或學校，但無論如何，他仍得進入社會去。從大處講，一個人生下來，本是為社會而生，不是為他個人而生。正如父母生子女，原是為家庭添新份子，把此家庭綿延持續。至於生下來的是男是女，是長是短，父母並管不得。換言之，私的只為了公的而存在。所以每一人都要長大，都要進入社會，化私為公，把自己獻身社會，作為社會之一份子。團體事業、教育事業何嘗不然。教育事業之尊嚴與偉大，其意義正在此。我們製造一張桌子，一架機器，固是有用，但絕不能和學校造就一個人相比。每一位教師從事教育事業，都有他一個獨立的人格，而且都有他小小的一個獨立王國，那即是他的講堂了。教師在講堂，是最尊嚴而偉大的，也是最自由而獨立的。因此，教師也儘有高下好壞之分，好學校裏可能有壞教師，壞學校裏也可能有好教師，學校是並不能限制教師的。教師在學校中，有其獨立與自由，誰也剝奪不了他教育青年之自由志願與獨立精神，他有一分奮鬥的可能。

拿我們學校來說，從三個學系發展到此刻有十二系，那一系比較好些，那一系比較差些，其間也總有個分別比較。在每系中各位教師之努力與貢獻，也總有個分別比較。正為教育事業是自由的，每一教師是有其獨立人格的，學校不能限制某一系的發展，不能限制某一位教師在教育事業上之自由精神，及其在學術上的獨特成就。每一個教師，都是把他們的整個人格來教育下一代，以活的人來教活的人。他在品德上，學術上，總有他自己的一分。這不僅是理想，同時也是事實。如此說來，一個學系不能限制一位教授，一間學院不能限制一個學系。何以說中文大學成立，便會限制到我們新亞？依我想，在將來的發展中，此三間學院儘可各有各的風貌，各有各的成就。只看各自的努力，誰也不容擔憂的。

總而言之，我認為外面力量將不能限制着我們。

或許諸位又要問：我們不是要提倡中國文化嗎？加入了大學怕會損害及我們的理想。

這也不然。如我們辦商學院、理學院，也有人懷疑，說這與提倡中國文化無關。其實大不然，難道中國人經商做科學家便違背了中國文化嗎？我們此刻正要創造推進中國文化走向一新境界，既需新的科學家，也需新的商人與企業家。難道只是一些人文學方面，只讀幾本中國書，才始是代表了中國文化嗎？我請諸位把眼光放大，我們學校的主要目的，在栽培中國青年，在中國社會中生活，對中國社會有貢獻。這並不是關着門講此話便算，該實事求是，在實際生活中求表現。而且提倡中國文化也並非某一羣、某一團體所能包辦或擁為私有，崇基和聯合不同樣也要講中國文化嗎？諸位當知，提倡中國文化決不能由新亞一家獨占。我們盼望將來的中文大學，將會大家走這條路。而且這也不僅是希望，應該是一種自然的趨勢，誰也阻擋不得。

諸位在新亞求學，將來畢業到社會上，該把此力量放開，放射到社會各部門、各階層中間去。若認為只在新亞這環境內，才能講中國文化，離開新亞到外邊去，或如三校聯合來辦一大學便不能講中國文化了，如此般的來講中國文化，試問又有何用？正如我們在溫室中栽花，儘管水份、陽光都充足，但仍要遷植到空曠的大自然中去，牠的生命才能眞旺盛、眞壯健。又如諸位一定要從家庭跑到學校，又從學校跑進社會，然後諸位的生命才能開展。學校也是如此。

從今以後，新亞的責任將會更重大。若說外面有力量要來改造我們，這只應促進我們之更努力，不應便能約束我們之更前進。學校猶如一私人般，總要開了門，跑向較大的場合中去。這一轉變，可說其意義為私也為公。儘為公，也不可把私抹殺了。抹殺了那私，又是誰來為那公呢？但儘為私，也只能在公裏去發揮。公私相成，而非相滅相消。若我們必要躲開公來完成私，其實無公也就無私可成。

今天的我們，正不必擔憂到外面，我們要擔憂的還是在我們內部之不夠健全與不夠理想。諸位在學校，只要能注意自己品德、學業、身體方面之鍛鍊，將來進入社會自可無往不利。個人如此，團體亦然。我們亦許會碰到困難，但我們不是常說嗎？生命愈奮鬥，將愈見有價值。無奮鬥的生命，終將萎枯而死。生命必然要奮鬥，個人、團體皆然。縱使一個人死了，或如說我們學校關門了，難道就算一切完了嗎？人死還得留給別人來批評。不是我們今日尚還批評到許多歷史人物、歷史事件嗎？人物愈大，所遇困難也愈大。如孔子、釋迦死了，他們當身及時的問題，至今仍未獲解決。他們死了，自然無法再奮鬥，但不斷繼起有人來接續他們的奮鬥，爭着為他們求問題之解決。我們由大推小，若我們能自信新亞這十三、四年來確有其意義與價值之存在，我們縱遇困難，縱說有些不能由我們自己及時解決，在後面，也會有人來繼續我們之奮鬥，代我們求解決。

也有人曾問我，是否新亞以前的畢業同學比現在的成績更好些？我否認這一說。我們在桂林街、嘉林邊道時，確也有些成績。在畢業校友中，現在在美國大學任教的已有兩位。在這裏，港大一位，本校一位。暑假後，將有一位從耶魯回來在我們外文系任教，一位赴馬來亞大學，另一位去南洋大學。可見我們以前的新亞，雖沒有掛上大學招牌，並沒有現在的新校舍，也沒有現在這麼多教授，但的確栽培了一些好人才。現在，我們環境轉好，教授陣容加強，我們應該可有更多的表現。譬如今天在此要頒發的獎品中，有一項作詩優勝獎，得獎同學的作品，今天在報上也發表了。詩的好壞留給外人批評，但這也是我們新亞的一種表現。大學生能在講堂上卽席賦詩，而且不是偶爾一兩人如此，乃是一班一級都能如此，此在以往國內大學亦極難有。可見青年人本來應該什麼事都能做，他們每一人正如一大寶藏，而負責教導他們的教師，便是指導開發那寶藏的人。因此使我只想到我們當教師的責任之重大，以及教育事業之有意義與價值。只要我們眞能自盡職責，我不感覺有甚麼其他可悲觀處。

我今天報告諸位，說我們到此刻已有七位畢業同學在各地大學中任教，這並不意存誇張，無非要勉勵今天在座諸位將來對社會對學術有貢獻，繼續為新亞爭光榮。我盼望在十年、二十年後，或許我們會說某某一文學家、史學家、或科學家、或某某一大人物是我們新亞栽培的。這些全在我們學校裏面人自己努力，卻不會有外面力量來禁止我們這樣做。

或許諸位要說：現在學科主要變成應文憑試，那有時間再來研究學問呀！這一層我也將告訴諸位，有辦法的總是有辦法。加上我們一番困難，應加強我們一番努力。難道不考文憑試，我們人人都可成學者，考了文憑試，便會一切絕望嗎?諸位且莫把一切責任都放在從外面來的影響上，我們該懂得「反求諸己」，「盡其在我」。這也是孔子教訓，也是中國文化傳統精神一大要目。新亞將來之希望，仍會在新亞內部之自身。此層仍盼諸位深切體認之。

漫談論語新解

——為慶祝孔誕校慶與教師節而作

一九六三年九月

去年的孔誕校慶與教師節我正忙校讀論語新解，抽空寫了一篇校慶日勸同學讀論語並及論語之讀法，刊於雙周刊五卷七期。轉瞬一年，雙周刊編輯人又來催我為孔誕校慶教師節寫文章。我去年預期我的論語新解，應可在今年的孔誕前出版，但此刻又正忙為新解排樣校字，出版是誤期了。我再抽空寫此篇，上半敍述我撰寫新解之經過，下半講一些讀我新解所應注意處。

上

我開始寫新解，是在一九五三年之春末。那時學校在桂林街，我開講論語一課，講堂上有許多旁聽的，此刻我們圖書館館長沈燕謀老先生，也是其中之一。沈先生携有一本美國新出版某氏的論語譯本作參考。他說：他將逐條筆記下我所講與此譯本不同處，將來彙齊寄與原譯人資其改正。但聽過幾月，沈先生的筆記停了。他說：相異處太多，除非從頭另譯。我為此，打動了我作新解的念頭。

普通讀論語，總是讀朱注。但朱子集注成書，距今已七百餘年，有些我們應該用現時代的語言和觀念來為論語作新解，好使人讀了親切有味，易於體會，此其一。清代漢學盛興，校勘、訓詁、考據各方面，超越前代甚遠，朱注誤處經改正的不少，我們不應仍墨守朱注，此其二。各家改訂朱注，亦復異說紛歧，我們應折衷調和以歸一是，此其三。我立意作「新解」，主要用心，不外此三點。

我刻意想寫一通俗本，用最淺近的白話來寫，好使初中以上學生，人人能讀。為求簡要，把漢學家繁稱博引的舊格套擺脫了。雖亦博綜諸家，兼采羣說，但只把結論寫出，沒有枝葉煩瑣。我又模仿西方人繙譯新舊約，把論語各章全用白話繙出，好使讀者看了一目瞭然，再無疑義。這是我寫新解的體例。先列論語原文，其次逐句分釋，又其次總述一章大義，最後是論語本文的白話繙譯。

王貫之先生知道我草創新解，每兩週便來把我寫出的幾章要去，分期刊載在他主編的人生雜誌上。但我寫了些時便停止了，一則沒有整段的閒暇時間供我撰寫，時作時輟，精力浪費，亦甚苦痛。二則我開始感到著書力求通俗，也有弊病。遇義理精微處，定要用通俗白話來寫，勢難簡潔，而且亦勢難恰當。文字冗長，反不能開人思路，引人入勝。又不能把精微處扼要確切表達。我想不如改用平易淺近的文言，收效會更好些。好在能讀論語，其人瞭解文字之水準，亦必有相當基礎，我不應在力求通俗上着意。因此我想待把捉得一段假期清閒，竟體改寫。然而這一擱卻擱下幾年，我的冗雜有增無減，始終沒有一段清閒的假期。

直到一九六〇年，我有機會去美國，在耶魯講學半年。我事先計劃，這半年，或許能使我繼續撰寫論語新解，但事前沒有把握。我想若不能繼續此一工作，我正好乘此機會學習說英語和看英文書。

我在一月廿六日抵達新港，隔一日，廿八日，正是陰曆除夕，但在國外，全沒有過年氣氛。我和內人當天上街去逛書舖，選到一本現代歷史哲學的論文選集，我匆匆看其序文和目錄，深感興趣，便買了。在二月六日上午開始閱讀，八日開始授課，在十分冗忙不安定的生活中，到二月二十日，把那本現代歷史哲學讀完了。我又想看西方哲學書，從頭順着次序擇要閱覽。又到書舖買了蘇格拉底和柏拉圖兩集，絡續翻看。但我感到生活已逐漸上軌道，與其當小學生學讀西書，還不如改變計劃完成我的論語新解，對己對人，或許較有意義，較有貢獻。如此心中往返打算，終於把這一問題決定下來。從三月一日起，把閱讀西書的計劃全放棄了，來繼續論語新解的撰述。

論語全書二十篇，共四百九十八章。我先計算：儻每天能最低限度寫出新解六章，每週以五天計；因週末和星期日，一則多應酬，二則我要撥出時間出門到處遊覽。如是每一月作四星期算，每星期作五天算，每天寫新解六章，一月當可寫出新解一百二十章。我預計在新港尚有四個月停留，到六月底，豈不把全部工作可告一結束了！但我又怕事先預定，並不能如此般樂觀。因把在四十二年所成舊稿，共一百零二章，儘快先校讀一過，略事修改，即直從第一百零三章開始。如是一面可以逐漸集中精神，把我的興趣和注意力引起一頭緒，一面又可減輕我工作份量四分之一，那就準不致有失敗。

我在三月一號和二號兩天，打開舊稿，一面讀，一面改，儘兩日夜之力，把此一百零二章約略改過。三月三日起，正式繼續寫新稿。那天正逢大雪，竟日徹夜沒有停。我已整整十二個年頭沒有見過下雪了。只有一九五四年，在日本東京，臨走前的一下午，寒雨中夾着下過些微薄雪片。今天見此大雪，心情十分愉快。窗外隔一馬路，是一大停車場，到薄暮時分，近百輛汽車全沒入大雪堆裏去。近窗有兩枝矮樹，到深夜也全給大雪淹沒了。自晨至夜，門外冷清清沒見人過。我夜間，學校本有兩堂課，也藉此告了假。那是我開始寫此新稿，最值得紀念的第一天。

那天，我上午寫成新解六章，下午續成四章，夜後又續成一章，一整天共得十一章。已超出我預定計劃幾乎一倍。此後我在日記裏，把每天所寫新解，上午幾章，下午幾章，夜幾章，必詳細記下。每週一結算，本週共寫新解幾章，來督促我自己莫把此工作懈怠了。自然也有一天寫不到六章的，也有整整一天或連續幾天不寫的。但我越往後，精神越集中，時間安排越能活潑有條理。有因當天有事，趕一清晨，在早餐前寫出一兩章。有因有應酬，或出門遊覽，而歸後尚有餘力熬一深夜，補寫上一兩章的。最多的一週，寫過六十二章。最少的一週，祇寫九章。到五月二十八日起程去哈佛，我已只賸堯曰一篇，但無論如何是趕不完了。待哈佛歸來，在六月十三那天，算把堯曰篇也補完了。但我把上論鄉黨一篇跳過沒有解。十四日起，再補解鄉黨篇，到十八日竟體完畢。合計新舊稿共得一千四十三頁。以篇幅計，當得二十五萬字。在新港所成，當合二十萬字。實算字數，全部應該不超出二十萬字。新港所成，約合十五萬字上下。幸而我的全稿到此完成，此下在離新港前，又是一大段忙亂，實也再無從下筆了。

我在七月一號離新港，漫遊美國東西部，又去加拿大，再赴歐洲，於十月上旬，改變了全部遊程，逕返香港。我知道一返香港，生活又會冗雜。因此只有將新解的全部初稿，在美國一氣趕成，留待返港後再零碎絡續修訂。

我在是年十一月，卜居沙田，地僻較易得閒，到寒假，又把新解全稿拿出再整理。我寫新解，雖說是義理、考據、辭章三方兼顧，主要自以解釋義理為重。雖說不墨守朱注，主要還是以朱注為重。我此次補訂，先把朱子語類關於論語的幾卷，通體細讀一過。因語類在朱子注論語以後，有些處和他初注論語時見解有不同。有些見解不斷有改變，但可惜有許多重要異同，不能放進我的新解裏面去，這是為著書體例所限。我為論語作新解，只重在解釋論語原文之本義。其引伸義、發揮義、相通義，乃及其他問題，並非不重要，但不能闌入我新解書中。我逢初稿應修改處逐條修改以外，其餘意見，曾寫了一篇從論語朱注論孔孟程朱思想異同一篇，刊載在美出版的清華學報上。

我讀完朱子語類論語之部，將我新解有關各章，再有所修改外，又將我新解全稿，逐篇逐章細讀一過。覺得我全稿前後文體尚有不純，尤其是最先完成的一百零二章，在美國只匆匆修改了兩天，顯與此下文體有不類。而一百零二章以下之最先幾十章，其文體也和前一百零二章較近。較後則文體較為簡淨，因此又把全稿的前半部在文字上多加了一番刪潤。

據我經驗，著作草創固不易，而成稿後要自己修改則更難。因人有成見，總認為自己寫的又對又好，要發見自己的不對不好處，豈是容易之事！只有一法，且把自己成稿暫擱下，待時久淡忘，再取來，如看別人著作般平心細讀，庶可發現出自己一些毛病。我自將新解全稿通體閱讀一過之後，又把來擱在一旁，約摸過了半年多，我想再讀一過。此次再讀，我把王船山的四書大全說中論語的一部分先讀，因船山闡說義理，頗有能超出宋明儒之外的，而又為此下清儒所未見。但可惜我讀船山四書大全說也如讀朱子語類般，所獲許多意見無法插進我新解中，我只逢可修改處修改一些。我又乘興讀了船山四書大全說中孟子、大學、中庸之部，寫了一篇王船山的孟子性善義，刊載在香港大學金禧典禮東方文化研究所之論文集。

如是我又把新解全稿擱置。適逢楊聯陞先生自美國哈佛來，我在新港時，他早知道我在寫此稿，我到哈佛也曾和他暢談過。因此把全稿請他在旅館中為我看一遍，遇有意見，我囑他批注在眉端。我們學校潘重規先生也知我寫此稿，他說能先覩為快。楊先生離港，我即將此稿交潘先生，也囑其把意見批注在眉端，那是去年四月五月間事。

楊先生自香港去日本，我開一書單，託他在日本代買幾部日本學者的論語注作參考。楊先生把書寄來了，正值暑假忙過了一陣，我又想再把我的新解全稿細細再讀一過。其時已值八月下旬，我把家中書房和客廳對調了一下，書房擴大了，我好靜下做工夫。那知九月一日的大颶風來了，沙田受災最重，我家大門吹開了，大門旁的新客廳，風雨縱橫，受打擊最重。新書房的屋頂也掀破了，大雨直注，我冒着險，從走廊衝進書房，把我的新解全稿搶救了。幸而我事前把客廳和書房對調布置過，否則若我把此稿放在原先舊書房，可能風吹漫天飛，全散失了。可能雨打成爛紙，鋼筆原稿和原子筆的改稿，全模糊不易辨認了。

經此颶風為災，我家搬下樓去，在別院住，我放一大書桌在樓上原來臥室中，桌上只放我新解全稿，及從日本買來的幾部新的參考書。我只要不到學校辦公，便一人踱上樓，靜心做我對此稿最後一次的校閱。這是我三年前離開新港後，又一次意外獲得了一個好環境。至今回想，一九六〇年三月三日在新港的大雪，一九六二年九月一日在沙田的大颶風，和我從事撰著此書先後結不解緣，正好遙相映照，留作我私人的一番回想和紀念。

我從日本買回來的三部書，第一部是伊藤仁齋的論語古義，第二部是物茂卿的論語徵，第三部是安井息軒的論語集說。這三部書，正好代表着日本學者治論語學的三階段。東瀛學風，本和我大陸息息相通。伊藤仁齋的書，篤守程朱理學家言。物茂卿的書，則相當於我們自王船山下至毛奇齡與戴東原，有意批駁宋儒，力創新義。到安井息軒則受清代乾嘉以下漢學家影響，實事求是，在訓詁考據上用力，而重返到漢唐注疏古學上去。我按着三書先後次序，逐章分看，正如把朱注論語下到近代此數百年來，中國學術界漢宋之爭的舊公案，重新在心頭溫一遍。我如此般讀過一章之後，在我心中對此一章自然會浮現出一番見解來。然後我再把自己原稿翻出再讀，有的是我此刻心上所浮現出的新見解，和原稿見解還是相同，那就算把我原稿通過了。也有的是新舊見解大體相近，只要在字句上稍加增刪便可過去的。也有時發現我原稿見解，或許因當時參考材料出此三書之外，或許我當時思索較之當前更細密，更周詳，而認為原稿意見實是勝過了我此刻的意見的，那眞是一番喜悅，而且是喜出意外似的叫我高興。但也有時，我發覺原稿舊見解和我此刻的新見解正處在相反之兩端，那就為難了，不得不為此一章從頭再作深思。本來論語儘多異解，我以前是主從甲說的，現在又想從乙說，其間取捨抉擇，煞是不易。有的經過內心私下再三思辨，終於捨棄了舊見解改從新見解了。亦有的經過再三思辨，終於決定仍從舊見解，而放棄了新見解。但也有已從新解，再經幾天思考，又改從舊說的。也有已留舊說，再經幾天思考，又改從新見的。也有幾章，在自己新舊見解衝突，異說分歧，十分難解之際，而忽然悟出一番新義，自謂能超出以往舊見，更有新得的，那又是一番喜出意外的喜悅。直從九月十月到十一月，那三個月中，我常一人，或半天，或全天，獨坐空樓，已涼天氣未寒時，下簾寂寂，至今回味，仍感到樂趣無窮。

到十二月，破樓修理完竣，我們把家再遷回樓居，但那時我的新解全稿，早已校讀完畢了。照理，我該可把全稿付排了。但我想，此稿付排，我仍有最後一次的校字工作可做，或許到那時又可能發現幾許錯誤應改正處。若此刻即去付排，我正滿懷歡喜，怕不易發現自己錯處來。因此決定將此稿再壓幾個月，待我對此稿的心情冷一些。在今年暑假前開始發排，果然，仍發覺有許多文字義理未妥須修改。中間我去臺北一個半月，此稿的排樣亦郵寄臺北去。這一個半月，臺北天氣極熱，我在旅居生活中，又極忙亂。但校此稿，又有兩章，徹頭徹尾改動了。直至此刻，全稿已校過十分之八，尚餘十分之二未校。但因前面改動，牽涉到後面，至少後面有一章未校的，臨校時，我將添進兩句，而此兩句則是頗關重要的。默計全稿，我在此次最後校字時，又已改動了十章左右。可見過些時，說不定，又會發現需改動處。但對此稿，我總算已盡我心力。一待正式出版，我想再要由我自己來發現錯誤，其事當更不易，則只有希望讀我書的多了，自會有好意見絡續來告訴我，我且留待此稿再版三版時，再有所訂正吧！

下

以上敍述論語新解完成之經過，以下略告讀者所應注意之一點。去年我寫論語讀法，已將讀論語應注意處約略提及。此下則專就一點言。

王貫之先生知道我新解已付排，他來要一份清樣，他說將擇要分期刊載於人生雜誌，為吾書作介紹。我想書已付排，出版在卽，何必再浪費人生寶貴之篇幅。但貫之意極誠，來索再三，不得不應。但待人生各期把新解擇錄刊出，我也按期翻閱，一面心佩貫之作事不苟，所摘錄的確也化了一番心。但另一方面，我卻別有感想，便是此下所欲申述者。

一般人總愛說「儒家思想」或「孔子哲學」，當然論語是關於此方面一部最重要的書。但我常感到中國思想，其從入之途及其表達方法，總與西方的有不同。西方一位大哲學家的思想，總見其有線索、有條理、有系統、有組織。他們提出一問題，關於其所用之名辭與觀念，必先有一番明確的界說。他們討論此問題，千迴百折，必有一項明確的結論。讀中國書便不然。即如論語，頗不見孔子有提出問題，反復思辨，而獲得結論的痕迹。若我們依著研究西方哲學的心習來向論語中尋求，往往會失望。

讀論語的，都認為孔子思想主要在講「仁」與「禮」。但孔子對此兩名辭根本不見有何明確的界說。直要待朱子作注，才為此兩名辭定下界說來。朱子說：「仁者，愛之理，心之德。」又說：「禮者，天理之節文，人事之儀則。」朱子是經千錘百鍊而始定下此兩個界說的，雖非無當於論語原文之本義，然而朱注所下界說，實比論語本文使讀者有更難體會之苦痛。若我們真要把此「愛之理，心之德，天理之節文，人事之儀則」十六字，細細咀嚼，便會發覺其中比論語本文所論遠為深廣。由此十六字，可以引生出更多問題。而此等問題，在我們讀論語時，實暫可不必理會。而且若非細讀朱子書，對此十六字之內涵意義，亦實難確切瞭解。我們為一書作注，其用意本為使讀者對我所注書之本文增加其簡易明白之感。而朱注則有時卻似為論語增添出許多晦澀艱深反而難理解處。要之，在宋代理學盛行時，不能無朱注。在我們此時，時代變了，則不能不在朱注外來另作一新注。

我們若要問：論語中對「仁」字「禮」字，究竟提出了何項問題，獲得了何項結論？那就更糢糊了。似乎孔子平日講仁講禮，根本上沒有提出什麼問題，因而也不見有什麼結論之獲得。我們讀論語，似乎其每章每句，都像是一種結論。試問在西方一個思想家，那有如此輕易獲得結論的？如此般的思想，又那得成為一套哲學的思想？

但上面這許多話，其實對論語是無傷的。我們把研究西方人哲學思想的頭腦來研究論語，則每易於論語中提出許多不是問題的問題來。主要在於中西雙方思想其從入之途不同，因而其表達方法也不同。讀論語，應該依照孔子的思路來讀，才能於孔子有瞭解。今試問，孔子思想究從何路入？這一問題，其實在論語裏是表現得明白可見的。只因思想從入之路不同，因此其表達方法也不同。孔子思想之表達方法，自然也卽在論語裏明白可見了。因此我們只該從論語本書來瞭解孔子思想，不該先自束縛在西方哲學之格套中來尋求。

讓我們從最淺顯處看，則論語中孔子論「仁」，有許多話只是就「人」論，就「事」論。孔子只就人事來論仁，並不見有超越人與事而另提出一套近似於哲學玄思的仁的問題來。如說殷有三仁：微子、箕子、比干。又說伯夷叔齊，求仁而得仁。又說桓公九合諸侯，不以兵車，卽是管仲之仁。管仲相桓公，一匡天下，民到於今受其賜，也卽是管仲之仁。又有人問管仲，孔子曰：「人也，奪伯氏駢邑三百，飯疏食，沒齒無怨言。」本章「人」字，解者亦有說卽是「仁」字的。又如說：令尹子文是忠不是仁；陳文子是淸不是仁；子路、冉求、公西赤皆不得為仁；宰我欲短喪，是不仁。凡此之類，皆專指某一人而分辨其仁與不仁。今若問：何以微子、箕子、比干、伯夷、叔齊、管仲都是仁？何以令尹子文、陳文子、子路、冉求、公西赤、宰我都不得謂是仁？我們要在此等處研究，便知對此諸人，至少該略有所知，不能說此等處只是孔子在批評人物，與其哲學思想無關，可以擱置不理。

又如孔子答弟子問仁，告顏淵則曰：「克己復禮為仁」。告仲弓則曰：「出門如見大賓，使民如臨大祭，己所不欲，勿施於人，在邦無怨，在家無怨」為仁。告司馬牛則曰：「仁者其言也訒。」告樊遲則曰：「仁者，先難而後獲。」又曰：「仁者居處恭，執事敬，與人忠。」告子張則曰：「能行恭、寬、信、敏、惠五者為仁」。告子貢則曰：「居是邦，事其大夫之賢者，友其士之仁者」為仁。這些處，都是說如此行事乃為仁；不如此行事，則為非仁，或不是仁。其實就事而論，也如就人而論，義實相通，無大分別。因在行事之背後必然有一人，孔子批評人，也只就其行事而批評。在此處，可見我們要瞭解孔子「仁」字的眞義，應該從那許多行事上去體會。如我亦能居處恭，執事敬，那我也可依稀彷彿想像到孔子教人以此仁字的一番體段一番境界了。

又如孔子平日論仁，說：「唯仁者，能好人，能惡人」、「仁者樂山」、「仁者靜」、「仁者壽」、「仁者，己欲立而立人，己欲達而達人」、「仁者不憂」。又說：「剛毅木訥近仁」、「克、伐、怨、欲不行焉，可以為仁矣」。又說：「仁能守之。」又曰：「巧言令色鮮矣仁。」此等亦都是就事而論，只不是具體專指一事而已。但我們總不能捨卻人生實際行事來求瞭解孔子這許多話。

以上專舉「仁」字言，若「禮」字則更不用多舉。如何行事始是禮，如何行事即非禮。何人算能知禮守禮，何人便是不知禮不守禮。凡屬論語中講禮處，全從具體的實人實事來講，更是顯而易知了。

我們今再從此推說，便知全部論語，最多是在講具體的實人和實事。若忽略了論語中所討論到的具體的實人和實事，則全部論語所剩無幾。我們儘可說，全部論語則都為討論這些具體的實人和實事所包括了。因此我們可以說，中國儒家思想主要是在具體的人和事，而孔子論語則為此下儒家思想之大本大源所在。卽如宋明儒言義理，其實也只緊扣於具體的人和事上而來討論其義理所在。若抽離了具體的人和事，超越了具體的人和事，憑空來討論思索，那便近於西方哲學思想的格套。

因此，我們可以說：中國思想，尤其是儒家思想，主要是從具體的實人和實事上思入的。及其表達出來，亦仍大體不脫離於具體的實人和實事。先秦儒家如是，漢唐諸儒亦如是。後來宋明理學家言，大體還是如此。而大本大原則在孔子之論語。

我們若明白得此意，來讀論語，自應更多注意到論語中所提到的許多具體的實人和實事，卻不應憑空思索去求瞭解。因此講求孔子思想，不宜脫離人事。我們自己思想，若要遵從孔子道路，也該從具體人事作為出發點。近人都已說中國思想是一種「人文思想」，也便是此意了。

正因為如此，所以我們讀論語，若在解說其義理或思想上有爭辨，勢必牽涉到考據。考據工夫，正為要確切明白得論語中那些實際的人事。此乃孔子思想及其所指示的義理之具體背境與主要對象。清儒反對朱子的論語注，最先也是在義理上爭辨，但精而求之，便不得不轉入於考據。此亦是一種大勢，自然會走上這條路。其實朱注論語也何嘗不經一種考據。如今硬要把考據義理分作兩項，認為考據便無當於義理，那就又是一條差路，不可不辨。

現在再進一步說：既然是孔子的思想和義理，都扣緊在人事上，因此讀論語，也並不能專注意

「仁」字「禮」字等許多字眼便夠。換言之：論語中凡牽涉到具體人和事的，都有義理寓乎其間，都是孔子思想之著精神處。要懂得如此平鋪用心，逐章逐句去讀論語之全部，才見孔子思想也有線索，有條理，有系統，有組織。只是其線索、條理、系統、組織與西方哲學有不同。

因此我的論語新解，逐章、逐句、逐字都要解，任何一字、一句、一章，都不敢輕易放鬆過。我作新解的用意，只在求能幫助讀者去瞭解論語本文獲得些方便，並不是要自創一說，或自成一家言。若能離開了論語原文，我的新解便更無少許剩餘的獨立價值可言了，那便是我的成功，那便是我作新解時所要到達一個理想境界。當然我知道我還未能到達此境界。尤其在一章後綜述大意，總難免有浮辭刪削未盡之感，但我總算是向此理想而努力的。

其實我此一種解論語的方法，乃完全遵依朱子成法。從來注論語，善言義理，莫過於朱子。但朱注中的剩餘獨立價值則嫌太豐富了。此亦不得怪朱子，因朱子時代，乃是一個理學盛行的時代。朱子之學，近承二程，乃由二程而遠溯到孔孟。因此遇二程有與孔孟分歧處，好像朱子總不肯拋開二程來直解孔孟。其注論語，如「獲罪於天」，如「性相近」，如「孝弟為仁之本」諸語，本是極平易，而解成極艱深。又如「吾與點也」一語，本可不煩多解，而朱注化去了近四百字，發揮出一番大理論。後儒從此等處來批駁朱注是應該的。但朱注終不失為善言義理。朱子之善言義理，並不在乎此等憑空獨標新義處；也不在我上舉如其解「仁」字「禮」字十六字之千錘百鍊處。朱注之所以為善言義理者，則在其遇論語所及實人實事，其中所涵義理，朱子最能闡發得細膩而熨貼。但朱子終是帶有宋代理學一番極濃的氣息。我不是說宋代理學無當於孔孟原意，我之作新解，乃是要沖淡宋代理學氣息來直白作解，好讓不研究宋代理學的人，也能直白瞭解論語，由此再研究到宋代理學，便可以迎刃而解，更易契悟。

朱注對論語所牽涉到的實人實事，也有些處考據不及清儒之細密，因此其所闡發的內涵義理也便不免有差失了。但清儒說論語，又太求在考據上見長，而忽略了論語本文中所涵之義理。因此讀清儒說論語，乃只見有考據，不見有義理。既近買櫝還珠之誚，亦陷於歧途亡羊之失。

論語中最難讀者，有些處，雖亦是實人實事，而考據工夫則用不上。因此其內涵義理，亦更難把捉。臆測無準，異解歧說，多由此而起。我上半篇自述作新解，有改了再改，終難決奪的，亦以在此等處者為多。

今試舉數例略說之。如「射不主皮」章，此顯屬一實事，古注及清儒，都注意在考據上。惟朱子獨側重在義理上，再從義理來另作考據，遂使朱注對此一章獨為卓越。又如「魯人為長府」章，此又屬一實事。孔子盛讚閔子騫「言必有中」，可見此章中，必涵有一番義理。但朱子未曾將「魯人為長府」一事細考，則注文所闡發，近是望文生義，有類臆測。而清儒所以勝過朱注，有不可不加意採納者，則多在此等處。又如「闕黨童子將命」章，究竟是孔子使此童子將命，抑是闕黨之他人使此童子將命？此屬一瑣事，無從考據。但孔子使此童子將命，與闕黨之他人使此童子將命，究有別。因其事不同，故事中所蘊義理亦不同。故要闡述本章義理，勢必先肯定本章之事實。朱注說此章，乃肯定其為孔子使此童子將命，朱子本此而闡說，其所說義理自佳。後儒遵朱注再加發揮的亦有。然亦有異說，認為乃闕黨他人使此童子將命。所以持此異說，自亦有其一番理由。於是為求解說此章之眞義，乃不得不由作注者胸中自有一番義理作抉擇。此章雖屬小節，然他章有不是小節而與此章類似的，那就更費斟酌了。

又如「子路問成人」章，孔子意究是須兼有臧武仲、孟公綽、卞莊子、冉求，此四人之長，而再加以「禮樂」之文，而始可以謂之「成人」否？朱注是如此說。然或說則謂下文「亦可以為成人」，從「亦可以」三字，謂可見只具一人之長已足，不必要兼四人之長。然朱注亦未嘗不注意到此「亦可以」三字，故曰：「亦之為言，非其至者。若論其至，則非聖人不足以語此。」此章實極關大義，非「童子將命」章可比。然欲定此章之眞義，考據訓詁之為用皆有限，非作注者自有一番義理作抉擇不可。朱注之所以獨出古今者正在此。由此可知我們固是要讀論語來通義理，但亦要通了義理再來讀論語。讀了論語再來讀羣書，此是初學者的門路如此。但又要讀了羣書再來讀論語，此則是成學者之所當務。此層尤不可不知。

故知讀論語，每章各有一番義理可尋，不得謂遇孔子論「仁」論「禮」諸章始有義理，其他各章可以擱置不問。而每章儘多異說，多見一異說，即多觸發自己一番義理見解，切不當暖暖姝姝於一先生之言。但異說亦當定於一是，此所謂「一是」，則指論語原文之本義言。然求論語本義，則主要須用考據訓詁工夫。否則儘說得義理高明，卻可與論語本義有背。然亦有時，考據訓詁無可用，非用讀者自己識見不可。否則終無以通論語之本義。故讀論語，有易讀處，有難讀處，學者貴能由易及難。但今為論語作解，則難處易處全解了，此則貴學者之善自研尋。我作此新解，每多存異說，而於異說中必抉擇一是。我之識見果足以勝此任否，惟有更待讀吾書者之再作辨認。我所謂讀論語必義理、考據、辭章三者兼顧，而義理則更其要者，其用意亦在此。決非謂不顧考據辭章而可以憑空求得其義理之所在。更不謂求義理者，只挑讀論語某幾章已足。此意極關緊要，不得不在此鄭重提出。

今貫之先生為我選載於人生雜誌之諸章，似乎都選載些近似於憑空發論者，又多載我在此一章之後綜述其大義者。擇要誦讀，亦是讀書之一法。專心先求大義，且置考據辭章之瑣末，此皆未可謂非。但若專一從此路進，則又近於只要討究孔子所抱之一番哲學思想，而非研尋孔子所提示之人生義理。如是則似乎也把孔子看成一西方哲學家般。此處差之毫釐，是會謬以千里的。讀論語者不可不戒。程子說：「如讀論語，未讀時是此等人，讀了後又只是此等人，便是不曾讀。」又說：「讀論語，有讀了後全然無事者，有讀了後其中得一兩句喜者，有讀了後知好之者，有讀了後直有不知手之舞之足之蹈之者。」程子此兩番話，只有從人生義理上去讀論語，始可瞭解得。若真瞭解得須從人生義理上去讀論語，則自然會遵從朱子所說，平鋪讀，循序一章一句讀。且莫認為論語說到「仁」字處在講仁，不說到「仁」字處即與仁無關。更莫認為訓詁考據工夫，便就與義理無關。至於我之新解，則只求為讀論語者開一方便，那些全只是筌蹄而已，實不足重。我怕讀者把我的新解太重視了，那就罪過之極。因此特鄭重在此提及。

秋季開學典禮講詞

一九六三年九月九日

各位先生、各位同學：

今天我要趁這開學典禮的機會向諸位報告幾件事。

第一件要報告的，就是我們新的中文大學快要正式成立了。香港是英國的殖民地，但卻是中國社會，四百萬居民，絕大多數是中國人。五十年來，這裏只有一間香港大學，她所造就的人才和學問，都有限。而且中國青年，學問事業，也該貢獻給中國社會。因此，不論從那一角度看，香港辦一間中文大學，實在應該。

第二件要報告的，是關於新大學的組織。香港中文大學，並不是新創的，而是將原有的崇基、新亞、聯合三間私立學校合併而成。但是，這間大學成立後，我們要注意到新亞的地位。從前我們是一間獨立學校，今後將變成中文大學的一部份，變成為中文大學的新亞書院了。從前是私立，將來是公立，其間有很大的分別。

新亞既與其他二校組織成中文大學，慢慢地，隨着一年年時間的過去，大家的想法會與從前不同。現在諸位想的是三校聯合成一中文大學，將來則變成中文大學中有這三間學校，此是一定的事。譬如今年我們新同學，參加的入學試，是由三校聯合招生的。明年將是中文大學的入學試，取錄後再分配到三校。今夏剛畢業的同學，參加了三校統一文憑試，明年畢業的，將要參加中文大學的學位試。考試合格後，將具有兩項資格，一是新亞的畢業生，一是中文大學的畢業生。較重要的，自然是中文大學的資格，只是他在中文大學中的新亞書院畢業。從這一點，可知將來我們在學校之上，有了一個與其他二校共同的組織。譬如現在中文大學要請一位副校長，一如香港大學般。自然，他日也會有大學本部、校務會、教務會等行政部門，此乃在新亞之上，這是一點。

另外一點，將來三校的教授，慢慢地會變成中文大學的教授了，只是分別在崇基、新亞、聯合任教而已。

從前我常告訴諸位說，成立中文大學與諸位沒有多大關係。今天我要告訴諸位新舊同學，要了解將來學校的性質，以及諸位的雙重身份，即是中文大學的學生和中文大學新亞書院的學生。學校從前是新亞，將來則是中文大學的一份子。換一句話說，今天以後的新亞，將走上一條新的道路，亦將是另外的一個新亞了。關於這件事，我們可分兩部份來說：

第一，是關於同學的。

諸位來學校求學，固然不是在一紙文憑，而在學業和事業。新亞不掛上中文大學的招牌，亦可以講學業求事業，這是我再三講過的。然若努力學業，同時可以獲得大學文憑，使將來進社會較方便，則我們何樂而不為？為考慮同學的出路，是新亞不得不參加大學組織的一原因。

第二，是關於學校的。

從前學校是私立的，今後將成公立的。所謂公私立之分，全繫乎經濟的來源上。新亞初開辦時，只有四個人，每人拿出二百元，合八百元來創辦此學校。按月經濟來源，好許時只有三千元。這數目還不及今天一位教師一個月的薪金，試問學校如何能老如此般支持下去？學校惟一出路，只在外邊找人幫忙，從桂林街到嘉林邊道，再到此地，由第一期、第二期、第三期的校舍建築，圖書館、實驗室種種設備，一直到今天都是在毫無把握中碰機會。今後若無機會可碰，無新的經濟力量支持，學校豈不是要關門？私立學校一定要有充足的經費，而我們卻是兩手空空。幸得美國雅禮協會幫助我們整整七年了。然他們的錢亦是每年捐來，今天有錢，明天可以無錢。我們的經費始終沒有一穩定的基礎。今後通過香港政府的法律，全港的居民支持這間大學，新亞的基礎比較穩定，不要我們再用大部份精力來向外籌經費。為學校長久打算，我們只好把此學校送給公家辦。

或許諸位因此會問，我們既變成為中文大學之一部份，地位與其他二校相同，上面又有大學本部統制着，則我們常說的新亞精神仍能存在嗎？剛才諸位唱校歌，其中有所謂「新亞精神」。精神不比物質，可以長期擁有，經過十年、二十年、三十年，可以不朽不壞，日新創造。但今天精神好，明天可能不好。諸位若能懷念以前的新亞精神，要延續它，就不能不時時努力來創造新新亞精神。從前我們的精神，表現在拿八百塊錢來辦一間學校，用三千塊錢來支持它。外邊人說：「他們用這麼少的錢來辨學，眞夠精神。」現在我們的物質條件增強了，經濟來源充裕了，是否我們就會沒有精神表現呢？我來說一個譬喻：隆冬的天氣，風雪交加，一個人能在這樣的天氣下穿很少衣服，吃很少東西，一樣做事，別人說他有精神。一旦把他放進一間暖氣間裡，穿上溫暖的華服，給他吃豐美的大餐，他會說：「啊！我現在沒有精神了。」這豈不是怪事，只是自欺欺人。把沒精神的罪過，諉之於外面的環境。在我想，此人若眞有精神，饑寒交迫中，固可有精神，溫飽了一樣可有精神。而且他的精神，只該更好，不該轉壞。

諸位或許又會問，然則新亞的理想會受影響嗎？「栽培中國青年，來貢獻給中國社會」，這是我以上所說中文大學的目標。我們的學規中也說：「愛家庭，愛師友，愛國家，愛民族，愛人類，為求學做人的中心基礎。對人類文化有了解，對社會事業有貢獻，為求學做人之嚮往目標。」這是我們的理想，這中間並沒有衝突。我們講理想，更要講理想之實現。以前我們用八百元租兩層樓作課室，來創辦一學校，正因我們有理想。但理想必求實現。在未實現前，不得不向人把自己理想表現。如一青年，中學畢業，其家人要他找一份職業。但他說，我的理想是要進大學，或大學畢業後要去外國留學。或其父母希望他進理科，他說他的理想是進文科。或其父母希望他進港大，他說他的理想是在進中文大學。我們向人講理想，是要別人原諒我。到我有機會眞走上實現理想的路了，則貴踐行，不貴口說。今天我們新亞，若眞有一番理想，應正在逐步實現途中。從前只是我們一間學校在提倡，今天以後卻要在一間大學中求實現，說不上理想會受影響被毀滅。

諸位今天以後所要注意的，精神要天天創造，理想要步步實現。果能如此，並不妨礙今後的新亞。

要創造我們的精神，實現我們的理想，我仍要重複我常説的三句話：

第一、一切行政制度化。

從前我們只是一間小規模學校，可以不講制度。現在規模一天天擴大，必要有制度，一切學校行政都要制度化。對同學來説，必要修滿學校規定所有應修的課程，通過考試，才可畢業，一點也不得含糊。制度是自律的，律人的。此後學校進展，必是在制度中進展。現在制度當然可以隨時修改，但不該加以蔑視。這是我首先要提出的第一點。

第二、課程學術化。

學校的課程，固然要應付考試，諸位唸完四年，考試合格，便可獲得文憑學位。然我們進學校，並非只為文憑學位，更要的是為眞正的學問。若無眞學問，只是應付考試，一切也是徒然。今後的新亞，既已走上一條新路程，不須再為經費擔憂，每位先生對他所授課程都會更用力，每位同學也應一心向學，務使新亞要在學術上有成就。若無學術成就，那即是新亞之失敗。從前我們學校既無錢又無學生，不免多用心要錢要學生。今天的學校，不煩再在此等處用心，一切學術的追求和成就，便要寄托在我們先生與同學間的研究和切磋。

新亞有一位畢業同學，我們認為他是一位好學生，他到一間中學裡教國文。那中學的校長，有一天碰見我們的一位先生，說：「我原先以為新亞的畢業生一定很好，怎知是不成啊！」原來這位同學跑上課室講壇，對一班初中學生大講其中國文化和道德觀念，卻不注意課本和作業。他本是一好學生，但他教書卻失敗了。在此我要提醒諸位，所謂學校的理想和精神，不是常懸在口上作話柄的。我們總不能擔着一面大旗，四出宣傳說：「我們新亞是講中國文化的。」中國文化一樣脫離不了學問的眞成績。

我說課程學術化，是諸位在課堂上，課堂外，都能培養獨立研究的精神，自己尋向上去。先生在課室講二十分鐘，我們便要在課外研究一小時到兩小時。師生之間，不但在課室內應合作，課室外也要有談論切磋，以求培養出學術風氣。這纔眞是此下新亞的精神和理想。

第三、生活藝術化。

所謂藝術化的人生，就是要有禮樂的人生。上次新禮堂落成，我曾說過，希望我們在學術研究外，能有禮樂生活。惟有這樣，人生才能美滿。

我們要在這三件事上，實現我們的理想，所謂「手空空，無一物；路遙遙，無止境。」我們學校從此仍在一條「路遙遙，無止境」的新路上，仍是「手空空，無一物」。但正在這裏，可以表現我們的理想，創造我們的精神，讓我們在此三方面繼續努力吧。

慶祝中文大學成立

一九六三年十月十七日

港九社會三百幾十萬民眾所共同熱切盼望的一所中文大學，經過好幾年的曲折醞釀，終於在今天正式宣告成立了。

中國人有句古話說：「作始也簡，將畢也鉅。」這一所大學，在今天，只如一嬰孩，呱呱墮地。他的生命正在開始，我們對他不該有什麼批評，什麼責備。我們只有善頌善禱，慶祝他的將來。

尤其是我們新亞，是此大學之一部分。此大學是一所聯合性的，新亞是此大學基本三學院中之一學院。若使新亞能辦得好，至少此大學之三分一的部分是辦好了。若使新亞辦不好，至少此大學之三分一的部分沒有能辦好。因此，我們在今天來慶祝中文大學的成立，不得不對我們自己有一分責任之警惕。

回想我們新亞，從桂林街開始，到今十四年。此十四年中，不能說我們沒有變化，沒有進步，沒有成就。若我們能照以往般繼續努力，繼續進步，再過十四年，那時新亞之成就，較之目前，應該又是一番景象，又是一番規模。到那時，新亞之進步與成就，便都是中文大學之進步與成就之一部分。

歲月悠長，十年二十年，對一事業說來，眞如一刹那。所以只要此事業開始，只要此事業能維持永久，只要參加此一事業的能大家為此事業而努力，此事業必會帶給我們社會以無限之希望與無限之貢獻的。我謹以此來慶祝中文大學之成立，並以此來策勵我們新亞的同仁與同學。

孔誕暨校慶紀念會講詞

一九六三年九月二十八日

各位先生，各位同學：

今天是孔子誕辰，我們中國社會定這天為教師節，我們學校同時定這天為校慶日。我們希望學校能具有孔子的教育理想和精神，拿孔子之道來做我們做人最大的目標和方向。

去年今日，我寫了一篇文章登載在雙周刊上，勸我們同學讀論語。那時我的論語新解還未付印。當時我滿以為今年今日我的論語新解準可出版，但由於印刷延期，出版也延期了。今天我又寫了一篇文章登載在雙周刊第六卷第八期，略記我寫論語新解的經過，及關於此書之讀法。我希望此書出版，諸位能人手一册，大家好好去讀它，這是我們慶祝孔子聖誕一件最有意義的工作。

今天我再講一些別的話。前幾天，有幾位德國青年學人來香港，是特地來研究中國文化和中國學術的。他們在此見過好些人，離開香港還要去臺灣。他們也來學校見我，向我提出幾個問題。我認為這些問題或者諸位也會想要問，因此我今天把我給他們的答覆，再約略重述給諸位。

首先他們問：「我們此次來香港，知道此間有很多人在提倡孔子，但不知此項提倡的態度，是要復古呢？還是要另外創一個新的孔子思想來和此時代相配合？」我回答說：我們提倡孔子，既非要復古，亦不是要創造一個新的孔子思想來配合此時代。孔子到現在已經過了二千五百多年，中國社會實經過了幾度很大的變化。孔子是春秋時代人，從春秋到戰國，中國社會已有一大變遷。從戰國到秦漢，又是一大變遷。以下從兩漢到魏晉南北朝，到隋唐，到今天，中國社會都在不斷的變遷中，但孔子一直被尊敬。從來講孔子之道的人，既不是一意要復古，亦無創造一新孔子與新孔學之想念。今天中國社會雖亦臨到一大變遷的局面，但此項變遷實不比春秋到戰國、戰國到現代的變遷更大些。所以我們認為提倡孔子，既不在復古，亦不是創新。孔子是「聖之時者」，在孔子思想裏有它的主要原則，仍可運用來適應我們的今天。

接着他們提出第二個問題說：「你們講孔子有些什麼內容？希望能扼要舉出。」我回答說：孔子所講的道理很簡單，若要用一兩句話來概括，孔子所講只是關於我們做人的道理。一是我們各個人如何般做人。二是大家如何般做人。這是一而二、二而一的，在孔子思想裏，並沒有個人與集體之嚴格區分。

孔子所講做人的道理，約略說來，可分四項：一家庭，二社會，三政治，四教育。生下即在家庭裏。到長大後，便進入社會，有鄰里，有朋友，有職業團體，此等皆可包括在社會一項目內。每一社會也必有政府。又必有先一輩的如何來教導年輕的後一輩。此四項，是孔子所講做人道理中比較最重要的。

他們繼續問第三個問題說：「孔子所講的道理，什麼是今天可適用的，什麼是不適用的？」

其實此一問題，還和第一問題差不多。我的回答，也和回答他們的第一問題差不多。我舉例說：孔子講家庭，在當時，尚是封建社會的貴族家庭。但到東漢以後，出現門第家庭。唐以後，直到清末，中國是一科舉社會發展成小家庭。雖然歷代家庭不同，但主要還是一家庭。孔子所講關於如何處家庭的道理，今天我們仍還遵行着。孔子所講的家庭，其中心不在夫婦，而更要在父母與子女。如看重了夫婦關係，而忽視了父母和子女的關係，這便要變成為今天西方的家庭了。在中國，夫婦關係並非不重要，但夫婦比較近似於朋友一倫。其在家庭中，則父母的意義勝過了夫婦意義，那就不同了。在中國社會裏，有一夫一妻，一夫多妻之分別。古代多離婚，直到宋代尚多寡婦再嫁，如宋代最有名的大人物范文正公，他母親便是再嫁的。我家鄉蘇州，盡知范文正有兩父，本生父姓范，後父姓朱，並不認為是異事，而且認為是佳話。因此知道在中國，夫婦一倫雖有變化，其間變化也不可謂不大，但實際上並不影響到家庭。直到今天，中國社會婚姻制度又有了更大的變化，但只要夫婦關係的變化不致使家庭組織破壞，便夠了。換言之，即是新的婚姻，並不破壞了舊的家庭。只要家庭存在，其次的一些變化是可以的。若把中國家庭和西方家庭相比，西方人似乎看夫婦關係重要過於東方的父子關係，此即雙方之不同點。

又如今天，中國社會有很多新的工廠組織，一工廠裏的工人可多至數千人，似是以前所無。孔子自然不曾講到這些上面去。但孔子講的政府與社會的道理，仍可把來移用於工廠上面去。一個工廠中的資本家，像是上層政府，勞工便是下層民眾。孔子的政治理想，是極富人道主義的。所以中國的工廠，也絕不會發生像一百幾十年前，馬克斯在倫敦所見的工廠般。可能今天西方的勞工薪酬高，工作時間短，又有種種保障，勝過今天中國社會之現狀。但這些都是小節目，隨着環境與條件而改善，是極為容易的。因在中國，工廠裏的資本家，知有孔子所講的做人道理，工廠裏的勞工，也知有孔子所講的做人道理，勞資糾紛不易滋長。若眞照孔子的道理，中國將永不會走上西方資本主義的路線，更不會有共產主義與階級鬥爭的演進。

再講到師生關係，從前一人一輩子只有一兩位老師。宋明時代的書院制度，亦只是一人講學。如朱子在白鹿洞，陸九淵在象山，都是如此。今天一間學校裏有幾十百位教師，一人從小學到大學，也追隨過幾十百位老師。可說是朱子、象山在同一校教授，甚至是孔子、墨子在同一校教授。師生關係已大變，但中國青年多少還有以往尊師傳統觀念之存在。就教師來講，其生活雖極清苦，也還有從前為人師表的一套自尊自覺。在中國社會上的教育精神，多少還抱有些孔子所講的師道。

舉此家庭、社會、學校三方面為例，可說孔子之道，縱是時代變了而仍可用。此因孔子思想，不像西方一宗教主，也不像西方一哲學家。孔子思想是極富常識性，又是極富實踐性的。孔子只就實際人生中推籀出一番人生道理來，還是此人生大體。所以雖是時代變，而孔子之道，還可提倡，還可遵行。

接着，他們提出第四個問題，專關政治方面。他們說：「中國從孔子以來，永遠有一個皇帝高高在上。現在是沒有皇帝，要推行民主政治了，則孔子之道是否仍能配上？」

我答道：這問題該從兩方面來說。西方民主政治乃從西方歷史中演變來，歷史因素不同，故美國與英國的民主不同，也復與法國、德國不同。中國將來理想的民主政治，也決然不會和美、英、法、德任何一國相同。中國將來的民主政治，則必然仍是中國的。

不僅是歷史演變不同，更重要的，則在中國有一個孔子。孔子的政治理想，本來是極重人道主義和民本精神的，所以中國歷史上雖永遠有一個皇帝，也和西方傳統中的帝王專制不同。將來中國人運用孔子之道來配合現代民主政治，必然會另創一種新民主。這一層，只有孫中山先生早已見到。他所講的「三民主義」和「五權憲法」，便是要創造一個以中國歷史和孔子思想來配合現代西方民主政治而成立一新民主的理想與制度的。將來中國的新民主制度，是否即是孫先生所講的一套，我此刻不敢斷言。但必不會遠離孔子的思想，則是顯然的。若遠離了孔子思想，即與整個中國歷史、中國社會脫節，仍然是不行。

至此，他們提出第五個問題來，他們說：「你們將如何來培養此下社會上的領導人才呢？」這問題，其實仍是承接上面的政治問題而來的。

我答他們說：今天西方的學術界，正是盛行專家學者的風氣。科學方面注重專家不必說，即人文學方面亦重專家，如哲學家、文學家、史學家、藝術家等，於是從事政治活動來領導社會的人，便成為另外一派人，並須另外培養。如是，則那一派人豈不也就等於是另一項的專家嗎？

但在孔子的思想和教訓裏，沒有講到社會上應有一些專門在上層領導別人，和專門在下層服事別人的領袖與羣眾之嚴格分別。只要他是一君子，他便可有領導別人的資格。而君子又不一定要在上層領導人，也可在下層服事人。所以孔子所講，只注重如何做人，能做人便能處人羣，不論是領導或服從都一樣。若把此配合近代學風，不論是那一項專家，或是科學家，或是藝術家，或是經濟家，只要他是一君子，便有資格做社會人羣中之領袖來領導人。但孔子所要教導的君子，卻和近代西方人所說的公民或教徒各類專家都不同。

於是他們又問：「若如你所說，你們將來會另有一套民主政治，這和現代西方的不同究在那裏呢？」我說：這層很難說，因為現在我們尚未表現出一套眞的理想的新的民主政治來，這須待以後才可有表現。但有一點是可知的，便是西方較重「法」，而中國較重「人」，或說較重「禮」。這應該是雙方的不同點。

於是他們又問：「在中國歷史上，似乎太看重學問。必有很好的學問修養，才能登上政治舞臺。但如西方社會，則多平地拔起而做政治領袖與政治人物的。這層又會發生何種影響呢？」

我回答說：這也對中國歷史眞相有誤會。在中國政府裏，只有君主是世襲的，其他自宰相以下，儘多平地拔起。從前如此，將來自必更如此，不能說政治人物與社會下層有隔離。

於是他們又提出最後一個問題說：「今天的社會已漸趨於世界性，將來中國的孔子能對世界有什麼貢獻呢？」

我說：這問題也可分別言之。孔子思想本講「大同太平」，本具「世界性」，如今天的政治只要從聯合國組織逐步向前，國際界限可以逐步解決，而成為一世界性的國際而走近孔子的大同思想的。其他如交通與工商業，又如學校與各項學術研究，都可逐步走向世界性，這都不成問題。但有一件事，怕甚難表現世界性的，那便是宗教。西方人信耶穌，信天主，但亦有新舊教之分。其他尚有回教，印度教，佛教等。彼此皆各有壁壘，極難融化為一。只有在中國，孔子之教本具有世界性，他向人說道，近似一宗教。但孔子之教，沒有像其他宗教之排他性。很多中國人尊重孔子，但同時亦信耶穌或信佛教，不相衝突。因此任何宗教來中國，都可和平相處。若是在外國，一個人要同時信耶穌，又信佛教，就很難。一個社會要佛教、回教、耶教同時流行也很難。將來世界走向大同，只有宗教壁壘打不破，那是一大問題。我想惟有我們的孔子，他的教訓自可普遍教訓全世界人類，像一大教主，但同時又可以融和各教使互相不致發生大衝突，那應是中國孔子對此後世界一大貢獻。

任何學問可以有專門，如學歷史的可以不研究物理、化學。如學物理、化學的，同樣可以不過問歷史。任何一項宗教，也可各別信仰。如信了耶穌，可以不信釋迦與穆罕默德，信了穆罕默德，也可不信釋迦與耶穌。但孔子教的是我們做人的道理，只要你在做人，便同樣該接受孔子的教訓。如孔子說：「言忠信，行篤敬。」這兩句話六個字，不管你是什麼人，信那一宗教，學那一門學科，都得照着行。你是耶穌教徒，你能言不忠信行不篤敬嗎？你是佛教徒，你能言不忠信行不篤敬嗎？你是學科學物理的，你能言不忠信行不篤敬嗎？你是學文學史學的，你能言不忠信行不篤敬嗎？孔子只教你應該怎樣做人，怎樣去履行做人的道理。所以無論是耶穌或釋迦的信徒，無論是自然學或人文學的專家，孔子道理，他們同樣可接受。也只有孔子道理，一方面可以為人人所接受，另方面可和每一人的宗教信仰與其學問修養無衝突。那將是孔子之道對將來世界的一項大貢獻。

以上這些問題，可能是他們早已預備好，不是隨便臨時提出的。在我雖是臨時隨他們提出問題而答，但我所回答的，也非臨時信口而說，也是我平時所抱有的意見。我想諸位，也許會有這許多問題在心中，所以我不嫌重複，借此機會，向諸位再重複報告一遍，來作為我們今天慶祝孔誕的講話。

最後，我希望過了一月之後，人人能讀我的論語新解，更希望今天諸位聽我這一席話，即莫忘了「言忠信，行篤敬」這兩句話六個字。當知講孔子並不要只在大處講，卻更貴能從小處照他話躬行實踐，自可悟出甚深甚大的道理來。諸位學做人，不要忘了先學做一個小的人，然後再去學做大的人。如我們生下，不是一個小的人嗎？諸位能在家做一孝子，到學校做一好學生，這才是將來做大人物的階梯。讀論語也如是，不要儘去討究大理論，且先從小節可以日常切實踐履處，如「言忠信，行篤敬」之類的教訓去注意便好。這是我今天所要貢獻諸位的一點，諸位也莫認為其言小而忽了。

關於我的辭職

一九六四年一月

我此次向董事會提出辭職申請，學校同仁同學，有些感得很突然。其實此事我存心已久，理由也極簡單。我性近講堂教課和私人研究，不喜行政工作及人事處理。回憶十四年前，流亡來港，當時在不尋常的心理狀態下，經幾位朋友迫促，答應擔任校長名義來創辦此學校，也只是暫時事，認為過些時，便可交卸讓別人擔當。不料此學校一開始，艱難萬狀，不好中途卸肩。我常說，只要新亞能不關門，我必然奮鬥下去。待新亞略有基礎，那時才有我其他想法。這些我們學校最早幾位老同事是知道的。後來新亞獲得了雅禮的合作，我想我擺脫行政職務的機會快來了。有一次，學校舉行畢業典禮，借協恩中學的禮堂，我在講演中說過一段話，大意說：以前學校用着我長處，以後學校將用我的短處。所謂長處，在我年輕時，即服膺前清曾文正公「紮硬寨、打死仗」這兩句話。我幼年做學問，即用曾文正此六字訣。我在新亞，也用此六字打熬。此下情形漸漸不同，而行政職務日增，人事問題也日趨複雜，我不善處理，此是我之所短。我曾和一位代表雅禮來香港訪問的，剴切議到雅禮協助新亞，不要以我個人進退為條件，他同意我說法。隔一年，我又和另一位雅禮代表來訪問的，正式提起我辭職的打算，他也同意了。這兩次談話，代我翻譯的，一位尚在學校，一位離開學校，但仍在香港。但我未能調排妥貼，終於沒有正式提出辭職的事。後來學校決定接受教育司津貼，我那時便心下內定，一俟中文大學成立，這是我辭去校長職務一最適當的階段了。我這一番打算，也向此刻學校同仁中某幾位乃及校外朋友中某幾位提過。不料中文大學正式成立，又經歷了漫長一段時期。直到今年春，富爾頓報告書已來香港，內定中文大學必於秋季開始，我即和校內幾位同仁商洽我辭職的手續。又直到中文大學正式成立後一個月又十天，我才提出我的辭職書。因此，此事在我說來，並不是突然。

我常想；一個人求對社會有貢獻，應該善用自己的長處，善藏自己的短處。由我個人來說，講課教學和私人研究，比較是我之所長。處理行政事務和應付人事問題，比較是我之所短。直從民國二十六年抗戰軍興，奔波流離，我在學術研究方面，久已荒疏。在西南聯大時，我一人獨居宜良山上一僧寺中，一禮拜只去昆明上兩晚的課，窮一年之力，算寫下了一部國史大綱。離開昆明，我在蘇州杜門隱居一年，又寫了一部史記地名考。勝利後，在無錫太湖邊江南大學，比較清閒，又寫了一部莊子纂箋。自來香港，再沒有閒時間、閒精神。在桂林街時曾開始寫論語新解，終於半途停下，一擱七八年，直到去美國，有了一整段有把握的空閒，才再動筆，竭半年之力寫了一初稿。但回來後，再自校閱，卻又過了三年，始完成。此下我精力日退，想要研究的方面還多。最想的，是要寫一部有關朱子學術思想的綜合研究，不僅牽涉的方面廣，而且有了材料，還得長時間審慎思考，不能輕易下筆。至少我想有三年到五年時間，讓我靜靜地下工夫，始能完成此工作。我並不想偷懶，只想對學術上更有些貢獻。在我講來，或許比坐辦公室出席開會，應付人事，意義更大些。這是我渴想辭去現職惟一的心情。外面人不瞭解，種種猜測，全和我自己打算不相干。我想我此次辭職，累得學校內同仁同學心情不安，我總該詳細說出我所以要辭職的原由來，也可稍減我對學校內部同仁同學一番歉疚。

現蒙各方挽留，要辭又急切辭不掉，如何在我現狀下，還能分出精力探索我所想要探索的問題，我實在無把握。而且一路用我所短，使學校無形中受損害，更使我心不安。從前有人說孔子，「知其不可而為之」。我今天，乃是知其不能而為之呀！那眞要不得。不得已，借雙周刊篇幅來瀝述我那一分不安的心情，也盼大家同情我，使我此後對自己終於有一更好的安排。

校風與學風

一九六四年一月十日

——第六十四次月會講詞

諸位先生、同學：

每逢學期將結束時，我總要講一些有關這學期的反省，和下學期的期望。今天，我又借此機會來和各位講幾句話。本學期最大的事情，是我們參加了中文大學。至今已有十四年的新亞，從此進入了一個新的環境。讓我們從頭來回想一下以前的十四年，再來看我們參加了中文大學以後的新亞吧！

十四年來，我們新亞是否僅有的是一塊招牌、一座建築，或一羣人？或者除此以外，我們還有這學校某種特殊的性格和特殊的精神呢？這件事最重要，最值得我們作一番嚴格的反省。好幾年前我曾說過：新亞的良好校風是我們引以為榮的，但希望我們也能有良好的學風。一個學校的價值，主要即在其校風與學風上。但風是一種流動的，其來無蹤，其去無影，不可捉摸。而風又是一種無微不入的，只要有了風，其所感染，既深且廣，又是不可揣測、不可衡量的。惟其如此，所以在中國人常用的字眼裏，有所謂「風度」和「風格」。度是一種尺度，格是一種格式，風而有了格度，纔成為一種固定的、不變的。雖屬看不見，但它吹來時，我們會感受到，而且會受它影響，相與融凝為同一的格度，又可繼續推廣，影響到各方面。

現在我們試問，此十四年來，我們新亞是不是形成了有那麼一種風了呢？若使有，每一同學甚至每一教師，只要他跑進新亞，他自能在無形中，在不自覺中，都受了此種風的影響，而成其為新亞的一員。這便又是所謂的「風化」。就一個國家言，應有所謂國風。就一個家庭言，也有所謂家風。一代代地保留下去，使生在此國中，此家中的每一人，都無形中受其影響，而同時又來影響別的人。不然，便將不成其為一個國與一個家。一所學校，也應如此，所以說校風之重要。一個人，應有他獨特的風度與風格。一所學校亦然，有了校風，才算真成了一所學校了。

從前我說我們新亞的校風好，大率是指兩點言。一、是新亞的學生都懂得愛護學校，因為他們了解學校創造的艱難和支持之不易，而願意和學校共同奮鬥，共同向前。二、是敬重師長，因為愛護學校而牽連到對學校的先生有發自內心的尊敬，師生之間有如家人父子，所以當時有一句口頭禪，說新亞像是一個大家庭。但我平心說，那時此種校風，到今天若說還沒有消失，至少已經打了一大大的折扣。此後能否繼續維持此一種校風，實屬疑問。這就是說，我們的校風至少尚未養成。

有些先生說：只要讓同學們把全部精神都集中放在書本上，對其他方面便容易管制。這一層，在我本人並不很同意。我一向總勸諸位，不要太看重學科的分數，和畢業後的那一張文憑。若僅懂得重視分數和文憑，縱使全校同學無日無夜都埋頭在書本裏，也不得稱之為好學風。我所要提倡的學風，其意義與精神，決不是要大家爭分數搶文憑。當知我們來學校，尚有遠超乎分數文憑之上的當追求。我所想像的好學風，也應包括有好校風。我所想像中之好學，應包括在做人之內。只要他是一好人，自知好學。若其人本身不好，儘向學，也徒然。

從前我們沒有校舍，沒有圖書館，現在我們都有了。從前我們文、商兩院，沒有藝術系，沒有工管系，更沒有理學院，沒有理學院各系的實驗室，現在都有了。可見沒有的，我們可以叫他有。在我們參加了中文大學之後，逐年一切的進展，此刻尚未可知。然而這些縱屬重要，我認為更重要的，則是要有一種良好的校風與學風。有了這一種良好校風和學風，我們才算有了精神，有了理想。我們又要能永遠保持此一種特殊的風俗。舊同學走了，新同學來了，內部人員雖變，仍然是這一個新亞。已畢業的校友跑進社會上，要使社會上人能說，「這是新亞的學生」，這才是新亞之正式成立。否則新亞豈不僅是一塊招牌、一所建築和一羣人之集合。那是徒具軀殼，沒有靈魂的。那是徒屬物質，不見精神的。

此刻中文大學成立了，大家都很熱烈地慶祝。但是在此大學中，要有我們新亞這一份，要有我自己，要不失我自己。此刻我們究竟好不好說已有了一個新亞呢？縱說有，恐怕亦只在孩童時期，尚未能形成一種新亞的特殊風格。如是則看見人家做什麼，我亦做什麼，有一新亞和沒有一新亞豈不差不多。我不是說，新亞一定要比別人強。但我們應該自立，自成為一新亞。這需要我們創造我們一個特色，使新亞能確有其所以為新亞者。這是我們遠在十四年前，創造新亞時所本具的理想，所本有的精神。此刻還是我對新亞所抱持的期望，讓我們在參加進中文大學後，再從頭做起吧！我因此希望大家不要太看重外面的物質，而忽略了內在精神。大家振奮團結起來，愛護學校，敬重師長，共同向此一目標而邁進。

事業與職業

——開學典禮講詞

一九六四年二月廿一日

諸位先生、同學：

今天是我們本學年第二學期的開學典禮，也是我們參加了中文大學後，第二學期的開始。此後校中定有許多變動，然而有些事是可變的，有些事卻希望其不變。新亞應有一些特殊的地方，即新亞之所以為新亞，此事乃我們之所希望其不變者。現在大學李校長已抵達，我們於最近將來，將可看出中文大學此下所要走的方向，此刻則無法先作預測。但有一事，我在此先要提出，因與諸位有密切關係，這就是有關考試的問題。諸如三院聯合入學試、文憑考試以及學位考試，都已經三院聯合會議有過詳細的審察及討論，以後諸位將會得到具體的報導。我也並不說是注重考試及文憑頒給會與培植人才之大目標有何衝突，但若僅僅在注重考試和文憑上，至少決不能卽謂已盡了培植人才之責任。我所以要特別提出此問題，因有一層我必須連帶聲明，我認為一所大學，其主要的理想，決不在頒發文憑，而是要培植社會後起人才，為來學青年創造一個理想將來。

什麼叫做人才呢？人才的標準應該是純客觀的。其人對社會有貢獻、有作用，才可被稱為人才；若對社會無貢獻、無作用，斷不能由他自己或少數私人，私自捧他當人才。或許諸位說，使我在社會謀一職業，此一職業卽是我對社會之貢獻。此語也有理，並不錯。但諸位須知，人生在「職業」外，又該有「事業」。職業與事業，又從何處作區別？諸位當知，職業往往是社會所要求於我的，而事業則是我在此職業上善盡責任外，又能自我貢獻於社會。一是「職業」為主，而另一則是「我」為主。譬如：一間工廠招聘一位工程師，這工廠所要求於此工程師者，其實只是些當前一般工程師所應盡的責任，如何指導使用各項機器，或保護各項機器等。此是工廠所要求於此工程師的，也可說是工程師在其職業本份上所應盡的責任。但他可能於各項機器中有新發現，有新理想，能設法去改良或創造。工廠雖是對他沒有此要求，他卻自動自發地作此貢獻。當知此非他的職業本份上所要求於他的，而是他對此工廠乃至對整個社會與工業上有此貢獻，這便是他的一項事業了。

又譬如學校請一位先生擔任某一課程，他所教的學生對此課程能考試及格，似乎此先生的責任已盡了。然而這位先生除卻督促學生在本課程之進修外，他還能使青年在理想上、精神上、人格上，有所感召、有所啓示、有所扶掖、有所獎成。這樣的一位先生，他不僅是經師，更成為人師。不僅是一位教授，同時更成為一教育家。教育則決不僅是一職業，而顯然是一種事業了。

在社會上，每個人都可以在職業外有事業，並可卽在他所擔任之職業內有事業。諸位能在新亞畢業，當然我們首先希望諸位各能得到一份相當的職業。其次，便該希望諸位能有一番事業，對社會有貢獻。但在學校的考察上，則只能憑他的考試分數定等級，給文憑，卻不能定要在有關事業貢獻的一面督促他。諸位當知，諸位在學校畢業，拿到一張文憑，要在社會上謀一份職業，實也不是一大難事。到此學校責任已盡，而社會對諸位要求的，也止於此了。諸位似乎儘可在本分職業上盡了責任，便於心無愧，不再多管。然而論到社會本身，則決不能就此作罷。社會需要能不停的改革，不停的進步。因此社會上不能專有職業人而無事業人。若此社會人人只知有職業，不知有事業，此社會自會不斷墮落，不斷破壞，到後來，連各人職業也發生問題了。但社會是盲目的，只要人當職業，不要人幹事業。因此事業必待人自發自動，有志願，有理想，有抱負，自主地向社會有貢獻。此等人和此等志願之培養，則最好應在青年期。因那時，其人尚未進入社會，對於社會之種種人事未有瞭解，易於從純理想方面激發他，使他抱有遠大的理想。若他已進了社會，懂得社會一切，他將認為社會所要求於我的，也只是一張文憑。有一張文憑，便可向社會換一份職業，那就一切完了。青年之可愛可貴，正因他不懂，不知天多高，地多厚，壯志凌雲，勇往直前。待他年紀一大，經驗多了，私人的經濟負擔重了，青年時期所能有的遠大理想與宏濶抱負，也就消逝不見了。

如此說來，學校教育，豈不是要利用青年天眞純潔，世故未深，來誘導他當傻瓜嗎？這又不然。關於此一層，我還要告訴諸位：專知有職業，其實是人生一痛苦。必待有事業，才是快樂的人生。這並非說，職業只得收入一百元，而事業可有五百元。其間差別，乃在內心上，精神上。譬如在學校當把教書當作職業，上課多少鐘點，辦公又多少鐘點，計算起來已經頭痛，還要使學生一一能好好通過考試，那負擔就更重。一位先生也僅等於一零件，學校是整個一部機器，學校要你作什麼，你便作什麼。擴大言之，社會如一機器，人人都等於一零件，機器轉動，要仗零件。但零件實無自由，亦無意義。只是社會要用你，你得聽社會用。現在是要人來用社會，這就大大不同了。譬如一位先生對學生有期望，他一心要學生盡成才，他自會覺得學校裏派他擔任的幾個鐘點還不夠，他一天到晚精神全化在那輩學生身上，而他也樂此而不疲。在他看，在學校上堂任課，不是把鐘點換薪水，他是在參加社會的教育事業。他的精神生命，盡用來貢獻於此社會、此事業，這豈能把金錢來衡量其價值？所以教育事業，是崇高的。但社會不知，社會對此職業，報酬永遠低，社會對於一切文化事業，是永遠欠賬的。眞要回此債負，也永遠回不清。所以在社會上，學校的地位是最高的，教師的尊嚴，也是最高的。無法論報酬，反使此項職業報酬永遠是最低。論金錢，一位先生總是所得不多。但若有一位學生將來有了成就，在他心上，卻是無上愉快。他在精神上的那份快樂，也就是他無比的報酬了。當然社會事業決不止教育一項，我此刻是以大家易於瞭解的來舉例。其實深一層言之，社會各項職業，其報酬也多是刻薄的、虧待於人的，把一些金錢來換取你一段生命，不是嗎？因此我說諸位能有理想，有抱負，能知於職業之上有事業，那才會使諸位的前途光明、愉快。我希望諸位選擇在你們面前的道路，不要僅為社會用，而要能用社會。不要認職業為主，而要認你自己為主。這雙方距離相差太遠，諸位宜細辨。

說到事業，也不是要諸位都能驚天動地的幹一番，或者賺取大量的金錢，百萬與千萬，或爬上政治上最高地位，高踞人上。若我當一位小學先生，拿一百元月薪，生活儘艱苦，而我心中覺得我在此幹教育事業，我要教導此一批窮苦孩童，使他們懂得做人道理，將來對社會有用，這就是我的事業了。事業決不能把一應外面的物質條件來衡量。

我們新亞決意參加中文大學，其中一理由，也是為諸位畢業後的出路着想。拿到了政府認許的文憑，便可換得社會上一份較好的職業。這也是學校的苦心。但政府往往另有計算，目前社會需要多少人，空有多少職位，政府常想照此來發多少文憑。文憑發多了，拿着文憑找不到職業，會對政府增麻煩。文憑只如一張飯票，拿此飯票去換飯吃。有了飯票，不給你飯吃，那還了得！所以文憑愈多，有時會社會愈亂。

講到歐洲大學，最初本就是職業的，如傳教徒與律師及醫生，都是一項職業。後來工商業逐步發展，各式各樣的學生越來越多，大學課程也愈來愈繁。如今天美國，由於社會繁榮各種需要，連旅館業、廣告業也都成為大學中一門專科。拿了文憑，便可當此職業，這是大家知道的。在東方的國家，羨慕西方，也拚命求發展教育。然而社會的工商業處處落後，於是學生出路成了大問題。但又不能學校關門，禁止青年受教育，這豈不成了一嚴重的問題嗎？但我想，文憑多，可能成問題。人才多，卻不會有問題。我從未聽過社會上人才多，會發生問題的。社會正需要大量的人才。最理想的社會，希望全社會人人是人才。我們只要培養出來的眞是人才，可不計較職業，而求完成事業。若他眞是一人才，也不會對社會增麻煩。但我們若僅知有職業教育，不知有「人生教育」，那問題就麻煩了。

西方大學教育，職業意義超過人生意義。大學重傳授知識，講做人道理的則在教堂。其先西方大學本從教堂分出，在傳授知識中，本帶有宗教意味。現在西方社會的教堂，也還可以彌補他們學校教育之偏缺。但在中國，一向是教學合一的，學校教育中兼帶有宗教情味。今天東方的教育，在知識傳授上趕不上西方，而又沒有崇高的理想與信仰，多開學校，多發文憑，便多增加失業與失望。但若我們的教育，能直接上中國文化傳統，先生不只是經師，而又是人師。不以謀職求生為教，而以立德、立功、立言為教。教育發揮，自可適合中國社會，也能趕上西方境界。多發文憑也儘無礙。因來受教育的，其志向本在事業上，能幹事業，那愁沒有職業？只不要專在職業的物質報酬上相爭便好了。我們一向說要提倡中國文化，這裏也是一大關節，諸位宜細細體會。

我曾再三向諸位講，莫要太重視了那張文憑。我們新亞各位教授，在其任課方面之學識外，都還有其他值得諸位學習處。諸位在學科外，務須懂得精神、志向方面的培養。這是我今天所要特別提出的。諸位當知，事業應是平平實實的，別人看不見，而對社會有真貢獻。而且事業又是人人能做，又可以無入而不自得。或許諸位的經驗少，聽我今天這番話，仍有不易瞭解處。但諸位可從自己接觸到的學校先生以至社會上人，去審察，去評論，那些只是職業人，那些才是事業人？諸位就可漸漸知道職業與事業之分別。此一分別，卻對諸位畢生前途，有莫大關係，務請諸位注意。

述樂記大意

一九六四年三月

——為新亞國樂會作

孔子以禮、樂、射、御、書、數六藝為教，讀論語，孔門之重視於樂，可以想見。迄於西漢，「六藝」以稱古籍，然僅得詩、書、禮、春秋、易五經，而樂經則缺。惟小戴禮有樂記篇，相傳為孝武時河間獻王采周官及諸子言樂事所為。則距今當踰兩千年。或曰：樂記乃公孫尼子作。余為先秦諸子繫年，考定公孫尼子為荀子弟子，則在戰國晚世。

樂記為中國言樂理最古之書，其主要論點，謂音樂起於人心，故曰：「情動於中故形於聲。其哀心感者，其聲噍以殺。其樂心感者，其聲嘽以緩。其喜心感者，其聲發以散。其怒心感者，其聲粗以厲。其敬心感者，其聲直以廉。其愛心感者，其聲和以柔。」惟其音樂原於人心之情感，故音樂亦可以感召人心，有培養性情，移風易俗之效。故曰：「民有血氣心知之性，而無哀樂喜怒之常，應感起物而動，然後心術形焉。是故志微噍殺之音作，而民思憂。嘽諧慢易繁文簡節之音作，而民康樂。粗厲猛起奮末廣賁之音作，而民剛毅。廉直勁正莊誠之音作，而民肅敬。寬裕肉好順成和動之音作，而民慈愛。流辟邪散狄成滌濫之音作，而民淫亂。」於是而言音樂與世道之相通，故曰：「治世之音安以樂，其政和。亂世之音怨以怒，其政乖。亡國之音哀以思，其民困。聲音之道與政通。」故中國古人之言樂，其重要意義，乃在人之德性修養，風俗陶冶，與教育政治相關聯，而並不注重音樂之藝術獨立性。此乃中國傳統文化以人文精神為中心之一種表現。

惟音樂在中國，自漢以下，實不能有合理想之發展。蓋因論樂理者，既以音樂歸屬於德性修養風俗陶冶之意義，士大夫之從事於政治教育事業者，不免失其急與大，後其緩與小，而不視音樂為首要之重務。於是遞降遞衰，音樂僅流為民間之一技，而士大夫之厝心政教大道者，每忽於此，循至音樂不於中國社會占一重要位置，亦固其宜矣。

朱子之論樂記曰：「看樂記，大段形容得樂之氣象，當時許多名物度數，人人曉得，不須說出，故止說樂之理如此其妙。今許多度數都沒了，只有許多樂之意思是好，只是沒頓放處。」又曰：「今禮樂之書皆亡，學者但言其義，至於器數，則不復曉，蓋失其本矣。」此見後之儒者，僅能言樂之義理，而不復明樂之器數。器數不明，樂即不傳，雖有妙理，無頓放處，故曰失其本。至於今日，則學者於本國文化傳統，一切慢棄。慢棄之不足，又繼之以譏訶抨擊，古人所言樂之義理，已無復能言之者，更何論於器數之考索！故中國音樂之在今日，更為人所忽視，勢亦無足怪矣。

新亞同學有「國樂會」之組織，於課務之暇，各擇所好，習其一器，以此言技尚不足，若曰以是而求保存國樂，最多亦是告朔之餼羊，夫何足言。

然樂記有曰：「德者，性之端也。樂者，德之華也。金石絲竹，樂之器也。詩，言其志也；歌，詠其聲也；舞，動其容也。三者本於心，然後樂器從之。是故情深而文明，氣盛而化神，和順積中而英華發外，惟樂不可以為偽。」今諸君子之於國樂，誠使心有深好，又能知德養之為本，和順之氣積於中者日盛，斯其英華之外發，安知不有能明於文而神其化者之出其間。樂記又言曰：「知禮樂之情者能作，識禮樂之文者能述。作者之謂聖，述者之謂明。明聖者述作之謂。」今諸君子既已於器漸有所習，誠能繼此不懈而益進，有能知其情而為之作者，有能識其文而為之述者，他日中國音樂界之聖明，安知其必不出在諸君子之中？是在諸君子勉之而已。

國樂會方將有公開之演奏，希余能為文以作鼓勵，因述所感以勗之。

中國文化體系中之藝術

——藝術系學術講演

一九六四年四月七日

一

我很抱歉，藝術系要我作講演，已有好幾次，至今才能答應來作第一次的講演。今天的題目是「中國文化體系中之藝術」。

中國藝術代表了中國文化的一部分。到底在整個中國文化體系中，藝術的地位和意義是如何，它在什麼地方代表着中國文化呢！

中國文化，簡言之，乃以人文為中心。「人文」二字，指的是人羣相處的一切現實及理想。中國文化之表現與成就，都圍着這人文精神作中心。故此中國文化體系能融通為一，莫不圍繞此中心，而始見其意義與價值。換言之，中國文化亦可說是以「人生」作本位。人生兼指個人的與大羣的，而這兩部分的人生亦自需融通為一，可不詳論。此下我們將根據此講法，來引伸下面所講。同時，亦以下面所講，來證明上面這講法。

西方文化，比較與我們有一點不很相同處。人生本在宇宙自然之內，且為宇宙自然中極微小之一部分。西方人好像偏重於先向外去探究自然，在對自然有認識瞭解後，再回頭來衡量和決定人生之意義與價值。如宗教，如科學，莫非先向外，然後再轉到人生方面來。在中國則先看重「人」，再由人而擴充到外面去。

二

古代希臘人，將宇宙分作眞、善、美三方面。科學求眞，道德求善，藝術則求美。這種三分法，逮至近世如康德，乃至最近，似乎無大改變。中國人看法，與此不同。似乎中國人認為，凡是美的，則同時亦兼眞和善。而凡是眞的、善的，同時亦兼美。換言之，在此天地間，並無分別獨立的美。亦即是說，沒有離開眞和善而分別獨立的美的一世界。所以在西方，美術可與科學、宗教三分鼎立，而各有其專門探討的領域。中國則仍是融通為一，眞、善、美應該同屬一體。這一觀念，非常重要。中國人看事物，往往不注重分別觀，而更注重融通觀。凡合乎中國人理想者，都見其相互融通，而圓滿具足。要講中國藝術，亦須由這一點入手。卽講文學、哲學，乃及其他，亦無不然。這是我今天所講，要請各位注意的第一點。

在宋代理學家中，有周濂溪作太極圖「☯」，此圖乃是代表宇宙之全體。在一體中包涵絕對相反之兩面，一陰、一陽。而此絕對相反之兩面，卻凝成為一體。既屬如此，則眞、善、美並非對立，其在一體中，自可不必強為劃分可知。

宋儒又謂：「萬物一太極，一物一太極。」整個宇宙是一太極，而在此宇宙中之任何一物，亦同為一太極。此謂任一物之在宇宙間，其所表現與完成者，與整個宇宙之所表現與完成，同是完整之一體。在意義與價值上，雖不能相等，卻還是相同。換言之，凡在此宇宙內，不論其是一人、一禽獸、一草木、一水石、一桌椅、一碗碟，乃至一微塵……不論其有生無生，有情無情，同表現在此宇宙之內而達於一完成，卽不能相反，而只是相同。倘使此宇宙間之一切表現與完成者，均與太極不相同，則何能集合而成為一整體之太極！故說：個人人生卽可代表大羣人生，並可代表宇宙大全體。此卽是一物一太極，卽可代表萬物一太極。宇宙是一大天地，個人是一小天地，大小固不相等，其同屬天地之一體，卻不相異。此乃從人本位講。倘若換以一禽鳥、一虫豸、一草一石，乃至一微塵，各可如此講。現代物理學家言，一原子之組織相似於一整個宇宙之組織，亦可謂是一物一太極。此一層，乃是中國人的宇宙觀及其人生觀，亦卽是中國人之哲學。這些哲學觀念亦與前講文化體系一般，都是融通合一，卽中國所謂之「天人合一」。

三

現在依上述兩點來談中國的藝術。我對藝術是門外漢，但不妨從門外來看門內，也不失為是一種看法。其他暫不講，單來講繪畫。也許會講得過於空洞，或過於高遠，但總可為諸位學中國畫者作參考。

說到繪畫，亦有兩方面：一是畫家其「人」，一是所畫之「物」。誰在作畫？畫的是什麼？我之所畫，不卽是我，畫家與其所畫應有分別。但依中國人理想，則此二者仍當融通合一。若說：「因你能畫，故稱為畫家。」此是一說法，但亦可說：「因你是一畫家，所以能畫。」這兩句話所說意義不同。前一句話的價值偏重「物」、在外面，指所畫言。後一句話的價值偏重「人」、在內面，指畫家言。諸位學畫之目的，究在求為一畫家乎？抑求能畫一幅畫而已乎？此處所謂能畫，依佛家說法，則是所畫。「能」「所」應是合一，而實是能為主而所為從。應是先有能，始有所。若說學畫，重於「所」字，則在我們應注意怎樣去學作畫的一切技巧與方法。若說成一畫家，重在「能」字，則試問我們於怎樣學畫之外，如何又有另一條途徑去修養成就為一畫家呢？

這道理看似很難講，其實卻是簡單易明。猶如說到一政治家，請問是否一定要跑上政治舞臺，從事政治活動，做大官，才能或便能成就一政治家的呢？當知跑上政治舞臺，從事政治活動，做大官的，成大事的，並不即是一政治家。而理想的一位政治家，卻可以不上政治舞臺，不從事政治活動，不做大官，不成大事，而人人想望他應是一政治家。此一人跑上政治舞臺，從事政治活動，做了大官，才始可以有理想的政治事業之表現與完成，因他已先是一政治家了。至於教育家亦然。我們不能說只要從事教育工作的便都是教育家。此中道理，從深處講，似乎不容易。若從淺處講，卻人人可明白。

無論教育、政治、藝術，都是人的事業。事業必有所表現、有所成就。而表現、成就的，都在外。在那些表現成就之後面，則必有一個「主」，主則在內不在外，這卽是此人。今我試再問，假定此人是一藝術家，他一生畫了千幅名畫，是否把此千幅名畫加在一起，就等於此一人了呢？這裏卻就大見有問題。如說孫中山先生和華盛頓，是否將其一生豐功偉業，擺在人面前的加起，就等於一個孫中山、一個華盛頓了呢？當知此說斷乎不是的。中國傳統文化主要看重人，故謂一位政治家完成絕大政治事業，一位藝術家創造絕大藝術作品，這些只是餘事。所謂餘事，乃是指其完成為一大政治家大藝術家之後，偶然有所表現，而在其人論，則只是些多餘的。因此種表現與成就，是要碰機會的。卽是說，須在某種機緣配合之下，才可以有此表現和成就。若無此機緣，無此表現與成就，應該仍不失其為此人。如若諸葛亮不遇劉先主三顧草廬，不出來做事，此一諸葛亮之價值應該並不會比出來做事的諸葛亮低了些。而孫中山、華盛頓投身革命，開創中、美共和，依照中國人「人本位」的文化傳統觀點來看，這些也都不過是餘事。在孫中山與華盛頓，他們平日志趣之內蘊，與其人格之積養，始是主要的。其碰到機會而有所表現與成就，則只能說是餘事了。一位藝術家亦然，所畫是其餘事，此一位畫家的平日之志趣內蘊與其人格積養，即說其人之本身則是主。事業之表現，成就在其人，而人的圈子比他的事業圈子大得多。

中國文化理想重人，以「人」為本位，人之價值不能即以其事業之表現與成就而定，由此遂講到人的品格上。品格有高低，有時與其事業之表現與成就之大小，並不定相稱。

品格由於天賦，但亦由後天修養而來。今只就繪畫論，中國論畫有所謂畫品，如神品、妙品、能品、逸品等。當知畫品正從人品來。反之，卻不能說人品乃從其畫品來。試問其人只是一個鄙俚俗人，他如何能畫出一幅當得上逸品的畫來。此刻諸位初學作畫，只望能像一幅畫，可不懂得什麼叫畫品。但作畫而進入高境界，則不能不論品。而畫品與人品，最後還是相通合一。這一層，大家應該特別注意。

中國人論畫，又重「氣韻」，南朝謝赫六法，首言氣韻生動，此「氣韻生動」四字，原本指人物畫而言。下及宋明以來，對山水、翎毛、花卉等，亦講究氣韻了。現在我請問諸位，欲求畫中人要有氣韻，而畫家本身其人沒有氣韻，則豈能辦到？故此問題，又要回復到畫家「人」的身上了。人生在大自然間，儻使自然只是一塊然大物，並無氣韻，人生其間又何來有氣韻？故此仁者樂山，智者樂水，一山一水，一花一草，都有其活潑生機，亦即都有氣韻。塊然大物有氣韻，一花一草亦有氣韻，此亦所謂「萬物一太極，一物一太極」。畫家要能了解到此，自然其一筆一墨都能表現出天地間的氣韻生機，而此畫家之胸襟境界，以及其人本身之氣韻，也就不問可知了。

四

以上所論，只說要學藝術，得先要學做人。人的品格是大前提，筆墨技巧乃是餘事。故在超乎講究畫法之外，該是另有一套修養。茲且舉兩個故事來講：

一、莊子載「宋元君將畫圖，眾史皆至，受揖而立，舐筆和墨，在外者半。一史後至，儃儃然不趨，受揖不立。因之舍。公使人視之，則解衣槃礴臝。君曰，可矣。是眞能畫者也。」

二、北宋孫知微欲在某寺壁畫水石，構思經年，不肯下筆。一日，忽倉皇入寺，索筆墨甚急，奮袂如風，須臾而就。畫成，水勢洶湧，傳為名作。

此兩故事，初看若不相同，然同可說明在畫家作畫前，必有一番心靈境界，始有所謂神來之筆。用現在心理學名詞簡單粗略地講，前者是放鬆，後者似是緊張。前者是滿不在乎，後者似是精神集中。其實此兩境界相反相成，只可說是同一境界之兩面。在佛家所謂提得起，放得下。當知此等心靈境界，不是無端忽來的。近人好言「靈感」，靈感也不是人人可有，時時可有的。怎樣才能有靈感？

怎樣才能下筆如有神？這在講究畫法技巧以外，另是有修養。畫品即是人品。畫的境界，即是人的境界。可知修養成一畫家與畫成一幅畫，其事廣狹深淺大不同。諸位體悟到此，始能深入畫家三昧。

五

論作畫又有兩途，一寫生，一寫意。中國自宋元以後，特別喜歡講寫意。現在我替「寫生」和「寫意」這兩個名詞下一解說。寫生是寫外物之形象，而寫意則是寫內心之情趣。倘若作畫，僅知寫生，不知寫意，照中國人看法，只是達到畫之「技」，而未臻乎畫之「道」。但若僅求寫意，不能寫生，則他可以寫一首詩，或寫一篇散文，但不能成一幅畫。故知一位理想的畫家，要能寓寫意於寫生之中，由寫生來寄意，藉外物形象來表達畫家內心情趣，使寫生與寫意、即人與物融通合一，這也就不容易。

今試約略闡釋此中門徑。諸位當知在作畫寫生之前，必先要有一番「觀」字工夫，不觀又何以能寫。但觀的工夫與寫的工夫卻大有不同。如諸位到郊外去學習寫生，豈不在寫生時即有了觀。此固不錯。但中國人一向對此「觀」字卻甚為看重。我們須能觀天、觀地、觀人、觀世、觀萬物。宋儒邵康節著觀物內外篇，大有發揮。這不是件易事。諸位須先能觀生，然後才能寫生，而觀生則是一種大學問。包括觀天、觀地、觀人、觀世、觀萬物都在內。要能觀其大，觀其全，觀其通，觀其變。孟子說：「登東山而小魯，登泰山而小天下。」又說：「觀乎海者難為水。」觀山，不限於一邱一壑。觀水，不限於一波一折。而達觀山不可限於山，觀水不可限於水的境界。如是說下，便有無限修養，無限妙境。

因此中國人寫生，不如西方人般站定在一角度上，又拘束在一個時限內去寫。應求能超越時空限制，詳觀其正、反、前、後，多方面去觀了，又須長時期去觀，又須能觀其大、與全、與通、與變。如此成竹在胸，乃始落筆。所以中國畫沒有陰影，陰影必是在某角度某時限中所有。中國人作畫，主張先得其全神貌，然後在全神貌中描出其一情態。此一情態，才是活潑如生。此亦是萬物一太極，一物一太極。中國人畫山水，決不是站在某一角度去畫，所以在一幅畫上，可以畫出羣山萬壑，可以畫出千曲百折。如此卻是畫的眞山水。我們不能只看小天地，應放開眼光懂得看大天地。又必放進歷史時間，從悠久變化處去看，如是才能體會深刻。換言之，外面物象，並不易看，須要從多方面及長時間去看。如是始能「超乎象外，得其環中」。這是說，要跳出事物的囿限圈套之外，而後才能默會深察事物內在的神髓。宋人詩云：「道通天地有無外，思入風雲變態中。」這才是達到了觀大、觀全、觀通、觀變的最高境界。中國人寫字、作畫、作詩、為文，以至參禪學聖，都是同此一道理。畫家說：「外師造化，內法心源。」這兩句話，要能把內在的心源和外在的造化融通為一，那就是中國畫學理論中之顛峯了。

如是般的由觀而寫，寫生與寫意自可相通合一。正為萬物一太極，一物一太極，所以無論一花一木，一鳥一蟲，鳶飛魚躍，翠竹黃花，道無不在。藝術家筆下一些小天地，小花草，卻能令人欣賞到天地之大，草木之繁。縱使是一門外漢，亦能目擊道存，不言而喻。所以在一畫家之專門筆墨技巧方面，可能不容易獲外人欣賞。但此畫家在其畫上所表現出的局度、氣韻、神態、生意方面，即是他所能獲得的道通天地、思入風雲的更高境界，卻可以不愁人看不懂。近人又常說，不得不降低自身的畫品，來求迎合俗人的口味。其實作品眞好，則不愁沒有人欣賞。那些一味迎合俗好的畫家，仍見其觀人觀世之不深。

六

再講，中國畫不重距離，不像西洋畫注意比例透視大小等。此亦其不得已，而亦有其所當然。如畫泰山，若要畫出其全景，則決不能站在一限定的角度去畫。須得縱身而觀，須得聳身凌空，從高處來看其全，如是乃可由山腳畫到山頂。否則眼前一拳石，便把全山視線遮掩了。當知泰山本身本沒有此遠近大小之別，這是畫家在限定的角度下之一種主觀。須把此角度移動，須把此主觀融化，須能從泰山本身來表現這泰山。不然的話，則會徒歎「不見廬山眞面目，只緣身在此山中」。

我在羅馬聖彼得教堂，曾看過一幅在「文藝復興」時代的名畫。那是一幅大壁畫，人物攢聚，濟濟一堂，氣魄宏大，局度恢張。置身畫前，使人亦如神遊其境。但若依照遠近大小比例，則決不能畫出此景象。而此景象，乃是一種眞景象，須是凌空高視，始能攝取此一景象之眞。此一畫之畫法，卻與中國人畫法不謀而合。我又曾在泰安嶽廟，看過一幅宋眞宗封禪圖的壁畫，大殿三面壁上，全是此一幅畫。千人萬騎，全行列至少有數里之長。畫中不僅有人物，並有外景山川樹林道路等等，活像是用電影機連續不斷拍攝下來一般。試問又如何能站定在一角度來畫出其遠近大小之比呢？這正所謂徒見其所見之不廣而已。諸位要成一畫家，至少應能懂得縱身而觀，懂得觀其大，觀其全。又能進而觀其通，觀其變。如此般來觀天地、觀人觀世、觀萬物，再落筆作畫，那就知作畫實僅是一餘事了。

我們從此又知，中國人畫小幅，實是從畫大幅脫化而來。宋人畫册頁，也是由以前的大幅壁畫演變而出，所謂「尺幅有千里之勢。」又說「咫尺之圖，寫百里之景。」若懂得了此層，又知如元四家倪雲林作畫，寥寥幾筆，一土丘、一牛亭、一樹、一石，而自有天地，自有氣象。由大幅可以縮成為小幅，自然可以由繁筆減成為簡筆。落墨不多，而意味無窮。

七

最後還有幾句話要說，中國畫家稱梅、蘭、竹、菊為四君子。所謂君子，其中自寓有人格修養之意義存在。何以千卉萬草之中，梅、蘭、竹、菊四者，獨得稱為君子？我們畫梅、蘭、竹、菊，當然不僅要畫得它像梅、蘭、竹、菊，還須畫得它像一君子，或說像一高人雅士。人中何以有君子小人之別，何以有高下雅俗之分？此一見識，也就不容易。非有大修養，無法與他討論到此。此中有胸襟，有氣度，有風韻，有格調。諸君試從此參入，也可漸有所窺見。

或許諸位認我上面所講，不是在講作畫，卻是在講做人。但我們的理想，並不是只要培養出一些囿於一曲，僅能在藝事上依樣畫葫蘆的畫匠，而是要培養出一些大藝術家來。若眞是一個大藝術家，則彼之品格，必然是卓然獨立，與衆不同。此必須有大體會，大修養，不是憑空可以獲得成功的。我盼望諸位以後多下工夫，朝着這條大道去開創中國藝術的新天地，使諸位將來成一畫家，也是中國文化體系中理想一畫家。而其所畫，自然也是代表中國文化的理想藝術品了。

新亞生活雙周刊第七卷首期弁言

一九六四年五月

新亞生活雙周刊，轉瞬六卷滿期，第七卷即將開始。主編人告我，以往每卷開始，例有一篇檢討或策勵性的文字。他要我照例為第七卷首期撰寫一篇。

我想這一刊物，本為反映學校生活，並藉以與離校師生常通聲氣，用意不過如此。在開始時，實無任何遠大的計劃、周詳的思慮，乃不意而能繼續不斷，轉瞬已出滿了六個年頭。這是我們值得自慰的第一點。

這一刊物亦並無一位負專責的主編人，亦沒有一個強有力負責的主編團體。自開始以來，主編人與主編團體，已屢有更易。大家只在教職餘暇，各自分出一部份心力來湊合擔負此責任。但六年以來，精神一貫，內容亦能逐年充實、逐年進步。這是我們值得自慰的第二點。

這一刊物的稿源，只由學校各部門、各單位分別隨時自由投送，並無精密之配合，亦沒有嚴格的規定。但通體看來，這一刊物經歷了六年長時期，不僅稿源不缺，而且各部門、各單位，還是能各有表現，大體上並不見有偏榮偏枯之象。這是我們值得自慰的第三點。

並且此一刊物，意外地能獲得學校外部讀者之重視。我們從各方面接觸所顯示，有不少能歷年愛讀本刊之人士，散處遠近各地。因此新亞在此艱苦的環境中不斷掙扎求生存求長進的一番經過，乃能獲得各地社會漠不相接的人士之關切與同情。這尤其是值得我們自慰的第四點。

我常想，由於一個人之精力意氣，來獨自支持經營而幹成一番事業的，其事若難而實不難。由於羣策羣力，和諧合作，而來幹成一番事業的，其事若易而實不易。此一刊物，已經有了它七年的生命，也可說其曾表現了一些小小的成績。但此一段生命，此一番成績，若要歸功於某一人或某幾人，此一人或幾人，誰也不敢居功自負。這是我們新亞師生在長時期中，所完成的一番共業中之某一鱗爪之表現。實值得我們新亞師生之深切體認與共同鼓舞。我希望我們新亞師生，在此刊物第七年頭之開始，大家能注意到此一點，而共同檢討，共同策勵。我們只要能有此一種羣策羣力和諧合作之精神，繼續不倦，益進益勵，則新亞前途，自有它的希望，而此一刊物亦必隨之有希望。

我敬告我們新亞的師生們，這一刊物是我們新亞師生們日常生活之一種表現，同時亦即是我們新亞師生們永久生命之一種表現。願大家繼續珍視愛護此一刊物，而讓此一刊物獲得其常久之保持，以及無窮之進展。

對新亞第十三屆畢業同學贈言

一九六四年七月

今年又逢新亞第十三屆同學畢業，我照例該寫一篇臨別贈言。我們學校一向以「治學」「做人」兩者兼重昭示來學。但諸君須知，我們所處世界實應分為兩個。我今試借用佛家語，稱一個為「眞界」，另一個為「俗界」。若用現代語，亦可稱一個為「理想界」，另一個為「現實界」。

但此兩世界，並不能嚴格劃分。理想的眞界，並非全脫離於現實的俗界。而現實的俗界，亦非全違背了理想的眞界。我們做人的大原則，該在此現實俗界中來努力發現和完成一理想的眞界。我們讀書求知，亦該懂得分別有些是為理想眞界說法，而有些則從現實俗界着想。

舉例言之。孟子曰：「人皆可以為堯舜。」陸象山說：「我不識一字，也將堂堂地做一人。」明儒有「端茶童子卽是聖人」，又「滿街皆是聖人」之說。此就理想眞界言，應是有此理。卽就現實俗界言，確亦有此事。但現實俗界畢竟是一現實俗界，不能說人人都眞是堯舜，不能說不識字的全都堂堂地做成了一人。

佛家亦說：「人皆有佛性。」但不能說凡進山門的全成了釋迦。基督教亦說：「人人都是上帝的兒子。」但不能說凡進禮拜堂的全成了耶穌。

又如說：「凡屬人類，全是平等。」此就理想眞界言，應有此理。但在現實俗界中，究竟總不免有不平等。而且此一現實俗界，也永不能全變成為一理想的眞界。此如人間究是一人間，斷不能把人間全變成天上。但此天上，也不是遠隔人間，也不是永不能在人間世中獲覩此天上。因此，在此現實俗界中，究竟還是有堯舜，有孔子，有釋迦，有耶穌。但此堯、舜、孔子、釋迦、耶穌，也究竟仍不能脫現實俗世相。

所以孔子說：「我非斯人之徒與而誰與？」魯人有獵較，孔子亦有獵較。釋迦有釋迦之生、老、病、死。在耶穌，亦接受了當時法吏之判決而上了十字架。

人類的最大希望，是如何在此現實的俗世界中，而表現完成出另一個理想的眞世界來。做人的最高境界，是在此現實的俗人身上，而表現完成出另一個理想眞人來。

諸位此刻畢業離校，其實只是正式跑進那個現實的俗世界中去，但諸位莫要忘了一個理想的眞世界，也即在此現實俗世界中露面。諸位在校所受教訓，有些多是關於理想眞世界之一面的。但諸位跑進了現實的俗世界之中，依然還可時時見到許多關於眞理想方面的形相，也可時時接觸到許多關於眞理想方面的消息。只要諸位能有純潔的志願，能有堅強的毅力，能有深潛的修養，諸位儘可在人間猶如在天上，儘可雖做一俗人，而同時卻不失為亦是一眞人。此在諸位之繼續各自努力吧！

上董事會辭職書

趙董事長暨董事會諸公大鑒：

敬啓者，穆此次辭職，種種理由，向未對外公開，即董事會諸公亦都茫然來相質詢。惟事緒紛繁，訴說難盡。茲特專舉此次大學聘請教授有關穆代表新亞與大學李校長爭持之點，扼要簡述如次：

此次大學聘請教授，李校長屢次申述兩項原則：

一、每科應聘人儻無確合教授標準者，則改聘為Reader。

二、儻某科應聘人全不合理想，則寧缺無濫，將某科人選暫缺。

此兩原則，如能嚴格執行，實為中文大學開始一好兆，惜乎事實昭示，並不如此。

一、現有十四科，僅將社會與社會工作併作一科（此事實為合理），其他各科，除化學外，則全聘有人。

二、每科所聘全屬教授，並無一Reader。

就其所聘之人選言

一、有從未在大學有教課經驗者（按：此項並不止一人）。
二、有明知其絕無行政經驗，並預定不使其擔任行政工作，即系主任工作者。
三、有其資歷僅在並不著名之大學曾任講師，在學術上亦並無優異之著作者。
四、有英國專家意見明指其缺少教授經驗，並批評其所送論文量既不豐，僅三篇，而質亦平淺，無高深之建樹者。
五、其人在學歷上並非學習此一科，在教學經驗上亦從未教過此一科，而聘為此一科之教授者。

在延聘新教授此一重要工作之長期過程中，穆認為下列舉措殊為不當：

一、有原已議定延聘某人為 Reader，而李校長私自去信告知，其人來書不允接受，隨又改聘為教授者。
二、有原定某一科暫缺不聘，而李校長去美國，親見其人，歸後面告穆欲聘其為 Acting Reader，俟其來校一年，觀察其實際表現之後，再行商討，重作決定。穆當時並未表示反對，但李校長在正式會議席上卻提出擬聘其人為教授，並在正式開會前早已將此人名字列入大學董事會議程之內。
三、有某一科原已議定聘某人為教授，其人來信已受他處之聘，李校長不再在會議席上鄭重討論，而逕以第二人遞補，只作一聲明，即認為定案者。

正因此種舉措，遂使此次延聘教授，外面引起學術界之非議，內部引起三校同人之憤慨，有某校某學系主任，一向被視為該校教席中一重鎮，立即提出辭呈，不肯再留。

以上所陳，祇是概括而言，因英國專家之推薦書，乃大學部之密件，外人無從閱看，而一切會議經過，李校長再三叮囑，事屬祕密，切勿向外宣述，穆惟知奉公守職，即新亞內部教員同人，祇有非與商酌不可者得知此種種之經過外，穆亦從未向董事會諸公洩露穆私人積久之憤懣與不滿。

此下將較詳一述有關新亞商學院長楊汝梅先生與理學院長張儀尊先生兩人，穆與李校長歷久相爭之經過。

有關楊先生的爭議經過如此：

一、此次大學延聘教授未規定年齡限制，因此楊先生雖已超過大學規定六十歲的退休年齡，而也提出了申請。

二、專家們認為楊先生和另一位申請人堪任教授。

三、一位英國專家認為楊先生的一種著作為第一流學術著作，主張在楊先生未退休前，應該予以教授之名位；另一位專家則說，若另一申請人稍遲方能到職，應先予楊先生以教授之名位，「纔算公平」。

穆向李校長申述意見如下：

一、此次大學延聘教授，既一再申明尊重英國專家之意見，則在楊先生尚未退休前，實應予以教授之名位。

二、此次大學所聘教授中，有一位已達六十八歲高齡，李校長聘其為 Visiting Professor 說明年限一年至兩年，楊先生年僅六十四歲，自新亞創辦迄今十五年始終在位，經歷了漫長一段的辛苦，何以反不能予以至少兩年之教授名位？

三、李校長所堅持要聘之一位，乃在美國某大商業機構任職，聞其所獲薪給，遠超於中文大學所規定之教授薪額，故此君不僅下一學年之上學期不能來，還可能根本不應聘。如此何以不聘楊先生為教授？

四、在大學任教授與在商業機構中任職性質不同。若必論在商業上之實際經驗，楊先生前在大陸時亦擔任過有名銀行經理多年。若論大學行政工作，楊先生駕輕就熟，而某君既無大學教課經驗，未必能保證其對大學學系主任一職之行政工作能勝任愉快。

五、李校長請某君來，不僅請其擔任大學之系主任，又擬請其主持創辦一工商管理研究所，此屬李校長到校以來，首先所欲創辦之第一個研究所。穆告李校長不如由楊先生以教授名位主持大學商學系之系務，請某君專以全力籌備此研究所，此兩事分則兩美，合則俱損。

但李校長堅不接受穆之意見，並要求親與楊先生面談。依原則言，此事自應在大學會議中決定，不應由校長與申請人兩面私商。但穆尊重李校長意見，亦未加以反對。李校長見了楊先生，告以若擔任教授，一年必需退休，若依然留新亞為高級講師，彼可允其多留幾年。楊先生告以如當系主任兩年，彼可有成績表現，若僅當一年，匆促間恐難有成績。李校長與楊先生之談話，遂無結果。

事隔多天，李校長致函於穆並附首席助理輔政司魯佐之先生與彼一函之副本，大意謂政府方面不同意以逾齡人當教授，但在外地聘著名之訪問學者則屬例外。李校長信中則謂彼為楊先生用力已盡，此事如此告了一段落。但穆誠不解何以優先聘請海外著名學者，而忽視當地之著名學者，如楊先生其人。

有關張先生之事爭執最久，曲折亦多，此刻只有舉要略述。

兩英國專家認為是科應徵者（包括張先生在內），無一在學術上有特殊優異之表現可膺選為 Chair 者，但亦說明在所有應徵者之中，張先生經驗最富，資歷最佳，可聘之任 Headship of the Department。當時對 Headship 一詞是否即指 Chair，已有異議。旋經函牘往還說明，專家表示如大學根據當地之特殊情形認為可聘張先生為 Chair 並不反對。又謂大學可聘張先生為任何等級之教員，主持此系。

就穆所見，張先生之經驗與資歷，與許多膺選在其他科系擔任 Professor 者相較，並無遜色，而至少優於某一學系之 Professor。但李校長拒絕考慮聘張先生為 Professor，僅擬聘之為 Reader，堅稱專家意見至上，不可更易。其實專家早已來函說明，認為大學方面可以視當地之迫切需要而酌予變更。況就某一科之情形言，專家並未明白推薦大學所聘者應予以該科 Professor 之名位（參閱第一頁第五項），何以大學仍聘之為 Professor。

穆主張聘張先生為教授之理由如下：

一、專家所持尺度不同，或從嚴，或從寬，儻其意見有可商酌之處，自可不拘泥接受。

二、但若大學在明知專家之意見從寬而予以接受之後，則對經驗資歷不在其他各科教授之下如張先生者，專家既已推薦其為系主任，大學方面斷不應靳予以 Professor 之名位。

三、膺選之其他各系系主任均為教授。張先生之經驗資歷既不在其中若干人之下，而獨聘之為 Reader，使張先生難以自處。況張先生去退休之年，不過三載，不應對此獨苛。

四、儻其他各科系之膺選者，有如穆所建議而初時已為李校長所同意之辦法，聘某人為 Reader，依此公平辦理，穆可不必為張先生爭。儻所懸標準始終一貫嚴格，或專一尊重專家意見，或竟如對楊先生之措置一切完全無視專家之意見，則穆亦未必為張先生爭。但在目前情形之下，穆認為惟有聘張先生為 Professor，始稱公平。

穆所反對者不僅在處理張先生之聘任一事，乃在延聘教授之全盤處理辦法及其所產生之結果。張先生之事乃為穆不可忍受之最後爭執，因使穆不得不作目前之決定。

如此一件事，爭了三個月以上，而在會議席上獲得三對一之比數而否決。穆更不解何以李校長對此事一再拖延至於如此之久。穆自問只有辭去新亞校長一職，只有退出中文大學，始可於心無愧。否則卽為自欺，非撤回其抗議，卽應自承其抗議之不當，但此均非穆所願為。

我從旁聽到李校長告人，錢某只該退休，不該辭職。但我之辭職乃正為表示一種總抗議，不僅為反對徵聘教授措施之不當，有關創辦一所大學之理想與宗旨，有關創辦一所大學之一切應有的向前的步驟，乃及其他種種較重大的問題，至少李校長沒有和我商討過。我從旁觀察，有許多該向李校長進忠告的，也沒法進言。

我在此報告中，僅舉選聘教授一項，又特詳其關於楊張兩先生之事。在最先我本想對於選聘教授一事，盡我所知向李校長作諍友，首先遇到有關中文系的事，我自問我對此一方面之意見，宜不比英國專家之意見差得多，但我和李校長私自談話，乃及在會議席上公開討論，至少發言重複有四次之多，但關於此一事之意見既不蒙李校長採納，我乃退而思其次，凡李校長提出之人選，已得被分派的學院院長所接受，我即不願多表示異見。此非我對中文大學之故意消極，我只求大家和衷共濟，先在人事上求協調，不必多生爭端。但有關新亞方面的，我不得不站在合理立場，求一公平待遇。若並此而不可得，徒受厚薪，一切緘默，既對不起新亞，也對不起中文大學。在我心力已盡，則惟有辭職一途。謹此陳達，以求董事會諸公之諒解。

新亞書院董事兼校長　錢穆　一九六四年一月二十日

當年為息事寧人，故請董事會將此函列為密件，不僅未對外界公佈，亦未對校內同人公佈。今隔二十五年，事過境遷，已無再保密之必要。特附入此集中發表，亦為余向新亞師生補做交代。

一九八九年錢穆　附識

有關穆個人在新亞書院之辭職

——新亞畢業典禮講詞

一九六四年七月

穆此次辭職，承各方關顧，惟對辭職理由，迄未公開報道，曾於本月十一日新亞畢業典禮中稍有宣述，亦不失為穆此次辭職在某一角度中之心情。茲已蒙新亞董事會准許，爰追錄當日談話，公諸報界，聊答各方關顧之盛意。

各位董事、來賓、教職員同仁及全體同學：今天為本校第十三屆及研究所第八屆畢業典禮，並為本校參加中文大學後之第一屆畢業典禮，鄙人謹代表在場全體向畢業諸君道賀。茲有一事連帶述及，卽鄙人在旬日內亦將畢業，甚願乘此機會，亦獲得為被道賀者之一分子。

人生過程中，先有學業，次有職業或事業。在學業進程中，依照現行西方過程，可有幼稚園、小學、中學、大學、研究院多次畢業。待參加社會職業事業後，亦可不斷有好多次畢業。鄙人任職新亞校長，已歷十五年。去年曾一度求去，未蒙董事會允准。最近再度請辭，已有獲得允准之把握。此為余任職新亞校長之畢業。此項畢業證書，不日可拿到手。所以我今天實有與在座諸位畢業同學同樣愉快之心情。

說到此，諸位或有好多問題要提出，我在答覆諸位好多問題以前，應提起我對本屆畢業同學的那篇臨別贈言。贈言中大意說，人生有兩個世界，一是現實的俗世界，一是理想的眞世界。此兩世界該同等重視。我們該在此現實俗世界中，建立起一個理想的眞世界。我們都是現世界中之俗人，但亦須同時成為一理想世界中之眞人。

我此次辭職，許多理由關涉現實俗世界方面的，不想在今天的會場上宣述。但亦有許多理由有關理想眞世界方面的，諸位畢業同學應該一聽。此後諸位正要走進現實俗世界中去謀職業，幹事業。但我鄭重奉勸諸位，莫要忽略了另一個理想的眞世界之存在。我此下所講，或可供諸位離開學校後作參考。

我想諸位首先要問：「你為何要辭職？」猶憶十年前後，我和一位朋友閒談天。他說任何一個人，當了什麼長，位居人上，時間久了，不知不覺中，此人的品質和性格都會變。我當時深受感動。自念新亞規模雖小，我也算是一長，人非聖賢，苟不時自警惕，若使位居人上，而品在人下，豈不是一件可恥可悲的事。

讓我把眼前事例作證。今天畢業典禮中，主要便是校長致辭，我好像很自然地該站在臺前來講話。典禮完了有攝影，我又將很自然地被推在最中間位子上坐下。這些，在現實俗世界中，也是理所應有，不容推辭。但在如此形勢下，處得久了，得意忘形，眞認為我高出人上，那就非流為小人之歸不可，最多也僅是一俗人，和我理想中所要做的眞人並不同。

又如新亞在初創辦時，同事們同學們都不稱我為「校長」，現在則大家莫不以校長呼我。此種稱呼雖屬小事，且亦為現實世界中所不可免。但聽慣了，有時會把你眼前的職位卽認為是你眞實的一個人了。此事實在要不得，我常常為此懼。

我不曉得當了校長十五年，我的品質和性格是否也潛移默化地變了。我雖常自警惕，但積久之後，便成為我時想辭職之一項心理因素。此層我勸諸位莫輕易聽過，將來應可為諸位處事做人一參考。

現在繼續推前去講，我自民國元年起，卽已從事教育界，忝為人師，至今沒有轉變過，也沒有休息過。民國元年時，我年十八歲，若以西法算，只十七歲，那時我學校的校長，此刻已忘其年齡，但他有一兒子在校讀書，正好和我同年。更有比他年長的，最大的一個，大我五年。當時我卽深深明白得一項道理，卽不懂得如何做人，便無以為人師。此一道理，卻是直從我心底深處明白得來。到今五十三年，我對此番道理，深信不疑。我在新亞十五年，時時教諸位應知「為學」「做人」並重，這決不是隨便說。我此番之辭職，在我是處處把做人道理來作決定。換言之，我要做一個人，便不該不辭職。若我此番不辭職，便和我平日所抱做人理想不相符。我之堅決辭職，只是要照我理想做一人。或許校內校外有人批評我，說我不該辭。這可能是我智慧不夠，判斷不當。但我此一番誠意，則終會值得人同情。

以上是我申述我此番堅決辭職之理由。諸位必會繼續問：「你辭職了，對學校影響如何呢？」關於這一層，我還得從遠處講來。在我二十歲左右，曾讀蘇東坡全集，中有一詩，當時給我甚深開悟。詩題現已忘了，詩中有一聯說：「老僧已死成新塔，壞壁無由見舊題。」我對此一聯體會到，歷史社會事業，決不能由任何一個人獨自擔當。再過三五年，新亞應會在馬料水新址蓋起嶄新的校舍，這是大家可以想像到的事。

現在校內校外許多人，常把我和新亞書院聯合一併說了。我遠在十幾年前，即說此一觀念要不得。人生無常，而事業則貴能垂之久遠。若我個人眞和新亞書院分不開，則是我辦理新亞規劃之不當。

在東坡前遊此寺時，曾在壁上題詩，隨後再往，壁已壞了，題的詩也不見了，東坡當時心中似有些感慨。其實此等事在俗世界中也是不可免。現時新亞的幾所建築，沈燕謀先生始終參預其事，他曾屢次催我寫幾篇碑記，勒石留念，但我婉辭不肯。本無舊題，何待壁壞？將來新亞遷至馬料水，我和新亞，便漸成為了無關係。諸位應以大無畏精神努力新亞前途，樂往猛進，但莫太重視了我個人之去留。

諸位或許又會問：「你辭了職，此下的個人生活又如何呢？」這在私人情感上亦理應有此問。讓我再從上述有關僧寺的事講起。近代中國有一高僧虛雲，諸位若是廣東人，應該聽聞到。我在幾年前讀虛雲和尚年譜，在他已躋七十八高齡之後，他每每到了一處，蓽路藍縷，創新一寺。但到此寺興建完成，他卻翩然離去，另到別一處，蓽路藍縷，又重新來建一寺，但他又翩然離去了。如此一處又一處，經他手，不知興建了幾多寺。我在此一節上，十分欣賞他。至少他具有一種為而不有的精神。他到老矍鑠，逾百齡而不衰。我常想，人應該不斷有新刺戟，纔會不斷有新精力，使他不斷走上新道路，能再創造新生命。若使虛雲和尚興建了一寺，徒子徒孫環繞着，呆在寺裡作方丈，說不定他會在安逸中快走進老境。當然我此處之所謂老，更重在指精神言，不重在指身體言。

諸位莫誤會，認為我有意離開新亞，來再創一新亞，在我則絕無此意。我自十七歲到今五十三年，始終在教育界。由小學中學而大學，上堂教書，是我的正業。下堂讀書著書，是我業餘的副業。我一向不喜歡擔當學校行政工作，流亡來香港，創辦新亞，算是擔當學校行政了，那是在非常環境非常心情下做了。在我算是一項非常的事。這如戲臺上的客串與玩票，又如凌波扮演梁兄哥。我此下擺脫現職，自然仍想回到我的本行正業去。只我年歲日邁，此十五年來，對學業上不免更多荒疏。我有更多想看的書沒有看，更多想寫的書沒有寫。此下我將翻轉我以前所為，以讀書著書為正業，以上堂教書為我謀生之副業。諸位或要想我已踰了退休年齡，但我的精力決不需退休，我的經濟亦不可能退休。諸位且看我此下如何去另闢生路吧！

在我此十五年中，雖說耗損了不少精力，究竟在書本外也增長了我許多眞實人生的體驗和閱歷。而且用農業上輪種番休之理來講，我的精力在此處有耗損，但在別處有貯備。過幾天，我十五年來擔當新亞校長的畢業文憑拿到手，我的新生命開始，我的新精力又會復來。我立志想寫一部有關研究朱子的書，預期三年完成，縱不然延長到五年，此書定可成。我想此書完成，在中國學術歷史上，在中國文化教育上，決不比我創辦新亞或主持新亞意義更狹小些，價值更輕微些。

我此下若能安住在港三年，明年是三年級同學畢業，後年二年級，再後年一年級，我希望能以來賓身分來參加。更盼的是今天在座一年級同學到三年後的畢業典禮中，我能抱着我已完成的有關研究朱子的書稿來參加，那在我認為是何等值得欣幸的事呀！

我臨了還有一小節交代。聽說今天的畢業同學希望諸師長都穿博士袍服來應禮，但我不大喜歡穿博士袍，因我沒有進過大學，沒有寫過博士論文、參加過博士考試。我的博士名號，由人家贈送，未經我親身努力喫苦而得之，在我總覺不親切。我今天穿此綢大褂，卻是從前新亞一向舉行典禮時我所慣穿的一套。不知從那年起，新亞同學們開始要求穿學士袍服了，而教授們也都依隨改穿學位袍服。我今天則特地穿此綢褂來應禮，一則表示我回戀新亞之已往，二則這是我最後一次主持新亞的畢業典禮，不幾天，我即可身心放鬆。請諸位諒恕我，讓我今天起，即開始放鬆了。穿此綢褂，亦古人所謂「遂我初服」之意。我想，在諸位的畢業典禮上，亦不算得失莊嚴，失體統。

臨了，我恭賀今天的畢業同學們，大家前途無量。

七月十一日舉行畢業典禮，二十二日追記成文。

致雅禮協會羅維德先生函

羅維德先生並轉雅禮董事會諸先生公鑒：

蒙羅維德先生及雅禮董事會先後賜書，均已拜誦。高情厚誼，至深銘勒。新亞於萬分艱難中創始，蒙雅禮協會熱忱協助，得有今日。穆願乘此機會再表示個人積年所抱懇切摯誠之謝意。惟新亞自受香港政府津貼以來，內部種種措施，不免多受牽掣，漸失自由。新亞本係一所由理想而創始之學校，規模雖小，然凡所抱負，則求一本中國傳統文化，培植中國流亡青年，藉以溝通中西，為世界人類文化前途盡其一分之棉力。雖此十五年來，成績有限，然終不失為有此一段艱苦奮鬥之歷程，與其所欲嚮往之目標，以期逐步之前進，此層幸當為貴會諸先生所共許。乃此數年來，經濟不斷增加，而理想則不斷壓抑。循此以往，此項理想，恐不免於由窒塞而變質而終至於消散。穆為此深抱不安。因於前一年中文大學成立，即求辭去新亞校長職務，以表示個人力不如志之苦衷。經新亞董事會，及學校師生，乃至校友會之一致挽留，勉強仍留職守。本期盡可能渡過三四年，到學校遷至馬料水新址為止，或可為學校稍爭其應有之地位與自由。乃不期此一年來，情勢更非，不得不臨時再申辭意。新亞董事會，及學校師生，乃及校友會各方面，知穆去志已堅，不再強留。在此時期中，適李田意先生過港，對種種情節，多獲聞知，諒其返新港以後，必對貴會有所陳述。此次穆之辭職，個人得卸仔肩，不復再受壓抑，堪為私幸。而對學校，實未能善盡職責，積極向前，甚所內疚。

最近代校長吳士選先生赴美，由蕭約先生暫攝校務，一切近況，諒必有函隨時詳告。此後惟盼貴會仍本以前宗旨，繼續援助，俟新亞新校長物色有人，當能善為調護，使此一文化新芽，不致萎枯，而終獲其滿意之生長。穆雖退職，苟能從旁對新亞有所貢獻，亦當勉力以赴，並以報貴會始終協助之美意。聞蕭約先生於下學年應有兩次休假，羅維德先生或可短期來港，穆萬分歡迎，屆時當再面盡種切此不覼縷。專肅復頌

公祺

錢穆拜啓一九六四年十二月十一日

校慶日演講詞

——創校十五周年紀念

一九六四年九月二十八日

各位先生、各位同學：

今天是我們的校慶。從前我們校慶在雙十節國慶紀念日。因我們這學校開始，師生都由大陸流亡而來，大家紀念大陸祖國，就拿國慶日作為校慶日。後來因這日子有糾紛，大家知道，這裏有兩個國慶日，十月一日和十月十日，為此引起了許多糾紛。我們為避免這些糾紛，就把校慶日改在今天。

今天是孔子誕辰。孔子是中國的大聖人，也可說是中國民族一位最理想最標準的人。我們把紀念國家轉移到紀念民族，就將校慶改在孔子聖誕。

我們稱孔子為「至聖先師」，他的誕辰定為教師節，因孔子是教我們做人道理的一位最偉大的教師。中國人一向看重做人的道理，有關這方面的一切教訓，皆由孔子教訓引伸演繹而來。遵從這一套道理而有我們今天的中國人。中國從孔子到現在，已經二千五百年，一切做人的道理，都遵照孔子教訓。孔子這一套教訓則詳載在論語一書中。從前我們初進學校，一定先向至聖先師神位行跪拜禮。論語則是中國識字讀書人一部人人必讀書。儘可說，我們中國的文化傳統完全由孔子的教導而完成。

諸位或許要問：孔子怎樣教我們做人？我想簡單講一點：

大家知道，每一人生下，先是嬰孩，後是兒童，他必先做人家的兒女。做兒女，可說是做人的開始。當然也有在醫院在路上給人撿去的，但這是偶然。諸位現在都在做兒女，就該懂做兒女的道理。或許家中有兄弟姊妹，就該懂得做兄弟姊妹的道理。所以，做兒女，做兄弟，是做人最先必經的階段。

慢慢進學校做學生，中國古書稱弟子。在家做子弟，到學校做弟子，其間道理相通。諸位稱老師為先生，先一輩生的，便像是你的父兄，而你便像是他的子弟。

年齡大了，中國古禮中有冠禮，可以戴帽子，算成人了。做子弟弟子的時候，則還沒有成人。成人了，最大的事就是婚姻。做丈夫，做妻子，也各有一套道理，此所謂夫婦之道。當然，也有出家或獨身的，但仍是例外。一般講，到了相當年齡，就要做丈夫，做妻子。

再過一些時，便要為人父母。我們試在街上到處看，不是做子弟的，就是做弟子的。不是夫婦，就是父母。做父母也有做父母的道理。

我們從年輕到成年，就該有朋友，交朋友也有交朋友的道理。到社會做事，每一團體中，必有上下。從前最大的上下是君臣，但除君臣外，也到處有上下。這分別，不一定要做官從政纔有。現在最高的是國家，國民則是屬於這國家的。其他一切行業也總有上司下屬。上下之間，也各有一個道理。

所以中國人講做人，主要是父子、兄弟、夫婦、朋友、君臣這五倫。家庭社會，都由人結合而成。每一人在家庭社會中，身份各不同，但相互關係不外此五倫。人不能逃出此五倫，孤獨做一人。縱使是一自由職業者，如醫生、學校教師、美術家、電影明星或拳師等，甚麼都可做，但不能說有了職業，便沒有工夫做父母夫婦或朋友。

諸位應知，一切事都由人做，但做事和做人，其間稍有別。如我父親是一百萬富翁，他的父親是一捉魚人，或是打石頭的苦工，但不能說有百萬財產的便是好父親，打石捉魚的就是壞父親，或者竟不認為父親。如我父親是大總統，你父親是個看門或倒茶的，但也同樣是父親。倘使諸位認為做大總統的父親纔是好父親，做門房倒茶的父親便是壞父親，那只能說你不懂做人道理，不是個好子弟。

一個國家，同時只有一個大總統。一個大機關，同時只有一個首長。倘使定要做達官貴人，才算是個人，那麼上帝所生大多數人就不算人了嗎？人則大家是平等的，只是環境遭遇，經濟地位，容或不平等，然而無妨其同是人。兒女則同是兒女，諸位今天進了大學，你們的父母認你們是兒女，倘使你有兄弟姊妹沒有進大學，你父母便不把他當兒女，這是你父母的不對。同樣道理，地位儘高，或是大總統，或是大統帥，或是一個大機關裏的大首領，無權說別人不是人。若有這樣的人，只是他不懂做人的道理。

做事可以各不同，各走各路，千差萬別。做人則是共通的，如做子女，做兄弟，做夫婦，做父母，做朋友，做君臣，這些是無所逃於天地之間，人人都該做。

也有人在家能做好父母、好子女，但在外面不能做人的朋友或團體之一員。亦有人在外能和人做朋友做團體中一員，但在家不能做好夫婦、好父母、好子女。也有人做下屬好，但不能當上司。有人則反是。當知做事可以只做某一項，如做了醫生不兼做律師。但做人則須全面做。最理想的，是從小做到老，在各個環境遭遇中，都要做好，須做一完全人。做完全人也不難，因做人只一個對象。做人的道理，只是人與人之道。兒女對父母，父母對兒女。先生對學生，學生對先生。都是人與人。不比做事，對象各別。如在學校中做師長，教書雖好，但對學生沒感情，並不好。有的學生，書讀得好，但對師長無敬禮，並不好。這都是做人有缺。諸位試從這裏慢慢想，如我能做一科學家，或做一著作家，或藝術家，或能做大官，或能賺大錢，但卻不能好好做一人，在家不能做好父母，出門不能和人做好朋友，如此之類也常有。

孔子講的道理，注重在做人。他講的是人與人相處之道，赤裸裸這人對那人。不論你是一銀行經理，今天來了客人，請到餐館一餐花了百元港幣，但他待客並不好。或是一苦工，今天碰見一朋友，請到茶樓花幾塊錢招待吃一頓，但卻很好。不能說請喫一百元就夠朋友，幾塊錢就不夠朋友。諸位懂得此中道理，便知地位、金錢、權力等等，不是做人必要的條件。諸位知道怎樣才是做人，便知一切外面條件儘可不計較。

難道不讀書就不算人了嗎？宋儒陸象山先生說：「我雖不識一字，也可堂堂地做個人。」可見你縱或從小學到中學，到大學，以至得到博士學位，也可還不是個人。因為這是兩件事。餓死溝壑，也可是個人，而且可以是個數一數二的偉大人。反過來說，縱有百萬家產，也不一定就是個人。我講這些話，並不是勸諸位不要讀書，或勸諸位要在街上餓死，決不是。書讀得好，將來事業做得大，家庭生活過得舒服，都應該的。可是，更應該而更重要的，你得要懂做一人。你要懂做人，就知尊重孔子的道理了。

做人應該是大家能做的，進一步便要做一「士」。論語中講做人，又講做士。中國人常稱「士君子」與「士大夫」。在道德行為上，夠得一個標準，稱士君子。在地位職務上，夠得一個領袖人物，稱士大夫。要做人，卽使不識字也可，沒有能力當大責任也可。人是大家能做的。但在人中間，應有能起帶頭作用的，可以作人家標準與領袖，這就叫做士。但君子與大夫亦有些分別。他是個君子，當然是個士，但大夫有時會不一定夠做一個士。這樣，便不是一個理想的大夫。士君子可以各人自己努力做，而士大夫則須政治清明社會公道纔能有。

詩經上說：「周道如砥，其直如矢，君子所履，小人所視。」這是說，人生大道是平直的，只要能循此大道，自然能平直前進。我們覺得人生道路很崎嶇，很曲折，那因沒有走上大道正路，纔覺得如此。做父親就是做父親，做母親就是做母親，做兒子就是做兒子，簡易平直，沒有甚麼難。若連兒女也不會做，父母也不會做，卻爭想做文學家，科學家，這卻難了。試問世間有幾個牛頓和艾因斯坦？有幾個莎士比亞和哥德？上帝安排我們安頓在家做兒女，做父母，出門交朋友，做一人，卻沒有安排人都去做各別傑出的人物。

中國人把「人」與「天」、「地」稱三才，這個世界，有屬於天的，有屬於地的，有屬於人的。我們應就天的世界，地的世界，來完成人的世界。中國人稱之為「天人合一」。天地有道，人亦有道。這條人生大道寬平坦直，君子就在這條寬平坦直的大道上一步步邁進，舒舒泰泰的，坦蕩蕩的。做兒子，做父母，做夫婦，做朋友，在社會一切處做人，都走在此大道上。這一切，小人都在旁看著。小人也不便是壞人，因其眼光小，胸襟小，氣魄小，才力小，不能在人生大道上邁步向前，但看著君子在大道上邁步，也覺得喜歡佩服，所謂心悅而誠服。正好像我們看電影，看見電影中人物演到好處，心下也覺得舒服，雖不能像他那般做，但也可有欣賞。因此社會上需要有君子作榜樣，使人看了心裏有安慰，又舒服。因君子透示出人生的光明面。若使此社會沒有君子，這條人生坦途上不見有人走，使得許多小人們看也看不到，沒標準、沒榜樣，這是人世界最空虛最苦痛的一境。自然我們不能立刻希望每人都做君子，都做士，但總該有人出來做。孔子雖不得位而有其德，成為後代士君子一最高榜樣。人道光明，都從他身上放出，為萬世人瞻仰，所以成其為至聖先師。

說文上說：「推十合一為士。」十卽完全之意。推十合一，猶言全人類可以由此一人來作代表，作榜樣。全世界上下古今千千萬萬的父母子女，可以把這一個父母子女來作標準，這人就是能推十合一之士。孔子也只是一個士，孔門諸弟子也都是士。我們讀一部論語，就如看一本在人生大道上最高標準的電影，或如進一所最高理想的學校，讀它一字一句，都能使我們瞻仰嚮往，心悅誠服，眞所謂「君子所履，小人所視。」倘使此社會多士，此社會之大夫也都是士，此社會就幸福了。若使此社會的大夫不夠做一士，甚至於不夠做一人，此社會就不幸了。此社會沒有士，沒有君子，就痛苦了。

在一個窮困的家庭中，只要有好父母、好子女，也快樂。在一個百萬之富的家庭中，只因沒有好父母、好子女，就痛苦。此理甚淺近，甚切實，人人能懂。但人們卻老是想地位高、財產多、權力大、能傑出，卻不懂得要做一個好好的人。諸位來學校，只一心一意想修學分，拿文憑，卻不懂要做人。把全副精神全犧牲在拿文憑，爭權利上，卻忘了自己做人。你們想，這樣一個人，是苦痛還是快樂？我並不是說，要做人就不該做事，不該求進取，不該能傑出。但應知要如此，仍得要做人。做人不妨礙發財、做大官，及一切進取。人生天地間，第一應該是懂得怎樣做人。做人之進一步，則是做一士。

孔子的道理，便是教人做人與做士，最高是做聖人，怎麼叫做聖人？聖人也得做兒女，做兄弟姊妹，做夫婦，做父母，和在社會上一切處做人。所以照理論，聖人應是人人可做。明儒講理學，主要講人都可以做聖人，因此說滿街都是聖人，端茶童子也可是聖人。但如王陽明先生，並沒有說他自己是聖人。陽明先生的學生們，也沒有說陽明先生是聖人。宋儒陸象山先生說：「我雖不識一字，也將堂堂地做一個人。」但他並沒有說，將堂堂地做一個聖人。在孔子以前，中國已有聖人了。但從孔子以後，中國人再也不敢自當作聖人，只尊孔子為至聖。其實孔子也不敢當自己是聖人，他說：「聖則吾不能，吾學不厭，而教不倦。」孔子不敢以聖人自居，但後世的中國人羣尊他作聖人，且稱之為「至聖」。自孟子以下，直到今天，只要是中國人，再不敢以聖人自居。

今天，我們紀念孔子，要學聖人之道，那麽第一步希望大家學做一個人，第二步希望學做人中間的標準的理想的士君子與士大夫。做到這裏，依然還沒有完，上面還有最高一層，即是做聖人。照理論，聖人人人都可做，而且人人應該做，但又人人不敢以聖自居，這裏就是我們中國的文化精神。倘使諸位肯在這方面研究，那麽第一步我勸諸位大家好好先讀一部論語，並切實地照他教訓去做人。

亡友趙冰博士追思會悼辭

嗚呼哀哉！緬維疇昔己丑之春，方粵垣之初晤，遽把臂而如親。居一樓兮隔室，聲相聞兮夕晨。嗣同舟而共渡，為掃地而割席。解其逆旅之孤懷，息其奔途之倦翮。新亞肇創。百艱千憂，人避而去，獨應而酬。掖其困踣，參其綢繆，終始一態，歲星曰周。渺前程之猶遠，洶濤波其未濟，呼將伯兮方殷，乃幽冥兮分袂。曰惟先生，堅剛其操，峻絕其風，抱昔賢之遺榘，蘊謇諤之鯁忠。視利若浼，惟義斯同。溯交遊以迄茲，長貧病之在躬。雖意氣其相許，慚呴濡之徒窮。寡妻弱女，惸焉在堂，天道福善，後其有昌。誼屬友生，惟力不忘，獻花陳辭，靈其永康。嗚乎哀哉！

趙冰博士墓碣銘

趙先生冰，字蔚文，廣東新會人。早歲遊學，獲美國芝加哥大學政治學士、哈佛大學法學碩士、英國牛津大學法學博士學位。任國民政府財政部祕書長、湖北高等法院院長、外交部次長、代部長及中央政治大學、湖南、廣西大學等校教授。晚歲居香港，執大律師業、兼新亞書院董事長以至於卒。生前清光緒十七年，卒於一九六四年，享壽七十有四。卜葬於此，其友人錢穆為之銘。銘曰：挺堅節，鬱孤忠，訪遺躅，藏此穹。

附墓碣對聯：

皭然汚世操清節；

卓爾高風與古儔。

悼趙故董事長兩輓聯

惟先生身在局外心在局中不著跡不居功艱難同其締造。
願吾黨利恐趨前義恐趨後無渙志無餒氣黽勉宏此規模。

新亞書院全體同仁敬輓

肝膽共崎嶇畢義願忠惟茲情其永在。
氣骨勵堅貞清風峻節何斯道之終窮。

錢穆鞠躬敬輓

校友日講詞

一九六五年一月一日

諸位先生，諸位校友：

我藉着元旦日校友晚會，恭祝大家新年快樂。特別是今天晚上，我看到許多小朋友們，新亞校友的下一代，使我最是開心。希望以後的今天，各位校友都能把太太小孩子一齊帶來參加。若是我們有五百位校友出席，每位都帶四個小校友來，那麼我們就有二千個下一代的新亞小校友在這會場上。若使我們眞有新亞精神的話，兩千位小校友也該有新亞精神，那是何等值得慶祝呀！

平常沒有事，看不出我們校友會有什麼力量來，但一到有事發生，校友們的力量就可以看出。去年我們學校董事長趙冰博士逝世前後，我們許多校友到趙家，到醫院，到殯儀館，到墓地，在喪事中盡了很大力，幫了很大忙，我看了心裏很感動。這是我們校友會的表現，這種表現對人生有安慰，有鼓舞。只要人生有一分眞實的情感，便使人生有一分眞實的意義。因此我們絕對不要看輕了此一種表現。

許濤校友前些日到我家，要我今晚給各位說些話。我想，還是從人生方面說幾句。這不是我又把老師身分來向諸位訓話，只是談些家常，也可說是說一些人生經驗。只因我年齡比諸位大些，書也看得多些，所得的人生經驗也比諸位較多較深。不妨藉此談談。

我想我們做人有三件重要事：一是人生理想，二是學業，三是事業。所謂「理想」，亦可說是希望或意志。三者中，實以此為最重要。有人說，每個人各有他自己的一套人生哲學。我想，不如說每個人各有一套人生理想或希望。在中國舊書上，則說是「立志」。志或希望或理想，各在自己心裏，卻不表露在外面，此項的志與希望與理想則是自由的，不受限制的。而學業、事業則不然。學業有天賦資稟及後天環境之限制，並不能希望人人受學、人人成學，更不能希望每個人都能成為一大學者。事業也有種種限制，或可說限制更大，因其所受外面影響更多。因此每一人往往對他的事業有些不滿意，而且也不能希望每個人都能做大事業，都能成為一事業家。因此我勸諸位，不要把自己的人生理想儘放在學業或事業上。學業與事業，只可說是幫助我們達到人生理想境界的工具或手段，而人生理想則應另有安放。學業愈高深，事業愈偉大，自然更可幫助我們理想的完成。但我們的學業、事業有限制，而我們的人生理想則可以無限制。也有不少人有高深的學業，或有很大的事業，但其人生不美滿，不覺得很安心很樂意。反不如只有小學問、小事業的人，所過人生反而更理想。因此我勸諸位，不要專在你的學業事業中找理想。應在學業事業之外之上，另有其理想。諸位當知，沒有人能滿足他自己的學業，也沒有人能滿足他自己的事業。學業有高下，事業有大小，都有限制，又有競爭，有比較，有缺憾。因此，常易使人失望。

諸位都算幸運，都已受了高等的教育。此刻也是都有事業了，姑無論其大小，先要能安於所業，來另找我們人生的理想。即如孟子所說：「仰不愧於天，俯不怍於人。」只是十個字。又如說：「富貴不能淫，貧賤不能移，威武不能屈。」只是十五個字。卻眞是人生理想所在。我們能素富貴，行乎富貴。素貧賤，行乎貧賤。素患難，行乎患難。素夷狄，行乎夷狄。要能無入而不自得，纔算是一君子，這纔是人生的理想境界。但這些卻是自由的，不受限制的。沒有競爭、沒有比較。人人能做，人人能到，也不為學業事業的條件所累。品德行為操之在己，外面一切無法限制。只是你自己無此理想，不立此志，則別人也奈何不得。

但我今天這一番話，也非叫諸位看輕學業與事業。諸位在自己目前事業下，必要努力以赴，務求盡職。又不要忘記了，在職業之餘，抽出一點時間來讀一點書，自己進修。諸位要知道，你們的學業可以幫助你們的事業，而你們的學業和事業又可幫助你們的理想，到達更進無上的階段。我今晚只想就把這一番話來告訴諸位。

史記導讀序

昔兩漢博士，太學授經，首重家法。宋朱子申其意曰：「漢世專門之學，近世議者深斥之，今百工曲藝莫不有師，至於學者，尊其所聞，則斥以為專門而深惡之，不知其何說也。」又曰：「治經者，必因先儒已成之說，而推之，借曰未必盡是，亦當究其得失之故，而後可以反求諸心，而正其謬。」此漢之諸儒，所以專門名家各守師說而不敢輕有變焉者也。但其守之太拘，而不能精思明辨以求眞是，則為病耳。然以此之故，當時風俗，終是淳厚。近年以來，習俗苟偷，學無宗主。朱子之言如此，抑不獨經學為然也。朱子為一代理學大宗，然言及李延平，必稱先生。著書立說，必稱子程曰。是朱子之師承與家法也。抑不僅理學為然也，卽文學亦何獨不然。清代言文章，必曰桐城。其先源自明之歸熙甫，及清代，方望溪、劉海峰、姚惜抱，遞相師承，故曰，天下文章，其在桐城乎！自惜抱諸大弟子梅伯言、管異之、劉孟塗、方植之，下逮湘鄉曾文正崛起，猶曰：「國藩之粗解文章，由姚先生啓之。」此亦漢儒傳經師法專門之遺意。湘鄉門下，有張濂卿、黎蒓齋、吳摯甫，而摯甫籍桐城，是桐城一派，師承遞嬗，上溯明代，下迄清末，三百餘年，繩繼不絕。其流風餘韻，義法淵源，粲然可觀。而豈淺薄庸妄之徒，所能輕肆其譏彈！吾友黃子二明，授新亞諸生讀史記編史記導讀一書，所選篇目，一依張氏、吳氏，又加以吳氏論文，歸、方評點，諸家評識四目，謹守桐城榘矱，不欲輕有所踰越。抑評點之學，亦桐城家法所重。近人或加鄙視，是亦不知家法者作門外之妄譚爾。學者一遵斯編，庶乎知為學有軌轍，求道有師承，宗主家法有不可廢。亦足以藥苟偷之風，回淳厚之俗，破門戶之拘攣，而開思辨之正法，而豈僅僅乎學為文章而已。余故樂闡二明斯編之意，而為序以張之。

一九六四年甲辰冬至前夕錢穆拜撰序於沙田之和風臺。

韓文導讀序

吾友黃君二明，授新亞諸生以史記、韓文，有導讀兩編。余既序其史記編，二明曰：韓文一編，願續為之有序。余辭不獲，爰再序之，以塞其請。竊嘗謂文章之士，每薄校勘、訓詁、考據於不為。而從事於校勘、訓詁、考據之業者，又往往不擅於文事。而不悟其不可以偏廢也。昌黎一集，自有晦翁之考異，而後始有定本可資循誦，此文章之有待於校勘者甚顯。抑晦翁之為考異，有曰：「韓子之為文，雖以力去陳言為務，而又必以文從字順各識職為貴。」讀者或未得此權度，則其文理意義，正自有未易言者。是從事於為文章作校勘，苟非深通此一家文事之深趣，亦難勝任而愉快也。至言訓詁，昌黎已自言之曰：「凡為文辭，宜略識字，苟字義之未明，又何論於文章之精妙。」然雖曰積字成句，積句成篇，而文章之事，有一篇之大義未明，即難定此一句之義；此一句之義未明，即難定此一字之義者。晦翁考異，遇此等處，最見精卓，此則非深通文章即難下訓詁之說也。至於考據，每一文有其本題之故實，有作者當時之心情，有其文所包羅之萬象，苟非博考旁稽，何以知其所云云。然亦必精熟文理，乃知孰者當考，乃知所考之孰得其是而無疑，固亦非字字而詳，句句而尋者之所與知也。二明斯編，正文一據世綵堂本，而晦翁考異，亦附見焉，於校勘為不苟矣。下有補注，自有韓集一千年，諸家之訓釋考訂，一字一句，人地官職器物之名，乃至典章義理史實之本末，人物之表裏，無不備。其纂輯之廣，擇取之嚴，於訓詁、考據為不苟矣。讀者循此求之，而一文之大義畢顯。抑文章之精微，有非盡摭實之可得，而又有待於心領神會於不以言傳之表者。斯編於補注之後，又繼之以諸家之圈點與評識，斯如布采之有鈎勒，畫龍之有點睛。後世學文之士，則胥不於此而臻妙悟。虛實並盡，校勘、訓詁、考據之與文章之兼究而深通，其亦斯編用意之所在乎！姑還以質諸二明，其果有當乎否耶？

一九六四年甲辰冬至錢穆拜撰序於沙田之和風臺。

新亞二十周年校慶典禮講詞

一九六九年九月二十八日

李代董事長、沈校長、諸位來賓、諸位同學：

今天到會的，或多或少與新亞有點關係，一定很歡欣來參加這紀念盛會的。新亞書院創校迄今二十年。可說已是一個很長的時期，佔了一個世紀的五分之一。但也可說是一很短的時期，在座諸位，也許很多二十年前就來新亞，直到今天的。新亞在這二十年中，變化很多。可是有從開始到今天，一直在新亞的，還是不少。可見二十年並不是一個長時期。

我想提出這個紀念的特別的一點，或許大家都知道。當時大家不會想到有今天，可是，今天參加這個二十周年紀念的，恐怕也很難想像我們這個學校二十年前是個什麼樣子。二十年前想不到今天，今天也想不到二十年以前。這二十年來，新亞變化已經相當的多，那麼因此，更值得我們有一個歡欣的回憶。尤其是我，今天能有這個機會，再看見這個禮堂，參加這個典禮，還讓我藉着這個機會講幾句話，我覺得更是歡欣。

那麼，我們究竟怎樣來講以前的新亞呢？二十年前的新亞，十五年前的新亞，十年前的新亞，倘使我們說桂林街時代的新亞，加上嘉林邊道時代的新亞，再加上農圃道第一期建築完成的新亞，就是沈校長剛才所講的十年以前的一個段落和十年以後的一個段落，我們如何去講呢？雖然二十年不是一個很長的時期，已經令我們感覺到無從說起。

我只舉一點講，只講經濟。那時候的新亞全年經費，倘使今天新亞一位講師把他的薪水捐給學校，那我們整個學校的經費都解決了。我們全年的經費，就是現在一個講師的待遇。諸位可以想想看，別的我們可以不講。這些賬目，在校長室或者總務處，現在還有檔案可查。倘使照一個相，讓大家看一看，就可以明瞭。一切在內三千元。今天在座的，有當日管理賬目的，新亞的經費，他是知道的。記得雅禮協會代表盧鼎先生到香港，我和他見面時，他問起新亞書院的經費。我對他說：新亞書院的經費，最多兩分鐘可以向你講個明明白白。三千塊錢，兩分鐘可以講明白，怎麼樣來的，怎麼樣支出的。可是諸位須知道，那個時候新亞書院的學生，一百人中間有八十名不用繳學費的。今天在座有很多畢業同學，那個時候我們免了他的學費，從入學到畢業，沒有繳一文錢。另外有些學生，他幫忙學校掃地、擦窗戶、送信，學校還要給他生活費。一切的一切，都在這三千元之內。固然二十年前的港幣不能和今天的相比，正如二十年前的新亞不能和今天的新亞相比。可是還是差不多。或許諸位要說：三千塊錢怎麼可以辦一個學校？這是糊塗、荒唐，才來辦這一個學校！辦學校有什麼用呢？學校是造就人才的，有一班青年願到這學校裏來。

我再拿出一個統計來，就是新亞書院創校十年內畢業的。在桂林街、嘉林邊道，乃至於農圃道第一期建築物完成時，畢業的許多學生現在在那裡？做的什麼事情？學校也可以查一查。那麼，我說一句公平坦白的話，在座諸位請都原諒我。我可以說，十年以前新亞畢業的校友，今天在座的不少，他們的成就，並不比十年後畢業的差。諸位可以查一查，今年畢業的是什麼人，去年畢業的是什麼人，這二十年來，十五屆、十六屆……畢業的。當然，新畢業的，他們將來的成就，此刻還不曉得。可是這個學校到今天才二十年，它的畢業校友在學術界、在社會上、在學問上、在事業方面，有成就的，已經不是少數。我們要比較，三個畢業，中間一個就不少。五個畢業，中間兩個更不少。我想辦一個理想的學校，將來這些校友出去貢獻社會。當然，不能說全是新亞的成績，他到了國外，進了有名的大學。可是這個種子，總是從新亞開始的。我想告訴在座的諸位先生們，我又要告訴在座的許多同學們，新亞近年來進步了，或許再過兩年更要進步。可是我們新亞今天畢業出去的年輕同學們，應該把當時拿三千元辦學那批在校掃地、擦窗、拿生活費的同學今天的成就，雖不能說是個榜樣，但總可以作一個參考。

那麼，我要請諸位，不要當我太狂妄，或者太不切實際。我要講一句話：一切事業，經費固然重要，但它不是最重要的，還有更重要的。二十年以前，或十年以前的新亞，至少是一個證據。證據在那裡？證據在校長室或者在總務處，我記不清楚了。可以把檔案拿出來看，是不是三千元一個月？是不是畢業的學生一年一年的窮苦？是不是前一年畢業的比後一年畢業的差了？我要坦白的告訴諸位，不也要鼓勵在座的前期畢業校友，你們沒有吃虧，你們到這樣一個窮苦的學校，今天有這樣的成就！不僅在此地的校友，還有不在此地的校友。我告訴在座的新亞同學們，你們要懷念以前的新亞！至少從前的新亞，它所栽培出來的，就是我們前期的校友，可以作你們一個參考，可以給你們一個鼓勵。我不敢說作你們一個榜樣。

那麼接下去的一點，或許有人想：這個學校三千元的經費也能辦出成績，成績究竟在那裏，你怎麼不講？不在桂林街的校舍，不在此地的建築，也不在裏面的圖書。成績在二十年來畢業同學的身上能奮鬥。當日的新亞書院三千元一月的經費，倘使我們以為沒有前途，漆黑一片，還用什麼奮鬥？那麼，學校早關門了。一班青年，走進十年前的新亞書院，沒有接觸到很多的教授先生，沒有今天這樣的圖書館、研究室、科學實驗室。沒有工友，學生做了工友的工作。他們只是先生和同學全體在一個最困難的環境之下，而卻覺得我們有個前途。前途有沒有呢？今天我可以告訴諸位：前途有了。二十年到今天，我們的理想並沒有錯，現在有了。每次我們學校開會，都要先唱校歌。校歌中有一句講：「手空空，無一物。」這句話大家都會講，沒有那個不會講。我們那個時候，先生、學生，整個學校在一起，三千元一個月。這樣的窮苦，我們這個學校辦下去，那時候是要吃得苦的。諸位吃桃子、吃杏子，它的核心是苦的。今天是開花了，結果了，於是大家說：啊！新亞像樣了！

恐怕今天新亞的同學，乃至於新亞的先生，無法想像到二十年前的新亞情形。就是請諸位到桂林街去看一下，還是想像不出。恐怕新亞五年前畢業出來的同學，到今天還在這個學校，也慢慢兒忘掉了從前的桂林街、嘉林邊道，以及農圃道早期的情形。也就是說，從前的那種精神慢慢兒忽略下去了。大家都在物質方面、在外面的條件上，來考慮這個學校，而忽略了在我們人的本身上來參加這個學校。

講到我們所謂的教育宗旨，我想學校可以變，而且將來還要不斷的變，但我們辦這個學校的宗旨，從起初就是希望這個學校是一個中國的學校。怎麼叫做中國的學校呢？在中國人居住的地區，中國人的社會中，辦學校教育中國的年輕人，將來學生離開學校出去到中國社會上做事。這是我們的一個大理想。這話是老生常談，正因為是老生常談，不只是新亞書院可以有此理想。不過，新亞書院也希望可以參加在這羣體理想之下。今天，新亞書院很幸運，剛才李代董事長講：我們參加了中文大學，經濟上有了相當的基礎。可是我們要顧名思義，這個學校叫做「中文大學」。我們有此理想，無此魄力，心有餘而力不足。今天，我們新亞書院幸而也能參加中文大學，成為中文大學的一份子。那麼我希望將來我們的新亞書院，還有二十五年、三十年、三十五年、四十年……能本着我們從前那種窮苦奮鬥的精神，向着「中文大學」四個字的目標邁進！這是我對將來新亞書院的一番慶祝。

人物與理想

——新亞學生會學術部學術演講

一九六九年十月四日

諸位同學：今天承蒙你們要我來講幾句話，雖然時間很倉促，可是我總想講幾句對諸位有用的話。我希望諸位聽了我的話後，不只是對諸位中某一位有用，更希望對每一位在座的人都有用。而且我這些話，不只希望對諸位在新亞時有用，我還希望諸位在出了校門後還能有用。其次，諸位還可將我這次所講的話，告訴你們的兄弟姊妹，告訴你們的朋友，告訴任何一個人。而我希望這幾句話，對任何一個人都有用。但這只是我心裏所想，至於這幾句話眞的能如此有用與否，那就要等諸位聽了後，自己去了解，自己去體會。

一

今天我要講的話，事前沒有下定題目，因為我並不是有了題目才講話，而是在沒有定下題目以前，我已經想講這些話了。可是每一個演講，照例都要有一個題目，所以我便定下「人物與理想」，作為今日演講的題目。剛才主席說過，演講後，大家將有問題要發問，所以今天的演講不會很長。

首先我要先說什麼是「人物」。諸位都懂得什麼是人。中國古人說：「人為萬物之靈。」這個物字，包括很多，有有生物、無生物、自然物、人造物等。而中國文字所用「物」字，可有兩個意義：一個如上所講係萬物之物，一個是作分類分等用。如生物中有有生物、無生物、自然物、人造物等，此是分類。又如一件東西有不同價值，例如一座房子，一張桌子等，其價值有別，此是分等。我們若把「人物」二字分開來說，則人是人，物是物。現在我們將「人」「物」二字合起來用，說有一個人物，這不等於說有一個人。我們說「人」，或說「人物」，這兩種意義有不同。

我們都懂得將人來分類，譬如說：他是一個男人，她是一個女人。他是一個大人，他是一個小孩。或者說他是一個學生，他是一個工人。又或者說，他是個政府官吏，他是一個公司裏的職員。這樣，不就是分了類嗎？又譬如說，公司裏有董事長，有總經理，亦有低級職員，他們的薪水，都有一定的等級。這樣，又不就是有等級之分嗎？但現在我所要說的，不是這樣的分類分等。如我們今天在座的人，大概有五十多位，但我們不能說這禮堂上有五十多位人物。人物和普通人不同。說此人是一「人物」，乃是從普通人中分別出來的「特殊人」。

各位都知香港大概已有一百多年歷史可講，在香港學校裏培養出來的人亦很多。但是在香港學校裏讀書出身的人，這一百多年來，我們也可說他們都不過是些普通人。如我們要從香港讀書人中來找一個人物，那麼我們大家腦子裏一開始便會想到一位人物，而且又是一位大人物，那就是我們中華民國的創始人——孫中山先生。孫先生不僅是中國近代史上的一個人物，亦可以說，他是世界人類中間的一位人物。又可說，他是人物中一位大人物。那麼為什麼香港學校裏出身的人，都比不上他？他是人物，而我們不是，其中道理何在？

二

講到這裏，我將暫不往下講。我得先問諸位：承認不承認我這幾句話？倘若諸位根本不承認我這幾句話，那麼我便不往下講了。實在也就無話可講了。再換一句話說，諸位承認不承認我們人類中有等第有差別？從平等方面說來，大家是人。從不平等的方面說來，有些人叫人物，而有些人則否。亦可說，只少數人得稱人物，而大多數人則不可稱人物。如是則在我們人類平等中，可以有些不平等。這個不平等，就是我們剛才所講的價值上的不同。

諸位不要認為，孫中山先生是我們中國國民黨的一位領袖，是我們中華民國的第一位大總統，所以他是一位人物。其實，這些卻不相干。若我們來講歷史，來講歷史上的政治人物，從中國方面講，在以前，皇帝之下有宰相，皇帝宰相是政府領袖，但在中國歷史上，只有少數皇帝宰相才稱得上是「人物」。其餘縱做了皇帝宰相，也不算是人物。再講我們知識分子，講學術界。中國的政治領袖大體都從考試中選出，從唐朝至清朝一千多年，國家最高考試獲得第一名的稱狀元。三年一次國家大考，一千年來就應出了三百多位狀元。但是其中極少數的才得稱是一位「學者」。在學者中，也還有多數不得稱人物的。我們可以說，宰相、狀元是人，卻不能說他們是人物。但我們從另一面說，在歷史人物中，亦有很多不是狀元出身，並未做上政治領袖的。

又如諸位將來都想留學美國，想得到個博士學位。但是各位曾否想到，美國有很多的大學，在美國大學裏，每年得到博士學位的眞是多。可是在那些博士中，可以稱得上是一人物的，那就少之又少。在美國政治上和學術界，亦有些大人物，他們沒有得博士學位，沒有做大總統，也有沒進過大學的。但在美國人民中，都承認他是一位人物，其為數亦不少。諸位此刻在新亞讀書，究竟只想要得個學位，或是想在眾人中做一個人物呢？這就是諸位的志向問題了。

或者諸位會說：「我們無此志，無此願。我們只想隨眾做人。」但這也是諸位的志願。若諸位在立此志願前，先問：「究竟什麼纔叫做人物？」如此便要牽涉到我今天所講題目的第二層，即「理想」一名詞。我所提出的理想二字，亦可稱做是文化中的理想。中西文化不同，雙方的理想亦不同。深一層講，在中國所謂的人物，與在美國所謂的人物，便不同。這些不同，也可說便是中美兩民族文化理想之不同。諸位當知，人物理想都該從「文化理想」中來。西方文化則認為你是一個人，我也是一個人，相互平等。他們所謂的人物便從人生的外部去講究了。所以他們不注重歷史上的人物，只著眼在社會上的人物，便將無法了解中國人的所謂文化傳統、文化精神、文化理想，與其所謂人物了。

三

人有兩種，一種是「自然人」，如我們都由父母生下，便是一自然人。另一種人是要經過加工的。不單是純粹的自然人，而更加工精製，纔可以叫做「文化人」。每一人生下，都有他自己的本質，那是自然的。人有了自然的本質，纔可在此本質上再加工夫。如進學校，由小學到中學大學，乃至研究院等，將來他便不僅是一個純粹的自然人，而經受了文化培養，成為一文化人。學校是培養文化人的場所，所以學校本身便得要有一番理想。此項理想，則必然便是文化的理想。其實也不僅學校如此，整個社會，整個民族，都有他們的理想。有了理想，乃始可以加工。如我要做一張桌子，我們就要先有一個做桌子的理想，然後才可加工來實做一桌子。

諸位從中學畢業進大學，大學畢業後還希望留學，此也是立志上進，好像便是一理想。又如學校，有了一個學院，就想辦兩個，有了兩個學院，又想有三個，學校總想擴大。又如一做生意人，有了一百萬家財，便想要一千萬。但這些都只是「量」的增加，非質，照中國傳統言，卻不能算是理想。中國人言理想，都在「質」上面。這個問題要細辨深說，恐怕比解釋「人物」二字更難。簡單說，僅在量上計較，那些多數只是欲望。能在質上分辨，纔有理想可言。

有人喜歡說：「無中生有」，這是一句量上的話。我本人則並不信這句話。若我們沒有理想，就不會有成就。如我們沒有成為一個人物的理想，將來便不能成為一人物。一個人物之成就，則決不是無中生有憑空而得的。諸位又說：「有志者事竟成。」我以為這句話中的「志」字，便該是質不是量，所以人貴立志。我們的所志所願，大體講來，未必能完全達到。假如我們具有十分的理想，若能達到五六分、七八分，那已是很不易。只見人有大志而小成，卻不見有人僅小志而大成的。更不見有人乃無志而有成的。我們只看歷史上人物，往往沒有人能達到他百分之百的理想。如孫中山先生，也並沒有達到他自己百分之百的理想。又如孔子，也沒有達到他百分之百的理想。中山先生和孔子，並不是晚上睡覺，明天醒來，便變成其為孫中山與孔子的。

諸位或者會說，他們之間之不同，和其成就之限制，都為受當時的時代和環境之影響。但我要告訴諸位，志願理想在內，時代環境在外，應該分別說，不該混合看。我今所講，則只是在內的一面。

孔子說：「吾十有五而志於學。」孔子說此話時已過七十。孔子之立下此「志」，已是五十多年的長久時期了。孫中山先生亦說：「余致力國民革命凡四十年。」孫先生之所致力，也是四十年的長久歷史了。今試問：沒有志，沒有願，那能如此？諸位此刻在學校讀書，我怕諸位只有四年之志，四年以後，我保諸位可能達到百分之百之所志，即是取得了中文大學的學位。後面環境變，諸位所志也就隨而變。若非在短期內確有把握的事，諸位自會無此志，無此願。可見諸位目前的理想，嚴格說來實不是理想。諸位理想，似乎只在短暫中匆促地，做一平常人而已。

四

有些人聽了我的話後不動心，有些人聽了我話要懷疑、要反對。也有些人聽了我話，會說根本聽不懂。那麼我的話，也只好講到這裏。諸位如聽不懂而有志要求懂，那麼我要奉勸諸位四個字，那就是「自發自願」。凡是有理想的人物，都在這「自發自願」四個字下產生。好像一粒種子，在泥土裏長大起來，這是自發。但此種子，一旦從泥土裏升出，卻須經歷日曬雨淋，風吹霜打，甚至人鳥踐踏啄食種種磨難，種種摧抑。故於自發之外，還要加上自願。諸位要將自己一生的智慧精力，貢獻給你們之所志與所願，此始算得是你們之理想。倘使諸位不能自發，沒有自願，那即無理想可言，也絕對不能成為一人物。

諸位可能又會說：你所講的太空洞，無把握。但我亦只能回答你，最實在最可把握的只是你自己。你要能自發自願，要能抱一定的理想，盡一切力去做一等的人。諸位又會問：那一種理想是第一等的？我也只能回答：只有問你自己吧。諸位若再問怎樣做法，如何下手？我亦只能回答：且問你自己吧。如此說來，則我此番演講，豈非根本沒有講什麼話？這也不錯。但我也有個道理在裏面。如諸位在新亞讀書，幾年後便畢業了。又或到外國留學，得了博士學位，學問途徑到此而窮。那時諸位或者尚不過是一位三十歲的年輕人，那時諸位仍不一定就是一人物。到那時，你對此問題再去問那一位？故我說，對此問題，只有你自己去問自己，求自己來回答。要從今天起，諸位各自自己體會，自己了解。你自己便對自己最重要。你能對自己重要，始能對人也重要，乃能對國家民族天下後世也成一重要人。孔子、孫中山，也只如此。我的演講至此而止。但我仍願我此番演講，能對諸位有用，則惟有望諸位之善自用之。其餘我將不再多說。

我對於雅禮新亞合作十七年來之回憶

一九七一年

今年二月十日，是雅禮協會創立七十周年的紀念日。新亞梅貽寶校長來信告我，說：新亞和雅禮，也已合作了將近十七年，新亞方面，將向雅禮有所慶賀；囑我在新亞雙周刊上也發表一些感想或記憶。我得梅校長信，不禁使我回想起已往種種。

那時的新亞，正是在萬分困難中，若非雅禮協助，勢將不得有今日。而雅禮協會能對此絕無基礎、太不像樣的一所學校，有興趣、有熱心，肯加援助，予以合作。此事對新亞，論其在精神方面之鼓勵，與夫其在感情方面之懇摯而深切，其價值之可寶貴，實是無可言喻。當斷非其僅在經濟上之歷年補助之一筆金錢數字，所能相提並論。在我幸而身當其事，為此一段因緣，認識到雅禮協會中許多位先生們，深感到他們都能為一共同理想在一共同機構中努力不倦，歷七十年到今天，這眞是一件大堪敬佩、大值慶賀之事。至於我們方面，接受了雅禮長年協助，至少在我心裏，總感到有極多慚愧、難副此等鼓勵與懇切同情之處。敬願藉此機會，稍吐微衷。至於我所參預在此新亞、雅禮合作中的前一段的經過，至今回想，也已是千頭萬緒，一時無從說起。不得已，姑舉在我心中最不能忘的雅禮兩位先生，略述記憶之一二。

我之所述，故然僅堪認為是雅禮、新亞合作過程中之一鱗片爪。但即就此一鱗片爪中，我想也可使人藉以窺測雅禮、新亞此一合作的全體貌之大概。在我認為：此項合作果能長期持續，並加以不斷之發展，實當為中美社會雙方教育事業史上，開闢一新天地、樹立一新榜樣。不僅在紀念以往，更要在希望將來。我敬以此謹申我對雅禮、新亞合作前途之祝賀。

在一九五三年之夏，盧鼎教授代表雅禮協會前來香港，我是最先蒙彼約見之第一人。在其旅邸中，由當時亞洲基金會蘇君明璇任通譯。盧鼎教授首先告我，彼承雅禮董事會命前來香港，並將再去臺灣與菲律賓。因雅禮在中國長沙經營醫院學校，快近五十年，自大陸赤化，一切事業均陷停頓。雅禮董事會擬轉移目標，就臺、港、菲三地華人社會中，物色對象，在醫藥、教育兩方面，協助合作。由彼來此考察。彼謂新亞當亦可為被選一對象。彼盼我對彼能加以說服，彼當以我之所說服於彼者，在返美後再說服其董事會。我對盧鼎教授先申感謝，因謂倉促蒙賜約見，實並無何等向彼作說服之準備。惟若有所詢問，則當坦率直告，或可供彼作參考。盧鼎教授聽我說話，似乎面容開展，喜形於色。因他在約見前，早已擬了一問目，打下兩張紙，挨次密排大約有三十條左右。他隨手從衣袋中取出，說：這樣也好，由我逐一請問吧！我因見他問目甚多，所以他每問一項，我總力求簡單地作答。如是，從晨九時起直到中午十二時，那些問目快近完畢，我們三人轉到旅邸附近一家小餐館中進食，又繼續進行我們的談話。盧鼎教授最先所問，是我辦新亞之宗旨和理想。最後在餐館中所及，則是問我對西方耶教徒來華傳教之態度與意見。直到下午兩時許，我們纔分別。這是我和盧鼎教授第一次的晤面。

不久，盧鼎教授由臺灣回港再見，他告我：菲律賓之行已決作罷。他來臺、港、菲三地物色醫藥教育事業合作對象一計劃，已暫定以新亞為目標。他告我：雅禮協款自每年最低幾何到最高幾何，共分三種可能，都以五年為度。他囑我編造預算三份，由他携回，俟雅禮董事會正式作決定。我依言把預算編造送去，卻引生了我與盧鼎教授雙方之意見相歧。盧鼎教授說，雅禮方面只求一合作對象加以協助，並不能憑空來助人創造一新機構。而我的三份預算，則只有校舍一項。獲最低數字協款時，將租賃一屋。獲中額協款，則洽購一屋。獲最高額款，則併五年所得，建造一屋。如此則全部計劃盡在校舍一項上。而如教員待遇、學校設備等，全不在內，恐非妥當。原來直至那時，盧鼎教授尚未去過新亞，作實地之觀察。我謂新亞現況簡陋已甚，今獲雅禮協助，若不先解決校舍問題，正如一小碗傾注多水，勢必溢出，全成浪費。若求獲得雅禮協款後能有確切實效，則非先解決校舍問題不可。我因請盧鼎教授親去新亞觀察實況，並與新亞師生見面。我猶憶那時，正是新亞舉行暑假休業典禮在校外借一地點於夜間舉行，盧鼎教授也曾前來參預。

事後，我與盧鼎教授議定雅禮、新亞雙方合作之兩原則：

一、在新亞方面，將保留其辦學之完全自主，只在獲得雅禮協款後，當盡可能謀求其最完善最妥當之使用，於每一年度終了，向雅禮作一報告。

二、在雅禮方面，對新亞之協款，將完全由雅禮自作決定，新亞將不向其有任何額外之請求。雅禮並將派一代表，常川駐新亞，負責雙方合作上之聯絡。

盧鼎教授不久即自港返美，我和新亞同人乃及學生們並無一人前去機場送行。但有人去送行的事後轉告，謂盧鼎教授在機場曾提起新亞確應有一自己的校舍云。

自盧鼎教授返美後，雅禮協會接受其報告，決定與新亞合作，而最先五年之協款，則猶較盧鼎教授在港當面告我的最高可能數字更有超出。新亞得此協款，最先即有嘉林邊道校舍之展擴。而農圃道新校舍之第一期建築，其經費來源，實亦由盧鼎教授在美代新亞向某基金會洽請而來。

我在一九六〇年去耶魯，蒙盧鼎教授某晚在家邀宴，我曾請其覓一機會，再來香港，俾可一覩其親所栽植之新亞書院的新面貌，與彼前所見桂林街之舊新亞作一比較。而在新亞師生實應得一機會，讓他們都能獲瞻盧鼎教授之丰采。因在事業上，盧鼎教授不僅是雅禮、新亞合作一創始人，亦是桂林街時代之新亞脫胎換骨、而誕生此下新新亞之惟一催生人。而盧鼎教授謙冲在懷，直至今日，尚未有第二次來訪新亞之計劃。使我濡筆至此，總覺在新亞，對此事終該有遺憾。

在雅禮與新亞之合作中，其第二人時縈我懷念者，則為羅維德先生。在開始幾年合作過程中，我牢牢守一原則，決不輕向雅禮作經濟上之任何請乞。而雅禮在五年一期之預定協款外，頗欲有所增擴。於是羅維德先生遂膺命前來，作為雅禮駐新亞之代表，以便就近商決雅禮、新亞擴大合作之前途。

羅維德先生是一虔誠的耶教徒。彼之來新亞，從其人格上之薰陶、丰度上之照映，新亞師生間，至今不忘其人者實繁有徒，可不再述。回憶羅維德先生來，在新亞方面，正值有三大事：第一、是中文大學之規劃，時已開始，香港政府很早就把新亞納入其規劃之內。羅維德先生則甚願獲覩其事之成。而新亞同人方面則對此事意態不一，學校尚未有一明白確切之表示。羅維德先生時時以此相詢。我告訴他種種理由，新亞惟當與港政府合作，不能自脫身於港政府此一規劃之外。惟新亞方面，為學校自身前途計，亦為整個香港教育應有前途計，理應有所主張，正貴在事前與港政府盡量商榷，甚至當不惜作力爭。羅維德先生對我意見甚表同情。我因要羅維德先生與我分任此責，請他出席種種會議，或分途單獨接洽，蒙其慨然允諾。羅維德先生年高於我，彼肯不厭口舌奔跑之勞，為新亞爭取理想，我常引以自勵。我嘗告羅維德先生：雅禮與新亞合作，其事易，因雅禮先承認了新亞之獨立地位。而港政府與新亞之合作，其事難，因港政府似乎只想辦一獨立大學，而把彼所欲網羅的那幾個學院之獨立地位，事先在港政府之意想中，並未明白先加以肯定。我不想出賣新亞之獨立，來爭取港政府之經濟援助。此層蒙羅維德先生深切同情。此一層，直到今天，總使我回憶不置。

其次是新亞理學院之創建。此事由羅維德先生在港和我幾次商談所決定。我主張第一年先設數學系，第二年增設生物系。至於物理、化學兩系，先籌建實驗室，在第三年後，再絡續成立。新亞物理、化學兩系實驗室之最先籌立，皆由羅維德先生邀約耶魯專家前來設計。直到羅維德先生離開香港，此兩系實驗室，皆已布置就緒。此尤是羅維德先生之大功。

其三是新亞的藝術系。我嘗自謂把創辦新亞的精神來創辦新亞藝術系。在先是一文不名，率爾創辦。我曾在新亞董事會提出報告，而說此一報告將不作討論，也不要求董事會正式通過。後來新亞勉強增設了二年制藝術專修科，到羅維德先生來，蒙其甚表欣賞，遂使藝術系無災無痛，正式成為新亞學校中一系。這也是羅維德先生之大功。而羅維德夫人，又親在藝術系幾位教師指導下學習中國畫。

待我去耶魯，羅維德先生已先返，服務於雅禮董事會。我能和雅禮董事親切接觸，深深瞭解他們對新亞之熱心愛護，與夫彼等籌集經費之不易，以及一切辦事之認眞，皆由羅維德先生從中接頭。我曾好幾次在下午傍晚時分逕去羅維德先生家，而羅維德先生依然在辦公室未返。有一次，我夫婦與羅維德夫婦餐敍，羅維德先生張手作勢，向我說：美國社會，初看像是遍地金錢，但要把它張羅入手，其事委實不易。我因在美國和他相處達半年之久，因能確切瞭解其言非虛發。自我返新亞，亦每以此話轉告同人。我想新亞與雅禮合作以來已達十七年，羅維德先生此一番話，我新亞同人實應時時在懷不忘為是。

以上我只約略敍及盧鼎教授和羅維德先生和我接觸之幾許小片段，乘此機會，呈獻為紀念雅禮、新亞合作十七年中一小文件。我深盼此一合作，繼此常能保持，更盼我新亞接受援助之一方，應能透過經濟數字而更益深入到其精神方面。更莫忘雅禮方面自始卽對新亞一番艱苦奮鬥，能抱持其一種理想而勇猛向前之獨立精神加以認許，又倍加以愛護成全之美意。至於我個人，在此雅禮、新亞合作之最初一段時間中，沒有能作出更好之表現，沒有更合理想之成績。今已置身事外，回念前情，亦惟有藉此機會，稍稍表達我歉疚之內心於萬一。尙祈雅禮、新亞兩方，同賜矜宥，少加罪責，則為深幸。

事業與性情

——本校學術演講詞

一九七一年六月五日

梅校長、各位先生、各位同學：

我今天非常高興。在不到兩年前，沈亦珍先生擔任新亞校長時，我有一個機會重新踏進新亞的大門，在此地講話。今天又承梅校長好意，我再有機會來新亞，同諸位講話。特別聽到梅校長稱許我的幾句話，令我非常感動，同時也非常抱愧。他以孟子所謂的「大丈夫」相許，我想梅校長對朋友太過獎了，實在不敢當。

一

我今天在此要講的題目，原來擬了兩個，由梅校長替我圈定了「事業與性情」這一題。今天的世界，可說是一個極大動盪的時代。諸位看報紙，或者彼此談天，或者個人自己心裏想到，國際間的大問題，國家政治問題，社會經濟問題，乃至學校教育、宗教信仰、學術思想等各方面的問題，都會不斷地刺激我們，使我們在這些錯綜複雜的大問題之下搖動、震盪。

不過我可以告訴諸位，除掉政治、經濟、學術、宗教種種問題外，還有一個就是我們的「人生」問題。我們該怎樣來活在這世界上？倘使拿這問題與其他一切問題相比，則此便是個中心問題。其他可以說都是外圍問題。也可說，人生問題是一個根幹的問題，而此外則是許多枝節問題。一切外圍、枝節的變化，固然可以影響我們的中心與根幹。然而除了一切外圍枝節以外，我們不可忽略了此中心的根幹，卽是我們的人生問題。

我喜歡讀歷史，無論中國史、西洋史，世界各國歷史，各種變動常是不斷的。一個接一個，此起彼落，而人生問題，有關人生本質上的變動，則比較難以碰到。當然也有，中國史、西洋史中都有，不過比較的少而難以看到。今天則恰巧遇到了人生中心根幹大問題的變動時代。將來要變成什麼樣子，此刻我們還不知道。我自前年由香港回臺灣，兩年以來，很注意這一問題。據我所看各項報紙所載，關於這一問題大變動的消息，隨時記下。但也不是嚴格的，有時是看到而忽略了，沒有記，但所記下的已有一百幾十條。今天我只想舉一條，讓諸位知道，我所注意及我今天所講的人生，在骨子裏的大變動。

今年倫敦大學和另一所大學製了一種調查表，發給倫敦各高級中學畢業班，調查他們的意見，問

「男女究應在結婚後開始有性交，或者不妨在結婚前先有性交」，請他們發表意見。調查完作一統計，結果：女生主張婚前可以有性交的佔百分之八十五點四，主張婚前不得性交的佔百分之十四點六。男生主張婚前可以性交的佔百分之八十九點八，主張婚前不應有性交的佔百分之十點二。又在七年前，曾有一次調查，那時女生不贊成婚前有性交的佔百分之五十五點八，男生不贊成婚前有性交的佔百分之二十八點六。在此七年中，變化已如此之大，在我看來，這是一件驚心動魄的大新聞。諸位年輕的同學們，或許都知道我是一個很頑固的人。我今天所講的話，並不能算是一種學術性的，也不是一種宗教性的；我只可說是在此談天。根據上述這一統計，我們可以聯想到其他事項。即如婚前性交，也免不了要受胎生小孩。於是又連帶到墮胎問題。今早我便在星島日報上看到倫敦又有一個統計：十四至十六歲的女孩子受了孕，去年十到十二月，三個月內墮胎的，每月有一百宗。十六至十九歲的女孩子，大概每月是兩千宗。

我今試問，在這些事上，我們的人生究竟該向那一條路跑？性交之自由與墮胎，不過其中一例，此外還可一件一件牽連而來。電影中涉及性交的影片，如此之類，講不勝講。當然還有其他一切問題。我可告訴諸位，這已是我們今天時代的風氣，大眾的潮流。我們生在這個時代裏，遇到這種大浪潮，諸位當知，這在歷史上實也少見，或許幾百年不會有這樣的一次，而我們今天居然身逢其盛。我因此深深感覺到孔子在論語中所說的兩句話：「己欲立而立人，己欲達而達人。」這兩句話，在我們社會上通用了已兩千多年。我有些朋友，有的名叫「立人」，有的名叫「達人」。也有些學校，取名

「立人」、「達人」的。當然我從前看見論語這兩句話，也就懂得。而在今天，則更覺得孔子這兩句話實在親切而有力量。我們人，生在這樣的時風眾勢下，在這樣的風捲雲湧的大潮流中，我們要站得住，卽所謂立。自己站得住還不夠，還得要叫別人也站得住。如做父親的欲立，而兒女不立，又怎麼辦？唉！今天的子女，已不是昨天的子女了。又如夫婦，豈不也是要「己欲立而立人、己欲達而達人」嗎？當然我們各人，大家須要面前有條路，由我跑。跑得動，跑不動，每一人那條路，跑到死也跑不盡。然而我們總該有一條路在前面，讓我可以跑。我不能隨波逐流，永遠跟着人。今天隨波逐流跟着人，不出十年，連我自己也會不曉得我以前是個什麼人，所謂「忘其故我」。至於明天，我會是個怎樣的人，更會自己不知道。如此，則豈不是連我自己都迷失了。諸位，是不是這麼呢？我想特別是我們年輕的同學們，更應該要懂得注意這個時代的大風雲、大潮流。所以我今天特別要提出這一個人生問題來，作一報導。梅校長說我提出這問題很好，所以我決然來講此題，而特名之曰「事業與性情」。

二

我們中國古人講哲學，有「大同」與「小異」之別。這是說，我們的一切，有同必有異，有異必有同。而同與異之中，又有一個分別，即所謂「大同異」與「小同異」。怎叫小同異呢？如我信自由民主，你信集權共產，這不是我和你兩人的事，還有許多人和我們一樣，所以這種同異，只能稱之為小同異。又如我信耶穌教，你信佛教，還有許多人別信他教，這也是小同異。在我們一切同異中，只有一個大同大異，就是人生問題。各人的人生各不同，夫婦不同，兄弟不同，姊妹不同，每一人有每一人的人生。不如講政治，講宗教，講學術思想，都可有派別，派別與派別間雖相異，而在同一派別中則相同。只有講到人生，只是一個我，每一人各是一我，而我之與我各不同。所以每一人之人生盡可有同有不同，這可稱之為大同異。古今中外，遠的不講，五千年來，自有文化社會，只要是一人，人與人則無不同，又無不異。盡在此人生之內，其為一「人生」則同，故得稱之為大同。但其為一「我」則異，故又得稱之為大異。所以別的問題都可說是小問題，人生問題，則是一個大問題。

今天我來同諸位講此人生問題，我希望能在人生大同範圍之內，舉出幾點人生共同大基本所在。這是人生的一個大同面。至於其大異一面，則須諸位各人用自己的聰明智慧，自己想辦法，來解決各人各別的問題。即在孔子，也不能代替顏淵設法，須得顏淵自己去解決。孔子所講，也只是一道，這「道」字則屬人生之「大同」面。

我今天所講「事業與性情」，我認為這是人生問題中一個大同的、人人都要碰到的問題。我下面許多話，或許是我讀書得來，也可說是我自己一人憑空想到。今天諸位或許不能即刻評判我這些話的是非得失，但不妨拿我這些話放在腦中，隔了五年、十年、二三十年，乃至五六十年，可供諸位作參考。

三

什麼叫做人生呢？我們來講人生問題，首先要清楚，什麼叫做人生？我認為：人生是兩面的，不得多於這兩面，也不得少於這兩面，而此兩面則只是一體的。此乃人生一體之兩面。若就學術性講，人生一面是「業」，一面是「性」。用通俗話講，就叫做「事業」和「性情」。我所謂的事業，並不如一般人所講，如從事政治、教育、宗教、學術，而有了大的貢獻，建功立業，纔叫做事業。我今所講的事業，則是廣義的。如每一人有一個職業，職業也就是我們的事業。不僅如此，即如日常人生，早起晚宿，一日三餐，也是事業。而且這些乃是我們人生中最重要、最基本的事業。即如孔子、釋迦、耶穌也不能不吃飯，不睡覺。如此說來，日常生活，飲食起居，豈非人生中一個大事業嗎？所以我所講的事業，是從早上起床到晚上睡覺，做工、不做工都好，都是人生的事業，全部人生都在其內。然而每一人各有不同，我剛才已講了，人生是一個大異。這些大異處，又是每人相同，所以亦是一大同。

我既已把一「業」字來講盡了人生，為何還要講到「性」字呢？試用通俗講法來作說明。如：

肚子餓了，要吃東西。但為什麼肚子會餓？這並非我要肚子餓，乃是肚子自己餓了。又如：晚上要睡。最好自然是不睡，或者工作活動，或者尋些消遣娛樂，豈不很好。然而我覺得非睡不可，好像有一個力量在背後督促我、要求我。不是我要睡，而我的身體精神要我睡。由生理學上講，這就是人生之性。喜、怒、哀、樂、愛、惡、欲，七情都是性。最後「欲」字最易見。身體倦了，眼睛要閉一下，要倒頭睡下休息，這是我們的生之性。

又如同樣的吃一頓，然而所吃滋味不同，你我各有所愛。而且我吃了這些，覺得很快意，吃那些覺得不夠味。這分別在那裏？又如一樣的菜和湯，我吃了很開心，你吃了不開心。這問題並不在那菜和湯。或者我喝鷄湯不開心，而你喝菜湯卻很開心。又如睡眠，睡得着、睡不着，睡得甜不甜，這些全是生理問題，即性的問題。所以人生在業的一面外，還有其另一面是性。性是一個人對其事業方面之感覺或反應。

業表現在外，有目共覩，大家看得見，而隱藏不了的。有一部份，自己看不到，用科學儀器便驗得出。中國舊醫給你摸一摸脈搏，也可知你病在何處，這都是業。我們的性，則只有自己知道，即使最親愛如父母、子女、夫婦、兄弟，也會互不相知。即要講也講不出。如諸位在此聽講演，下去談天，一人問，你覺得今天所講怎麼樣？這當然有一種反應，或說很好。另一人反問：你呢？他說不錯。此兩人豈不有了同感。其實這是最粗最外皮的。若其內心深處，則不能用任何方法表達，或不能用任何技術測量。如說開心，開心到怎樣的程度？如說不開心，又不開心到怎樣的情況？這只有自己知道。所以說，飲水冷暖，各由自知，無法喻人。

人生該無剎那虛度，一切外界之業，必在其內部性上作一番烙印登記。我今用一粗淺譬喻，人性就好像一副電子計算機，每一件事投入這計算機內，它會給你打一個分數放在那裏。諸位當知，我們從早晨起床到晚上就睡，只要一息尚存，便不斷有一個業。而這一業，其反應卽是性。更進一層說，一切業，也都本源於性而產生。所以業必發動於性，而又必歸宿到性。業則與眾共見，性則唯我獨知。諸位不妨拿我這番話，多方面的反而求諸己，把來自我考驗。也不妨看看別人，大家眾生全如此。我們的人生，便可把這「性」與「業」之兩面來包括盡。

四

今再把此兩面來作一比較。與眾共見的，或許反而是虛偽不眞的，至少是較不重要的。唯我獨知的，才是人生中最眞實最重要的。所以性情纔是人生之本質，事業只是人生之影子。如我在此地喝鷄湯，人家見了，說你在喝鷄湯啦！好快活呀！但若喝菜湯，便會不希望人家看見，覺得不好意思。又如我在一間大旅館中很講究的地方吃東西，若有一位朋友來看見，我會覺得很高興。但如在一個小飯館中吃東西，偶然有一人來說你怎麼在此地吃東西呀？我會覺得不高興，難為情。但請問：吃是吃在自己肚裏的呢？還是吃在人家眼裏的呢？而且吃東西，是不是定要到大餐廳，不要到小飯館？也有人，到大餐廳去吃而不開心，到小飯館裏吃反而開心。究竟這些處，那個有意義？那個有價值呢？孔子在論語上說：「古之學者為己，今之學者為人。」我們吃東西也是學，吃得舒服，這叫「為己」。要吃給人家看、擺濶，這叫「為人」。為己則重在性上，為人則重在業上，這裏有一大分辨。人生在此分辨上，應知有一選擇。

我幼年時讀列子，裏面有個故事，說有一皇帝，每晚做夢，夢中自己做一苦力，滿頭大汗，疲倦不堪。有人告訴他，說在國內有一個苦力，天天晚上夢做皇帝，非常開心。於是皇帝令人把那苦工找來，問他說：你是不是每天晚上夢做皇帝呢？他答是的。因問：你是不是覺得很開心呢？他說很開心。於是那皇帝說：我們能不能調換一下，你來做我的皇帝，我來做你的苦力，讓我晚上也好好兒做夢吧。但那苦力說：你派我做什麼別的工作，我當遵命。但叫我作皇帝，我不能答應。為什麼那皇帝晚上常做惡夢呢？我想或許他心中總有不安不滿處，他的事業並不全從他的性情來。為什麼那苦力晚上做夢做皇帝呢？應是他心安理得，性情滿足了，更在事業上可以無所求。所以他日間雖然吃苦，晚上卻做甜夢。

我告訴諸位，今天我們這個世界，若論一切物質設備，從前的皇帝，也沒有我們這般享受。梅校長事前告訴我，說演講室沒有冷氣設備。在他是向我表示歉意，在我覺得一切很好，很夠條件了。我們這一代的人，比起一百年、兩百年前，在物質享受方面講，我們都是皇帝。我今已快八十歲，若比起我小孩子時的生活情形，我現在也如做了皇帝。我不記得是那一天，在上海馬路上看見汽車，當時驚奇，覺是了不起。現在我自己就有了汽車，這豈是我當時幼小心靈中所曾預想。諸位年輕的人，生在今天，享受這世界物質文明的生活，卻不曉得各位自己父母們從前的生活是如何般的簡陋。然而今天，我們全世界人類正像個個都在那裏作夢，而且是在作惡夢。否則諸位清晨起來看報紙，也便沒有這許多夠刺激的新聞。國際的、國內的、經濟的、教育的、思想的、宗教的，一切的一切，全來刺激我們。究竟那些新聞由那裏來的呢？我敢告訴諸位，這是由於我們的人生已犯上了病，等如不分晝夜，全在那裏做惡夢。今天我們的時代，正是一個惡夢的時代。

我上面講孔子的話，「己欲立而立人，己欲達而達人。」能不能眾人皆夢，我獨醒呢？能不能由我之醒來喚醒別人之夢呢？我們今天的人生，是不是還有我們自己的一條路可以由我去跑呢？還是跟着人家隨波逐流儘做些惡夢呢？跟着人家，迷失了各人的自我，多你一人或少我一人，這究有什麼關係呢？人生不到百年。諸位多是廿歲左右的青年，再過五十年，還不到我這個年齡。諸位能不能知道五十年後的你是個什麼樣子呢？大家變了，我能不能不跟着變呢？跟着變，到底又變出怎麼一個樣子來呢？我們應該不應該各自有個自我之存在與認識呢？應該不應該要自己能有一地位「立」？應該不應該自己能有一條路「達」呢？這是一個大問題，當然今天我不能在此多講。但我要告訴諸位，我們各人性情之重要，必然該遠超乎事業之上。諸位不要兩眼只往前面看，事業、職業，經濟、地位，奮鬥、努力，一步進一步的沒有休止，而一切都在事業上。我們日間已夠疲倦，總該要晚上好好睡一覺，能沉酣不夢固好，能做一個舒舒貼貼的夢也還好。我們的人生總是有兩面，不要忽忽忙忙的儘做惡夢。我們不要儘一眼釘在人生之業上，我們該知有一個性情，一切要反求之於個人的自己內心所獨知處。此刻我所講，其中或許有些較深的意義，無法用言語曲折表達出來，希望諸位自己能去仔細思索，或可由自己的體會中得之。

五

我此刻想再進一步講。所謂性情，請諸位不要誤會以為性情只是先天所賦與的，一生下來卽是如此。我今天要特別提出一個意見，人之性情，除了先天稟賦外，更重要的還在後天培養。讓我先把其他的生物來講。

先講植物。如：米、麥、菊花等。今天的稻麥，絕不是原始的稻麥，乃是經過了幾千年的培養而始有。前幾年在美國，每逢周末或假日，常伴同內人到市場去買菜，曾見店舖裏陳設着各式各樣的米，不下數十種，並標明某種適合做飯，某種適合做粥等。這豈是原始的稻米就如此。說到種花，陶淵明詩：「採菊東籬下」，那時的菊花，已經不是原始的菊花。月令：菊有黃花，此可能較陶詩中所提較近原始，然而也決不是完全原始的了。從前我在北平，常去看菊花展覽。如今在臺北，年年也去看菊展。在菊展會上陳列出各色各樣的菊，種類繁多。但都是經人工培植而來。有時人家送我幾盆，放在園裏，朋友們見了，都說這菊花眞美。但是到了第二年，便沒有了。因我不會培養它。種花不懂得培植，那不會保持原樣的。

再講動物。在香港，大家喜養狗。狗可以說是人類早期最親密的朋友。當人類文化開始，和人們最接近的恐怕就是狗了。中國有五千年的文化，中國的狗便也有了五千年的培養。香港人喜歡養狗，常見女人小孩們牽着各種狗出來，獅子狗、狐狸狗、狼狗。每一種狗有每一種狗的個性，各不相同。狗性不同，狗業也不同。有的狗只能養在房間裏，有的只能臥在地氈上，或沙發上，或在人身懷抱中。如放牠在房外，牠就會失常。有的狗要放在園裏門外，把牠關在屋子裏也不行。若有人養了一隻狼狗，生了兩隻小狼狗，各送一人，隔了三年，拿來相比，此兩隻狗便會大不相同。因一人善養能教，又一人不會養不會教。中庸上說「盡性」，那隻狼狗先天的秉性能發展盡致，另一隻狗的秉性天才則沒有發展出來。或許三千年以前的獅子，和今天的獅子還是一樣。但三千年以前的狗，和今天的狗卻大不相同。同是養狗，養法不同。有人不懂得養好狗，養了好狗也寃枉了牠。並且狗也要傳種接代，如果亂配雜交，隔了幾代，不僅會成雜種，也將成為不成種。所以人們養狗要選純種。每一種狗性格不同，品種不同。

從植物到動物，均有品種不同、性格不同，這裏也有牠們的大異。愈加後天培養，則愈見大異。如狗與狗不同，較之狼與狼更不同。狗經後天的培養特別深。人為萬物之靈，又經後天培養，更見有品種、性格之別。如中國人，與西洋人，各經文化培養三五千年，所以品種性格各不同。中國人就是中國人，歐洲人就是歐洲人。在歐洲人裏面，有拉丁民族、條頓民族、斯拉夫民族之不同。在中國人裏面也有南方人、中原人、北方人之不同。把一個拉丁人和一個斯拉夫人放在一塊，其不同處很易見。如把中國一個東北人和一個西南人放在一塊，其不同處也易見。這些是小同異。而把中國人和歐洲人相比，則成大同異。我們應該因才施教。如一隻狼狗應該教牠做一隻狼狗，一隻獅子狗應該教牠做一隻獅子狗。不能教狼狗做獅子狗，也不能教獅子狗做狼狗。因為牠們也是幾百年傳下來，不能一旦逆其天性去改變牠。人固然是萬物之靈，但一個中國人，也不能短時期教他變成一外國人。我們今天不再提倡民族觀念，但英國人不能驟然做法國人，法國人不能驟然做意大利人。這是在歷史上所看到，使我們不能不承認。

明代戚繼光寫了一部書名叫練兵紀實。因當時中國沿海各省有倭寇，戚繼光練兵作戰，因士兵的出生地區不同，而所加訓練亦別。如山東的兵長處在那裏，短處在那裏，江蘇的兵長處在那裏，短處在那裏，書中都有詳盡分析。這是一部極值得注意的書，因此書能發揮了因才施教的原理。這在教育事業上固當注意，即在自我教育方面也該注意。今天的教育，數千萬人在一學校，聚數十百人在一班上課，他們出身不同，背景不同，也可說，各人品種性格有不同。但我們只重事業不重性情，硬把來集合在一起。若說學校是一製造人才的工廠，今天的學校未免有些粗製濫造。像在工廠裏用機器大量出產的貨物，斷不能如從前人手工藝品之精美。今天的教育只講普及化、大眾化，論量不論質。只問事業所需，不問性情所宜。只求成才，不求「盡性」。把人生只當作一種工具，專為外面需要，不問內部生命之眞實所在。若是我們要講品種、講性格、講後天培養，則以前像英國牛津、劍橋的教育方式，倒有些地方可以借鏡。它的教育方法，確有些近乎中國宋、明時代的書院。它分了許多學院，各自隔別，日常人生，照顧周到。不像今天般的教育，都已社會化，不容特立獨行之士。只講多數，只要隨從眾勢，這在陶鑄人才上，是大有問題的。

六

今天我特別提出來告訴諸位，性情須賴後天培養。梅校長聽我講題，認為我要講宋明理學。但理學太專門，只可用來自我修養。如謂「變化氣質」，須不斷有一番工夫在裏邊，不是一日可冀。但我們正該有這種工夫。如在香港，便見有一種力量，極普遍、極現實，圍繞着我們，叫人無法違抗。衣著則一年一換，女人的皮鞋款式，今年是尖頭的，明年會變成了方頭，你要再買尖頭的找不到。去年的褲子，今年都得丟掉，不管你喜歡不喜歡。瀰漫着的不是人，只是物。不見性情，只是商品在逞力量。這不過是我隨便舉的一個最簡單的例，以見今日的世界人生，事業的壓迫愈重，性情的迷失愈深。所以我們要看重內面性情，不要太看重了外面的事業。這事也眞不易。今天要使人生的事業適合性情，使人人心裏能感到滿足，則此世界自會平安。人生大道的重要點也就在此。而今天的時風眾勢，則正在背道而趨，此亦無可奈何。

我不想講得太專門或者太學術化。可否讓我再舉一點大家能明瞭的，或者給諸位指出一條路，可藉以自我教育，讓人人在此路上各自向前。我不勸諸位學理學，因理學太專門。我也不想來講宗教、講哲學，當然更不講歷史、政治、經濟之類的問題。我且來講一講中國人的人生，即中國人之所以為中國人者。此乃中國人五千年來的文化傳統，中國人性情後天培養之所得，即是我們今天像是先天稟賦而來的那般性情之所由。這一問題，實在是極重要，而且必然會伸及西方。

多年來，我常勸人注重文學藝術。不一定要讀中文系、藝術系，也不一定要做一位文學家、藝術家，然而我們須要懂得文學修養，須要具備一些藝術心情。我們應從文學藝術中去看人生。因只有文學藝術，乃是直接從人生的性情中產出。但通常，我們接觸藝術沒有接觸文學的機會多。接觸藝術，須經專門訓練。而接觸文學，則條件寬泛。不必講究文學理論，也不必爭新舊文學的派別，只要能從文學中來欣賞人生。我想奉勸今天在座諸位，不論你是修什麼科系，不妨多讀一些文學方面的書，詩、詞、駢、散，乃至小說、戲曲之類，只有在中國文學中最能接觸到中國人生。至於西洋文學方面，我知識不夠，但我年輕時，西洋方面翻譯成中文的小說劇本之類，也曾看過不少，至少林琴南所譯的，我是全讀過了。論到電影，在香港這些年來，也不知看了多少。我從默片開始直看到最近，由電影中所反映出來的西方人生，在我也有了四十多年的閱歷。曾記在四十多年前中學教書時，開始第一次被人拉去看電影。那時還是默片，有許多默片的印象到今天還留在腦海裏。我確實知道，這四十多年來的西方社會，西方人生，實是變得太快了。

我試舉我淺薄所知，把從中西文學藝術中所見中西雙方之人生，作一比較。

一、淡與濃：我覺得中國的文學藝術，或者說中國的人生，與西方的比較，則中國的人生味比較淡一點，西方的則濃一點。借用中國古人說話，中國人生像如一杯水，西方人生像如一杯酒。或許他們的有味些，我們的比較像淡而無味。然而我們卻認為淡一點的好，或許更淡則更眞，更可久，而無病。所以我們要說：「平淡」、「雅淡」、「高淡」、「恬淡」、「淡於名利」、「淡薄明志」那些話。今天的中國人則多數西化，愛濃不愛淡。至於怎樣叫做淡，怎樣叫做濃，則須諸位自己去體會，我無法為諸位道出。

二、深與淺：也可說，中國的文學藝術比較西方的都要深一些。深是藏而不露，不肯十分地盡情拿出，愈深藏愈見中國文學藝術的較高意境。淺露最要不得。姑舉一詩為例，如唐人詩：「月落烏啼霜滿天，江楓漁火對愁眠；姑蘇城外寒山寺，夜半鐘聲到客船。」這人睡在船裏，徹夜沒有睡着。但他為何睡不着，心中究在想些什麼，他不講了。或許只在客船之「客」字上，透露了一些消息。中國人最要在能涵蓄，而西方人則要表現。現在大家都說自我表現。在我年輕時，我的先生、朋友，乃至學生們，他們講話，都要有涵蓄。但今天變了，我年輕時遇見的人，今天都沒有了。大家總怕別人不知道我，急切想表現。甚至三句話要講四句，三分話要講四分，這是表現。表現得披肝瀝膽，激昂率直，要使人一見便知，更無餘蘊，把自我當作商品般做廣告、作宣傳。

三、靜與躁：中國的文學藝術常重在靜一面。從前有人常講中國文化是靜的文化，西方文化則是動的文化。但宇宙間事物，那裏有動而不靜，或靜而不動的？而且一動一靜，中國人恆連在一起講。但靜的反面不是動，而是「躁」。我覺得大體講來，中國人生比較像是靜一點，安一點，所謂「靜為躁君」，「稍安毋躁」，躁是中國人所戒。

前天看報，說一個中國人，偕同一個美國人，在公路上開車，那位美國人儘愛開快車，從後抄前面去。那中國人說，慢些兒吧，我們稍遲一會到也不要緊。寫文章的人說，從這裏可以看出中國人性格和美國人性格的不同。我想他說的是不錯，中國人比較靜定，西方人比較躁動。諸位若從文學裏去看這靜與躁，比較地難。但若從電影裏去看，便很顯然。不過今天的中國電影，不夠表達中國人的性情與人生。嚴格講來，還可以說現在沒有能懂得中國人性情和人生的中國電影。只有中國的京戲，才可表現出中國傳統。西洋的話劇我看的很少，但把電影來作比，一個中國女人的眉目傳情，在平淡安靜中那臨去的秋波，這種表情，同西方人的擁抱、接吻差別太遠了。但不能說中國人無情。只是中國人的心情要藏要靜要淡，不像西方人則要急切地盡量表現出來，甚至八分要表現到十分，纔始滿足。

四、平與奇：中國的小說，或說中國的文學比較來得平。中國人也說「出奇制勝」，可是到底遠不如西方的奇變多端。我從前看中國唐、宋、元、明各代的傳奇小說，總覺得平淡無奇。首先我看西方小說是天方夜譚，眞是奇險萬狀。後來又看如福爾摩斯、亞森羅蘋的偵探小說，乃至其他奇情小說、探險小說之類，都是務求其奇與險。不像中國人總愛和平的過日子。中西雙方一比，顯然可見。不論是文學是藝術，是人生之各方面，政治也好、經濟也好，相比之下，一切大不相同。

七

若要在今天的社會裏面找，像我所講：淡與深與靜與平，已經不易找到。這是中國舊的一面，我或許比諸位佔點便宜，我年輕時所接觸，今天尚能想像到。要講新的話，自然諸位接觸的多，我接觸的少。可是在今天這一個大變動時代之下，新的還要新，更要新，五年一新，十年一新，眞是日日新，又日新，不曉得此下的社會將新成什麼樣子。我們人究該如何做？我們前面的路又究竟在那裏？沒有人去考慮這問題，也沒有人能考慮這問題。所以我今天要在人生問題的大同一面提出「事業與性情」來作題目，而從性情方面講，我認為中國人要做中國人比較易，要做外國人比較難。你說一個人到外國學五年十年，就能變成一個外國人嗎？或許有人說，一個人不行，我一家去。若一家人能在外國住上三代，可能變成為外國人。但在最初的一代三十年中，怕會很難。然而他已變成了一個不三不四的外國人，回到中國來，種種不滿意。那又怎麼辦呢？固然中國的一切都已變了，而外國比中國變的更快。

倘使我們能淡一點，能靜一點，中國人還能不失其為一中國人，會能有他自己的性情。不要跟人家比，人生是無可相比的，性情方面更不能比。如我剛才所講，我喝這杯茶覺得很好，你喝這杯茶也覺得很好，然而這個所謂很好無法打分數。人我之間不能作比。如說某人得意，究竟得意到什麼程度呢？你能為他批個分數嗎？七十五分抑是八十分？那很難定。說某人不得意，也不能批分數。我同你比，究竟是你得意還是我得意？上帝造人最偉大的工夫，就在人我之間保留着一個祕密。這一個祕密，就是祗能由你自知不能同人相比。如此則世界上全人類就各自「獨立」相互「平等」了，如此也纔是眞「自由」。能如此來指導人生，也纔是眞「博愛」。所謂一切榮華、富貴、得意、失意，任何事，都無一個可相比較之處。所以世界人類能到今天。

倘使今後的科學發明，能夠把我們內心深處的性情拿來用分數作比，那麼人都不能和平安靜地活下去。相爭相比，只該剩下一個得意的，那一個得意的又將怎樣地活下去？所以我說，人生的最大祕密不能相比。這是人生中最重要最寶貴的。而今天的外國人則總好相比，如賽馬、賽狗、鬥拳、運動會等，都是興高采烈。而學校教育也要憑分數相比，七十九，八十分，都得比。如能懂得人生不相比，全部人生就會和平安樂。這是中國人所謂之「自得」，君子無入而不自得，所得則只在唯我獨知的性情上，不在與眾共見之事業上。這人的人生就會淡、會深、會靜、會平。

我不是在此講道學、講理學家的話。我只希望諸位每一人能有一些文學修養。我勸諸位讀一部詩經，讀一部陶淵明詩。諸位一讀此等，自會感覺自己人生前面有一條路，可由你向前。那時你就會覺得人生是一件大事該要學。不要說學不會，至少在你便會有一個「好學」之心。詩經三百首或許難讀，但陶詩易讀。即使讀唐詩三百首也好。這並不是要你們去做一詩家，不必講平平仄仄，也不必講究做詩的一切理論。衹要從此懂得中國人生中的一些淡與靜、深與平。這樣或許對諸位將來有一些無用之用。

以上這些話，我認為是我所能講中之頗可寶貴的，故而今天特地提出來貢獻給諸位。若我來講一套什麼學問、什麼思想，或許再過幾天，全無用了。或者諸位要說，那麼你為什麼最近還要孜孜不倦地來研究朱子？這只是我的愛好，聊供我自己作娛樂而已，我想不夠貢獻給諸位。但我今天這些話，或許對諸位有貢獻。在我是出於一番誠心，一番眞意。望諸位要能慢慢地拿我這些話，存在心中作參考。

今天在座尚有諸位先生和朋友，我說話放肆之處，請各位原諒。

王道先生碑文

王道字貫之，福建永春人。挺生於窮餓之中，淬厲於顛沛之際，秉志一心，鍥而不捨；修己及物，困而彌堅。創為人生雜誌，宏揚中華文化；嚶鳴之求，嚮徹異域，多士同聲，漸成風氣。遽爾不壽，溘然長逝，悼美意之未伸，盼來者之繼起。勒此貞石，用誌哀思。

附註：王道先生去世時，任新亞書院中文系教師。

悼念蘇明璇兄

新亞書院前後佔據了我十七年光陰，為我一生服務最久的一機構，但因規模小，在新亞所接觸到的同事和學生，並不比別處多。我獲交兩友，他們對新亞貢獻大，而和我交情尤摯。自我離新亞，與此兩人交往最頻。自我離香港，亦惟此兩人縈念最殷。今不幸俱逝世。一人是沈燕謀先生，另一人為蘇明璇兄。燕謀去世，我極想寫一長文追悼。情緒萬千，竟未下筆。今明璇又去，我以未及為燕謀寫悼文為戒，因急撰此篇，而下筆總不能忘燕謀。因連帶述及，總之是抒我一時之哀思而已。

燕謀年長於我，乃前清一老留學生，攻化學。回國後，助其同鄉張季直辦實業。我素不相識。新亞初創，在九龍桂林街賃樓兩層共四五室，逼窄不堪，樓梯登降尤難。週六之晚，設一學術講演會，燕謀每屆必至，遂相識。我有莊子纂箋一稿，燕謀斥資付印，書面題署，自稱「門人」，我心甚不安。然燕謀，與我相交二十年，執弟子禮前後如一日。我在桂林街，開論語一課，燕謀亦來聽，手攜一美國最新譯本，遇確定譯本錯處，積數十條，當貽書相告譯者，囑其改正。聽課數月，燕謀言，出入太多，無可下筆，勉我成書，為國內外治論語者作參考。我之論語新解，正式成稿於留美期間，即受燕謀之鼓勵。

後燕謀經濟受窘，新亞遷嘉林邊道，燕謀亦遷新居，相距甚近，意欲邀其來同事，未敢啓齒，謀於其夫人。夫人告我，燕謀晚年，每幸與君相識。儻相邀，必樂從，一切名位待遇，彼必不計。我始坦告燕謀，浼以創辦圖書館事，燕謀欣諾。積十許年，燕謀日夕向港九各書肆採購書籍，雖經濟窘迫，而新亞圖書館，蔚成奇觀，皆燕謀一人力也。

嗣後，美國耶魯大學，每年派兩人來新亞任教兩年。皆渴欲曉中國文化概況，每週末，由燕謀主持一座談會，由參加者發疑問難，燕謀所知廣，而見解正確，參加此會者，返美後，隨分闡揚，亦皆燕謀之功。

新亞在農圃道建新校舍，一切建築事宜，我以全權交燕謀。只在決定地點時，曾親去視察。以後直到新校舍落成，始再去，經費由美國福特基金會捐贈。曾派人來參觀，對新校舍甚激賞，謂一切符合彼方之理想，甚出意外。我問其詳。彼云：全部建築，圖書館佔地最大，各辦公室，連校長辦公室在內，皆佔最小地位。有學生宿舍，而無教授宿舍，此等處，皆見新亞辦學精神。如此建築，誠所鮮覯。其實此等皆由燕謀擘劃，我僅贊同而已。我自辭去新亞職務，常自忖念，十八年來，只保留着一些我對新亞之想望，但燕謀農圃道新校舍之設計與夫新亞研究所藏書之搜羅，則確對新亞有其具體不朽之成績。

自我遷居臺北，每去香港，燕謀必在交通擠逼中來旅舍。幾乎每日必來，屢加勸阻無效。某一年，忽其長公子來臺北寓廬，謂自美赴港省親，父命必繞道來臺，與我認識一面。我最後一次去香港，到燕謀家，彼告我，正讀我新出版之史記地名考，因暢談歷史地理沿革。時燕謀已在病中，午睡驟起，欲辭不忍，促膝歡談近兩小時。返臺不久，獲燕謀噩耗，竟不能親去弔唁。

我在新亞，獲交第二新友，則為明璇。其夫人乃我北平師範大學歷史班上之學生。明璇夫婦同學，但和我不相識。明璇曾服務於農復會，與蔣君夢麟甚稔。夢麟乃我任教北京大學及西南聯大之舊校長。因此我與明璇在香港初見面，交談卽如故友。時明璇任職於美國在港之亞洲基金會。一日，其新任主席艾維初蒞港，卽來新亞見我，云離美前一友人囑其來訪。自後，我與艾維往返，明璇必居間，三人常相聚，艾維於新亞艱困中相助最多，明璇之功為大。

某年，美國雅禮基金會特派耶魯大學歷史系主任盧鼎教授來港，約我在其旅邸相見。我晨八時卽去，明璇已先在，為我作譯人。盧鼎告我，東來將訪臺港菲三地，欲覓發展雅禮協助東方教育醫藥事業之對象，我為彼約見之第一人，盼向彼有所申述。我言，君來事繁時促，苟有所詢，必竭誠而告。盧鼎面現喜色，衣袋中掏出兩紙，預擬所欲問者三十餘條，逐條發問。我回答力求簡淨，明璇傳譯中肯，不漏不冗，一一如我意之所欲言。達中午十二時，三十餘目問答已畢。同赴一餐館進餐，乃縱論及於其他。越旬日，又與盧鼎晤面，告我已去過臺北，不擬再去菲島，彼意已決定以新亞為唯一對象，遂討論及於具體問題，又牽涉進艾維，其中曲折詳情，非茲篇所能詳述，而明璇居間傳譯之功，則絕非僅止於口舌之能事。

新亞既得雅禮協助，關於新校舍建築，又出盧鼎、艾維之力。繼之為亞洲基金會協助新亞創辦研究所一事。時艾維已去職，主席易新人，我派新亞一同事，亦一老留學生作代表，數度洽商無進展。明璇告我，不如仍由我自己出席，彼當仍任譯事。兩次商談，此事卽告解決。越後新亞研究所得哈佛燕京社相助，亦由此啓之。明璇在當時，於新亞乃一局外人，而其有裨於新亞事業之進展者，則絕非當時新亞同人中任何一人所能及。

我之所求於明璇者；亦不止於新亞。曾與梁君寒操聯合申請亞洲基金會補貼王道人生雜誌出版經費獲成功，王道親去向明璇申謝。明璇告我，勸王君此後勿再往，我因此益深敬明璇之為人，而我兩人間私交益篤。

我去美國，新亞校長室祕書忽缺人，明璇其時亦已辭去亞洲基金會職務閒居。我貽書學校，提議請明璇來任此職，蒙其允可。我自歐返港，明璇任職新亞已逾半年。我與彼隔室辦公。我到校，明璇來室報告其任職半年之經過，鉅細靡遺，陳述周詳。若一忘其往年彼我兩人間之私交，儼如下屬之對上司然，我素知明璇處事精明，而沉默寡言，任職甚積極，而自守拘謹。此次相談，乃絕不及私事，僅限於述職而止。我亦僅有任之。

此後越一週至一月，必來室作報告。我謂新亞事，君夙知有素，我與君相交，君知我亦深。許多事當煩君逕自處理，遇我所應知者，事後相告卽可，不必限形迹。然此後，每日在學校辦公相見外，明璇乃絕不來我寓處，我時去明璇家，或茶或飯，而明璇則絕口不談學校事。卽在學校，明璇亦只談彼一人職務所關，絕不及其他。有關學校大政方針，明璇若絕不厝意。在會議席上，明璇亦從不在其職務外發言。我揣明璇意，從不對以前新亞發展自居功，但既與新亞及我早有關係，其來校任職，亦當於我處境有所諒解，故更不願輕率有主張。其拘謹處，正其深識大體處，絕非消極不負責之比。而學校同人同學，亦從不在我處對明璇有半句微辭。

我對香港政府有所交涉，尤其是教育司方面，必邀明璇任傳譯。最後中文大學成立，董事會開會，明璇必陪我出席。外國人來訪，明璇必負譯事。有一次，某美國人與東方政治事務有頗重要之關係者來訪。明璇陪我接見，相談半日之久。我自謂此次交談極有關係，但明璇絕不在事後洩露一言半語之消息。總之，明璇在新亞，在我是感到絕不能少此人，而在人則或可感到不覺有此人。明璇之可愛重處，正在其能善盡職務，而使人不覺此職務與此人之可重。

我在新亞辭職，明璇初亦微露其不贊成之意，但俟明璇深知我辭意已堅，即不再發表意見。一日，明璇親向我提辭呈。我告明璇，我有為公為私兩項意見，我盼君能代我辦理移交，盼勿先我而去，此是我的私意見，我為新亞着想，盼君勿離去。君之辭呈，若由我批准，我總覺對新亞有負。我只能留中不批，俾繼任者再有向君挽留之機會，而君亦可重加考慮再作決定。當蒙明璇應允，任職如舊。乃明璇自此後，對我意態忽有變。在我辭職進行中，彼乃屢有勸戒，當如此，勿如彼，似乎又回復了兩人以前私交時之情誼。我告彼以必欲辭職之內外因緣，彼亦時以所知，越出其職務以外者告我。我辭職已成定局，彼毅然以移交之代理人自負。並與我往來漸頻，不憚遠來我之私寓，又常與我在半島酒店樓下，作半日茶煙之相晤。

我自馬來亞返港，明璇亦已辭去其在新亞六年之職務，一日，偕新亞雅禮代表人蕭約來沙田辭行，相談半日，明璇陪坐，但事後極稱許我當日所言。明璇與蕭約私交亦不薄，其公私之分明有如此。

我還居臺北，明璇往返書信最密，幾乎每月必有一往復。我去香港，必與明璇有半島樓下半日之茶會，故我於明璇為況，知之甚切。最近已積久未去香港，明璇曾有意往日本一遊，路過臺北，可有較長接觸，惜乎其竟未如意。而我兩人又時時有病。最後明璇來信，我遲未復，不意在香港報端竟睹明璇長逝之消息。又不獲親往弔唁。悼念何極。

長憶離大陸，來香港，獲交燕謀、明璇兩友，知我深，待我厚，不僅助我事業，尤其對我性情多有慰藉。今皆離我而去。僅在我生命中，留下了幾許不可抹去之痕跡。尤其明璇，未盡天年，彼胸中藏有許多抑鬱苦悶，我未能有一臂之助，媿負之情，何堪回溯，亦恨我短於辭章，不能作為詩歌，以表達我之哀思於萬一也。

（一九七七年六月六日中華日報副刊）

附錄　敬悼青瑤師

錢胡美琦

前日收到香港寄來的一份大成雜誌，駭然讀到范甲君敬悼顧青瑤老師一文，方知顧青瑤師已於今年五月一日在加拿大辭世，哀痛之情難以言敍。我習畫曾先後從顧青瑤、金勤伯兩師遊，而顧師為我啓蒙之師，而且我之決意習畫，當時全由青瑤師之特加眷顧。我從青瑤師習畫先後兩次，為時均不長，但青瑤師給我之印象則甚深。至今回憶此一段師生之緣，往事歷歷如在目前，亦作敬悼一文，稍抒余意。

要敍述我與青瑤師之結緣，不得不從新亞書院創辦藝術系說起。藝術系在新亞屬後創，賓四始創新亞，旨在發揚中國固有文化，他認為藝術是中國文化中不可或缺的一大項，惟因新亞初期過於窮困無力提倡。他常說他想辦藝術系的理想並不專在造就專業的藝術家，更求培養全校學生之情趣，希望他們都能領略到一些中國藝術對人生之情味，則對每人品格陶冶上可有莫大之功用。他又常提起新亞初創時，經人介紹認識當時流亡香港之崑曲名家俞振飛，曾有意延攬來新亞倡導崑曲。他說那時新亞只要每月能籌出兩百元港幣，就可能暫時把俞振飛留住，但俞振飛終於因生活問題而不得不返回大陸。每次提起，賓四總有不勝惋惜之情。以後新亞得到美國雅禮協會補助，不久有了九龍農圃道自建之校舍，藝術系的創辦即在此後。

當時新亞經濟狀況已較前稍寬裕，但賓四要創辦藝術系仍遭到學校內部同事的反對。因當時雅禮協會補助新亞的經費一年一筆整數，如成立新系，勢必要緊縮其他方面之開支，牽動全局。賓四決心用創辦新亞時兩手空空的精神來創辦藝術系。他內心決定後，逢開董事會，會議將結束，他發言說：「我今日有一報告，並非議案，不需表決。」於是述說他要創辦藝術系的計劃。並說只要學校借出幾間教室供使用，其他可不費分文，儘由他來負責。董事會一時無異議。直到此後藝術系正式成立，賓四當時「只是報告不是提案」這八個字，仍為董事會中幾位董事屢向賓四提起，以表稱讚。

事隔二十年，至今我仍清晰記得，賓四第一次約預定藝術系主任陳士文先生來家，商談籌劃創辦藝術系的情景。士文先生來時，不巧賓四染病在牀，高燒後全身無力，不能起身，說話有氣無力。那時我們住在九龍鑽石山難民區，睡房很小，放一雙人床，一梳粧臺，兩隻衣箱外，少有迴旋之餘地。我只能放一小凳在牀前，請客坐。賓四起初說話上氣不接下氣，後來越說越有精神，霍然坐起。我記得他再三對士文先生說：「辦藝術系只能像新亞初創時般赤手空拳做起。要牢記，需靠藝術系師生自己的努力來爭取外界的支持。」當時新亞專任教授薪水及房租津貼已按月可得一千元。藝術系只主任一人專任，薪水暫定三百元，其他先生一律只支鐘點費，似乎鐘點費亦與其他各系兼任先生的鐘點費有差別。此因藝術系經費必需自給自足，全部支出由該系學生學費，及暑假開暑期繪畫班所收學費一併負擔。視收入狀況每年酌量調整。士文先生曾留學法國，擅長西畫。賓四提出他心中多年來早定要聘請之兩位國畫先生，一位是吳子深先生，一位即是顧師青瑤。賓四當時說，藝術系無經費，他將效法武訓辦學精神，親自登門，以誠心懇請，務盼聘到兩位先生，為新亞藝術系增光。

賓四與子深先生早就相識，與青瑤師則本不相識，僅曾在一友人處，偶見青瑤師所繪一山水橫幅，上有其自題之詩句，賓四對其詩書畫都大為欣賞不已。由主人處，又得知畫上印章亦為青瑤師自刻，並詳及其家學淵源，自其曾祖數代書畫傳家，其祖若波先生尤負盛名。家居蘇州，建有「怡園」，為當時文人藝士聚會之所。青瑤師在上海某中學任教職，並參加上海藝苑，在上海畫壇頗負盛名。賓四早年熟聞若波先生之名，並曾數遊「怡園」，遂對青瑤師留有深刻印象。

賓四偕士文先生登門聘請吳子深先生，吳先生認為藝術系既要敦聘他，而主任一職已屬他人，意大不懌，遂堅拒。我還記得那夜賓四自吳家歸來，神情沮喪，輾轉難眠，以為藝術系失此一良師大為可惜。隨又往聘青瑤師。

青瑤師當時在香港北角租賃一室獨居，在家開門授徒，也出門赴學生家教授。顧師體素弱，不能獨立出門，外出授課向由學生家負責派車接送。青瑤師弟子大多為閨秀，其中頗有富商巨室之夫人、小姐。賓四初次登門敦聘，與青瑤師一見意氣相投，惟顧師以體況欠佳並授課時間早經排定婉拒。因又告賓四，倘夫人願來習畫，我必盡力教導。賓四必期其能到新亞任教，遂即滿口答應，但告以內人即將出國，需一年始返，仍望先生先來學校授課，時間全憑指定。青瑤師允明年再考慮。賓四歸家告我，我自知無藝術天分，從來無意習畫，頗怪賓四輕率決定，然念為時尚早，未以為意。

我於一九五八年一月赴美，進修一年後，於一九五九年二月返港。其時青瑤師已在新亞任課，知我返港，又向賓四舊事重提，願收我為弟子。賓四遂極力鼓勵我前往受業。不久，由他陪我登門謁師，遂開始我一段學畫生涯。

初謁青瑤師在其北角寓所，室不寬大，內無裝飾，一大畫桌佔地最廣，此外一床一櫃，四周堆置書籍、畫册、紙張。其後青瑤師在香港半山區西摩道自購一公寓住宅，與子媳及兩孫同居。入其宅，室內質樸如前居。青瑤師居室為最裏一間，有大窗面海，可供遠眺，大畫桌即臨窗而放，此當為顧師平居最愜心快意之處。青瑤師患有多年失眠症，每夜必過兩、三點方能入眠，遇心中有事常終夜不寐。因此習慣夜間看書，早起遲。我上課時間排在上午，每至師處，顧師常剛起床。早餐時，我常陪坐其旁，顧師喜邊吃邊談，所言多屬其平素所知之畫壇軼事，及其年少習畫時種種瑣事。猶記顧師曾告我，年七歲，其祖父若波先生命其習畫，因身材矮小，不能坐下畫，乃立於桌前畫。惜乎我隨聽隨忘，未能一一牢記。一日，另有一同門在坐，談及某友做壽事，遂詢及青瑤師年歲，青瑤師答以早將自己年齡忘了。此後我又曾俟機相詢，每次青瑤師以同一語相答，其淡泊人事又如此。我直到今日讀范君悼文，始得知青瑤師之年歲。

我初次從青瑤師習畫僅五月，即不得不停止。因賓四將赴美耶魯大學講學，我亦同往，預計在國外將有一年之逗留，行前需將香港之家整個作一結束，未有餘暇作畫。返港後，賓四選定九龍鄉郊沙田半山區居家，往返市區非常不便，遂久未去顧師處習畫。第二次去青瑤師處習畫時，她已遷入香港半山區西摩道。我每星期上課需徒步下山至火車站，乘火車進城，轉搭輪船渡海，上岸再乘公共車或計程車上山，來去頗為費時。又因後來新亞校務煩雜，賓四患高血壓，我習駕車後，一切作息時間皆視他需要為主，因此我從青瑤師第二次習畫為時僅及一年，又不得不暫時停止。惟定期上課雖停，我與顧師一直保有聯繫，時趨其府受教，直到一九六七年我們遷居臺北。此後我亦曾數度返港，每次抵港，亦必拜謁青瑤師。最後一次在港見面時，青瑤師一家正準備移居加拿大。我生性懶於寫信，從此少聯繫。

青瑤師之大弟子榮卓亞女士，乃是港商李冀曜先生之夫人，自備有車，與青瑤師同在新亞任課，每次陪同青瑤師來去。我與卓亞女士因此往來亦甚稔，見其作品，皆甚精美。卓亞女士與青瑤師年齡相差不大，恐不到五、六年，但其執弟子禮甚恭。其視我如同學，我則以前輩視之（編者按：李夫人先顧老師逝世數年）。青瑤師又曾先後介紹張碧寒、蕭立聲兩先生來藝術系任教，張、蕭兩先生在新亞授課時期皆甚長。碧寒先生乃上海世家子，幼喜書畫，曾從名師遊，家富收藏，我們夫婦多次被邀至其府賞畫。立聲先生則以繪人物名。

我從青瑤師習畫為時雖不久，但青瑤師對我影響甚深且巨，至今我稍能懂得些許對中國書畫之欣賞與喜愛，實由青瑤師當日之啓蒙及誘導。記得我從青瑤師習畫，青瑤師命我應多讀畫。於是由青瑤師之介紹，認識香港太古洋行黃寶熙先生。寶熙先生之夫人（編者按：黃賓熙夫人丁潄清女士不幸數月前在港病逝）與公子仲方皆從青瑤師習畫有年，尤以仲方弟年幼聰慧、秉性敦厚，極為顧師所寶愛，黃氏一家與青瑤師情誼彌篤。寶熙先生富收藏、喜鑑賞，邀我夫婦至其府觀畫。在其家，一面觀畫，一面聆聽青瑤師與其議論，甚長我見識。我們夫婦曾多次被邀請，每次均有青瑤師在座。寶熙先生又曾與數友好結社定期展覽，各出若干珍藏供欣賞，並不對社會公開，但青瑤師從不忘通知我前往。碧寒先生亦為一名畫家，又精於鑑賞，知我初習畫，每次在其府觀畫，他所談論多從畫家之佈局，用筆着意處為言，如同給我上課，使我受益不淺。

一九六三年冬，美國密契根大學與華盛頓福瑞爾博物館聯合拍取故宮全部書畫珍藏照片。此事眞是當時世界藝術界一件盛事，因故宮所藏兩宋時期繪畫珍品舉世聞名，但從未公開於世。他們特聘請王季遷先生為顧問。其時，季遷先生自美來港，亦在新亞藝術系任教。青瑤師得知此消息後，一再鼓勵我應把握機會隨季遷先生赴臺參觀。當時故宮尚在臺中霧峯鄉下，我來臺寄居臺中一親戚家，每晨搭車去霧峯看拍照，下午返臺中，如同去辦公。在臺中停留近兩月，雖未看完整個過程，但兩宋、元、明之部已見十之八九。尤以其時在霧峯同觀畫者，除我之外，皆為專家，有來自美國專門研究中國畫的博物館負責人及各大學教授與研究生們多位，有臺灣的畫家、學者。他們一面觀看，一面討論，這段時期確實使我對中國畫的認識邁進一大步。青瑤師又曾命我應多與季遷先生聯繫，因其為居美大收藏家，來港喜與香港書畫古董收藏商往來，可以看到許多別人不易見到的私人收藏，我因此追隨季遷先生亦曾看過港九間多家收藏。至今回憶，我所以能培養出對繪畫的些許興趣，實全賴青瑤師當年之教導與督促，如今青瑤師已仙逝，回憶往昔，曷勝愴然！

青瑤師居港後因體弱，作畫不多，但即其教課時之隨意數筆，亦皆清雅有致。我所見其作品不多，然每見一幅，不論大小，不論山水、翎毛、花卉或人物，都能使我悠然神往，觀賞久久，愛不忍釋。我夫婦遷居臺灣時，青瑤師以我喜畫梅，特檢出其舊藏梅花譜兩大册相贈，以為紀念。又特繪兩小橫幅相贈，一山水，一花鳥，至今懸於畫室，常相晤對。每對青瑤師之畫，總感有一股清逸之氣自畫中透出，而又覺其筆法剛勁有力，富男性氣息，更為難得。青瑤師素喜倪雲林畫，猶記我習畫僅三月，即命我開始臨摹倪雲林山水。她常喜用「不食人間烟火」一語來讚賞倪畫之清雅。每讀青瑤師畫，我常不禁想到此語，亦常生此感，心中只覺一片安詳寧靜。

青瑤師體格矮小，瘦骨嶙峋，初見面給人有弱不禁風之感。相交久，則知她實是一位個性堅毅獨立性極強的女性。我喜聽顧師自道，其年輕時，即需獨立奉老母撫稚子。又曾言，自幼習畫雖淵源於家學，但詩、書、畫、刻四樣全能，卻是自己不服輸的個性奮鬥得來的。五、六十年前，在中國社會，一個年輕女性出外自謀生活大非易事。我常對賓四說，青瑤師自有一股豪傑之氣，惟相知不久，則難以體會到。

新亞藝術系創於艱困中，以後能得到香港社會的看重，以及國際學術界的承認，不能不歸功於早期藝術系諸位先生的努力。他們當時只支領極有限的鐘點費，課後常為學生改習作，不計名利，都曾對新亞藝術系的創建有過貢獻。

我於一九五六年春于歸賓四，至一九六五年，賓四辭去新亞院長一職，前後整十年，獨與新亞藝術系諸先生往來最多，過從最密，而尤以青瑤師之人品高卓、造詣精純，觀其所志，應可與古人相伯仲，使我畢生難忘。即藝術系諸先生，對青瑤師亦羣加推敬，無異辭。近兩年來，我因忙於寫中國教育史一書，畫筆久已擱置。今驟聞青瑤師仙逝，萬感叢集，眞不知如何下筆以稍吐我寸心敬悼之萬一；但亦終不能不一吐，遂草此文，聊抒我鬱。

一九七八年八月二十二日寫於外雙溪素書樓

新亞中學第一屆畢業典禮講詞摘要

一九七八年十一月四日

諸位先生、諸位同學：

今天我感到萬分快樂來參加這個盛會。諸位要知道，我個人也應該算是新亞中學的一份子。我不記得在那一年，香港的教育司親自來到這裏，在我辦公室，正式和我商量，希望我們來辦一間中文中學。我答應了他，並且到荃灣看定了一塊地，由香港政府撥給我們辦中學。後來因為其他事情，辦中學這件事就延緩下去。今天我們新亞中學辦在原來的新亞書院舊校址，可說是直接從當年商量辦中文中學開始，一路下來的一件事。

一

諸位要知道我們大家是中國人，接受語言、文字的教育，當然應該以中文為主，在香港有英文中學，有中文中學，當時香港政府認為香港中文中學辦得不理想，因此來商量請我們新亞辦一間中文中學。但是這幾年來，我聽說中文中學和英文中學的比數愈來愈差了。幸而我們這一學校辦得非常好，會考成績也很優良。在香港中文中學比較不受重視的情況之下，我們這一學校的意義和價值，應該更重大。

二

剛才聽許校長報告本校會考合格率在百分之九十以上，當然很好，但是我們要知道，中學生畢業以後，能升大學的總是少數。這不僅香港今天是這樣，全世界各地中學生升大學，也是如此。照這樣說，諸位今天在中學畢業，或許就是諸位一生受教育的最後一個階段，因此更可想到中學的重要性。我個人也是中學畢業，未能進入大學，到今天回想我一生的經過，尤其對於小學、中學求學時代的師長和同學，都在我的腦裏。今天諸位在這裏畢業後，進入社會，千萬不要忘了這幾年的教育對諸位的重要意義。我們更應該明白，我們學校的校長和老師們在這五年來，盡心盡力獲得的良好成績，就是為諸位將來一生建立了一個基礎。不但諸位畢業同學要有這種認識，就是在校的同學，也要重視這一點，我個人因為參與本校最初的創辦工作，覺得今天學校有這樣的成績，也感到非常高興。

三

記得我在中學畢業時是十七歲，第二年是中華民國元年，我十八歲就進入農村去做小學教師，那時只是一個小孩，一無所知，一無所能。慢慢兒自己能有進步，到今天回想起來，最重要的基礎，還是在中學階段建立起來的。所以諸位只要能接受、能牢記每一位老師每一句的教訓，就可一生受用。

堅定的志向是最重要的：你想做一個好人，你想不斷有上進，主要在你的「志」。這就像一滴一滴的水，集起來可以流成江，流成海一樣。不但這一屆畢業的同學，應該十分珍重內心方面的志向，也希望在座明年畢業的、後年畢業的同學，都能從這個好的開端做起。這樣，我們的學校，我們的同學，就能不斷求上進，求進步。諸位不要在畢業後，過於急功近利，斤斤計較環境的好壞。諸位應該有一個自己的五年計劃、十年計劃、終生計劃。最重要的一點，諸位不要忘了你是一個中國人。你要做好人，也是做一個好的中國人；倘使你做一個壞人，還是一個壞的中國人。所以，你好，好在中國；你壞，也壞在中國。諸位只要能抱住這樣一個觀點，將來都能做一個好的中國人。今天我個人對諸位的貢獻，只有一句話，希望諸位記住，「我要做一個好的中國人」。

（新亞中學摘錄）

附錄　做個堂堂正正的中國人

——記新亞歷史系同學拜候錢賓四先生伉儷

一九七九年十月三日下午四時三十分，下課鐘聲一響，新亞歷史系二十多位同學在新亞書院校車站臨時聚集，在譚汝謙老師的率領下，聯袂前赴中大教職員住宅第八苑，拜訪因參加新亞書院三十周年校慶而專程回港的錢賓四先生伉儷。

錢賓四先生不單是新亞書院的創辦人，更是中國近代的史學大師，其卓越之識見，久為同學們所尊崇。可惜錢先生離港多年，同學們都沒有機會親聆教益。這次幸蒙孫國棟老師為我們安排機會，使我們得坐春風，眞是莫大的榮幸。

錢先生雖八十五高齡，但精神碩健，風采照人，且十分健談，殷殷垂詢同學們研讀歷史的旨趣，其關懷後學之心，溢於言表，並樂於回答同學們的問題。言談之中，時有雋語，使肅穆緊張的氣氛迅速消逝。有好幾次錢先生強調他這一番話，係補充今年九月廿八日新亞校慶典禮講詞，乃至去年在「新亞書院錢賓四先生學術文化講座」講詞之不足，叮囑我們特別注意。在一個多小時之拜會中，同學們莫不感到上了人生和學問之一課。為了使更多青年同學得益，茲擇錄錢先生言論如後。

有同學問及由錢先生自訂之新亞校歌中「手空空，無一物」這句話，如何能在物質環境轉好的新亞書院中體現。錢先生回答說：這句說話並非每一個人都了解，且了解的程度也有不同，更非專為新亞師生而言的。這句話實包含一種人生態度或對學業乃至事業的態度。假如我們以為自己的學問已足夠了，不需要再求進步了，這個人還有何希望？論語裏有「學而時習之」一句，很多人都讀過，但對這句說話的領悟，不一定深刻透徹。錢先生特別提醒我們，不要以為四年大學的學習便很了不起，實則受了四年的大學教育，尚未窺見學問之門牆哩！學問是一點一滴積累而成的，越是進步，越會感到不足，越會覺得自己的「空」和「無」。他希望同學們不要自滿，要常感到「手空空，無一物」。自覺「空」「無」，然後能體會「路遙遙，無止境」（新亞校歌歌詞）的道理。錢師母補充說，這句話並不能單從物質方面去體認，這是精神上的自我挑戰。

有同學問：對於時代的感應，通常有兩種不同類型的態度，如周公與伯夷，雖則二人同為孔子稱頌，但周公輔助武王開國，而伯夷以義不食周粟而退隱。然則我們應如何去評論其得失？錢先生表示要回答此問題並不容易，但他勸告我們，要深入了解歷史人物，不要勉強分其高低，更重要的是了解他們所處的時代。錢先生指出，我們在評論文化時也會遇到此問題，我們不要勉強對東西文化妄下評語，最重要的是究明不同文化的特殊背景及特殊貢獻。推之政治亦然。以當今世界為例，有美國和蘇聯兩大陣營，分別代表資本主義和共產主義。實則這兩種不同制度都有其存在的理由。

有一位同學問及中國傳統史家都敢於寫現代史，例如孔子的春秋、司馬遷的史記；但現代卻有不少史家怕言及現代史，是否這種史學傳統消失了？錢先生希望大家注意，並非所有現代的史家都持有這種態度，他本人便是一個例子；他希望同學細讀他的近著中國史學名著；因為這部著作綜論古今史學名著，並無「恐懼」之心。

最後，錢先生叮囑我們，為學必先學做人。學做人的第一步是要做一個「堂堂正正的中國人」，而非一個「香港人」或「外國人」。如何能夠做一個堂堂正正的中國人呢？第一步必先懂得說中國的國語。錢先生指出，「香港話」只是一種方言，「上海話」、「廈門話」等等也是方言。如果我們不懂國語，將來遇到不同省份的中國同胞，我們將如何是好，難道以英語或其他外國語作為溝通媒介嗎？將來我們回上海旅行或工作，縱使不能說上海話，我們如懂國語，也不致無法溝通。國語說得好不好，是另一個問題，最重要的是會說、會聽。身為中國人絕不能以只能說英語為榮。錢先生嚴肅地指出，只要我們打開世界地圖，就會知道殖民地日益減少。香港是極少數殖民地之一，將來香港歸回中國時，我們和我們的父母、兄弟姊妹朋友等，還是會回中國，而不是跟著英國朋友回倫敦。不懂國語的話，我們將如何和其他中國同胞溝通？中國需要我們，我們要對中國文化負責，我們必須預備這一天的來臨，故應先學好國語。錢先生又強調：香港青年也必須學好中文，而且有很好條件學好中文。當年香港中文大學成立時，他主張以「中文大學」命名，結果被香港政府和校董會接受，可見學好中文和發揚中國文化是中大學生基本使命之一。他老人家盼望中大同學都能達成這一使命，不要辜負他和香港社會各界人士的期望。

聆聽錢先生一番教誨之後，錢師母也殷殷垂詢，例如問及我們的學習態度、生活環境和人生哲學等等。同學們紛紛傾訴心曲的當兒，中文系蒙傳銘老師和梁沛錦老師到訪；我們才知道超過了拜訪的時間，只得告辭。錢先生伉儷親自到門口依依相送，眞令我們受寵若驚。錢先生伉儷愛護後學之心，是多麼眞摯啊！

在歸家的途中，校園清風習習而來，但不能冷卻我們沸騰的心；在吐露港剛冒出來的秋月，也不能吸引我們的注意力；我們的心中仍然印著錢先生的音容笑貌。我們都熱切地默禱他老人家身體康健，在不久的將來，再次回新亞書院講學，使我們能夠再聆教誨。我們也誠惶誠恐地惦記著錢先生的話：學做個堂堂正正的中國人！

後記：

本文整理後，錢先生伉儷已離開香港，故未經錢先生過目。訪問時沒有帶備錄音機，也沒有即時記錄，只憑記憶整理，文中所載如有錯誤之處，整理者願負全部責任。

劉健明、吳太平整理

新亞與雅禮合作三十周年慶祝酒會致詞

一九八四年八月二日

今天是美國雅禮協會與香港新亞書院合作三十年的紀念日。苟使無雅禮之合作，是否有此三十年來新亞之歷史，此實大成問題。因此積年來新亞全體同人，對雅禮合作一事，總是常存心頭，永銘不忘的。

但從另一面講，新亞此三十年來，對於學術人才之培養，對於社會事業之發展，亦可謂日有進步，與人共見。這一層，亦可使雅禮方面感其長期合作之確有成績，有其相當之意義與價值，事不落空，足以自慰的。

今日交通便利，天下已如一家。而時時地地，一切事業行為，幾乎全陷入對立相爭之局面。此一相爭之對立，實害多於利。當前世界之混亂，惟此好爭之風氣有以釀成之。救其流弊，貴在相互之合作。而尤要者，則在文化學術方面、社會福利方面，當更占前驅。雅禮協會在此方面之努力與貢獻則已遠歷年數，並不自與新亞之合作始。雅禮與新亞之合作，其事始發動於盧鼎教授三十年前之來香港。此次紀念典禮，盧鼎教授本擬自紐海文前來，乃以健康關係，醫生戒其長途跋涉，遂臨時中止。

今日不克預會，實為今日紀念典禮一大缺憾。敬請吾全體預會人，為盧鼎教授遙祝健康，並期雅禮新亞合作事業能長期賡續，日進無疆。

新亞書院創辦簡史

新亞書院創辦於一九四九年，在流離顛沛中，無財力、缺人力，一切過程簡陋無章，未有詳細之記錄，以至於今無一確實無誤之校史。

學校創始初期，凡與外界接觸，常由余個人經手。其交涉經過，多委曲轉折，個中辛酸有不足為外人道者。私念人生處艱困中，人心更需鼓舞，雖耗費心力，凡無確切希望之事，余對學校同仁常略而不言。有確切希望之事，亦往往僅告以簡約，其曲折過程皆所省略。此或為學校同仁對創辦初期實情所知多誤之主因。

惟新亞之有今日，實有賴甚多校外人士之熱心幫助。而不詳實情，則無所感激。今欣逢創辦四十周年，余責無旁貸，理應為新亞寫一創校簡史，此實為余應盡而未盡之責任。惟余已老邁不堪，近年來思路日塞，已無力特撰專文，今僅將余師友雜憶一書中所述，剪裁成篇。該書為余十年前所撰，雖限於體例，敍述過於簡略。然有關新亞之一段，乃余生命中最值珍視者，凡所記憶，大體無誤，略堪新亞師生之參考。

一

民國三十八年春假，余與江南大學同事唐君毅，應廣州私立華僑大學聘，由上海同赴廣州。一日，在街頭，忽遇老友張曉峯。彼乃自杭州浙江大學來。告余，擬去香港辦一學校，已約謝幼偉、崔書琴，亦不久當來，此兩人乃余素識。又一人治經濟學，余所未識，今亦忘其名。曉峯邀余參加。余謂，自民二十六年秋起，屢荷浙大之邀，僅赴遵義作一短期停留，有負盛情，每以為憾。此次來廣州，本無先定計畫，決當追隨，可即以今日一言為定。曉峯又告余，近方約集一董事會，向教育部立案，俟事定再告。但此後不久，聞曉峯已得蔣總統電召去臺北矣。

二

余在僑大得識同事趙冰，一見如故。秋季僑大遷回香港，趙冰夫婦與余偕行，余即宿其家。後乃借一中學校教室，暑假無人，余夜間拚課桌鋪被臥其上，晨起即撤被搬回課桌，如是為常。

嗣又得教育部函邀孔子誕辰作公開演講，重返廣州。乃聞幼偉、書琴兩人已抵港，進行創辦學校事，而余在香港竟未獲與彼兩人謀面。校名為「亞洲文商學院」，由幼偉約其友人劉某為監督，派余任院長。余去函聲明，決踐宿諾，返港共事，惟院長一職，萬不願任。一則人地生疏。二則粵語、英語均所不習，定多困難。三則與監督劉君素昧平生。懇幼偉、書琴另商。不日，幼偉、書琴特囑曉峯原邀之第三人治經濟者返粵，攜幼偉、書琴函，面告一切，促余速返港。迨余抵港，晤及幼偉、書琴，乃知依港例，申請創辦學校，必由監督一人出面負責。劉君夙居香港，與幼偉熟稔，故請其任此職，俾便與香港教育司接頭。並謂院長一職，亦已正式立案，成為定局，極難臨時更動。此後校中一切事，彼兩人必盡力應付。余見事已如此，只有勉允。

不久，幼偉忽得印尼某報館聘其去任總主筆。書琴力勸其行，謂狡兔三窟，香港新校究不知若何維持，幼偉去印尼亦可多得一退步，港校事彼當加倍盡力。余見彼兩人已同意，亦無法堅留幼偉。而赴廣州面促余之某君，亦留粵不再返。於是亞洲文商之開學，實際乃由余與書琴兩人籌劃。有時書琴夫人亦在旁預聞鼓勵。余卽邀在廣州新識之張丕介，時在港主編民主評論，懇其來兼經濟方面之課務。又商得君毅同意，彼隨僑大來港，懇其兼任幼偉所遺哲學方面之課務。書琴則任教務長一職。於一九四九年之秋季十月正式開學。時並無固定之校址，只租九龍偉晴街華南中學之課室三間，在夜間上課，故定名為「亞洲文商夜校」。又在附近砲台街租得一空屋，為學生宿舍。

開學後不久，丕介偕其在重慶政治大學之舊同事羅夢册來晤面。余抗戰時赴重慶，曾與夢册在政大有一席之談話。至是亞洲文商遂又獲一新同事。又君毅舊友程兆熊，亦來港，亦聘其任教。惟彼不久即離港去臺，在臺北代為亞洲文商招生，得新生約二十人左右，由臺來港。亞洲文商在港新生僅得約四十人左右，至是乃增至六十人之數。

余在港又新識一上海商人王岳峯，彼對余艱苦辦學事甚為欣賞，願盡力相助。遂在香港英皇道海角公寓租賃數室，作為講堂及宿舍之用，安插自臺來港之新生。而余等則在日間赴香港上課，夜間則仍在九龍上課。時為一九五〇年之春，即亞洲文商學院開辦之第二學期。余與君毅暫住九龍新界沙田僑大宿舍，兩人輪番住砲台街宿舍中，與諸生同屋。

三

一九五〇年之秋，岳峯斥貲在九龍桂林街頂得新樓三楹，供學校作新校舍。余遂商之監督劉君，擬改學校為日校。劉君似以此一學年來，學校事皆由余接洽主持，彼不欲再虛膺監督之名。乃告余，亞洲文商乃彼所創辦，不欲改日校，亦不願將校名相讓。當由余另向香港教育司申請立案創辦新校。余遂赴香港教育司另請立案。其時書琴夫婦亦因臺北來邀，離港而去。新校遂由余一人主持。

學校自遷桂林街，始改名「新亞書院」。桂林街乃在九龍貧民區中新闢，一排皆四層樓，學校占其三單位中之三、四兩層，每單位每層約三百尺左右。三樓三單位中，一單位是學生宿舍，另兩單位各間隔成前後兩間，得屋四間。前屋兩間向南，各附有一陽臺，由丕介、君毅夫婦分居。丕介後屋一間，余居之，君毅後屋一間，為辦公室兼余及張、唐兩家之膳堂。四樓三單位共間隔成四間教室，兩大兩小。夢册夫婦由岳峯另賃屋居之。

同事亦大增，吳俊升士選本為教育部高教司長。教育部自廣州遷臺北，彼亦來港，別與數人創一學校，而為況極冷落。至是遂來新亞任課。士選在新亞任課約一年，離港赴臺，九年後，新亞得香港政府補助，余邀其再返新亞任副校長職。士選又介紹其同事任泰東伯來任英語課。東伯曾任西方某團體英譯漢書事，與余為新識。劉百閔、羅香林亦來任課，兩人皆舊識。張維翰莼漚在滇相識，曾邀余至其家午餐長談，余極賞其屋宇精雅，花木幽蒨，有詩人之致。至是亦在港晤面。彼謂，君艱苦創學校，恨無力相助，願義務任教國文一課，以表同情。梁寒操新相識，亦來任國文課。衞挺生曾於某年暑假在廬山晤面，彼詢余留學何國。余告以年幼失學，未獲進國內大學，更無出國機會。彼謂與君雖初見面，然君在商務出版之論語要略特在家教子誦讀，我兩人實如故交，幸勿過謙。余謂此乃實語，非謙辭。彼謂，君未受新式教育，於論語一書，以如此新的編纂，表達如此新的觀點，更非常情所能想像。至是亦在港再晤，來校任經濟方面之課務。又陳伯莊，在重慶相識，曾書柬往返有所討論。至是亦再晤面。彼家近桂林街，喜圍棋，余亦已破戒，遂常至其家對弈。彼亦來校任社會學方面之課務。兆熊與國民政府行政院長陳誠辭修有戚誼，其返臺時，辭修留其居臺。但兆熊仍返港，願與余等同甘苦，來校繼續任課，學校無法為彼安排住處，乃舉家住郊區沙田。為省交通費，往返十數里，每日作長程徒步。又有楊汝梅，在大陸金融界負盛名，與余為新識，亦邀其來校任教。

當時在香港學校任教者，例必詳列其學歷、資歷報教育司。時香港教育司亦特聘國內流亡學人某君任祕書，見新亞所聘各教授，均係國內政界、學界知名負時望者。論其人選，香港大學中文系遠不能比，新亞遂因此特受教育司之重視。某日，教育司長高詩雅親來巡視，適余不在校，見樓梯口有「新亞書院大學部」一匾，囑移去勿懸室外。香港惟有一大學，即香港大學。居民皆逕稱「大學堂」，不聞有稱香港大學者。自不能破例許人另立一大學。然教育司於新亞特多通融，有所請乞，皆蒙接受，甚少為難。殆亦震於新亞之教授陣容有以使然也。

新亞又另組董事會，請趙冰為董事長，亦在學校任課。其他如寒操等，皆邀為董事，多粵人所推敬。而趙冰為香港大律師，尤受港人重視。香港律師職務名利兼高，惟大律師占極少數，業務亦冷落。香港除英國法律外，亦兼行大清律例。趙冰於此方面，乃一人獨擅。然登其門者，如夫婦、父子等涉訟，趙冰必先曉以大義，詳述中國倫常大道，勸其自為和解。或竟面斥，不啻如一番教誨，使來者難受。余常親往其事務所，趙冰每一人寂居，攜便當充午餐，門可羅雀。得其允為辯護者，數十案中難得一案。故雖為香港政府所重視，而其家境清寒，不僅為律師業務中所少有，亦知識分子中所稀見也。故新亞董事會亦先與學校有諒解，專為學校法律上之保護人，而絕不負學校經濟方面之責任。

學生來源則多半為大陸流亡之青年，尤以調景嶺難民營中來者占絕大比數。彼輩皆不能繳學費，更有在學校天臺上露宿，及蜷臥三、四樓間之樓梯上者。遇余晚間八、九時返校，樓梯上早已不通行，須多次腳踏襆被而過。或則派充學校中雜務，如掃地、擦窗等，可獲少許津貼。而學校亦並無一工友，僅一厨師治膳食，由岳峯家派來。一人管理一切文書繕寫，由廣州教育部流亡來之某君任之，此人亦得暇旁聽課業。有好許學生，一俟其家在臺定居，即中途離校而去。至如香港居家者，因見學校規模窮陋，應考錄取後，亦多改讀他校。否則亦隨例請求免費，或求免一部分。總計全校學生不到百人，而學費收入則僅得百分之二十而已。

其時學校經費日形窘迫，而同人課務則不甚煩重。不得已乃規定鐘點計薪，任課一小時受酬港幣二十元。同人堅持余必支最高薪，乃任課十時，月薪港幣兩百。依次而下，至港幣八十、一百不等，然僅為一時維持之計。

新亞初創時，又設一公開學術講座，每週末晚上七時至九時在桂林街課室中舉行。校外來聽講者每滿座，可得六十人至八十人左右。學生留宿校內者，只擠立牆角旁聽。有一老者，每講必來，散會後，仍留三樓辦公室閒談。乃知其為江蘇南通籍沈燕謀，與胡適之同年出國留學，在美學化學，歸國後協助張謇季直在滬辦工廠。以其餘暇，閱覽古籍，方專意陳壽三國志。在港無事，交談既熟，遂成至友。蓋余等之在此辦學，既不為名，亦不為利，羈旅餘生，亦求以文會友，以友輔仁之意。此講會能對社會得何成效，亦所不計。而海外逃亡獲交新友，亦枯寂生命中一莫大安慰也。

四

王岳峯之經濟能力有限，亦儘能為新亞頂押一新校舍，又維持其前一、兩月之日常經費，以後即不再能供給。新亞已達山窮水盡之絕境，同人等皆盼余赴臺北，儻獲政府支援，或可再維時日。

一九五〇年之冬，余以新亞全校同人力促赴臺北，期獲政府救濟，少維年月，再謀發展。某日，乘飛機抵臺北，已有數人奉蔣經國先生命來機場迎候。是夕，宿火車站近旁之勵志社。翌晨，即蒙蔣總統召見午宴，由張曉峯陪赴士林官邸。是日，適大陸派伍修權赴美國，出席聯合國講演。總統在市區總統府開會未歸，電話來官邸，囑稍待。總統夫人陪坐，命煮湯糰充饑，並與余談伍修權事。余謂伍修權此行決無成果。夫人言，當持反對意見發問，俾君暢言，幸勿介意。如是往返問答，總統府亦屢來電話。踰午刻，總統返。即設午宴，席間總統垂詢新亞事。余所最受感動者，所進米飯乃當時之「配給米」，甚為粗糙。念總統高年亦進此米，余等稍涉艱難，何敢直率以告。遂趦趄以他語搪塞。

隔日之晚，行政院陳辭修院長亦在其官邸招宴。同座者僅臺灣大學校長傅斯年孟眞一人。余與辭修院長乃初識，是夕所談多由孟眞與余暢論有關前清乾嘉學術方面事。又一日，經國先生招宴，所進亦屬配給米。又一日，謁教育部長程天放於其官邸。時教育部官邸尚在臺大左外側市郊僻處，一切設備極簡陋。自念國難方殷，何忍以新亞處境瀆陳，遂亦絕口不談。

又一日，居正覺生招宴。覺生乃抗戰時期重慶舊識，詢余新亞事。謂，聞君創辦此校極艱辛，此來亦向政府有所請乞否。余詳告經過，並謂依理應向教育部陳述。然觀教育部之拮据，亦何忍開口。覺生言，君幸稍待，我當為君作一安排，再以相告。越日，覺生告余已為代洽，某夕在天放部長寓邸餐聚，屆時總統府、行政院、中央黨部均有負責人列席，可共商之。是夕，余在席上僅陳在港一年半之觀感所及，供政府作參考。乃述及新亞事，謂最渴需者，各位任課人之鐘點費。最低以每小時每月港幣二十元計，再加其他緊急開支，全校每月至少需港幣三千元，勉可維持。行政院副院長張厲生言，今夕陳院長因事不克來，新亞事明晨轉達，行政院應可承允協助。總統府祕書長王世杰雪艇繼言，此來得總統面諭，行政院協款幾何，總統府當從府中辦公費項下節省出同額款項相助，遂定議。惟行政院協款須留待提出立法院通過，約需待明春始可作正式決定，總統府款則立可支撥。余言得總統府協款，目前難關已可渡過，此後當續報情況。此夕之會遂告結束。後余亦再未向行政院提起對新亞協款事。

余此來目的已達，羣勸余作中、南部之行，略觀臺灣情況。北大舊同事陳雪屏，時長臺灣教育廳，派一員同行，俾沿路接洽，在各中學作講演。余之此行又別有一私事。前在無錫江南大學曾撰莊子纂箋一書，遍檢羣籍，猶有近代著作兩小書未見。此來，詢之中央研究院，悉皆藏有，乃設法借出，携以南行。至臺南工業專門學校，即此後之成功大學，其校長官邸移作賓館，屋舍寬敞，有園林之勝。余得一人借宿館中，環境清幽，日夜展讀此兩書，選錄入余之纂箋中。旬日完工，纂箋一書遂得成稿。

余又去鳳山，在陸軍官校作講演。總司令孫立人邀余至其屏東寓邸，乃前日本空軍軍官宿舍。樓屋數十座，尚多空置，未經派定居家。余告立人，總統府祕書長王雪艇告余，萬一香港有變，政府派船去港，新亞學校可獲優先第一批接運來臺。學生可轉各學校肄業，惟教師及其家眷未蒙提及。此處多空樓，君肯暫留數座備濟急否。立人問需若干。余答，有四、五棟即夠。立人允之。余此行為新亞前途乃得一大解決。歸後告諸師生，皆欣慰萬狀。

五

一九五一年之夏，香港大學中文系新聘英國人林仰山為系主任。一日，偕及門柳存仁來訪。仰山邀余至港大任教。余答以新亞在艱困中，不能離去。仰山堅請，謂：「君不能離新亞，來港大兼課，事無不可」。余答：「新亞事萬分艱辛，實不容余再在校外兼課分心。」仰山謂：「君來港大，不僅港大諸生同受教益，並港大中文系一切課程編製及系務進行亦得隨時請教。」又謂：「港大近得美國在港救濟知識份子協會一款，可聘任若干研究員。君可否兼任港大研究員名義，時間可無限定。」

余為其誠意所感，答：「願在必要時參加港大中文系集會，貢獻意見，惟以不任職、不授課、不受薪為原則。」仰山無以強。

林仰山來港大主任中文系，羅香林、劉百閔皆改聘為專任。兩人皆新亞舊同事。百閔並在余來臺時，多方盡力為新亞謀渡難關，與余情意猶密。故余屢次去港大中文系出席會議毫無拘束。仰山又定同系諸教師每月必有一宴集，輪流為主人，余亦必被邀參預，但終不許余為此項宴集之主人。

是年美國人艾維來香港主持香港美國之亞洲協會職務。初到，即來訪，謂在美有人介紹，故特來訪。艾維尚年輕，直率坦白，一見如故。謂初來一切摸不到頭腦，但知余創新亞之艱辛，他日有可能，必盡力相助，遂常來往。

余又於四十年冬再赴臺北，因前一年來臺，在臺中得識臺籍數友。彼輩意欲余在臺辦一新亞分校，來函告余已選定校址。港方同人亦以新亞在港困頓無發展，儻在臺辦分校，或可獲新生機，遂又促余行。余抵臺後，即去臺中，觀察所擇地址。在郊外，離市不遠。背臨山，草坪如茵，溪流縱橫，地極寬敞，曠無人烟，將來宜大可發展。時劉安祺駐軍臺中，告余，學校建築可派軍隊任之，於地價外又可省工資。君應急速從事。

余返臺北，即向行政院長陳辭修報告。辭修告余，政府決策不再增設大學。余謂：「多增大學，畢業生無安揷，固滋不安。但為長久計，他日返大陸，大學畢業高級知識分子恐終嫌不夠。」余又謂：「聞明年美國教會將來臺設立一新大學，不知政府何以應之？」當時臺灣稱大學者惟臺灣大學一所。此國外教會所擬來臺創辦之大學，即翌年成立之東海大學。辭修言：「此事容再思之。」

余既未得政府明白應允，而滯留已數月，擬卽歸。何應欽敬之為總統府戰略顧問委員會主任委員，來邀作講演。余擇「中國歷代政治得失」一題，分漢、唐、宋、明、清五代，略述各項制度，共講五次，是為余在臺北有系統演講之第三次。

余講演方畢，忽又朱家驊騮先來邀為聯合國中國同志會作一次講演。余允之。是日，余講辭已畢，待聽眾發問，余方答問者語，忽屋頂水泥大塊墜落。蓋驚聲堂建築方竣，尚未經工程師驗收，提前使用，乃出此變。余倒身泥塊下。一堂聽眾驚聲盡散，忽有人憶余倒臺上，乃返，從泥塊中扶余起。直送附近之中心診所。余已不省人事。過一宵，始醒，稍後，乃漸憶起，是日為一九五二年之四月十六日，余五十八歲，誠為余此後生命中最值紀念之一日。

余在病中得新亞同仁來信，知香港政府新定法令，凡屬私立學校，其為不牟利者，須據實呈報，由港政府詳查覈定。余遂函囑由新亞董事長趙冰代勞一切。結果得港政府認許新亞乃為香港當時唯一獨有之一所私立不牟利學校。此亦新亞一難得之榮譽也。

余在臺中存德巷養病，前後約共四月，余始轉臺北、返香港。而余之頭部常覺有病，閱一年後始痊癒。

六

翌年，一九五三年初夏，美國耶魯大學歷史系主任盧定教授來香港，約余在其旅邸中相見，蘇明璇陪往。明璇畢業於北平師範大學，其妻係師大同學，曾親受余課。又明璇曾在臺灣農復會任事，北大校長蔣夢麟為主委。及是來香港美國亞洲協會任職，故與余一見即稔，常有往來。據一九八〇年盧定來香港參加新亞三十週年紀念之講詞，知其當年來港前，先得耶魯大學史學系同事瓦克爾教授之推薦，故盧定來港後，余為其相約見面之第一人。瓦克爾曾在一九五二年先來香港，後又來港任亞洲協會事，與余亦甚相稔。是晨，盧定告余，彼受雅禮協會董事會之託，來訪香港、臺北、菲律賓三處，以學校與醫藥兩項為選擇對象，歸作報告，擬有所補助，俾以繼續雅禮協會曾在中國大陸長沙所辦醫院及學校兩事未竟之業。彼謂：君為我此行首先第一約見之人，如有陳述，請儘直言。余答：蒙約見，初無準備。君既負有使命，儻有垂詢，當一一詳告。盧定聞余語，面露喜色，隨於衣袋中掏出兩紙，寫有二、三十條，蓋事先早書就者。遂言：如我所問直率瑣碎，幸勿見怪。余答：儘問無妨。

盧定首問，君來港辦學校，亦意在反共否？余答：教育乃余終身志業所在，余在大陸早已從事教育數十年，苟不反共，即不來港。但辦學校自有宗旨，決不專為反共。盧定又問：君辦學校曾得臺灣政府補助，有此事否？余答：蔣總統乃以與余私人關係，由總統府辦公費中撥款相助，與政府正式補助性質不同。盧定又問：以後儻得他方補助，能不再接受此款否？余答：此項補助本屬暫時救急，儻新亞另有辦法，此款自當隨即請停。盧定又問：儻雅禮能出款相助，須先徵港政府同意，君亦贊成否？余答可。以下盧定逐條發問，余逐問回答。自上午九時起，已逾中午十二時始問答完畢。三人遂出外午餐。盧定又隨問余對宗教之態度。余答：余對各宗教均抱一敬意，在余學校中，耶、回教徒皆有，並有佛寺中之和尚、尼姑在校就學者。但余對近百年來，耶教徒來中國傳教之經過情況則頗有不滿處。盧定屢點首道是。余又告盧定，余決不願辦一教會學校。盧定亦點首。惟盧定言，雅禮儻決定對新亞作補助，仍須派一代表來，俾其隨時作聯繫。余謂此屬雅禮方面事。但此一代表來，不當預問學校之內政。盧定亦首肯。

相晤後數日，盧定即去臺北。返港後，又約相見。盧定告余，彼不擬再往菲律賓，已決以新亞一校為雅禮合作對象。並囑余，分擬年得美金一萬、一萬五、兩萬之三項預算，由俾携歸，俟董事會斟酌決定。余遂寫一紙與之，定年得一萬則另租一校舍，一萬五則頂一校舍，兩萬則謀買一校舍。盧定見之，大表詫異，云：聞君校諸教授兼薪微薄，生活艱窘，今得協款何不措意及此。君亦與學校同仁商之否？余答：君與余屢見面，但未一至學校。余因指桌上一茶杯云，如此小杯，注水多，即溢出。余等辦此學校，惟盼學校得有發展，儻為私人生活打算，可不在此苦守。如學校無一適當校舍，斷無前途可望。請君先往新亞一查看。一日，盧定私自來新亞，遇及兩學生，在課室外閒談而去。適新亞舉行第二屆畢業典禮，在校外另借一處舉行，亦邀盧定前往觀禮。盧定來，禮成，留之聚餐，與諸同仁分別談話而去。後新亞三十週年紀念，盧定演詞中謂，是夕見新亞舉校師生對余一人之敬意，深信此校之必有前途。

盧定臨別前告余，彼返美後，雅禮董事會定於新亞有協助。惟君對此款，仍當作學校日常開支用，至於校舍事，容再另商。又約一美人蕭約與余見面。謂彼亦雅禮舊人，今居港，有事可約談。及盧定返美後，來函云，補助費按年二萬五千美元，又超原定最高額之上。但蕭約延不交款。一日，蕭約來校告余，天熱，教室中不能無電扇，已派人來裝設。余因語蕭約，謂君告余雅禮款已到，今延遲不交，豈欲新亞先拒臺北來款否？此事決不可能。苟余得雅禮協款，再謝辭臺北贈款，始有情理可言。如欲余先拒受臺北贈款，以為獲取雅禮協款之交換條件，以中國人情言，殊不妥當。蕭約道歉，即送款來。時為一九五四年之五月。新亞乃具函謝總統府，時總統府祕書長已易張羣岳軍。贈款乃從此而止。

同時艾維來告，有關校舍事，盧定在離港前曾與彼相商，當另作籌措，幸勿為念。余初來港，人心惶亂，亦曾為新亞經費多方向大陸來港商人輾轉請乞。其稍有關係者，亦曾出力相助。惟所開支票，既不列受款人姓名，亦不列付款人姓名，若恐他日或因此受累。余亦遂不敢以此擾人。余初次自臺北返港，教育司即派人來邀余到教育司一談，云：「有人向政府告密，謂君實去廣州，非去臺北。教育司因受政府囑，不得不邀君親來解釋，此亦政府禮待之意，務懇原諒。」余適有臺北返港證一紙留在身邊，乃携赴教育司。司中人以咖啡點心相待，歡語移時，屢表歉意。如此類事，不勝枚舉。及是時局漸定，然新亞得雅禮協款已普遍流傳，欲再獲他方協助亦成難事。或有疑新亞不獲中國社會同情，乃始終僅賴雅禮一方協助，此一層在余心中常滋慚恧，然亦無可語人也。

盧定離港後艾維又來訪，語余，新亞既得雅禮協款，亞洲協會亦願隨分出力，當從何途，以盡棉薄？余告艾維，新亞創辦乃因大陸遭劇變促成。余意不僅在辦一學校，實欲提倡新學術，培養新人才，以供他日還大陸之用。故今學校雖僅具雛形，余心極欲再辦一研究所。此非好高騖遠，實感迫切所需。儻亞洲協會肯對此相助，規模儘不妨簡陋，培養得一人才，他日即得一人才之用，不當專重外面一般條例言。艾維深然之。謂願出力以待他日新機會之不斷來臨。乃租九龍太子道一樓，供新亞及校外大學畢業後有志續求進修者數人之用。新亞諸教授則隨宜作指導，是為新亞研院所最先之籌辦。時為一九五三年之秋。

七

一九五四年秋季，新亞自得雅禮協款，即在嘉林邊道租一新校舍，較桂林街舊校舍為大，學生分於嘉林邊道及桂林街兩處上課。雅禮派郎家恒牧師來作駐港代表。余告以雅禮派君來，君之任務，雅禮當已交代明白，余不過問。學校事，已先與雅禮約定，一切由學校自主。君來乃學校一客，學校已為君在嘉林邊道佈置一辦公室，君可隨時來。雙方有事，可就便相商。家恒唯唯。但數月間，家恒袖來介紹信已三、四封。余告家恒，學校聘人必經公議。外間或誤會新亞與雅禮之關係，凡來向君有所請託，君宜告彼逕向學校接頭，俾少曲折。家恒亦唯唯。

又一日，艾維來告，盧定返美，即為新亞建校舍事多方接洽。頃得福特基金會應允捐款。惟香港不在該基金會協款地區之內，故此事在美惟雅禮，在港惟彼與余兩人知之，向外務守祕密，以免為福特基金會增麻煩。余初意擬在郊外覓地，屢出踏看。遇佳處，又因離市區遠，各教師往返不便。而大批造教授宿舍，則財力有限，又妨學校之發展。最後乃決定在九龍農圃道，由港政府撥地。建築事均交沈燕謀一人主持。忽得港政府通知，港督葛量洪不久即退休，在其離港前，盼能參加新亞校舍之奠基典禮。遂提前於一九五六年一月十七日舉行新校舍奠基典禮，而建築則於一九五六年暑後落成遷入。

某日，福特基金會派人來巡視，極表滿意。余詢其意見。彼謂：全校建築惟圖書館佔地最大，此最值稱賞者一。課室次之。各辦公室佔地最少，而校長辦公室更小，此值稱賞者二。又聞香港房租貴，今學校只有學生宿舍，無教授宿舍，此值稱賞者三。即觀此校舍之建設，可想此學校精神及前途之無限。余曰：君匆促一巡視，而敝校所苦心規劃者，君已一一得之，亦大值稱賞矣。

嗣後學校又有第二、第三次之興建，此不詳。

八

一九五五年春，美哈佛雷少華教授來嘉林邊道訪余，沈燕謀在旁任翻譯。余談新亞創校經過，謂斯校之創，非為同人謀噉飯地，乃為將來新中國培育繼起人才，雷少華極表讚許。余謂：惟其如此，故學校規模雖小，同時已創辦了一研究所。科學、經濟等部分優秀學生，可以出國深造，惟有關中國自己文化傳統文學、哲學、歷史諸門，非由中國人自己盡責不可。派送國外，與中國人自己理想不合，恐對自己國家之貢獻不多。惟本校研究所規模未立，仍求擴大。雷少華提聲道是。謂君有此志，願聞其詳，哈佛燕京社或可協款補助。余言，新亞同仁對原有研究所只盡義務，未受薪水。依香港最近情勢，大學畢業生即須獨立營生，故辦研究所，首需為研究生解決生活，供以奬學金。以當前港地生活計，一人或一夫一婦之最低生活，非港幣三百元，不得安心。正式創辦最先僅可招收研究生五、六人，此下再相機逐年增添。雷少華謂此款當由哈燕社一力幫助，君可放手辦去。余謂尚有第二條件，雷默然良久，問復有何條件。余答：辦研究所更要者在書籍，前兩年日本有大批中國書籍可購，新亞無經費，失此機會，但此下尚可在香港絡續購置，惟已無大批廉價書可得。雷謂此事誠重要，哈燕社亦當盡力相助。余又謂尚有第三條件，雷甚表詫異之色，謂更再有第三條件耶？君試再續言之。

余謂新亞辦此研究所，由哈燕社出款，一切實際進行則新亞自有主張，但須逐年向哈燕社作一成績報告，始獲心安。故創辦此研究所後，即宜出一「學報」，專載研究所指導同仁及研究生之最近著作與研究論文，可使外界知此研究所之精神所在，亦為全世界漢學研究添一生力軍，亦即為哈燕社作報告。此事需款不巨，但為督促此一研究所向前求進，亦不可缺。雷頻頻點首，告余，君可照此三項具體作一預算，當攜返哈燕社作決議。是晨十時起，談至十二時，余偕燕謀在街上一小餐店與雷少華同膳而別。

新亞已先得亞洲協會之助，即在太子道租一層樓，作辦研究所之用。但艾維不久即離亞洲協會，此事遂無發展。至是，始為新亞創辦研究所之正式開始。

新亞研究所在先不經考試，只由面談，即許參加。或則暫留一年或兩年即離去，或則長留在所。自獲哈燕社協款，始正式招生。不限新亞畢業，其他大學畢業生均得報名應考。又聘港大劉百閔、羅香林、饒宗頤三人為所外考試委員，又請香港教育司派員監考。錄取後修業兩年，仍須所外考試委員閱卷口試，始獲畢業。擇優留所作研究員，有至十年以上者。

九

一日，余告董事會，有一報告但非議案不必討論。學校擬創辦一藝術系，以經費困難，下學期學校先添設一二年制「藝術專修科」。僅求在學校中劃出教室及辦公室兩間。教師已多洽聘，但如本校初創時例，只致送鐘點費，學校不煩另籌經費。俟藝術專修科獲得社會之認可，相機再改辦藝術系。諸董事皆默無語。此後有一董事，美國人，屢向余作戲言，云此乃報告，非議案。以藝術系初辦，即獲美譽，故彼常憶及往事也。

藝術專修科創始於一九五七年二月，又得僑港珍藏名畫者三四人，各願暫借其所藏，合得四十件左右，暑假期間由新亞開一展覽會。一時觀者絡繹，港督亦特來參觀。其後藝術專修科師生又舉行一次作品聯展，頗獲佳譽。此項展覽品後由雅禮協會贊助運往美國，在美國各地巡迴展覽，亦得美譽。其有助於此後正式成立藝術系為力亦甚大。一九五九年秋，雅禮協會又增加協款，正式添設一藝術系。但教師待遇則仍不平等。

余因藝術系與其他各系同樣招考，有不合資格應考，而有志學國畫者，多被拒門外。遂於假期內開設一補習班。並同時開一展覽會，展出學期中諸師生近作。社會觀眾瞻其成績，競來報名，學校即以補習班所得學費，補貼藝術系各教師，聊濟薪水之微薄。

十

雅禮駐新亞之代表，初派郎家恒。一九五八年暑改派羅維德來作代表。羅維德乃耶魯大學之宗教總監，又任耶魯大學皮爾遜學院院長。其在耶魯德高望重。年老退休，雅禮乃請其來港任駐新亞之代表。

一日，羅維德語余，若新亞更求發展，似宜添設理學院，但不知余意云何。余云：余亦久有此意，惟需經費甚鉅，不敢向雅禮輕易提出。今君亦同具此意，大佳。但物理、化學諸系，須先辦實驗室，俟物理儀器化學藥品粗備，始可正式開辦，免來學者虛費歲月。當先開設數學系，次及生物系，只需購置顯微鏡等少數幾項應用儀器卽可。時適耶魯有理學院某教授赴菲律賓，為其某大學部署理學院研究所，羅維德遂邀其迂道來港，為新亞設計，以最低款籌備物理、化學等實驗室。而數學、生物兩系，則率先創設。時為一九五九年秋。隔一年，始正式添物理、化學系。若非羅維德來港，新亞理學院恐不能如此順利創辦。

其時香港政府忽有意於其原有之香港大學外，另立一大學。先擇定崇基、聯合與新亞三校為其基本學院，此後其他私立學院，凡辦有成績者，均得絡續加入。崇基乃一教會學院，經濟由美國各教會支持，創辦後於新亞。聯合書院乃由亞洲基金會出資，集合其他私立學院中之五所組成。因新亞已得雅禮、哈燕社協助，亞洲基金會遂改而支持此五校。凡此崇基、聯合、新亞三校，皆得美國方面協助。港政府似乎意有不安，乃有此創辦一新大學之動議。崇基、聯合均同意，新亞同人則多持異見。余意新亞最大貢獻在提供了早期大批青年難民之就學機會。今則時局漸定，此種需要已失去。而新亞畢業生，非得港政府承認新亞之大學地位，離校謀事，極難得較佳位置。儻香港大學外，港政府重有第二大學，則新亞畢業生出路更窄。此其一。又國內學人及新起者，散布臺、港、美、歐各地日有加，儻香港再增辦一大學，教師薪額一比港大。此後絡續向各地延聘教師，亦可藉此為國儲才。香港政府所發薪金，亦取之港地居民之稅收。以中國人錢，為中國養才，受之何媿。此其二。三則辦一大學，當如育一嬰孩，須求其逐年長大。而新亞自得雅禮、哈燕社協款，各方誤解，欲求再得其他方面之大量補助，事大不易。必求一校獨自發展，余已無此力量與信心。抑且余精力日衰，日間為校務繁忙，夜間仍自研讀寫作，已難兼顧。亦當自量才性所近，減少工作，庶亦於己無媿。而香港政府意，則實以新亞參加為其創辦新大學一主要條件。余以此事告羅維德，彼極表贊同，更不發一語致疑問。余謂學校內部會議，余可負全責。遇學校與港政府磋商，君肯任學校代表，不憚奔走之勞否。彼亦慨允。

一日，港政府送來一創辦新大學之綱領，凡二十餘款，囑各校參加意見。新亞特開一會議，逐款加以改定者，逾三之二。但港政府亦不堅持，率從所改。又一日，余偕同事四五人赴教育司應邀談話，羅維德亦同往。時高詩雅已退休，毛勤接任，手持一紙，列五六條，起立發言。先述第一條，辭未畢，余起立告毛勤，能有幾分鐘許余先有申述否。毛勤允之。余發言畢，再請毛勤講話。毛勤謂：尊意未盡，儘可續言，於今日之會有益無損。余遂繼續發言，再讓毛勤。毛勤又言：君儘暢所欲言，勿作存留。余再繼續發言。自上午十一時開會，壁上掛鐘打十二響，余告媿憾。毛勤謂：今日暢聆君言，極所愜意。惟有一事乞原諒。港政府為成立新大學事，亦特組織一會。我居此位，特轉達政府公意，非私人有所主張。今晨聆錢先生言，當轉告政府，俟下次再商，遂散會。

羅維德駐新亞一年，回雅禮，由蕭約繼任，在盧鼎來港時，即與余相識。其人久居中國，又娶一中國太太，離大陸後，居港為作亦已多年。與港政府人多相熟。時以新亞意與港府意彼此傳遞，為助亦大。港政府又特自倫敦聘富爾頓來，為創建新大學事，與三校磋商。富爾敦力贊新亞研究所之成績，謂當保留此研究所，成為將來新大學成立後之第一研究所，一任新亞主辦。並將此意寫入新大學創建法規中，俾成定案。余與談及新校長人選，余主由中國人任之。富爾敦謂：先聘一英國人任首席校長，再由中國人繼任，或於實際情勢較適，未細談而罷。

十一

一九五九年秋，余得耶魯大學來信，邀余去在其東方研究系講學半年。余以新亞事煩，適桂林街舊同事吳士選俊升自國民政府教育部次長退職去美，余邀請其來新亞任副院長，余離港可暫代校務。毛勤告余，吳君曾任臺灣政府教育部次長職，彼來新亞，似有不便，港政府將拒其入境。余問毛勤，在英國是否有從政界退職轉入學校任教之例。今吳君已正式從國民政府退職，轉來新亞，有何不便。毛勤言辭趦趄，謂新亞聘人易，君何必選走一限途。余謂：港政府儻有正當理由告余，余自可改計。倘並無正當理由，何乃堅拒余請。毛勤通粵語，並亦略讀中國書。彼謂：「君心如石，不可轉也。」只有仍待港政府作最後決定。

一日，蕭約特來告余，私聞港政府中人語，新亞申請吳君入境，頗懼大陸忽提抗議，橫生波折。頃港督休假離港，不三日卽返，專待其最後一言。萬一堅拒新亞之請，豈不對新亞顏面有關。不如暫撤所請，再俟他日從長商榷。余謂：既只須再待三數日，余必俟港督返，聽其作最後之決定。及港督返，語其部下，我們且勉從新亞此一請，他日復有此等事，再作詳商。翌晨，毛勤一早來新亞，入余室，卽連聲恭喜，謂港督已允吳君入境，並已直接通知紐約英國領事館，囑其就近轉達吳君，俾可卽速治裝。毛勤又謂：「君為此事延遲美國之行，頃吳君不日可來港，君亦可整備行裝矣。」

又一日，毛勤來告余，彼於明年夏須退休返英倫，君將去美國，特先來辭行。彼又謂：「英國乃民主政治，於反對方面意見，亦知尊重。君堅持己見，一次不見從，儘可再次提出，幸勿介意」。

毛勤又於年前向余提議，由新亞來創辦一中文中學，可作港九中文中學之榜樣。囑余先選定一地，香港政府可無條件撥付。校舍圖樣繪就，建築經費新亞只需擔任其十分之一，其餘十分之九，全由港政府負擔。將來此中學之常年經費，教育司當擔任其百分之八十，而內部用人行政，則全由新亞作主，教育司決不干預。余遂於九龍近郊荃灣擇定一地，距市區不遠，而隔絕煩囂，可全不受市區之影響。其地背負山，南面距海亦近，可遙望，地極寬敞。惟須待港政府先在該區四圍築路，再於路面下安裝自來水電燈各線。余並聘定臺北沈亦珍來任校長。亦珍特來港一行，同去踏看新校舍之地址。一切端倪粗定，忽港政府創設新大學之動議起，余為此事，各方商談，極費曲折，遂將中學事擱置。及毛勤去職，亦未目睹其成。

余自辦新亞，與香港教育司時有接觸。前為高詩雅，繼任者為毛勤。而高詩雅任職時，毛勤即為之副。故余與毛勤交接為特多。高毛兩人皆久居港地，通達中國社會人情，對余皆具禮貌。及中文大學成立，特授高詩雅以名譽博士學位。高詩雅來港接受學位時致辭，特紀念及余與新亞之往事。余時已離港來臺，有人特轉送其演講辭於余。余初不通英語，居大陸時，與外國人交涉極少，不謂在香港交接得許多美國英國人。而今不勝馳溯。亦余生平師友中所難忘之幾人也。

十二

吳士選既來，余夫婦遂成行。時為一九六〇年一月十八日。留美前後共七月餘。於九月一日離美轉赴倫敦。

余離港前，倫敦來邀即將合組新大學之三院院長前往訪問。余因赴美在即，約定離美後單獨前往，至是始成行。余至倫敦，毛勤已退休歸家，住倫敦近郊。親來邀赴其家，盤桓一天，深夜始歸，均由毛勤駕車迎送。

富爾敦亦特來邀余夫婦去其家住一宵。火車路程一小時即達，午後討論香港創辦新大學事，談及校長問題，兩人仍各持舊見，不相下。出至郊外，參觀在此興建一大學之新校址，彼即預定任此校之校長。晚餐後，續談香港新大學校長問題，仍不得解決。翌晨再談，仍無結果。午後，富爾敦親送余夫婦返倫敦。車上仍續談此問題。余問，「當前中國學人君意竟無堪當一理想大學校長之選否？」富爾敦色變，遽謂此問題當依尊旨，即此作決定，幸勿再提。

在英共住二十二日，自倫敦轉巴黎。賀光中夫婦適自星加坡來巴黎，光中乃專為抄錄巴黎所藏敦煌文件而來，故需久住，特租一屋。余夫婦亦同寓其處，在巴黎多蒙其夫婦陪遊。

余夫婦遊巴黎共旬日，忽得香港新亞來信，學校有事，促急歸。因取消歐陸其他各國之行，法國其他地區亦未前往，匆匆離巴黎轉赴羅馬，作為此行最後之一程。

余夫婦遊羅馬凡六日即匆促賦歸。

余返香港，乃知新亞內部為國慶日懸國旗有齟齬。余告來談者，國家民族精神之體究與發揚，乃我全校師生積年累月所當努力一要目。懸掛國旗，乃一儀式。不當為此使學校前程生波折，亂步調。但國慶之晨，仍有人在學校樓頂私升國旗，旋又卸下，未肇事端。蓋少數幾人主張，絕大多數置之不問，而另有少數臨事加以勸阻。然余之歐遊則竟為此中輟，至今思之猶為悵然。

十三

一九六二年七月富爾敦又來港，初面，又詢余有關校長事仍持初意否？余告以余所爭乃原則性者，他日物色校長人選，余決不參一議。富爾敦頷首不語。有關新大學一切爭議，至是遂定。又議校名問題，或主取名「中山大學」，或主名「九龍大學」，其他尚有多名，久不決。余謂，不如逕取已用之英文名直譯為中文大學，眾無異議。

新校長既來，召崇基、聯合、新亞三院院長每週開一聯席會議，遇有異見，舉手多數即通過。余與富爾敦、毛勤以前彼此討論商榷之情形，今則渺不可得矣。

余自新亞決定參加大學，去意亦早定。大學既成半年，乃商之趙冰董事長，得其同意，辭去新亞院長之職。時為一九六四年之夏。董事會通過許余休假一年，余正式離職在一九六五年。自創校以來，前後十六年，連前亞洲文商學院夜校一年，則為十七年。亦為余生平最忙碌之十七年。惟董事會允余一九六五年為正式辭職之年，此一年則為余之休假年。時余年七十一。余旅居香港之辦學生涯遂告終結。

十四

上引資料仍有未夠詳盡處。或亦不免尚有遺漏。然重要之點應已敍及。茲有數事。余尚須特加更正者。

一、新亞前期亞洲文商學院之創辦，主張自張其昀曉峯先生。謝幼偉、崔書琴、某君（忘其名）及余，皆曉峯所邀。曉峯本擬親來港創校，不意因先總統蔣公電召未能來港。余二次來港時，謝、崔兩君已向港府教育司辦妥學校登記，並未經同意逕用余名登記為院長。後某君返大陸不歸，幼偉又因事他去，余始邀唐君毅、張丕介來共事。故亞洲文商學院之創辦，實非余與君毅用教育部講演費所設立。可謂無曉峯，即無亞洲文商。無亞洲文商，亦不可能有新亞。余不敢掠美，特加更正。

二、一九五〇年冬，新亞經濟困難，余赴臺灣向政府請求援助。行政院代表政府允助港幣每月三千。先總統蔣公亦允比照政府補助款數同額補助。蔣公之款自其總統府辦公費省下，允諾後，立即按月撥付新亞，無任何手續。直到一九五四年五月，新亞獲得雅禮補助方自請停止。而政府方面所允補助之三千元，則僅屬虛文，實際並無下落。

翌年，余為求打開新亞困局，再次赴臺，擬在臺創立分校。當時已獲得臺籍友人之捐地捐款，不需政府任何經濟補助，只求准許立案。四處奔走請託，竟滯留數月之久，而無法獲得政府之同情。最後竟以「驚聲堂」意外，轉變余此行。其中經過，委曲難言。故余屢對新亞同仁以及雅禮諸先生明確宣言：新亞所得臺灣之補助，乃蔣公私人對新亞之同情，與政府政治皆無關。其中區別，不待贅言。

三、一九五三年七月，耶魯大學盧鼎教授代表雅禮協會來遠東尋找新合作對象，結果選定新亞。盧鼎於七月二日抵港，七月四日即與余見面。如其來港前，未先對新亞有所知，余二人之見面不可能如是之速。一九七九年新亞創校三十周年紀念，盧鼎特來港參加慶典，其「一九五三年東西之會」一講詞（刊於新亞生活月刊七卷一期）曾對此事經過明白敍述。當年雅禮與新亞之合作，雙方皆極慎重。在東西方之學術界，亦為一極富意義極值重視之舉。不意在新亞公開之文字記載中竟言：「盧鼎到港，因本校學生奚會暲君之介紹而與學校始有接觸……」如此則雅禮尋訪新合作對象之舉太過輕率，實使新亞有愧於異國友人之眞誠相助。余不得不特加鄭重更正。

四、新亞研究所之創立，最初得香港美國亞洲協會負責人艾維之主動援助。亞洲協會經費有限，僅補助新亞研究生及圖書與房租等費，時在一九五三年秋。惟艾維不久離去，此事遂無發展。

一九五五年春，哈佛雷少華教授來港，新亞研究所得哈佛燕京社資助，始正式招生，並聘校外考試委員閱卷口試，學生畢業可擇優留所作研究員。圖書費大增，新亞始能作有計畫之購書。又增添出版補助費。

惟亞洲協會及哈燕社皆從未資助新亞設專任教授。後香港政府開始補助新亞，余提出請求，研究所始由港府補助得設專任教授四人。

余觀新亞同仁過去之文字記載云：「美亞洲協會負責人艾維結識本校學生多人，因而慨然有意協助。藉建立新亞研究所之名，由該會撥助專任研究人員的研究費，而以其中半數轉交新亞書院，以應付學校最低限度的經費需要。有專任教授四人……」此乃不實之言。

艾維初抵港，卽來訪，謂在美有人介紹。並表示知余創新亞之艱辛，他日如有可能，必盡力相助。後艾維主動援助新亞，其事之始洽，實在盧鼎與余見面返美後。惟一經商定，立卽開始，時為一九五三年秋。而雅禮之補助，雖商談在先，需經該會董事會通過，於一九五四年五月，在亞洲協會已資助新亞籌辦研究所後方正式開始。又盧鼎初次來港，與中國文化界人士之接觸，幾全由亞洲協會之協助。陪余與盧鼎見面之蘇明璇君，卽是艾維當時之助理。艾維已詳知雅禮卽將資助新亞，何需另藉名再補助？此說實難言之成理。

新亞創始初期，經費來源極簡，支出亦簡，故由教授兼雜務尚可敷衍。此後學校日擴，一切人事行政需漸上軌道，故研究所初創，書院與研究所經費事務卽分人負責，此或為事實誤解之起因。

以上四事皆極具體，均余當年親自經手。今余既知新亞過去文字記載有誤，理應加以更正。

新亞四十周年紀念祝辭

今年欣逢新亞創校四十周年紀念，林校長及新亞校慶特刊編輯委員會主席唐端正，兩位先生來信，要我寫一篇話舊或述感的文章。這是我義不容辭的事。人生一世三十年，四十年已超過十年，不能算是一個短時期。對於一個年已五十五的老人來說，更可算是一段艱困漫長的人生旅程。四十年前創辦新亞時，我絕想不到四十年後，我還能在有生之年來慶祝。這在我生命過程中，實感快慰。

我正式離開新亞已二十五年，離開香港亦已二十二年。但香港與新亞，始終在我深切的關懷中。近幾年，我衰老多病，不能多思考，惟對中國人未來的命運，仍如舊般在心。我感覺，似乎今天整個世界都在快速轉變中，沒有人能預知未來的世界會變成甚麼樣。由於「一九九七」的大限日近，香港未來的命運，像在風雨飄搖中。每想到香港，自然會連想到新亞，兩者是難以分開的。為紀念新亞創校四十周年，回念過去，想起三件事，值得在慶祝四十周年時，再向大家提起。

一、是我當年為書院取名「新亞」。

二、是我為大學取名「中文」。

三、是我堅持第一任中文大學校長應由中國人擔當。

這三件事，都有關新亞的歷史，並與香港地位特殊有關。

民國三十八年，我避禍來到香港，香港是英國的殖民地。回想四十年前的香港，中國人的地位是很低的。那一種殖民地的氣氛，深深壓迫著中國人，特別是對知識份子們。當年的感受，不是今天的香港青年所能瞭解。我不能安身國內，隻身流亡到香港，這近百年來既屬中國而又不算中國的土地。一個流浪者的心情，是很難描述的。我不敢暴露中國人身份的心情來要求有一個「新香港」，遂轉而提出「新亞洲」。我當時只能希望英國人對亞洲殖民地採取較開放的新姿態，使流亡在香港的中國人能獲較多自由，所以我為我們的書院取「新亞」為名，寄望我們將有一個稍為光明的未來。

僅不過十年，由於流亡香港的中國人的努力奮鬥，在香港做出了他們的貢獻。統治階層的英國人，不得不重視這批流亡者的存在，於是要來成立香港大學外的另一所大學。把已經有的流亡學校，組合起來，另創一個大學，以應實際需要。

大家都知道，原有的香港大學是一所以傳授西方文化用英國語言為主的大學，他代表殖民政府。而香港社會實際上有佔百分之九十以上的居民，是承襲中國文化，並使用中國語文的。我們的新亞，在當年雖是「手空空，無一物」。但在香港的文教界，早獲得了肯定，並且受到社會上普遍重視。所以在最初，新亞即被認定為新大學的一成員。當時大家花了很多時間，開了多次會議，討論為此一即將成立的新大學命名，提出了各種不同的意見，眾議紛紜，未有定論。我提議，不如即照當時籌備期所用英文名直譯為「中文大學」，終於獲得定論。以香港的特殊背景，用「中文」兩字來做新大學的名稱，是涵有某種特殊意義的。

後來大學成立，校長人選成了眾所矚目。香港政府當時有意委任一位英國人，而我主張應由一位中國人來任。我曾說：「不論香港政府請誰，我都不反對，只要他是一個中國人。」我至今記得很清楚，一九六一年，我與內人從美國回香港，特地繞道英國，與當時中文大學籌備委員會的負責人富爾頓爵士會面。並接受他的邀請，到他在倫敦近郊的家中住宿一晚。抵他家當天的下午，以及當日晚飯後，我們只討論一個問題，就是有關校長人選該是英國人抑是中國人的問題。第二天，富爾頓陪我們夫婦回倫敦，在火車中，我們還是討論同一問題。最後我問他：「你是否認為中國人之中沒有一個人能擔任大學校長的呢？」於是這一爭論，纔算告一段落。

當時的香港政府，以為在中文大學初創時，由一英國人來任校長，做政府與學校之間的橋樑，會有助於新大學行政的推行。以香港環境的特殊，中文大學成員背景的複雜，我們不能不承認香港政府的主張自有一番理由。我更深切明白，由中國人來任校長，絕不會比英國人任校長，對新亞能有更多的幫助。相反的，英國人任校長，新亞可能受到更多尊重。然而我是一個中國人，我要提倡中國文化，站在國家民族的立場，我不能同意由英國人來任校長。英國人終於接受了我的意見。

中文大學正式成立後，我卽辭了新亞書院院長職務，不久遷來臺灣，長期離開了香港。今天為慶祝新亞四十周年撰文，關懷到香港的未來，我不免又想起以上三件事。我很高興，自中文大學校長由中國人出任後，沒有幾年，香港大學的校長也改由中國人來擔任了。今天香港政府其他多所大專院校的行政首長，也陸續換成了中國人。這在新亞創辦初期，是難以想像的，但今天卻變得很平常了。今天的中文大學，在世界學術界，其名聲地位，絕不低於香港大學。而「中文大學」這一名稱，在當時至少表達了大多數香港居民的心聲。

從前的香港，是中國人的土地來作英國的殖民地，我們希望香港不該再有殖民制度，卽是希望中國人英國人同居一地，不應再有統治、被統治之別；也卽是希望泯滅人類種族的分別，成一「大同」的集聚。至今不過四十年，現在不僅英國人卽將退出其殖民地的地位，而香港也眞成為新亞洲一重要的新邑了。我們中國人正該歡欣鼓舞，而不幸今天居住在香港的中國人，不僅沒有這表現，反而懷有恐懼憂慮的心情，這眞是值得悲傷的。目前的香港究該如何？這是香港人眼前一大事，正須待香港人自己好好努力。我們總不能再存有依賴英國人之想，中國人的事該由自己負責。

四十年來，新亞書院面對所處的環境，曾盡了他的一份責任。雖然到今天，我們還很難給過去四十年的新亞書院做出正確的評價。然而四十年後，新亞卽將要面對一個與前全然不同的環境，他所負的歷史使命也將有所不同。我們要對抗外來的壓迫是比較容易的，建立內在的自由卻轉較難。

新亞的校歌有一句說：「千斤擔子兩肩挑。」這是寫我當年心中的實感，一點也沒有誇大。我恐怕今天以後的中國人，肩上擔子絕不止千斤。當年的新亞，全校師生加起來不滿百，而物質上、精神上眞是「手空空無一物」啊！然而我們當時卻自覺該背負起對國家民族的責任，並懷有堅定不移的信心，終於一步步度過難關。今天的新亞師生十倍當年。再加上畢業校友，恐已有百倍。以今天的新亞比從前，無論人力財力，精神物質，力量大了何止十百倍。只要我們能團結一心，堅持信念，為我們苦難的國家民族共同努力攜手並進，縱然是萬斤重擔，我相信新亞師生也絕不會退縮。我不禁要再一次呼喚：「珍重！珍重！我新亞精神。」藉此創校四十周年紀念慶典，向新亞全體師生及畢業校友，獻上我衷心誠懇的祝福與期盼。

一九八九年五月十八日錢穆於臺北外雙溪素書樓時年九十五歲

《錢穆先生全集》總書目

甲編

國學概論
四書釋義
論語文解
論語新解
孔子與論語
孔子傳
先秦諸子繫年
墨子　惠施公孫龍
莊子纂箋
莊老通辨
兩漢經學今古文平議
宋明理學概述
宋代理學三書隨劄
陽明學述要
朱子新學案（全五册）
中國近三百年學術史（一、二）
中國學術思想史論叢（全十册）
中國思想史
中國思想通俗講話
學籥
中國學術通義
現代中國學術論衡

乙編

周公
秦漢史
國史大綱（上、下）
中國文化史導論

中國歷史精神
國史新論
中國歷代政治得失
中國歷史研究法
中國史學發微
讀史隨劄
中國史學名著
史記地名考（上、下）
古史地理論叢

丙編

文化學大義
民族與文化
中華文化十二講
中國文化精神
湖上閒思録
人生十論
政學私言
從中國歷史來看中國民族性及中國文化
文化與教育
歷史與文化論叢
世界局勢與中國文化
中國文化叢談
中國文學論叢
理學六家詩鈔
靈魂與心
雙溪獨語
晚學盲言（上、下）
新亞遺鐸
八十憶雙親師友雜憶合刊
講堂遺録
素書樓餘瀋
總目